人間〈改良〉の倫理学

合理性と遺伝的難問

Rationality and the Genetic Challenge:
Making People Better?

マッティ・ハユリュ 著
斎藤仲道・
脇 崇晴 監訳

Matti Häyry
SAITO Nakamichi
WAKI Takaharu

ナカニシヤ出版

RATIONALITY AND THE GENETIC CHALLENGE
by Matti Häyry

Japanese translation published by arrangement with Cambridge University Press
through The English Agency (Japan) Ltd.

監訳者によるはしがき

本書『人間〈改良〉の倫理学――合理性と遺伝的難問』は、著者マッティ・ハユリュ（Matti Häyry）が、四半世紀にわたって温めてきた、遺伝的な選択と治療、そしてそれらが私たちの生活にもたらす影響についての考察を、倫理、医学、法律の視点からまとめたものである。

本書の執筆当時、イギリス・マンチェスター大学の生命倫理学および法哲学教授であり、そしてフィンランド・ヘルシンキ大学高度研究協議会の特任教授でもあった著者は、遺伝学的検査や選択、クローン作成や幹細胞研究、遺伝子治療やエンハンスメントの文脈で、次のような疑問を投げかける。「遺伝学や医学の進歩によって可能になるとすれば、私たちは、人々をより健康に、より賢く、そしてより長生きするようにすべきだろうか。」

探究された倫理的な問題には、親の責任や手段として人を利用すること、危険の事前評価における希望と恐れの役割、そして尊厳と人生の意義が含まれる。ジョナサン・グラバーやジョン・ハリス、ロナルド・グリーン、ユルゲン・ハーバーマス、マイケル・サンデル、レオン・カスらが唯一の合理的あるいは道徳的な解答として特定の規範的見解を弁護する議論を出発点としているのに対し、ハユリュはその領域には多くの合理性と道徳が存在することを指摘し、特定の規範的見解以外は間違いだと主張することに異論を唱える。

この本がケンブリッジ大学出版（Cambridge University Press）から出版されたのは二〇一〇年である。しかし年代的に古いわけではなく、まさに今日の日本が直面している問題が扱われている。一例を挙げれば、新型出生前診断がある。母体血中に浮遊する胎児のＤＮＡ断片を網羅的にシーケンスして由来染色体を同定し、それぞれの染色体ごとにその比率を算出する染色体異常スクリーニング法である。それは、ＮＩＰＴ（Non-Invasive Prenatal Testing）と呼ばれる非侵襲性の検査方法である。高齢妊婦の割合が増しているわが国では加齢による染色体トリソミー症候群の出生リスクを避けたいと思う妊婦が増えており、スクリーニング体制を整えた認可施設だけではその要求に十分応えることができていない。診断精度の向上により一方的な選択の圧力も増している。それでも数パーセントの妊婦がダウン症児であると判明しても出産する決断をしている。このような妊婦に対する胎児を含めた包括的な医療や経済的支援をいかに行政が整備できるのかも問われている。

わが国の出生前診断および着床前遺伝子診断の現場は、もはやガイドラインだけでは立ち行かない状況にある。生殖医療の領域では、胚の段階で遺伝的な状態を選別する着床前遺伝子診断がその適応を拡大させている。医療施設から提出される症例には胚の取り扱いをめぐる様々な倫理的な問題が含まれる。個別の審査では、適応基準である「重篤」の定義を、生命維持が困難な状態に限定している。あらかじめ取り決めた基準以外は認めてもらえないと審査の柔軟性や正当性を疑問視する意見もある。科学技術の評価と医療倫理や医療法に基づく評価は透明性をもって示されることが大切だが、個別審査に少数意見の併記はない。そのため個別の事情にどのように配慮して裁定が行なわれたか、そのプロセスを知る審査の透明性の欠如が指摘される。このような状況で、生殖医療に関する法整備が差し迫った課題であるが、その際にこの本が議論の参考軸を示してくれるものと考えている。

斎藤仲道

序

あなたは、自分の子どもが健康で、逞しく、そして賢明であることを望むか。あなたは、自分の子どもがあなたに似ていることを望むか。もしあなたが重い病気の子どもを持つとしたら、治癒を提供できるであろうもう一人の子どもを持ちたいと思うか。多くの親がこれらの質問に「はい」と答えている。そして多くの科学者が、出生前の選択のための技術を完成させることで彼らの望みを叶えられるように努力している。

あなた自身はどうだろうか。あなたの人生と健康を脅かす病気の治療を希望するか。もっと長生きしたいか。永遠に生きたいと思うか。多くの人々がこれらの質問にも「はい」と回答し、幹細胞治療、遺伝子治療などの新しい治療法を開発することで同様に、多くの科学者が彼らの望みに応えようとしている。

将来親となる人たちを含む他の人たちは、これらの発展に反対してきた。子どもは、あるがままに受け入れられるべきだから、自分の子どもを選択することは思いやりのない行為だと主張している人もいる。また医療として幼児や胚を用いることは間違っていると述べる人もいる。そして遺伝的に変更を加えることは、人命を、人知を越えて変化させることになると論じる人もいる。

この本は、遺伝的選択と治療そして私たちの生活にもたらすそれらの影響力についてのものである。また、将来生まれてくる人たちおよび現存する人たちを改良しようとする試みに関して親や科学者、公共政策立案者、倫理学研究者が持つ、道徳的・政治的な関心についての本でもある。しかしまたとりわけ生命倫理学的合理性、つまり先端技術とそれらを医学とヘルスケアに応用することについての明確で自己充足的な考え方に関する本でもある。

合理性と道徳性の本質に関する根深い意見の不一致により、遺伝的な選択と斬新な治療に関する有意義な倫理的議論がしばしば妨げられる。人々は、合理性や道徳性はただ一つしか存在しないだとか、それらに同意しない人は不合理で邪悪だとか、そして自分たちの視点を用いれば、すべての倫理的問題を一度にすべて解決することができるなどと考えがちである。この本の要点は、合理性は多様であること、不一致は必ずしも愚かさや悪意を示すものではないこと、とはいえ倫理的な問題は知的な議論によって解決されてきているということを示すことである。人々はもっと互いに耳を傾け、お互いの考え方を理解しようとするべきである。これが私たちの疑問に自動的に正解を与えてくれるわけではない。しかしこの本で示されることは、現在よく使われる間違った答えのいくつかを取り除くのに役立ち、将来より良いものを見つけるための道を開いてくれる可能性がある。

この本は構想に長い時間がかかっている。ある意味で、私は一九八四年の哲学科卒業以来、四半世紀にわたって本を準備した。生命倫理の最初の二つのトピックスは、命の始まりと命の終わりの問題であったが、それらはいまなお選択のための選択肢と治療のための選択肢に大きく立ちはだかっている。数年後私は遺伝学に目を転じ、まず出生前の選択や改変された生物の使用についての議論に、次にクローンや幹細胞の研究についての議論に、そして最後にデザイナーベビーや今にも実現しそうな不死性についての議論に参加した。過去十年間、私はこれらの発展とその倫理的次元に関する論文を執筆するために半ダース程の様々なアイデアを持っていた。しかしどのアイデアも、この分野における急速な科学的、政治的変化を切り抜けて生き残ることはできなかった。

マンチェスター大学の大学院生向けに応用道徳哲学の講座を担当した二〇〇六年の春になってはじめて、この本に出てくる順序で私の思考をまとめようと試みた。多くの洞察力に富むコメントをくれた大学院生たちに感謝する。その経験に勇気づけられ、私はさらに事物を調査することや十分な文章を書く時間を取るため基金に応募した。その結果、社会倫理・政策センターや科学、倫理、イノベーションに対する研究所、そして法学部の私のマンチェスターの同僚は私に二〇〇八年に七か月間の研究休暇を与えてくれた。研究は二〇〇九年にヘルシンキ高度研究協議会のフェローシップによって続けられた。これらの機関が支援してくれたことに感謝する。

私はフィンランドアカデミー（プロジェクト 38996, 50040, 105139）のヘルシンキ大学社会道徳哲学学科、および科学、倫理、イノベーション研究所でウェルカム戦略プログラム「人体、その展望と限界」から機関的および財政的支援を受けてきた。私は、感謝の気持ちを込めてこれらすべての支援に感謝する。

ピーター・ハリソン＝ケリー〔Peter Herissone-Kelly〕は、原稿を批判的な目で読み、非常に貴重なコメントを提供してくれた。ロティカ・シンガ〔Lotika Singha〕は、素晴らしい技能や徹底性、忍耐強さで整理し、編集してくれた。

すべての章を辛抱強く読んでコメントし、私が言いたくないことを言わないですむようにしてくれたトゥイヤ・タカラ〔Tuija Takala〕に最大の感謝を捧げる。

マッティ・ハユリュ

目次

監訳者によるはしがき　*i*

序　*iii*

凡例　*x*

第1章　人間を改良する七つの方法 ……………… 3

1　遺伝的難問　3／**2**　最良の赤ちゃん　5／**3**　聾者の胚　7／**4**　救世主きょうだい　9／**5**　生殖目的のクローニング　12／**6**　胚性幹細胞　14／**7**　遺伝子治療　16／**8**　大幅に寿命を延長すること　18／**9**　七つの問い　21

第2章　遺伝的難問への合理的なアプローチ ……………… 22

1　六人の論者と三つのアプローチ　22／**2**　合理的な明白さ——グラバーとハリス　24／**3**　道徳的卓越性——カスとサンデル　27／**4**　全員の受け入れ——ハーバーマスとグリーン　29／**5**　なぜどのアプローチも唯一のアプローチでないのか　33／**6**　対立を避けた合理性概念　35／**7**　均衡、平衡、礼儀正しい傍観者　39／**8**　この本の残りの部分の計画　41

第3章　最良の赤ちゃんと親の責任 ……………… 43

1　新生児の殺害から胚の選択へ、そしてそれを越えて　43／**2**　プラトン、アリストテレス、カント、ミルから見た親の責任　45／**3**　人間を軽視することと生まれ持った特徴　48／**4**　知識と穏健さ　50／**5**　生殖上の善行は義務である　53／**6**　計算に基づく合理性　55／**7**　親が担う役割　57／**8**　道徳的な制限　59／**9**　親に関わる合理性　61

第4章 聾者の胚、道徳性、法律……64
1 テストケースとしての聾 64／2 技術とその使用 65／3 事例、選択肢、立場 66／4 「医学的見解」に賛同する道徳的主張 67／5 「社会的見解」に賛同する道徳的主張 69／6 法的容認に賛同する主張 70／7 状況の不安定さ 72／8 「医学的見解」に賛同する道徳的主張の再考 72／9 「社会的見解」に賛同する道徳的主張の再考 74／10 非指示的な折衷案へ向けて 75／11 非指示的な折衷案 78／12 論争を続ける合理性 78

第5章 救世主きょうだいと人を手段として扱うこと……82
1 事実と規制 82／2 事例の理屈 83／3 何が侵襲的な医療行為を正当化するか 85／4 なぜ非侵襲的医療行為は問題になりうるのか 87／5 合理的同意と遺伝的プライバシー 88／6 手段、単なる手段、結果 90／7 手段、個人、価値 92／8 グリーンのカントに対する三つの解釈 94／9 目的と手段――二つの異なる原理 97／10 合理性の保存 100

第6章 生殖目的のクローニングと人間をデザインすること……101
1 ほとんど普遍的な非難 101／2 区別と政治 102／3 注意深い発展に賛成する主張 103／4 完全禁止に賛成する議論 105／5 制限がないことと不完全な個人 106／6 性とは無関係の生殖と歪んだ家族 109／7 支配の計画と不格好な共同体 111／8 神秘性の喪失と倒錯した社会 112／9 見捨てられた自己理解と混乱した種 114／10 トランスヒューマンの世界をデザインする 116／11 クローニングに関わる合理性 117

第7章 胚性幹細胞、脆弱さ、神聖さ……119
1 何が、なぜ、どのように規制されるのか 119／2 代替案と推量 121／3 倫理的難問とのつながり 123／4 女性は不必要に使用されるのだろうか 124／5 女性は不公平に使用されるのだろうか　126／**6**　女性は不正に使用されるのだろうか　129／**7**　胚の破壊は常に不正である　133／**8**　胚の破壊は決して不正ではない　134／**9**　胚の破壊は場合によっては不正である　136／**10**　胚に関わる合理性　139

第8章　遺伝子治療、希望、恐怖……141

1　試行錯誤　141／**2**　体細胞および生殖細胞系列への介入　144／**3**　治療とエンハンスメント　146／**4**　利益と害を解釈する　148／**5**　価値を定義する　149／**6**　技術に関する楽観主義と悲観主義　151／**7**　技術に関する決定論と自由意志論　153／**8**　予防、恐怖、希望　154／**9**　治療に関わる合理性　156

第9章　大幅に寿命を延ばすことと人生の意義……158

1　死すべき運命と老化　158／**2**　大幅な長寿へと向かって　160／**3**　大幅な長寿を超えた同一性　162／**4**　死すべき運命は個人にとってどう有益なのか　165／**5**　選択の自由は個人にとってどう有益なのか　167／**6**　個人の不死から社会的な超越へ　171／**7**　持って生まれた道徳性と人生の意義　172／**8**　不死に関わる合理性　175

第10章　遺伝的難問を合理的に捉える……178

1　難問から解決へ　178／**2**　基本的な主義主張とその解釈　178／**3**　論争の賛否両側で使用されうる議論　180／**4**　賛成論と反対論　183／**5**　完全な論拠には何が必要とされるのか　184／**6**　難問を計測で解決しようとする　186／**7**　難問を感知で解決しようとする　188／**8**　難問を交渉で解決しようとする　190／**9**　遺伝倫理学の方法　192／**10**　遺伝的難問を対立を避けて捉える　193

注　196

監訳者後記　234

事項索引 238
人名索引 239

凡例

・原著では冒頭に本書と著者についての短い紹介文が付されていたが、省略した。それに代えて「監訳者によるはしがき」を置いた。

・原著の Bibliography は省略した。原著の参考文献については、巻末の原注を参照されたい。

・本文では、専門用語や難解な言葉について〔　〕で訳注や原語を付した。また、著者が取り上げた人物（哲学者・倫理学者や科学者）については、各章での初出の際に〔　〕で、原著で記されているスペルを示した。

・著者が引用した文献について、すでに翻訳書が出ているものは、引用文の和訳の際、参考にした。

人間〈改良〉の倫理学

――合理性と遺伝的難問――

第1章　人間を改良する七つの方法

この章では、本書で検討する実践的なテーマについて紹介する。まずは準備として、自然が生じさせる難問と、科学的発展がもたらす難問について述べる。その後に、後続の章で扱われる話題を説明し、それらが生じさせる主な倫理的な問題について一つずつ確認する。[*1]

1　遺伝的難問

人類が幸福を追求しようとするとき、三つの絡み合った力によって難問が突きつけられる。その一つ目は、（人間以外の）自然が持つ力である。自然環境によって、私たちの行為には制限や条件が設けられる。そして、何千年もの間、私たちはこれらに適応し、克服するための戦略を考えてきた。多くの場合、自然を制御しようとする私たちの試みは、さらなる問題をもたらし、私たちはその問題に一つ一つ対処しなければならなかった。二つ目は、人間心理の本性や、人間社会の本性が持っている力である。私たちは、必然的に、地域社会や、より広域の社会の中で生きる。そして、円滑な営みを確保するために、様々な政治的ルールや取り決めを考案してきた。そこで生み出されたシステムは、しばしば望んではいなかった軋轢や争いを生み、これらを解消するためには、新しい手続きや追加の手続きが必要となった。三つ目は、生物学的な意味での人間の本性が持つ力である。私たちは病気になったり、怪我をしたり、また死にゆくものである。そして、病気や怪我に対抗したり、死を引き延ばしたりするために、私たちは治療やケアに関する、様々な専門的職業を確立してきた。彼らの仕事は時として役に立たなかったり、有害なものと見られてきたので、それらを規制し再編する方法が見出されなければならなかった。

私はこの本の中で、遺伝的難問というものを次のように理解している。自然や人間の本性が持つ力によって引き起こされた最初の脅威は、工学的に、政治的に、そして医学的に解決されたのであるが、これらの解決策によって一連の問題が生じた。これが遺伝的難問である。「工学的」解決策とは、自然がもたらす問題に対する私たちの対応のことを意味する。そして「政治的」および「医学的」解決策とは、私たち自身の心理的な欠陥や、社会的な欠陥、身体的な欠陥をコントロールしようとする試みのことを指している。人類が直面する他の多くの試練と同様に、私たちがとるべき態度や、その根拠について、簡単には意見が一致しえない場合に、遺伝的難問は生じる。

　私たちは、疾病率と死亡率を下げるために、治療法や予防法を求めたのだが、科学的な知識や政治的な野望がそれと相まって、多くの人に次のことを信じさせることになった。すなわち、人類全体を改善するために、人間の体質に根本的な改良が必要だと信じさせることになった。西洋の歴史を通して、哲学者や科学者は、人類は慎重な出産計画と選択によって、より優れたものとなると主張してきた[*2]。一九五〇年代の現代遺伝学の誕生と、それに続く分子生物学、生殖医療や、その関連分野における進歩によって、この考え方は新しい段階に引き上げられた。小児の先天性の形質は、出生前および着床前の検査によって検出することができ、人体の分子レベルのプロセスを調べ、それを改変することができる。そして、個体レベルで、もしくは集団レベルで、私たちが持っている遺伝的形質を変化させたり、新しい遺伝的形質を加えることができる。厳密にいえば、これらの発展には遺伝学的ではないものもある。しかし、それらの発展は、デオキシリボ核酸（ＤＮＡ）の二重らせん構造の発見に端を発する、科学の進化によって始められ、それによって形作られてきたのである[*3]。ＤＮＡは遺伝学の基本要素なので、「遺伝的難問」という共通の見出しに含まれる問題として、一つにうまくまとめることができる。

「人間を改良する？〔*Making People Better?*〕」というこの本のサブタイトルは、多くの異なる意味を持っている。病気や怪我を予防したり、また病気や怪我になったときには、治療したり、手当したり、またケアしたりすることによって、人々をより健康な状態にすることができる。これらは、公衆衛生活動を含む医学や、看護、および医療の課題である。集団レベルの生殖プログラムによって、私たちは国民の健康を改善しようとすることができる。過去、そして現在の優生運動は、子どもを持つべき人を選択するか、子どもを持つべきではない人を選択するか、あるいはそのどちらについても選択することによって、国民の健康を改善しようとした[*4]。私たちは、より健康な赤ちゃんを育てようとしている親に対して、遺伝子検査や、胚の選択、自身の判断で中絶することを可能にすることで、彼らを援助することができる。これらの方法は生命科学の進歩によって可能になった。そして、私たちは物質的な幸福を増大させたり、お互いに関わり合う中での共感や正義を促進したりすることで、人々の人生をより良いものにすることができる。地域共同体や社会は、教育と政治的努力によってこの使命を果たすことができる。

　この本は、人間を改良する七つの方法について論じる。この中には、教育や、集団規模の優生学、政治的取り組みは含まれない。むしろ、七つの方法はすべて、より個人的なレベルにおけるものであり、遺伝学および医学に関連している。以下七つの見出しのもとで、それぞれのトピックについて私は論じるが、まずはこの節に続く**2**節から**8**節でこれらについて簡単に扱い、その後、第3章から第9章においてさらに詳しく論じる。

- 最良の赤ちゃん
- 聾《ろう》者の胚
- 救世主きょうだい
- 生殖目的のクローニング
- 胚性幹細胞研究
- 遺伝子治療
- 大幅に寿命を延長すること

この章では、これら七つの見出しにそれぞれ含まれる実践について説明し、それらの実践と、人間を改良することとの関係についての、私の考えを明らかにする。そして、第3章から第9章で行なわれる、より詳細な分析のために、それらの実践から生じてくる哲学的な問題について説明する。

2　最良の赤ちゃん

「最良の赤ちゃん」という最初の見出しでは、人間を改良するという問題は、「より良い人間をつくる」という角度から、より正確には、良いものだとみなされる人間だけをつくるという角度からアプローチされる。これは遺伝子検査に関する科学的知見を背景としている。遺伝子検査によって、私たちは妊娠前に、または出生前に、あるいは胚移植前に、生まれてくる人について多くのことを調べられる。親となる人を検査することで、生まれてくる子の健康状態を確実に、もしくはある程度の確からしさで示すことができる。例えば、妊娠中の出生前診断は、望ましくない変異を明らかにするために用いられる。また、体外受精（ＩＶＦ）を行なうときには、着床前の胚を検査することで、多くの遺伝的で先天性の特徴を調べることができる。公衆衛生サービスは、これらの検査のいくつかを規定通りに提供している。他方で、商業チャネルを通じて、それよりも多くの検査が徐々に利用可能になっている。テスト結果に基づいて子どもを選択することで、親は子どもが持つ特徴や状態を決め、それ以外の特徴や状態を持つ確率を下げることができる。逆に、特定の特徴や状態を除外し、除外した特徴や状態を子どもが持つ確率を下げることもできる。しかし、それを行なうべきだろうか。そして、もし行なうべきだとするなら、どのような場合に行なうべきか。また、どの程度行なうべきか。そして、親となる人がそうすることを、私たちの社会は許容し、さらには、促進すべきだろうか[*5]。

　生殖に関する検査を支持する議論は、簡単に示すことができる。科学者は、思想と言論の自由の名において、技術を開発し、それを公表することが許されるべきである。研究所とクリニックは、自由企業の名において、検査を市場に出すことが許可されるべきである。親の自律性のためには次のことが必要とされる。すなわち、母親や父親となる人が、それが実際に可能である場合には、子どもの最も重要な身体的特性に関する情報を、購入したり、または別の方法で得られることが必要となる。親が責任を果たすためには、子どもたちの最良の人生を保証するために、これらの情報を得るべきだとまで言われる。認可された生殖に関する検査が存在することで、私たちの科学的な好奇心は満たされ、市場の自由も守られ、生殖に関する自己決定が支えられる。そして、やがてはそれが、子どもの最善の利益に役立ち、健康で有能な市民を社会にもたらすことになる。

　子どもに対する親の義務については、生命倫理学や、その関連分野における近年の議論の中で熱心に論じられている。ある見解によると、人が子どもをつくろうと考えるときには、つくることができる子どもの中で、最も健康的で、最も強く、最も知的な子どもを得るために、最善を尽くさなければならない。適切な生殖パートナーを選ぶとか、生活習慣を調整することで、これが達成できるならば、おそらく、これらの選択肢が追求されるべきである。しかし、ここでより重要なことは、将来自分の子どもとなる胚や胎児を、胚や胎児の段階で遺伝的に検査する義務であり、そして、子どものために、最良の人生を期待できるもののみを選択する義務である。この考えによれば、遺伝子検査で得られる知識を十分に利用しないならば、両親は、親としての責任を果たすことができない。[*6] また別の見解によると、生まれてくる子どもが良い人生を持つことが、合理的に見込めるという段階を目指すべきである。これが意味することは、検査の結果、悲惨な疾患や、重度の障害が予測される場合には、その胚や胎児は選択されてはならないということである。しかし、悪い状態ではあるが、それを選択してはいけないというほどには深刻ではない状態の子どもを持つことに関しては、それに圧力をかけたり、それを妨げたりすべきではない。親が特定の性質の子どもを持つことを避けることは認められることもあるが、特定の性質の子どもを持つことを避けなければならないという義務はない。[*7] 他方で、また別の見解によれば、人々は遺伝子検査に対してまったく注意を払うべきではない。子どもを持とうとする親が、一度その決意を明確にしたのならば、子どもの身体的な特徴や健康状態がどうあろうと、自然が与えたものをただ受け入れ、子どもを無条件に愛さなければならない。[*8]

　生殖に関する検査に反対する議論は、道徳原理や心理的な不安に基づいている。技術が存在し、サービスが利用可能であることによって、親には、検査するかどうかという冒頭の問いが突きつけられることになる。検出された突然変異や、病気が存在することを示す陽性の結果は、さらなる難問を投げかける。それは、命を見捨てるという選択と、障害を持つ子どもの親になるという、おそらく健康な子どもの親とは違った困難を抱えることになる選択の間の難しい決断である。遺伝子検査を批判する人によれば、検査をするかしないかは自由ではなく、また強制されないわけでもない。情報を取得しようとする態度が支持されるのであれば、社会的圧力によって、情報を無視することはほとんど不可能となる。例として、ダウン症検査があげられる。ダウン症検査は多くの国で、日常的に利用でき、社会的に受け入れられている。そして、胎児にダウン症の兆候がある場合に、この検査が断わられることはめったにない。同様に、多くの人の意見が、健康や正常性についての特定のイメージを支持する場合、そこから逸脱したことを示すような、陽性の検査結果が妊娠中に明らかになることで、中絶することになる傾向がある。

尊厳、連帯、予防という、互いに補い合う観点から考えると、選択的中絶や胚の選択的破壊は、道徳的に問題があるとみなされうる。[*9]人の命が絶たれるとしても、それがどういった理由で行なわれるとしても、尊厳や生命の神聖さが侵されることになる。正当な処罰や、戦争、自己防衛のような例外はありうるが、それらは出生前の決定とは関係がない。連帯が問題となってくるのは、身体的な特徴に基づいて、他の人とは異なる扱いを受ける人がいる場合である。選択が意味するのは、望ましくない状態や性質を持つ人は生まれることが許されないということである。それらの人は、いま存在しているわけではなく、またこれから存在するわけでもないので、選択がそれらの人に影響を与えることはないかもしれない。しかしながら、同じ状態や性質を持って、いま生きている他者には影響があるだろう。彼らは自身が望まれていないのだと感じるだろう。そして、どのくらい望まれていないと感じるかは、自身が持っているセルフイメージや、他の人々の態度や行動によって決められるだろう。

次に予防について。私たちがいま行なっている活動や政策によって、将来のリスクが生じる。予防が要求することは、私たちがそのリスクに注意を払うことである。選択が許されるとお互いに認めるようなケースが、理論的にはありえたとしても、実践的にいうと、一見治療のための検査と似てはいるが、実際にはそれよりも悪質な検査へとつながる可能性があり、それは賢明ではない。耐え難い病気のための検査が、間接的に、もしくはそれを建前として、目の色を調べる検査や、それと同じような分別のない検査へとつながる可能性がある。[*10]これらの一連の議論によれば、最良の赤ちゃんとは、責任ある親が、生んで、世話をすべきだと考えられるような赤ちゃんである。

第3章では、これらの見解や、それに関連する見解についてより詳細に検討する。そこでは、それらの見解の間で共有されている前提や、逆に対立している前提について確認し、これらの前提から、どのような道徳的な判断や、立法上の決定が導かれるかを明らかにする。

3　聾者の胚

生殖上の遺伝子検査に関する議論の中では、その検査の目的は、身体的なもしくは精神的な病気や障害を持つであろう個体が生まれてくることを防ぐことである、という考えが標準となってきた。多くの哲学者や倫理学者によれば、すべての生まれてくる子どもには、充実して、比較的自立した生活を送る可能性が与えられるべきであり、この目的を妨げる可能性がある、深刻な身体障害や知的障害は持たない方がよい。この議論は、現在の倫理学の理論から考えても理に適っており、また世間に最も認められている人口政策や、ヘルスケアの実践とも一致するものである。しかし最近では、検査が、本来の目的とは矛盾するような、別の用途で使われている。自身が特定の疾患を持っている親が、とりわけ生まれつき聾である人が、遺伝子の選択や、着床前診断によって、自分と同じような子どもをつくろうとしている。[11] これは、人々をより良いもの、あるいはより悪いものにすることだろうか。これらの試みを、何らかの方法で規制したり、思いとどまらせるべきだろうか。

伝統的な道徳理論をもとにして、聾の赤ちゃんをつくるために、配偶子ドナーや胚を選択するといった行為を禁止することや、阻止することを正当化できる〔伝統的な道徳理論である、徳理論、義務論、帰結主義をもとにしたアプローチに関しては、第2章の**2**節から**4**節でより詳しく説明される〕。徳理論は、人間の開花繁栄〔徳理論の中の専門用語であり、ある種の幸福を指す言葉である。人間が追求する価値のある幸福、あるいは人間としての真の幸福を表わしている。その意味で、人それぞれの主観的な幸福ではなく、客観的な幸福を表わすものである〕のイメージを想起させる。そして、個々の人を重視する観点に立つ場合に、そのイメージによって支持されるのは、健康や自立であり、特別な援助や支援なしに、社会で機能する能力である。義務論は、道徳の基盤となる、制約されない理性の重要性を強調する。そして、選択することは、生まれてくる人から、知的なコミュニケーションや、成長のための優れた道具を奪う可能性があるため、義務論と選択は根本的に対立するように思われる。帰結主義者の見解が重視するのは、幸福と福利であり、苦痛や悲しみがないことである。それゆえ、聾が苦痛のもとであるならば、それに反対する理由が存在すると思われる。三つの理論について、また別の解釈を与えることができ、そうすると、評価が異なってくる可能性がある。しかし、これらの表面的な解釈は、現代の、聾を選択しない方針を反映しているか、あるいは逆に、その方針に反映されている。

聾の赤ちゃんを持つためにドナーや胚を選択することは、自由な選択と親の自律といった考えによって、当然のように擁護される。この考えは、より広く認められた種類の遺伝子検査を正当化するために、すでに使われている。科学者が検査を開発することは許可されるべきであり、研究所が、それらを商業的に利用することは許容されるべきである。そして、子どもをつくろうとする人の意図が、他の人たちには共有されないという理由だけで、その人たちが技術の恩恵を受けることを否認することはできない。いずれにせよ、現在認められている検査の目的が、普遍的に支持されるわけではないが、家庭生活の不可侵性によって、検査は十分に正当化されると考えられている。疾患や障害を防ぐための検査を支持する人は、自分たちの目標が、より良いものであり、より倫理的であると主張したいのかもしれない。しかし、これについては反対される可能性があり、そして実際にこれまで反対されてきた。

障害に関する研究者や、障害のある子どもの親がしばしば強く主張するところでは、有害とみなされる可能性のある身体の状態は、必ずしもその個人の活躍を妨げるとは限らない。[12]

次のことが正しいことは、彼らも認める。痛みを伴う病気は、苦痛を与えるものであり、精神遅滞は認知機能を抑え、運動能力が制限されることで動きは遅くなり、盲人は見ることができず、聾者は聞くことができない。しかし、これらはいずれも、個々人が人生を楽しみ、そして社会に貢献することを妨げるものではなく、特に、適切な医療サービスや社会的支援があればなおさらのことである。これは、聾のケースについてはよく理解でき、信頼できる論証である。多くの人々が聾で、手話が共通のコミュニケーションの手段である環境では、聾は障害ではなく、文化とみなすことができる。すべてのマイノリティ文化と同様に、聾文化は、マジョリティが持つルールや態度に対応する際に、困難を抱えることはありうる。しかし、人々が思いやりを持ち、差別をせず、互いに尊重し合うことで、聾文化のメンバーや、その人間関係がより良いものとなることは、他の文化の人たちと同じくらいに確かなものとなる。

義務論や帰結主義者による反論は、ここではほとんど当てはまらないように思われる。聾それ自体は、知能の低下とは関連しえない。[13] それゆえ、聾者は、聾であるために、自身の理性に基づいて道徳的判断を行なう能力が、聾でない人と比べて劣っていると信じる根拠はない。そして、確かに「聾の子どもは車が来ているのが聞こえないだろう」[14]が、先天的な聾は、それ自体が害や苦痛のもとであるわけではない。そして、聾であることの影響が、差別的な態度や行動によって増幅されるのでない限りは、人生の中で主観的に経験される幸福が少なくなることもない。

聾の遺伝子検査の規制に関して、道徳性と法律はどういった関係にあるかという問題は、興味深いものであり、私は第4章でこの問題について検討するつもりだ。聾の赤ちゃんをつくろうとすることは不道徳であると主張する理論家もいれば、他方では、それは理解できることであり、容認できると主張する理論家もいる。しかし、道徳的な考えの不一致にもかかわらず、法的には、親は自由に自己決定すべきだという点では、ほとんどの人の意見は一致している。[15] 私が後で示すように、これは不安定な妥協である。なぜなら、互いに反する倫理的な見解を持っており、そしてその根底にある倫理的な確信をもとにすると、予測できることだが、法的な解決策について考慮する場合でも、異なる主張が導かれるからである。

4　救世主きょうだい

「最良の赤ちゃん」をつくろうとする場合や、「聾者の胚」を選択することに決める場合には、着床前遺伝子検査は、少なくとも親の目から見ると、より良い人間をつくるために使われている。同様の検査は、医学的な意味で、人間を改良するために使うこともできる。子どもの中には、組織や幹細胞の移植によってのみ効果的に治療できる病気を持つ者がいる。適合するドナーを、常に生きている人の中から見つけられるとは限らない。そういった場合に、親はその役割を果たすことができるもう一人の子どもをつくろうとすることができる。たくさんの胚を体外受精（ＩＶＦ）でつくった後、それらの適合性が検査され、良好な胚が妊娠のために移植される。この過程がすべて順調に進んだ場合、意図された特徴を持つ子どもが生まれ、病気の兄弟を助けるために、その子どもの臍帯血や組織が回収される。すでに存在する人を健康な状態に回復させるために、新たな人間、つまり「救世主きょうだい」がデザインされ、つくられるのである。

救世主きょうだいをつくることを支持するための、明白な理論的根拠は、医療的なものである。救世主きょうだいがいなければ、命を救うことができない人や、病気を治すことができない人にとっては、より長く、そしてより良い人生を送る可能性が与えられることになる。おそらく親はより幸せになるだろう。そして、死に瀕した状態や、永久的な損傷を持っていた市民が救われることで、社会は彼らの貢献を得ることができる。医療的な根拠とはまた別に、生殖の自律原則によって、さらなる理由が与えられる。救世主きょうだい以外の理由で、子どもをつくりたいと思うとき、特定の種類の子どもをつくることに対して、制約をかけることや、条件を課すことが許されるとするならば、その根拠は何か。また、そこで線引きされるのはなぜか。兄・姉の命や健康は、間違いなく、これから生まれてくる子どもの身体的状態と同じくらい重要な関心事である。

救世主きょうだいをつくることへの反論には、生命の神聖さに依拠するものから、生じる可能性のある害に関する考慮に依拠するもの、生命をデザインすることや、人を手段として使うことを非難するものにまで及ぶ[*16]。すべての着床前遺伝子検査でみられるように、ドナー候補を選択するときに、いくつかの胚は捨てられる。そしてこのことが、生命の神聖さの原則に違反するものとみなすことができる。私はこの批判について、幹細胞研究との関連で議論するつもりだ（**6**節と第7章）。そして、すべての生殖に関する検査でみられるように、親や遺伝学者は、子どもが持つことになる特徴について計画する。そして、そうすることによって、親や遺伝学者は、ある役割を担おうとするが、それは彼らが担うべきものではない、と主張されるかもしれない。生殖目的のクローニングに関する議論において、私はこの見解や、「デザイン」に対する他の反論に立ち返るつもりだ（**5**節および第6章）。さて、救世主きょうだいに対する他の反論についてはどうだろうか。

兄・姉へのドナーとなるためにつくられたた子どもは、その過程で身体的な害を受ける可能性がある。これは必ず生じるわけでも、避けられないわけでもないが、可能性はある。必要な組織を臍帯から採取することができれば、身体的な害はない。しかし最初の治療が失敗し、骨髄移植が必要な場合には、比較的痛みを伴い、危険な可能性もある処置が、その子どもの同意なしで、行なわれることになる。関連する文献の中では、この処置では、永久的な損傷は通常発生しないので、それは有害なものではないと一般的に主張される。この見解では、兄・姉の苦痛と生まれてくる子どもの苦痛という別々のものが、一つにまとめられている。兄・姉の苦痛と比べて、生まれてくる子どもの痛みやリスクは軽視されることがある[*17]。しかしながら、痛みやリスクは実際にあり、臨床全体に対する合理的な態度がどういったものであれ、それらを害とみなすことができる。

救世主きょうだいは、親の期待によって心理的な害を受けることもありえる。特に、彼らの組織を使って兄・姉を助けることができない場合にはそうである。ただし、心理的な害を受けるのはその場合だけではない。ここでもやはり、心理的な害は必ず生じるわけでも、避けられないわけでもないが、その可能性があることは確かだ。これまでの症例数は非常に少なく、他のタイプの状況から類推するのはおそらく妥当ではない。そのため、兄・姉を救ううえでの、その組織の重要度に関して、私たちは正しい知識を持っているわけではない。救世主きょうだいをつくり、その組織を使って兄・姉を助けることができなかったという経験をした親は、次のように断言する。いずれにせよ、子どもをもう一人産んでいただろうし、計画されてつくられた赤ちゃんが、治療に役立つかどうかに関わりなく、その子を愛しただろうと。しかし、失望はいろいろな仕方で現われる可能性がある。自分が兄・姉の治療という、外的な目的のためにつくられたと、ただ感じるだけでも、それは、遅かれ早かれ人生のある段階で、その人の自尊心に影響する可能性がある。

　救世主きょうだいをつくることによって生じる影響を、根拠として行なわれる反論には別のものもある。その反論によると、その行為は、それ単体では、そしてそれ自体は容認できるものであるが、遺伝学的な滑りやすい坂に一歩踏むこむことになるだろう。この論証は次のように進む。原理的には、私たちは、病気の子どものために、ドナーをつくることを容認することができる。しかしそうすることで、私たちは、救世主きょうだいという重要な場合以外での、親の選択も認めたり、もしくは、少なくとも、それが許されるというメッセージを送ることになるだろう。結果として、重要ではない理由で行なわれる遺伝的な検査の数は増加し、すべての人が目の色や、性、背の高さ、知能、ユーモアで子どもを選ぶことになるだろう。この通俗的な考えを批判する人は、二つの洞察をもとに、その考えに反論する。容認される選択の種類が拡がって行くことに対して、おそらく法律や規制によって歯止めをかけることができる。そして、親が子どもが持つ特徴を決めることができるのならば、選択することは必ずしもそれほどひどいものにはならないだろう。

　ここで最も興味深い倫理的な問題は、搾取や道具化の問題である。私は第5章で、この問題に焦点を当てる。「救世主きょうだい」は、第一に他者の幸福のための手段として使われているのだろうか。もしそうだとするならば、これは不正なことなのか。そして、それはなぜか。これらの問いは、それが唯一の問いでないにせよ、姉や兄を助けるために赤ちゃんをつくることにとって、少なくとも中心的なものである。[*18] 生命の神聖さや、生殖を計画することの不道徳性、必然的には生じない害、そして、滑りやすい坂などの考えに関する意見の一致は、ほとんどの種類の「人間を改良する」ケースについても拡張することができる。人を手段として使うことは不正であるという主張は、まさにこの場合に最もよくあてはまる。

5　生殖目的のクローニング

生殖目的のクローニングは、最良の赤ちゃんや、聾者の胚、救世主きょうだいと同じように、新たに個体をつくることに対して、きわめて重要な役割を与えるトピックである。救世主きょうだいに関する議論とは異なり、生殖目的のクローニングというトピックは（いま生きている人たちを改良するというよりは）より良い人間をつくることに関わる。しかし、クローニングの議論のまず際立った特徴は、クローニングのノウハウが進歩するにつれて、抽象的な考察から具体的な立法行為へと、話が急速に進んでいったということである。

一九九七年以前には、たいていの場合、クローニングは実際にはありえないような、想定上の脅威とみなさていた。それは倫理学の議論の中で使われ、遺伝学的な滑りやすい坂の最底辺、つまり、最悪のケースだと想定されていた。メディアの中のイメージがさりげなく指していたのは、オルダス・ハクスリーの『すばらしい新世界』やジョージ・オーウェルの『１９８４年』といった著名なＳＦであった。[*19] クローニングが、特にどの小説でも、話の中心にはなっていないという事実は、重要ではなかったように思われる。というのも、クローニングの技術は、全体主義的な統制、個性の喪失、自身で思考しない集団主義といった小説の主題と途切れなく関連していたからだ。クローニングは、人々や社会をデザインするという悪さの典型とみなされていた。

成体の遺伝的複製は、現実的ではなく、起こりそうもない危険に見えたので、体細胞核移植によってクローニングされた最初の哺乳類ドリーに関する一九九七年二月のニュースは、多くの倫理学者を驚かせた。[*20] 以来、この分野の科学の進歩は急速なもので、牛や、マウス、ラット、ヤギ、ブタ、ウサギ、猫、馬、犬を含む他の多くの哺乳類がこの方法でつくられている。

政治家や立法者は、この新しい状況に迅速に対応した。各国政府はわれ先にと、生殖目的のヒトクローニングや、その研究を完全に禁止した。そして、開発を中止するための法令が制定された。一九九七年十一月、この技術は、ユネスコの「ヒトゲノムと人権に関する世界宣言」の中ではっきりと非難され、「ヒトのクローン個体作製のような人間の尊厳に反する行為は、許されてはならない」と言われた。[*21] これが生殖目的のクローニングに対する反応の本質を、ある程度はまとめている。研究グループによる羊のクローニングは、基本的には受け入れられることである。しかしながら、それは人のクローニングにつながる可能性があり、人のクローニングは人々が持つ倫理的な直観に反するため、許すことができないのである。これらの直観は、いわゆる「人間の尊厳」の原則と結びつけられる。しかし、これらの直観を明瞭に表わすことは難しく、また「人間の尊厳」という概念も不明瞭なものである。[*22] ここでの問題は非常に一般的なものである。つまり、こういった主張の中で使われている直観がどのようなものなのかを、まずは明らかにする必要がある。

多くの人が主張するところでは、生殖目的のヒトクローニングにはいくつかの不正な事柄が含まれている。その不正な事柄というのは、生命の喪失や、道具化、そのコストについて十分な正当化が与えられていないこと、安全性の問題、独自性の喪失のことである。[23] 前で述べたように、侵襲的で、死に至る可能性のある治療を、ヒト胚や胎児に行なうときには、すべての場合で生命の喪失が懸念される。それにもかかわらず、その点を理解しているのは、生命とその意味に関して特定の見解を持つ倫理学者に限られる。これらの見解は後で検討される（**6**節と第7章）。道具的な使用に関していえば、それは、研究の段階でも、その後の生殖へと応用する段階でも問題となる可能性がある。というのも、研究では、多くの胚が失われるためである。そして、その成果を生殖に応用する場合にも、常に、核移植によってつくられた胚が一つあれば、それで妊娠させるのに十分である、と期待することは非現実的であるためである。これらもまた、生命の神聖さという観点から、最もよく検討されている反論である。残る懸念は、新たに生まれる子どもが、他の誰かに似ることを親が望む可能性があるということだ。おそらく、家族の中で尊敬されている人に似ることが望まれ、その人の体細胞が、この方法の中で使われてきた。確かに、これが完全に健全なことであるようには思われない。しかし、これがクローニングに特有の問題であるかどうかは明らかではない。人々は様々な理由から子どもをつくる。そして、そのとき、どのような方法を用いるにせよ、親の期待は子どもに負担をかける可能性がある。

生殖目的のヒトクローニングを現実のものにするためには、多くの費用がかかる研究や、先端技術の導入が必要となる。そのため、生殖目的のヒトクローニングを行なうことが、多くの人々にとって非常に有用であることが期待できる場合でも、それは、費用対効果分析によってのみ正当化することができる。事実としては、費用対効果は明らかに高くない。生殖目的のクローニングに関する科学的な研究は、生物学の基礎研究として認可される可能性はある。しかし、その実用的な目的が、数百〜数千人の人々が遺伝関係のある子どもを持つことを手助けすることである場合、そのお金は他の目的のために使われた方が良いだろう。このことは、クローニングの方法が安全ではないことによって、間接的な問題が生じるために、まさにそうだと言える。生殖目的のヒトクローニングを擁護する議論によれば、クローニングは、いま自由化するにはあまりにも危険だが、そのリスクが解消されてしまえば、容認することができる。しかし、どのようにしてリスクは解消されるのか。動物実験では十分ではないかもしれない。そして、初のクローン人間となる人は、そのことによって、ある種の危害を被るだろうが、現代の研究ガバナンスの枠組みの中では、人間をそういった危害にさらすことはできない。このことが示すのは、クローニングの技術は、倫理的に完全なものにはなりえないということである。[24]

独自性の喪失に関する別の種類の問題が、クローニングの倫理における独特のテーマとなっている。私たちには、他人と同じではない遺伝子構造を持つ権利があるのか。一卵性双生児はこの特権を持たない。しかし、おそらく彼らの「自然な」あり方は、クローンという「デザインされた」存在とは異なる。自身の遺伝子が他の人の遺伝子の複製であると気づくことは、その人の人生を不幸なものにするだろうか[*25]。どのような遺伝病が高い確率で私たちを待ち構えているのかを、知らないでいる権利はあるだろうか[*26]。生命は、神秘的なものであり、過度にデザインすべきではないのだろうか[*27]。これらは、第6章で私が取り組む種類の問題である。

6 胚性幹細胞

幹細胞は分化全能性、分化万能性、分化多能性を持つ細胞であるか、分化単能性の細胞であり、増加するか、もしくは分化する能力を持つ。分化全能性を持つ場合、細胞は、成長して一つの生物個体となることも、もしくは、その生物の、どの器官や組織となることもできる。分化万能性を持つ場合、細胞は、その生物の、どの器官や組織にもなることができるが、一つの生物個体となることはできない。分化多能性を持つ場合、細胞は、その細胞が属する一般型と同じ型の細胞になることはできるが、他の一般型の細胞になることはできない（造血幹細胞は多能性細胞の一例で、それはまた別の血液細胞に特殊化することができる）。単能性である場合、細胞は、自身と同じ特定の種類の細胞（例えば筋細胞）を新たに供給することができる。幹細胞は、胎児期や胚期を含む、人間が存在するすべての段階で、人の体にある。

ヒト幹細胞は様々な方法で得ることができる。すなわち、臍帯血からそれらを回収するという方法や、（胚形成後の）生きている個体から単離するという方法、核移植（ドリー法）という方法、そして胚の内部細胞を採取するという方法で、得ることができる。臍帯血や骨髄、成人や子どもから提供されたそれ以外の組織は、疾患を治療するための幹細胞源となるが、それらの幹細胞源はそれほど議論を引き起こすものではない。核移植を用いることは、生殖目的のヒトクローニングと関連するので、より注意深く対処しなければならない。しかし最も激しい論争が生じているのは、一九九八年以来、技術的に可能となった胚性幹細胞の採取と培養に関してだ[*28]。

ヒト胚性幹細胞に関する医学的な研究や、生物学的な研究によって、私たちの生存と健康を保つメカニズムやシステムについて、より良く理解することができる。それらの研究によって、生命の維持に必要な組織を、人体に再導入することが可能となり、それは、これまでは治すことができなかった病気の治療を成功させるためには不可欠なことである。ヒト胚性幹細胞に関する研究はまた、臓器全体をつくることや、若返り治療も、将来可能にするかもしれない。しかし一方で、薬や治療法の開発というのは、時間のかかるプロセスである。有力なメディアでは、それがすぐに売上げとなる見込みについて報じられることがあるが、ほとんどの場合、それは誇張されたものである。そのうえ、ヒト幹細胞株をつくることは、胚を破壊することと、いやおうなく結びついているように思われる。そして、このことは、生命の神聖さの観点からすると、深刻な問題となる。

多くの研究グループは、胚を破壊することなく、有用な生きたヒト幹細胞株をつくる方法を見出そうとしている。成体幹細胞を使うことを好んだ人もいれば、[29] 胚性幹細胞に酷似した材料をつくるために体細胞を使った人もいる。[30] これらの試みの難しさには次の事実が含まれる。すなわち、成体幹細胞は、求められているすべての特殊化の能力を、必ずしも持つとは限らないということ。そして、通常の組織に由来する、ほとんど胚細胞に近い体細胞は、いまのところ安全なものではない。もともとの胚を破壊することなく、その内部細胞を取り除き、取り出されたものを用いて胚性幹細胞株をつくる方法が、最も魅力的なものだと考える人もいた。[31] 新しい細胞株をつくることが禁止されている国では、研究者はこの方法を用いることで、法的な壁を回避することができる。しかし、その方法によって、根本的な倫理的ジレンマが解決されるわけではない。「取り出されたもの」自体は、新たに一人の人間へと成長する可能性がある。そして、それが意味するのは、「取り出されたもの」を、そのプロセスで破壊されることとなった胚とみなすことが可能であり、さらに論理的に言えば、みなすべきだということである。

胚性幹細胞研究や、将来的に可能となる治療は、尊厳や連帯、脆弱さに関わる深刻な問題を生じさせる。不治の病を持つ人は、その病気のせいで、虚弱で、か弱い人となる。そして、研究や治療といった活動の出発点は、ほぼ間違いなく、そのような人の健康と価値に向けられた、連帯に基づく配慮であるはずだ。しかし、このとき考慮されている事柄は、同時に技術開発やその使用に反対するものともなりうる。すなわち、次のように主張することができる。技術開発やその使用に寛容な政策から生じてくる悪影響を、主に受けることになるのは、胎児や胚などの、まだ生まれていないヒトや、搾取される女性である。胚は、研究や治療の過程で破壊される。その結果として、中絶のような関連する問題に対する感受性が低くなる可能性がある。しかしながら、胚や胎児の生命の神聖さと不可侵性を信じる人にとっては、胚の破壊と中絶はどちらも重大な懸念事項である。さらに、胚を採取するには女性が必要となる。そして、これは憂慮すべきことである。というのも、その操作は侵襲的でリスクを伴うものであり、欺いたり、強要したり、金銭的な誘因がなければ同意されそうにないからである。[32]

胚を用いる代わりに、成体幹細胞や、その他の代替物を使うことができるのかどうかという問題は、幹細胞の研究や治療に関する、より広範な科学的な議論によって扱われる問題である。ヒト胚性幹細胞に関する論争の中で、次の二つの点について、特別に検討する価値がある。その一つは、胚の道徳的地位〔ここでは胚が道徳的地位を持つかどうかが問題となる。つまり、胚は、生きる権利のような、道徳的な権利を持つのか、また道徳的な配慮を要求する資格があるのかどうかが問題となる〕であり、もう一つは、胚を採取する際の女性の役割である。生命は神聖なものであり、初期のヒトに対するいかなる干渉も不正であると信じる人がいる。他方で、胚盤胞の少数の細胞は内在的な価値をもたらさず、それを用いることに対して、合理的な反論をすることはできないと主張する人もいる。また一方では、胚には価値があり、ある使用法や応用の仕方は、他の方法よりも容易に正当化できると考える人もいる。満足のいく倫理学的な分析をするときに、より寛容な見解を支持する人が、考慮すべき重要な事柄の一つは、胚の道徳的地位以外に、何について説明する必要があるかということである。費用対効果は重要だが、それは、利害関係者同士のより全般的な話し合いで解決することができる。残りの問題は、必要な胚を採取する際に、女性が搾取されるのかということと、このことは胚を用いた研究を禁止するための、十分な理由となるだろうか、というものである。胚や女性に関わるこれらの問題は、第7章でより詳細に検討される。

7　遺伝子治療

幹細胞研究の場合と同じように、遺伝子治療は第一に、人間を改良することに関わっている。つまり、病気を治したり、いま生きている人の体をより強いものにすることに関わっている。遺伝子治療はまた、より良い人間をつくるという側面も持っている。最初に遺伝子治療を受けた人々の子孫にも、その効果がいくらか見られるからである。すべての遺伝子治療は、これまでのところ実験段階にあり、良い見込みはあるものの、二十年間の集中的な努力の後も、日常的な治療法となるには程遠いものだ。しかしながら、その擁護者は、いま行なっている試験が終わってしまえば、急激な発展が合理的に期待できると口を揃えて言う[*33]。

体細胞遺伝子治療と生殖細胞系列遺伝子治療の間には、境界線が引かれてきた。体細胞治療は、実際に治療を受ける人に、その治療が作用するようにデザインされているだけである。親がこの種の治療を受けるとしても、その子どもは治療の影響は受けないだろう。つまり、親の遺伝子欠陥が修正されたとしても、子どもは同じ遺伝的欠陥を持つだろう。生殖細胞系列治療は、妊娠の前後いずれかに、配偶子またはそれらをつくる細胞に影響を与えるものである。もとに戻す措置がとられない限りは、治療によって引き起こされた変化は、患者の子どもに現われることになる。しかし、生殖細胞系列は不透過性のものだというわけではない。つまり、身体の他の部分に挿入した遺伝子が、生殖組織に伝わることがありうる[*34]。この事実は、立法者を当惑させうるものである。というのも、多くの政府は、体細胞に関する治験を許可しているが、一方で、生殖細胞系列遺伝子治療は、非倫理的なものとして、常に禁止してきたからである。

体細胞遺伝子治療と生殖細胞系列遺伝子治療は、たいていの場合、絡み合った二つの考えに基づいて、倫理的に区別される。一つ目の考えは、遺伝子改変の長期的な影響に関する知識は、非常に限られており、新しい世代の人たちに、その影響を被らせることは不正であるというもの。二つ目の考えは、体細胞遺伝子治療を受ける人は、それを自身で決められるが、一方で、これから生まれてくる人たちについては、親が代理するか、生まれてくる子どもの同意があると仮定することしかできないというもの。どちらの考えも魅力があるが、しかし、どちらも批判される可能性がある。私たちの知識は、いまは限られたものかもしれないが、科学は進歩しており、この壁は克服することができる。もしそれが克服されたときには、生殖細胞系列遺伝子治療への反論としてあげられた、予期された結果に基づく論証は消えるだろう。同意に関していうと、現代では、幼児に対する検査の多くは、子どもの代わりに親が同意することで行なわれている。いま主張されている倫理的な区別が、同意があるかどうか、ということにだけに基づいているならば、子どもに対するすべての遺伝子治療が不正である（子どもの同意は実際にはない）か、または、生殖細胞系列遺伝子治療が認められる（親が同意する）可能性があるかのどちらかである。*35

　これらの洞察によって倫理的な区別が無効になるわけではなく、知識や同意がないことに基づいて、その区別を正当化することはできない、ということが示されたにすぎない。遺伝子技術によって意図的に遺伝子を変化させることを非難する場合、その理由は他のところに見出されなければならならない。おそらく、これから生まれてくる人が持つ尊厳や権利に依拠することや、人々を特定の遺伝子の型にはめることの「不自然さ」、神のように振る舞うことの不正さといった考えの中に見出さなければならない。*36 これらの考えは、第6章で、生殖目的のクローニングや、人をデザインすることの不道徳性という観点から、詳細に検討される。そして第8章でこのテーマに戻り、生殖細胞系列遺伝子治療によってもたらされる議論のヴァリエーションについて考察する。

　同じように、遺伝子治療とエンハンスメントは、通常、区別されてきた。治療は、その処置を受ける人が、正常に機能するように回復させ、それを維持することを目的としているが、一方で、エンハンスメントは、正常であることを超えて、それ以上に機能するように改良することを目指している。たいていの場合、前者は後者と比べると、より自然で、道徳的により価値のあるものとみなされる。しかし、倫理的判断をするときに、この区別を利用することには注意が必要である。

　X－連鎖性重症複合免疫不全症（X－SCID）を有する男の子「バブルボーイズ」のケースについて考えてみよう。彼らは事実上、免疫が正常に機能しないので、すべての感染症は、それが他の人には無害な場合でも、彼らの人生と健康にとって大きな脅威となる。治療がなければ、彼らは非常に若くして死亡する。そして、それを理由として、子どもを、一九九八年に開始された遺伝子治療の治験の被験者にする親がいた。それらの治験自体に倫理的な問題があるが、ここでのポイントは、正常な機能や、改善された機能といったものが、私たちの思考の中で果たす役割を明らかにすることである。*37

「機能」が生物学的な概念だと理解される場合、正常な機能とは、その生物が自然に行なっていることである。バブルボーイズでは、免疫システムは感染症に対して抵抗しない。しかし、それは、彼らにとっては自然なことであり、それが遺伝的構成の一部なのである。これをより良いものにしようとする試みは、治療ではなく、エンハンスメントだということになる。一方で、「機能」が規範的な概念だと理解される場合、正常かどうかの規準は、他の人から借りてくることができる。統計的に言えば、非無菌環境に暮らすことができることは、正常な種の機能である。そして、これがX－SCIDに対する遺伝子処置の目的であるため、それらは治療であって、エンハンスメントではない。

規範的なルートがとられる場合には、他の点について明確にする必要がある。物をはっきりと見ることは、人間という種の平均的な機能だろうか。そうであるならば、メガネをかけることは治療である。しかし、年を取ると、物をはっきりと見る能力を失うということも、通常の特徴ではないのか。そうであるならば、メガネをかけることはエンハンスメントだということになる。「正常な種の機能」という概念を使うことで、このケースでは、子どもがメガネをかけることと、老人がメガネをかけることとの間に、倫理的な線引きが行なわれるが、これはあまりうまくいかないようにみえる。直観的には、おそらく私たちは三層の分類を使うことができるのだろう。まず治療は、正常な種の機能を回復させ、それを維持する（子どもがメガネをかけること）。そして、名前がつけられていないカテゴリーは、いうなれば援助であり、それは種の機能の範囲内で、能力を改善する（老人がメガネをかけること）。そして、エンハンスメントは、現在の種の機能を超える能力を付加する（私たちに赤外線が見えるようにする処置）。しかし、どういった倫理的な含みがあるのかは、いまだ明らかではない。自身や他の人に危害を加えることなく可能なのであれば、どうして私たちの優れた能力を増大させるべきではないのか。

「デザイン」の反論とはまた別に、遺伝子治療は、それがもたらす可能性のある利益と、それがもたらすおそれのある害をもとに評価されるべきであり、すなわち、帰結をもとに評価されるべきであるように思われる。しかし、帰結とはどのようなものか。信頼できる情報を入手することは困難であり、そのため、人々がその技術に賛成、もしくは反対するという態度によって分析の結果が定まることが多い。[38] 技術に対するおそれが原因で反対する人もいれば、逆に希望から擁護する人もおり、また一方で、用心深く、懐疑的である人もいる。第8章では、態度によって分析の結果が決まるという現象と、それが遺伝子治療に関する論争に対して持つ意味についてさらに検討する。

8　大幅に寿命を延長すること

七つのテーマのうちの最後のものは、（現存する）人間を改良することと、より良い（未来の）人間をつくることの両方に関わる。ここで扱われるトピックは、大幅に寿命を延長することであって、これは「不死」という名称が含まれる文献の中で議論されることもある。[39] 寿命を延ばすために、どのような方法が提案されるかということに応じて、遺伝子治療が関わる可能性があるかどうかが決まる。しかし、遺伝子治療を用いることは、明らかに、1節で定義した意味での遺伝的難問の一つである。

人々がより長く生きられるように支援する取り組みは、次のように分類することができる。すなわち、個々の場合に応じて死を遅らせること、適度な生命延長、大幅な生命延長、無制限の生命延長に分類することができる。はじめの二つの取り組みは、すでに私たちの日常生活の一部だが、後の二つは、前の二つよりも議論の的となっている。個々の場合に応じて死を遅らせることに当たるのは、救命や延命のために医療が介入することで、生命が延長される場合である。緊急手術がわかりやすい例だが、自分を守るための、他の多くの医療処置や、医療行為もこのカテゴリーに属する。適度な生命延長ということで私が意味するのは、事故や、その他の命に関わる可能性のある危険を避けることである（バーでのけんかや、海外旅行がその例となるかもしれない）。また、健康的な食事や生活習慣を選ぶこと、アンチエイジング製品（ビタミン剤や栄養補助食品）の使用がそれに当たる。カロリーを制限することは、ラットやマウス、魚、ハエ、虫、イースト菌[*40]の生命を延長することが示されており、これも、適度な生命延長に分類することができる。これらはすべて、生命科学の最近の進歩と関わっているというよりは、常用している薬や、公衆衛生対策、常識に関連している。

　大幅に生命を延長するという戦略が挑むのは、老化や死へとつながる、生物学的な基本のプロセスである。ほとんどの生物は死を免れないが、その理由についてはいまだに明らかではない。一つの可能性は、複雑なシステムはただ、遅かれ早かれ機能しなくなるように生まれるというものである。また別の説明によれば、身体は、不可逆的な化学的なダメージを蓄積する。あるいは、種が生き続けてきたのは遺伝的な多様性と進化のプロセスによるのであり、進化のプロセスが支持したのは、子どもを産み、育てるまでは健康な状態だが、その後にすぐに衰えて死んでいく個体だった。これが事実だとするならば、可死性の生物学的な原因は、テロメアが短くなるという機構に見出されるだろう。この機構によって、私たちは人生の早い段階ではガンから守られ、その後、繁殖がもはや必要でなくなったときにはガンの危険にさらされる。正確なメカニズムが何であれ、老年生物学の研究者には、老化が避けられないという点に疑問を持ち、命に関わる病気と同じように扱うべきだと主張する人がいる[*41]。彼らが言うには、そうすることで、大幅に寿命を延長することが可能となり、事故や暴力行為によってしか命が脅かされることがなくなる。平均寿命は、現在のように百年未満ではなく、約千年になると期待することができる。そして、人の身体に関わる遺伝的な事柄が明らかにされ、コントロールできるようになるならば、生殖細胞系を変化させることで、約千年の寿命を、未来世代の遺伝的な特性にすることができる。

　無制限の生命延長は、老年生物学の見込みを超えていくことを必要とする。不死の生命を可能にするためには、人間を何らかの方法で、不滅なものにすべきである。間接的で、一時的なやり方としては、人体凍結保存が提案されるだろう。死が差し迫っているそのときに利用可能な方法で、治すことができない場合、凍結保存という方法は、「未来への救急車」として、つまり、医学が十分に進歩し、彼らを解凍して治すことができる時代へと向かう救急車として使うことができる。より直接的な方法としては、人間と人工的な部品を融合させるサイボーグ技術や、コンピュータの中に精神的な生を保存し、それを継続する精神転送が含まれる。「トランスヒューマニズム[42]」の擁護者に好まれるこれらの考えは、新世代のものであり、検討すること自体は価値のあるものだが、この本の範囲からは外れる。

無制限の長寿に必要となる、不死を擁護する人は、ただ次のように主張する。私たちがいつでも、いまはまだ死にたくないと考えるという事実が証明するように、より短い人生よりも、より長い人生の方が良いものである。彼らにとっての問題は「私は永遠に生きることを願うか」ではなく、「私はいま死にたいか」ということだ。もし後者の問いに対する回答が、いつでも否定的なものならば、それが示すことは、私たちの生きる意志は、限界を知らないということであり、より長い寿命は、常に、より短い寿命よりも優れているということである。ありふれた批判に対して、不死の擁護者は冷静に応答する。永遠に生きることは酷いものであり、退屈なものではないのか。「さて、私たちは生命を延長させるように脅迫されているわけではなく、長く生きる機会が与えられているとみなすべきだ。あなたの人生が耐えられないほど不快なものである場合には、あなた自身のタイミングで自由に人生を終わらせなさい」。もはや誰も死なない場合には、私たちは増えすぎた人々をどこに収めるのか。「さて、人口過剰というものは、おおよそ、過剰に多くの人が生まれるということに関わっている。確かに、新しい世代に場所を空けるために、高齢者を殺したり、死に至らせるということを始めることはできない」。これは恐ろしく高くつくことにならないか。「そうだ、コストをかけて命は救われる。私たちが人の命に値段をつけ始めることを提案したいと思わない限り、お金は有益に使われているといえる」など[43]。

次に、人間の生命を延長するという考えに反対する人は、安全性や効率性、正義の問題がまったく解決されていないと主張する[44]。そして、有限性は恩恵であり、遺伝子技術や医療的技術によって不死を追求することは、人間が持つ自身の目的に反していると主張される[45]。第9章では、これらすべての議論について検討する。最後の論点は、この段階ですぐにコメントする価値がある。私たちが知る限りでは、個人が永遠に生きるという意味での人類の不死を、技術がもたらさないということは、確かに真実である。すべての生体系や、技術システムは最終的には脆弱であり、太陽系や宇宙に存在する生物は、やがては存在できなくなるだろう。これが事実だとするなら、本当の課題は、人々が何らかの永遠の命を信じるように仕向けることである。医学は、この枠組みの中でさえ役割を果たすかもしれない。しかし、宗教的な教義や、すでに繁盛している若返り産業が、それよりも良い手段となるだろう。多くの信仰は、この世で死んだ後の、永遠の存在を約束する。そして、化粧品、美容外科、生活習慣の選択、そして奇跡の薬は、年齢に関係なく、人々を若く見せたり、若く感じさせたりすることができる。第9章では、生き続けることや、若いままでいることへの願望について反省することが、人生そのものの意義をじっくりと考えることにつながることが示される。

9 七つの問い

先の節で、私には二つのことが可能となった。まず一つ目は、この本で扱われる実践的なテーマを紹介することである。そこに技術的な進歩が含まれており、それによって「遺伝的難問」の七つの側面や、人間を改良する七つの方法が明らかにされた。そしてそれらには、進歩を支持する、もしくはそれに反対するための重要な道徳的議論が含まれている。二つ目として、私は同時に、後に続く章で扱うような、より正確な哲学的問いや、倫理学的な問いを明確にした。要約すると、それらは以下のようになる。

- 道徳原理に基づくと親の責任の本性や役割はどういったものなのか。そして、遺伝子検査に関する親の責任の本性や役割はどういったものなのか。
- 聾を選択する文脈での、道徳と法の関係はどのようなものか。
- 人を手段として利用することへの道徳的な制限はどのようなものか。そして、救世主きょうだいをつくることまで制限されるか。
- どのような意味で、人はデザインされうるのか。そして、生殖目的のヒトクローニングを行なうときにデザインすることのどの点が不正であるのか。
- ヒト胚性幹細胞研究のための材料を採取したり、使用したりする際の、胚や搾取される女性のような、弱い集団の道徳的役割はどのようなものか。
- 既存の態度は、帰結の評価にどのように影響しうるか。そして遺伝子治療に関する論争において、それはどのような意義を持つか。
- 人の寿命を延ばす目的と意味は何か。そしてこのことに関する様々な見解が、不死に関する議論にどのように影響するか。

これらの問題は、すべて過去数十年の間、生命倫理学の論争の中で考慮されてきた。しかし、それでもなお、これらの問題は、批判や論争の余地を残したままである。第2章では、まず、生命倫理学の分野で今日まで選ばれてきた、主要なアプローチについて概説し、続いて、第3章から第9章で私が使おうと考えている方法について説明する。

第2章　遺伝的難問への合理的なアプローチ

この章では、遺伝学の倫理への主要な規範的アプローチを提示する。この領域の優れた六人の論者の見解を記述し、彼らの規範的な立場を私自身の対立を避けた合理性概念〔non-confrontational notion of rationality〕と対比させる。

1　六人の論者と三つのアプローチ

「遺伝的難問」の様々な側面は、近年の哲学的な生命倫理学の文献の中で集中的に研究されている。*1 そこで引き出される結論は、著者によってかなり異なる。一方の論者が主張するのは、遺伝学における科学的進歩と臨床的進歩はすべて容認されるべきであり、いかなる場合でも規制は最小限に抑えられるべきであるということである。また他方では、生命科学者が発明する新しい介入の発展と適用は問題視されなければならず、多くの場合で中止または禁止されるべきだと主張する論者もいる。より中間的な論者は、遺伝学は将来有望であるがその脅威は憂慮すべきであるため、進歩の過程での見込みとリスクのバランスを取るためには繊細な規制が必要であると述べる。

この章での興味の中心は、論者たちの結論自体ではなく彼らがそこに至った方法である。より詳細に検討するため、ジョナサン・グラバー〔Jonathan Glover〕、ジョン・ハリス〔John Harris〕、レオン・カス〔Leon Kass〕、マイケル・サンデル〔Michael Sande〕、ユルゲン・ハーバーマス〔Jürgen Habarmas〕、ロナルド・グリーン〔Ranald Green〕という生命倫理学における六人の著名な研究者のアプローチを選び出した。これは他の論者の研究は重要性が低いということを意味するのではない。彼らの議論と見解については後の章で戻ってくるつもりである。影響力のある彼ら六人の貢献の中には、必ずしも詳細に説明されているとは言えないにせよ、現代の応用倫理学への最も興味深い三つのアプローチが見事に表わされている。これが、私が彼らを選び出した理由である。

一つ目のアプローチが強調するのは、規範的倫理観に賛成あるいは反対する議論は常に平明で、明晰で、合理的に理解可能であるべきだということである。この理想を実現するために、この見解の擁護者は現象を綿密に分析し、その現象についての記述を具体的で、実態的で、容易に理解できる要素についての文に還元しようとする。例えば、生殖目的のクローニングが現在容認されえないのは、その処置が安全ではなく、つくられた個体が同意なしに苦しむことを強いられるだろうためである。このアプローチは問題を解決するために高尚な道徳的教義を導入したり〔二つ目のアプローチ〕通俗的な意見についての話し合いへ参加したり〔三つ目のアプローチ〕はしない。その代わりに、これらの問いを「それは害を与えるか」や「彼らはあなたにそれを行なう許可を与えたか」という問いへと還元する。私が名前を挙げた論者の中でこの種の考えに近いのは、グラバーとハリスである。彼らの見解は**2**節で説明する。[*2]

二つ目のアプローチは、一つ目のアプローチの対極から生じる。リベラルな個人主義者が理解する意味での平明さや明瞭さ、理解可能性は、分析哲学という歴史的に独特ではあるが誤った学派が盲目的に奉じるものである。これが二つ目のアプローチの中心的な主義主張である。道徳的な問題は、極端に詳細な分析をされるべきではなく、全体論的に捉えられるべきである。道徳的な問題には理性だけでは捉えることができない神秘があるということを分析哲学者は認め、感情的、社会的そして精神的〔spiritual〕なつながりをもって問題に対処すべきである。この種の思考の中でクローニングの禁止を正当化するのは、クローニングへの感情的な反応に訴えることや、クローニングが生命の神秘を否定すると訴えることである。私が選んだ倫理学者の中では、カスとサンデルがこの見解を代表している。彼らの見解は**3**節でより詳細に説明する。[*3]

三つ目のアプローチは、ある意味では両極端な一つ目のアプローチと二つ目のアプローチのバランスを取る試みである。このアプローチは倫理的評価の明晰さと平明さを目指すものであるが、必ずしもそのような説明に固執するのではなく、規範が広く受け入れられることで妥協することもできる。このアプローチによれば、道徳的な決断は準公共的に行なわれるべきである。何が正しく何が不正かを決めようとするときには、皆の利益と意見を考慮し、すべての合理的な人々が合意できるルールを推進しなければならない。この見解の中でクローニングに反対する議論は、クローニングを行なってもよいと社会のすべての人が合理的に賛同するということはありえない、というものになるだろう。ハーバーマスは複雑な議論へ、グリーンは単純な議論へと両極端な方向に向かうが、彼ら二人がこの方法論的なカテゴリーに含まれる。[*4] 彼らの立場は**4**節で説明する。

三つのアプローチを記述する一つの方法は、これらが西洋哲学の三つの規範的学説を表わしているということである。三つの学説とは、帰結主義（結果と功利を指向する倫理学）と目的論（目的と徳を志向する倫理学）と義務論（規則と義務に基づいた倫理学）である。一つ目のスタイルは、ジェレミー・ベンサム〔Jeremy Bentham〕の著作の中に最もよく例示されている。彼は近代功利主義の創始者であり、グラバーとハリスに最も類似する研究を行なった古典的著述家である。[*5] また、カスとサンデルが採用した伝統的で共同体的な考え方は、目的論的倫理学のお手本であるアリストテレス〔Aristotle〕の研究と関連している。[6]そして、ハーバーマスとグリーンはかなり意識的にイマヌエル・カント〔Immanuel Kant〕が提示した枠組み内で研究している。この枠組みは、義務に基づいた道徳哲学の原型である。[7]しかし、ここまでの説明が全体像なのではない。グラバーとハリスの議論は、常に単なる帰結に制限されるというわけではない。[8]カスとサンデルはアリストテレスの思想に二〇〇〇年分の神学と哲学を加える。そして、ハーバーマスとグリーンはカントの独我論的主知主義を避けている。接頭語「新〔neo〕」が、三つの伝統的な項目にヴァリエーション（新帰結主義など）を示すために加えられる。しかし、この新しい項目は既存の分類に収まらない考えを持つ六人の著者の文脈での便宜的な装置としてのみ使用されるべきである。

　この章では、最初に六人の研究者が「遺伝的難問」に取り組む三つの方法を描写する（**2**節から**4**節）。そして、この文脈ではどの方法も方法論の選択に解決を与えるとは考えられない理由を述べる（**5**節）。次に、私自身の考えに進む。合理性と道徳性について（**6**節）、そして礼儀正しい傍観者の視点について（**7**、**8**節）述べるつもりである。私はこれら二つの考えを、人々をより良くする七つの方法を論じる章で仮定するつもりである。

2　合理的な明白さ
——グラバーとハリス

　グラバーやハリス、その他の「合理的な明白さ」の擁護者は、道徳性の探求の基盤を驚くべき問いに据える。それは、「もし人を殺すことが不正であるならば、それはなぜか」という問いである。[9]この問いが発されるだけで、次のような多くの異議がかき立てられる。この見解の反対者は「もし」と「ならば」がこの文脈では適切な語ではないと考えている。人を殺すことは不正であり、それは常に不正である。疑問の声を上げることさえ危険であり、道徳的な腐敗の兆候である。人の生は絶対的な価値を持っている。この価値は議論することも比較することもできないし、すべきでもない。当然、これを問う哲学者は、疑いを持たない聴衆に倫理学の講義をするに値しない。[10]

　しかし、グラバーとハリスの問いのポイントは次のことである。とにかくある種の殺人は受け入れられている。世界中の人々は、正しい戦争、死刑、自己防衛、妊娠中絶を認めている。私たちの多くは、少なくともいくつかの殺害の形態を許している。加えて、命が救われないために寿命より前に死ぬ人が多くいる。多くの場合、彼らの命は助けることができる。例えば、その手段には発展途上国でワクチン接種プログラムを実施する慈善団体への寄付などがある。寄付を行なわないことで、これらの国を訪れて子どもを殺した場合と同じだけの責任が、ワクチン接種を受けていない子どもの死によって帰属される。ゆえに、人を殺すことと知りながら死ぬにまかせることは連続している。そしてグラバーとハリスの残りの問いは、どのような状況や条件下では彼らの命が失われるのは正しく、どのような状況や条件下では不正であるかである[11]。

この問いの回答はどこで見つけられるだろうか。グラバーとハリスによると、神や自然[12]、宗教的伝統、義務論の議論、道徳感情[13]の中に見つけることはできない。これらがもたらす回答は、誤っているか理解不可能[14]である。もしくは、概念的に不整合であるか論理的に不適切[15]である。そして、受容できない結果を招く[16]。道徳的探求で唯一信頼できるガイドは合理的な論証[17]である。そして、私たちの選択が影響を受ける人々にどんな具体的で明白な効果を与えるのかについて考慮させる[18]。

合理的な論証によってグラバーとハリスが発展させる見解は次のようなものである[19]。生きるに値する生[20]や価値ある生[21]を持つ人を殺すのは不正だろう。生き続けたいと望む個人を殺すこともまた不正であるのには、二つの理由がある。彼らの生が生きるに値すること、あるいは価値を持つことは、おそらく彼らの生きる意欲によって示されるのだろう[22]。そして、それとは別に、特に死を早めるなどの不可逆的な決断において、人々の自律が尊重されていることが重要である[23]。さらに言えば、人を殺すことと人の命を救えないことの間に本質的な道徳的な違いはないのだから、生きるに値するあるいは価値ある生を持つ人や生き続けたいと望む人を救わないことは不正である[24]。

グラバーとハリスによると、人を殺すことと人の命を救えないことに反対する一つの根本的な理由は、これらの選択が現存する人の価値ある将来を存在させなくさせるということである。同様の理由が生殖上の選択肢に拡大される可能性がある。妊娠の失敗と妊娠中絶の決断も、いま存在してはいないが、将来存在する人を存在させなくする。従って、この見解が規定するのは、集団全体の生の平均的な善さを低下させないくらいにはその生には質的な価値があるという条件のもとでは、生きるに値する生あるいは価値のある生をもたらさないことは不正であるということである[25]。やや驚くべきことに、これは人々が実際に子どもを持たなければならないとか、中絶を恥じなければならないと示唆しているようには思われない[26]。これに言及したのは、人々の生殖の自律を尊重する必要があるためであり、また望まれない子どもは平均より長生きできないためである[27]。

価値に関して言えば、グラバーとハリスは生に三つのカテゴリーを仮定する。一つ目は生きる価値がより大きい生、二つ目は生きる価値がより小さい生、三つ目は生きる価値がない生である。人々をより良くする議論に関係するいくつかの規範的判断が、この仮定から生じる。一つ目は、他者の生を長くしたり生きる価値を小さくしたりせずに、人々の生を長くしたり生きる価値を大きくすることができるならば、そうしないことは不正であるというものである[28]。この判断は、救世主きょうだい、幹細胞治療、遺伝子治療、および生命を延長する治療を含む新しい薬や治療法の開発に明らかな影響を与える。二つ目は、将来に良い生を送る個人と、普通か悪い生を送る個人のどちらかを選ぶことができるならば、良い生を送る個人を選ばないことは不正だろうというものである。[*29]この判断は着床前の遺伝的選択を容認する。そして、妊娠中絶が悪い生を持つ個人をより良い生を持つ個人に置きかえる新しい妊娠に導くならば、遺伝的根拠に基づく妊娠中絶も容認する。三つ目は、生きる価値が小さい生をつくることと生をまったくつくらないことのどちらかを選択しなければならないならば、生きる価値の小さい生を選ぶことは不正ではないだろうというものである。もし親が障害のある子どもしか持てないのであれば、子どもがいないままでいるよりも障害のある子を持つことの方が良いという可能性もある。[*30]四つ目のそして最後の規範的判断は、生きる価値のない生をもたらすことは不正だということである。この基準を明確にすることは困難だが、将来出生前に子どもに重度の障害が予想されたり診断されたりした場合には、その子どもを妊娠しない道徳的義務や、すでに妊娠中の場合には中絶する道徳的義務を必然的に伴うことになる。[*31]

グラバーとハリスを批判する人は、彼らを個人主義者かつ帰結主義者として分類する。彼らの見解を考えると、この分類は不合理ではない。彼らは「善が少ないものでなく、より善が多いものを望むこと」は常に正当化されると信じている。[*32]そして、彼らが考える善は最終的には個々の人間が経験し、享受するものである。しかし、よくよく精査すると、彼らが、個人主義と帰結主義に分類されるというのは両方とも怪しい。

選択的中絶の擁護に必要とされる置き換え可能性の原理は、個人の役割をそのモデル内では実質的に無効化する。生じる生の価値が最大化される限り、二つの胚や胎児のどちらが発達し続けられるかは問題ではない。グラバーとハリスは、現存する人の意志に反して彼らを殺しはしないだろう。それは、おそらく彼らの生の主観的価値を十分に尊重しているためだろう。しかし、グラバーとハリスは自分たちの理論に照らして、生の価値がより小さな人間が住む世界よりも、生の価値がより大きな人間が住む世界を好むだろう。たとえ私がより良い複製に簡単に置き換えられたとしても、彼らは私が失われたことを何も問題にしないだろう。なぜなら、彼らは私を客観的に独立した存在としては尊重していないためである。そして、これはまさに胚と胎児の個性を無視する論理である。

生を三つの曖昧なカテゴリーに区別することは、この見解が帰結主義だということを疑わしいものにする。作為と不作為の影響は共通の物差しで評価し比較することができる、というのが標準的な帰結主義の考え方である。予期された結果に関する問いは本物の道徳的問いであるし、経験的にテスト可能な問いである。世界についての知識に照らして、行動のどの選択肢が最善の結果を生むかを問うことができる。しかし、グラバーが導入しハリスが仮定した区別のもとでは、私たちがあらかじめ決めた見解と調和するよう結果が操作されうる。もし特殊な先天性疾患を持った個人を誕生させたくないならば、単純にこの病気を持つ生を生きる価値がない生だと定義する。そうすれば、さらなる計算は必要とされない。これは最も純粋な形式の帰結主義ではない、と私は論じたい。[*33]

3　道徳的卓越性
——カスとサンデル

カスとサンデルも、道徳性の根拠の探求を驚くべき問いに据える。彼らの問いは「生の意味とは何か」や「何が人の生に意味を与えるのか」という問いである。これは現代の哲学的倫理学よりも、宗教的文脈（そしてウッディ・アレン〔Woody Allen〕の映画）で頻繁に行なわれる種類の探求である。そのため、多くの学者はこの試みを非宗教的な論争に神学的な形而上学を密かに入れ込んでいるとして退ける[*34]。しかし、聖書の言葉が多用されているにもかかわらず、カスもサンデルも自分たちの議論は特定の宗教への言及なしに理解できると断言する[*35]。実際にカスは神学的結論に自分の見解を取り入れていないと批判されている[*36]。

カスによれば、これらの問いへの答えは現代の哲学的分析の中には見つけられない。なぜなら、現代の分析は過度に合理的であり倫理的意義を欠いているためである。明晰さや一貫性、整合性は過大評価されている。現在の生命倫理学の残念な状況は、これらが最も重要視されているためである[*37]。功利主義や他の帰結主義の考え方は、理性よりも合理性〔rationalisation〕、義務よりも嗜好〔inclination〕、善よりも快楽を強調しており、特に道徳的な追求に有害である[*38]。そして、カスはこれらの退廃に対するカントの反論は称賛に値すると考えている。けれども、善や正を純粋に意志することや、それらについて考えることに対してこの学派の中で与えられる強調は、彼にとって十分ではない[*39]。人間は産み出す存在であり、産み出される存在でもあるために、心への過度な集中は私たちを身体性から引き離してしまい、人間ではなくしてしまう[*40]。私たちの出発点は知性ではない。身体的なそして精神的な嫌悪感が道徳的な知恵に正しく向かう最善のガイドであるとカスは信じている[*41]。

カスが論じることには、道徳的な知恵の核心は生態の中に、そしてセックスと死すべき運命との密接な関係の中に見出される。私たちは自然に（常に意識しているわけではないが）自己保存と生殖の衝動という二つの熱情を区別する。自己保存は、個人の永続性と満足を目指している。しかし、生殖はまったく別の目的を持つ。自己保存への衝動とは異なり、そしてそれに背いてまで、生殖への衝動は有限で個別的な自己を超える無私の衝動である[*42]。男と女が一緒になるのは、最終的に彼らの両方よりも長生きする子どもを産むためである。親の肉体、名前、気質や希望は子どもの中で生き続け、それゆえ親に「墓場の向こうに未来」[*43]をもたらす。この目的を念頭に置くことで、情欲の上に愛を置き、人の生に意味と尊厳を与えられる[*44]。個々人の比喩的な不死は別として、それは「文化的な実践が精神の奥底の洞察力をかけがえのない心の習慣にする家庭と宗教」[*45]に属する遮られた存在を通じて道徳的な成長を可能にする。個人的な満足ではなく、生殖による文化的継続が私たちの生の特に人間的で尊厳ある要素である。

カスが提唱する見解は、人々を改良する技術的方法に重要な意味を持つ。多くの方法が、もしかするとすべての方法が自由や平等、健康、長寿、繁栄そして幸福を促進するということを彼は進んで認める。しかし、問題はそれらが人間の尊厳を脅かすこともあるということである。[46]もし生殖からセックスが取り除かれるならば、生命の意味、つまりエロティックで社会的な生を継続することが徐々に失われる。また、生殖からセックスを取り除くことは人工授精や体外受精、そして特に二つの別々のゲノムの結合が許されてさえいないクローニングでまさに起こっていることである。[47]大幅に生命を延長する探求は、新しい人間をほとんど必要としないほど現存する人間を長生きさせようとする探求である。[48]そのため、この探求もまた間接的に生殖に難問を投げかける。もし私たちの特に人間的な部分——エロティックで社会的な継続——が損なわれるならば、私たちは何千年もの間そうであった存在ではなくなり、ゆっくりとしかし確実に人間ではないポストヒューマンへと変化する。[49]

カスと同じように、サンデルも分析的倫理は新しい遺伝学が作り出す問題を解決できないと考えている。エンハンスメントや他の技術発展に悩んでいるとき、私たちは自律や公平性、個人の権利といった机上の空論を語る現在の哲学者の飯の種に関心を持っているのではない。[50]人々を改良する多くの方法は自由や正義、権利を実際に促進するため、この面からの不平には根拠がない。しかしサンデルが言うことには、私たちは実際に悩んでおり、なぜ私たちが存在するかを理解するためには「自然の道徳的地位や、所与の世界に向き合う際の人間の適切な姿勢に関する……問題へと、立ち返る必要がある。[51]」これらの問いはすでに科学や技術から挙げられているため、たとえ馴染みがないとか神学的に聞こえたとしてもどうしようもない。[52]人間の尊厳はエンハンスメント、クローニング、遺伝子工学に脅かされている。現在の課題は「これらの営みがどのようにして人間性をすり減らすのか」、そして「人間としての自由や人間としての繁栄の、どのような側面を……脅かしているの[53]」かを解明することである。リベラルな原理の中には、この答えは見つけられない。そのため、より有益な語彙が仮定されなければならない。

サンデルによると、生命工学が危険にさらす人間性の部分は、私たちの生における「授けられること〔giftedness〕」の役割を理解し評価する能力である。[54]「授けられること」によって彼が意味するのは、人間の生には常にコントロールできない部分があるということである。そして、その役割を理解し評価する能力によって、これが抗われたり呪われたりすべきではなく、受容され畏敬の念を抱かれるべきであることを意味する。サンデルによれば、スポーツは人の努力についての授けられることを認識する場を与える。たとえ平凡なスポーツ選手がトップアスリートと同じだけハードな練習をしていたとしても、天賦の才があるトップストリートへの称賛の感情が平凡な選手へと広げられることはない。[55]しかしながら、親であるというのは授けられることを最もよく理解する生の領域である。子どもはあるがまま存在し、良い親はこれを当然のように受け取り、授けられた状態で無条件に子どもを愛する。[56]しかし、遺伝的難問はこれを変えるおそれがある。もし子どもたちが計画されデザインされるならば、親は子どもたちに期待し、親の愛は条件付きになるだろう。自分の望みどおりにしたい、支配したい、作り上げたいという欲望が、理解する通りの世界に対する私たちの態度の中にある、授けられること、崇敬、見守りという伝統的な考えに取って代わる。[57]

サンデルが見出す不正さは、遺伝的革命が「支配のプロジェクト」へと私たちを導くこと、よい心の気質とよい存在の仕方の放棄、そして「重要な社会実践の中に体現されている、人間らしい善」[58]の喪失である。授けられることの感覚とともに、謙虚さ、限定された責任感、連帯という善が失われるだろう。[59]謙虚さと私たちが行なうことへの説明責任は、つくり上げたものへの過度なプライドと、操作の結果できあがったものが壊れた場合の賠償責任に置き換えられる。もし成功すれば、その成功はすべて私たちのものである。しかし、もし失敗すれば、責められるのも同様に私たちだけである。サンデルは、これが連帯の感覚を台無しにすると論じる。連帯の感覚とは、人の生における偶然性の役割への感覚であって、社会保険の形でリスクを共有し、資源をプールさせるものである。[60]ゆえに、結局のところ、新しい遺伝的技術が自由、幸福、公平さに関してどんな見込みを持っていようとも、連帯という中心的な人間的価値を失わないように、それらの技術に慎重でなければならない。

カスとサンデルの説明は、詳細は異なっているが共通の核を持つ。クローニング、エンハンスメントなどの導入において、危機に瀕しているものは、私的な自由や個々人の幸福ではない。むしろ、私たちが享受し、大切にしている人間性である。「何が人の生に意味を与えるのか」という問いへの答えは、本質的に両者で同じである。私たちと私たちの行為は私たちの生の価値を認識する助けとなるだろう。しかし、究極的な答えは私たちの限界を超える。生の意味は欲求や意志、操作する力に由来するのではない。それらを超えた、神や自然、または私たちの生物学的、道徳的そして社会的存在への説明できない畏敬の念からもたらされなければならない。

4　全員の受け入れ
――ハーバーマスとグリーン

これまで見てきたように、グラバー、ハリス、カスとサンデルの全員が興味を持っているのは保護と促進に値する種類の人生を定義することである。グラバーとハリスは個人の生活の質に答えを見つけ、カスとサンデルは種全体の善い生に焦点を当てる。ハーバーマスとグリーンは当初よりこの観点から外れている。彼らの理論における基本的な問いは、「決断はどのようにしてすべての人に受け入れられうるか」、「どの決断が全員の利益を十分に考慮に入れているか」というものである。興味深いことに、人々を改良する話になると、ハーバーマスとグリーンは対立する規範的な結論を導く。

ハーバーマスは、道徳規則が普遍化可能であることを要求する。彼によれば、規範は次の要件を満たさなければならない。「それにすべての人が従った場合に、すべての個人ひとりひとりの利害関心の充足にとって生ずる（と予期しうる）結果や随伴結果を、すべての関与者が受け入れること（それを、他の可能な規制の仕方から生ずる効果よりも望ましいものとしうる）。」[61]これを正当化するために、ハーバーマスは人間本性に関する洞察を提示する。人間としての私たちにとって重要なことは、アイデンティティを形成し、生涯を通じてそれを保護することである。私たちは本来より社会的存在であるため、他者との相互作用を通じてのみアイデンティティを形成し保護することができる。相互作用の網の目は生活形式を構成する。そして、社会的本性のために生活形式の文脈においてのみ普遍的な道徳性を持つことができる。平等な参加者の間の論争を通じて、すべての人に受け入れられ、全員の利益になる規範や行為をこの文脈内で協議できる。[62]

交渉において、ハーバーマスが望むのは、言語が中立的に使用され可能な限り一般的に受け入れられることである。例えば、中絶、発生学、遺伝子検査は初期のヒトの内在的な尊厳に基づいてのみ禁止されうると多くの人が主張している。[63]ハーバーマスは問題となっている実践が「モノ化」であり「嫌悪を催し」、「猥褻」[64]であると考えているが、ヒトの内在的価値に基づいてのみ中絶などが禁止されるという主張には賛同しない。ハーバーマスによれば、胚や胎児の道徳的地位についての見解には合理的なヴァリエーションがある。禁止に賛同する価値判断を整合的に下すことは可能である一方で、価値（胚が人間としての価値を持つことには全員が同意する）と権利（胚が人権を持つということには全員が同意するわけではない）を合わせて論じることは不正であるだろう。権利もまたこの問題の普遍的な規範を確立するために必要である。[65]

ハーバーマスによると、この問題にアプローチする別の方法は、個人の発達と社会の発展の必要条件である人類の倫理的な自己理解に焦点を当てることである。私たちは生活史を持つ自律的な人格として自身と他者をみなし尊重すべきであるけれど、何が私たちを人間にするかについての明晰で堅実な見解を持たないならば、それは不可能である。[66]私たちが現在持っている自身についての明晰で堅実な見解には少なくとも三つの重要な要素が含まれている。一つ目は、私たちには自分で作り上げる〔self-made〕のではない（他の人が作り上げるのでもない）自然にできあがる部分があると自覚すること。二つ目は、自分で作り上げる領域では自分で決定し自分に責任がある行為が可能であると確信すること。三つ目は、自分と関係するすべての人が平等だと認識することである。[67]これらの要素は絡み合っている。自然にできあがってきたものと作り上げられたものの区別が破壊されるならば、責任を負うべき自己決定の考えを曖昧にし、平等の感覚とそれへの敬意を台無しにするだろう。

この種についての倫理的な自己理解が生殖上のあらゆる形式の選択、クローニング、治療される個人の健康の回復を目的としない遺伝子治療を拒絶する基礎を与えると、ハーバーマスは考えている。[68]これらのすべての場合で、道徳的論理は同じである。もし部分的にでもある人々が親の選択や技術的な操作の結果であるならば、彼らは実際のそして認識された「自己性」を失うだろう。それでも他者とコミュニケーションの相互作用において、彼らは自身を社会的存在と理解できる。しかし、論争的な事柄に対する視座として使用できる、他者に触れられていない生来の核を彼らは主張できない。彼らのこの部分は他者の選択によって奪われ、選択され操作された個人は自身を作り上げた感覚やアイデンティティの感覚、自由の感覚がないままになってしまう。[69]

ハーバーマスが主張するのは、スクリーニングやクローン化、増強〔enhance〕された人々が人間以下であるだろうとか、そう感じるとか、彼らが人間の尊厳をあまり持っていないということではない。この議論は、その意味では形而上学的または心理学的なものではない。同意なしに人々を選ぶとか彼らに介入しようとしさえするならば、その問題の要点は種としての自己理解の下で私たちは何をするかということである。[70]これをすることで私たちがしようとしているのは、彼らに耳を傾けたり、彼ら自身の利益や理由に基づいて「はい」か「いいえ」と答える機会を与えているのでもない。しかし、全員に同意するあるいは同意しない機会を与えることは、人間性を定義する普遍的に享受されうる規範を定式化する必要条件である。遺伝子工学が示唆するように、コミュニケーションの相互作用で言い分を否定される人々がいるならば、私たちはもはや自身を平等で自律的で責任ある行為者とみなすことはできない。[71]この暴露に伴う「道徳的な怒り」は、例えば研究での胚の使用についての論争で私たちが感じるあまり深刻でない「猥褻な事態に対する嫌悪感」とはかなり異なる。ハーバーマスが言うように、「それは、これまで安全確実と思われていた土台が足下から崩れていくときに私たちを襲う目眩の感覚である。[72]」概念的に言えば、遺伝子技術は私たちの道徳的な生活の基盤を破壊する。

グリーンは、道徳的規範は全員が受け入れ可能であるべきだということについてハーバーマスに同意する。彼は次のように定式化する。「するのが正しいことは、全部分で合理的な人間が行為の公的なルール（規範）として受け入れるだろうことである。つまり、全員が知り、全員に適用される行為の形式である。[73]」彼らが導く規範的な結論の違いを説明する興味深い点は、グリーンが道徳的な意思決定者を合理的人間に制限することである。ハーバーマスの普遍化テーゼは、規範の遵守に影響を受けるすべての人が、その規範の承認に発言力を持つべきだと要求している。[74]そのため、ハーバーマスは選択やクローニング、エンハンスメントが平等で、自由で、責任を持つ遺伝的な意思決定に参加する全員の見通しにどのような影響を与えるかを検討する。そして、遺伝的進歩は平等で自由で責任ある参加をできなくさせ、世間一般の道徳性のまさに根本に異議を唱えるのだと結論づける。グリーンにとっては、全員の利益がその過程で考慮されていれば、合理的な人々がその規範を受け入れることで十分だと思われる。

グリーン自身の利益の説明は、はじめに科学的成果とそれへの人々の反応について詳細に記述し、次に遺伝学の使用に反対する批判的な議論を検討することで行なわれる。[75]彼の分析の結果は、次の三点に要約できる。一点目は、遺伝学の時代の子どもや家族についての心配が誇張されているということである。二点目は、変化に対する恐怖が彼らの反論の唯一の（不合理な）理由であることがあるということである。三点目は、遺伝学が提示するリスクと難問は禁止ではなく規制によって対処可能だということである。これらを一つずつ説明していこう。

　第一のポイントは、選択やクローニング、遺伝子治療が子どもと家族に潜在的に与える心理的ダメージについての心配を和らげる。親は特定の特徴や性質が選択された子孫や増強された子孫に現われるのを期待できる。また、子どもがこれらの期待のプレッシャーを感じることもありえる。しかしグリーンによれば、このために技術の使用が妨げられるべきではない。その理由として、ある「心理学的原理」、すなわち「親の愛はほぼ常に勝る[*76]」という一般化を提示する。これが意味することは、親はほぼ確実に「子どものあるがままに接する」し、「どんな性質を持とうともその子どもを愛する[*77]」ということである。彼は具体例として自身の娘を挙げる。彼女は女の子を望んだが、男の子を持った。そして五年後には、彼女は「この素晴らしい子どもが、彼が現にそうある以外のものとしてあることを、想像することができなかった。[*78]」また彼は障害者の活動家を挙げる。その活動家は、「親は障害のある子どもを愛し、時には子どもを自身の生の重要事項とみなす、そして、彼らの「特別な」子どもの追加的なニーズを満たすことが家族の責任だとする。[*79]」と論じる。ゆえに、遺伝学が子どもに与える影響のことで苦しむのは割に合わない。とにかく親は子どもと関係を持つだろう。

　第二のポイントは、変化の悪影響についての残った不安をカバーする。たとえ親の愛がほとんど常に勝るとしても、遺伝上の選択とエンハンスメントの結果として、社会や道徳性、人類が違うものになる可能性がある。（カスやサンデル、ハーバーマスのような）この考えを使用した禁止に賛成する議論に反対して、グリーンはニック・ボストロム〔Nick Bostrom〕とトビー・オード〔Toby Ord〕が導入した「反転テスト」を引き合いに出す。[*80]この考えは、一方向への変化が危険だとみなされる場合に、状況を反転させ反対方向への変化を判断するよう求めるものである。例えば、ある集団の知能指数（ＩＱ）を一〇ポイント引き上げようとする遺伝的な試みに反対する人は、同じ集団のＩＱを下げるのが良い考えかどうかを考えるように求められる。両方の提案が疑われ、現状だけが容認可能であると考えられるならば、評価者は「現状維持バイアスに陥っている[*81]」可能性がある。そして、もし変化に反対する理由がこれだけしかないのならば、その意見は非合理的だとして無視できる。

　第三のポイントは、遺伝学的進歩に関するより具体的な身体的、精神的そして社会的なリスクは規制によって最もよくコントロールできるということである。グリーンは、これに対して四つのガイドラインを提示する。「合理的に子どもの最大の利益であることを常に目的として、遺伝的介入を行なうべきである[*82]」、「遺伝的介入は自然生殖とほぼ同じくらい安全であるべきである[*83]」、「立場上の優位性のみを与える介入は回避、阻止されるべきである[*84]」、そして「遺伝的介入は不公正な不平等や差別や経済的不平等、人種差別を強化したり、増大させるべきではない[*85]」。ここで述べるべきことは、「合理的に」もしくは「ほとんど」安全であるという条件のもとで、これらの規範はほぼすべての選択や生殖、治療、エンハンスメントの形式を対象とするということである。グリーンが容認していると思われる禁止事項は次のことである。臓器移植のために育てられるクローン（SFではあるが、明らかに搾取的）[86]、心臓病のリスクが高まる身長の変更（身体的な害と安全性の問題）[87]、カルト集団の長老に服従するように子どもたちの認知能力を低下させること（ここでもグリーンの基本的な懸念は害に対する将来の脆弱さである）[88]、そして心臓病のリスクを高める赤血球の機能上昇（再び身体的な害）である。[89]

そのうえ、ハーバーマスとグリーンに共有されている一般的な要求もしくは普遍的な受容は選択された道徳理論の詳細に応じて非常に異なる規範を生み出しうると思われる。ハーバーマスは全員の同意から始まり、選択やクローニング、エンハンスメントの全面的な非難で終わる。一方で、グリーンは合理的な人々の同意で妥協し、論じられたすべての実践を監視し規制することで承認することで終わる。

5　なぜどのアプローチも唯一のアプローチでないのか

この本の中では、ほかの倫理学者の見解を規範的レベルで批判することは目的としていない。紹介した六人の学者全員が絶対的な意味で誤っていると主張することは、私の哲学的結論とは無関係である。しかし、明晰さと公平さのためには、六つの見解の限定された適用可能性を指摘したり、それらが互いの関係に問題を抱えていることを指摘したりする前に、それらに関する私自身の意見を述べることが最善だろう。理論的な証拠としては認められないが、これらの意見は私の残りの議論が検討されるべき背景を設定した。しかし、次節で明らかにする理由のために、次のような散漫な思考をグラバーやハリス、カス、サンデル、ハーバーマス、グリーンの考えの決定的な強化や批判とはみなさない、ということを再強調しておこう。

はじめに、私はグラバーとハリスの常識と献身にかなりの共感を覚える。彼らは常に公平公正なやり方で、害を減らし人類の身体的、精神的な善を増やそうと規定する。もし伝統的なルールや世間一般の意見が邪魔になるならば、それらは知的な弱点を明らかにする議論で排除できる。形而上学的な仮定は最小限に保たれ、宗教は道徳的判断から分離させられる。責任は作為だけでなく故意の不作為〔deliberate omissions〕にも帰属させられる。これは世間一般の状況を、私たちが選択するときに開かれている一つの選択肢にする良い方法である。

グラバーとハリスが提唱したモデルには二つの主要な問いがある。一つ目は、生の価値を「より大きい」、「より小さい」、「まったくない」の三つのレベルに分けた区別である。もちろん、多くの性質がこのように区別できる。例えば、意図された侮辱がより攻撃的であるのか、より攻撃的でないのか、まったく攻撃的でないのかなどである。しかし生の価値の場合、定義が評価に先立つのではなく、定義が評価に従うように思われる。出生前の選択においては、グラバーとハリスは例えば、目の見える子どもを持てるにもかかわらず、盲目の子どもを持つべきではない、ということを最初に決定する。この選択を正当化するために、彼らは目の見えない人々の生は、目の見える人々の生よりも価値が小さいと定める。これは広範囲に適用されるようである。私たちは個々のケースに予想通りに適用できる価値の本質的な基準は持っていない。私たちが持っているのは、グラバーとハリスが直観的に反応したケースのリストと、価値の観点からこれらの反応を合理化するリストである。このモデルへの二つ目の問題は、対立する見解を非合理的なものとみなすことである。宗教や地域の習慣、人々の実際の信念に基づいた世間一般の規範と価値へ訴えることは、それらがグラバーとハリスが擁護する考えを支持すれば問題にされない。しかしそうでなければ、それらはすべて理性に反しているとして退けられる。ゆえに、私は個人的には彼らの全体的な精神には賛同する。けれども、この精神に積極的に賛成する場合にも難問に対してこの精神を擁護する場合にも、どちらも困難を抱えていると思われる。

　カスとサンデルの強みは、人類と共同体の蓄積された知恵への忠誠心にある。人々は何千年もの間、群れで生活してきた。人間の有機的に発達した思考法は、社会的脅威や自然の脅威に対して最善の反応を示す。私たちの思考法が深く根付いているならば、哲学者と倫理学者による分析的な試みよりも、怒りと嫌悪感の即時の反応が道徳的な線引きを示すこともありうる。私たちが目指すべき理想について、カスとサンデルは、古風だが理解はできると多くの人が考えるメタファーを使用するのを恐れない。この顕著な例は、自分の周りの環境の物事をコントロールする意志と対立する「授けられること」の概念である。

　私は二つの要素から、カスとサンデルの見解に異議を述べる。私の見立てでは、深い文化的な意味を持つ概念に依拠することで、彼らの哲学は浅薄なものになっている。セックスと生殖を通じたエロティックで社会的な継続は、これまでの人間生活の特徴であり、子どもは授かりものとみなされてきた。しかし、これらは孤立した所見でしかない。セックスは生殖につながるかどうかにかかわらず快を与えるということは確かであり、それは文化的に意味がある。なぜこれは倫理の根幹とはみなされないのか。彼らは物事を比較したり精査したりしなかった。そのため、遺伝技術に関する彼らの見解を正当化するときに最初に見つけた言葉に縋りついている印象を与える。これは私の他の懸念にもつながっている。カスとサンデルは遺伝的進歩が自律性や権利、公平さ、自由、平等、公正さ、健康、寿命、繁栄そして幸せを促進する可能性があり、おそらく実際に促進するだろうということを認める。しかし、進歩は人生の意義を脅かすために不正である、と論じられる。これは正確には何を意味しうるのか。列挙された価値を是認するのは善いことではないのだろうか。カスとサンデルは、むしろあまりに何気なくこれらの近代的な概念を放棄しているように思われる。何が正しく何が誤っているかについての伝統的な感覚を持つことと、現在のリベラルで民主主義的な社会が基礎づけられている原理を無視することは別のことである。

　普遍的な合意が普遍的な道徳性の必要条件であるとハーバーマスとグリーンが述べるとき、彼らは的を射ている。ハーバーマスはこの立場から、許可なく未来世代について決断することは不正だろうという考えに移行する。ひとたび議論がこの段階に進めば、遺伝上の選択やクローニング、エンハンスメントを守るものは何もないように思われる。グリーンは異なる道筋を辿り、自身と他者のために仮説的に決断する合理的な人間を措定する。おそらく私たちは非合理的な人々の意見に囚われることは好まないだろう。そのため、全員の合意から合理的な個人「だけ」の合意に移行することは受け入れられると思われる。もしすでにグリーンの制限を是認するくらい進んでしまったのならば、彼の見解の中で合理性が展開する方法で、彼の寛容な結論を避けるのは難しそうである。

　私はこの段階ではハーバーマスの議論にもグリーンの議論にも携わりたくない。彼らのアプローチについての主要な懸念を述べるに留める。子孫を増強しないと決めることで、親は同意が必要だろうことをすでに選択しているという事実を、ハーバーマスはどのように回避するのか。私にはわからない。未来世代を尊重する唯一の方法は、彼らをまったく産まないことだと思われる（まずまずの解決策だとは思うが、彼が狙っていることではないだろう）。グリーンの考えにおいて、私は彼の「合理性」の概念を完全には理解していない。もし人々が何を合理的に許容できるのかを決めようとしており、かつ、ハーバーマスのような明らかに合理的な人がヒトクローニングを許容していないということを知っているならば、意見のヴァリエーションを正当にそして議論なしでどのように無視できるのか。

　第3章から第9章でグラバーやハリス、カス、サンデル、ハーバーマス、グリーンのより具体的な見解に戻ってくるつもりである。いまの段階でこれらにより深く分け入ることは無益である。なぜなら、普遍的に満足のいく方法でこれらの理論を判断できるアルキメデスの点〔不動の原理〕など存在しないからである。個人的には、これらの論者の何人かのもしくは全員の頭が狂っていると思う。しかしよく考えてみると、彼らはみなそのキャリアのある時点で魅力的であり、レビューは彼らが最高の人物であると述べる。対立し合う見解が熱狂的に支持されていることは、これらのどの見解も古今東西すべての人によって是認されるべきものではない、という私の意見を正当化する。グラバーとハリスは、カスとサンデルを擁護する人には決して受け入れられない。カスとサンデルは、グラバーとハリスを擁護する人には決して受け入れられない。ハーバーマスとグリーンは、ほとんど同じ学派から生じているが、彼らは互いに受け入れられない。彼らのうち何人かは正しく、何人かは誤っているのだろうか。これは十分にあり得ることであるが、では誰が正しく、どんな基準に基づいているのか。比較の方法とそのポイントを異なるレベルで発見することがより建設的である、と私は考えている[*90]。

6　対立を避けた合理性概念

遺伝的難問についての倫理的討論は、時に鋭く二極化する。

論者の中には遺伝学のすべての発展を歓迎する人もいれば、それらすべてを危険とみなす人もいる。これは合理性と道徳性の避けられない衝突を示しているのだろうか。私はそうは思わないが、新しい技術の擁護者と反対者が使用する言語は確かにこの考えを助長する。グラバーとハリスは、伝統的な道徳的規範が合理的な議論によって擁護されないときには、それらに価値を認めない。*91 そして、カスとサンデルは、過度な合理性は共有された道徳性の基礎を蝕むとして、それらを拒絶する。*92 しかし、これは必ずしも合理性と道徳性の間のギャップを明らかにはしない。反対の立場の人が「伝統的」や「過度な」のような性質を帰属させる記述を用いて、多くの研究がなされた。もし概念が適切に定義されるならば、「不合理的」とか「不道徳」と分類されるのを望む哲学的倫理学者はほとんどいないだろう。

この本の目的のために、次のような対決を避けた合理性概念を導入し説明を与える。

> ある決断が基づく信念が、整合的な全体を形づくり、かつ、世界のあり方と両立する限り、そして、その決断が重要な存在への当面の影響、または、長期的な影響の最適化を目的とする限り、その決断は合理的である。

この定義は完全であることも排他的であることも意図されていない。私の知る限り、合理性は多くの追加的な特質と側面を持ちうる。しかし、ここで挙げられたどの特徴も簡単には否認できないと思われる。そして生命倫理学的な論争における哲学的な見解を同定し分類するということになると、これらの特徴はすべて有用であるとも思われる。もっとも、いくつかの説明が必要ではあるが。

決断。この定義は決断の合理性に限定されているが、人間や見解、議論の合理性を論じることも重要である。それぞれのケースには、あまり無理することなく結びつけられると考えられる。人間は、その決断が合理的である限り、合理的である。そして見解と議論は、それらが合理的な決断を支持する限り、合理的である。合理性が要求されるどの領域にでも、同様のつながりが構築できる。

する限り。この定義は合理性の明確な基準を与えない。この定義には、必要条件を与える表現〔only if〕も十分条件を与える表現〔if〕も含まれていない。ある決断が定義内の特徴に従えば従うほど合理的であるし、従わなければそれだけ合理的ではないことになる。評価の対象は、このモデルでは合理的か合理的でないかの黒か白かではなく、グレーのグラデーションで評価される。

信念に基づいて。決断の合理性を評価するためには、それらが信念に基づいていなければならない。人間の行為や振る舞いは直観的であったり自動的であったりすることや、どんな認知的な心的状態やプロセスも意識的には含まれていないこともありうる。このような事例では、合理性は議論に入らない。あるいは入るとしても、非常に間接的である。私が非自発的に、そして考えることもせず、打腱器への反応として足を伸ばすことは、合理的でも非合理的でもない。そして、例えばもし集中的な訓練に基づいて何かを機械的に行なうならば、これは間接的に評価される訓練を施すか訓練を行なうかの決断である。

整合的な全体を形づくる信念。もしある決断が類似のケースで異なる結果を生じさせる一連の信念に基づくならば、その決断は完全に合理的というわけではない。この原理の認識は生命倫理学において、様々な類推〔parity of reasoning〕の議論を引き起こした。[*93] 例えば、胚研究の擁護者が指摘するのは、科学的な文脈で胚盤胞を保護する人々は、早期流産でのまだ生まれていないヒトの生命の喪失も心配すべきだということである。対照的に、後期中絶の反対者が言及するのは、第三半期の中絶が示す道徳的価値の基準は、新生児の殺害の擁護にも使用できるということである。どちらの理屈も、反対者が発した見解が馬鹿げた規範や容認できない規範を導くために不正である、もしくは、論理的な結論を導くことができないために不整合であるということを示すものである。生命倫理学の現在のすべての見解と、もしかするとすべての倫理的な立場は、この種の欠点を持っているかもしれない。時にはこれらに説明がつくこともある。しかし、たとえ説明がつかないとしても、これらが示すのは、特に反対者の視点では、どの立場も完全に合理的ではない、かつ、どの立場も奇妙で不快な含意を完璧に免れるのではない、ということでしかない。

世界のあり方と一致する信念。もし決断が周囲の世界のあり方を考慮しない信念に基づくならば、これらは正当に非合理的だと呼ばれる。しかし、生命倫理学の論争では、これはあまり成り立たない。たいていの場合、陣営同士で世界観が対立するために、合意が得られないのである。一方は、世界はもっぱら物質や出来事、人々の個別経験や行為から構成されていると考えている。他方は、世界は社会的、文化的、精神的な要素も含むと主張する。前者の立場にとっては、分析的で非宗教的な事柄のみが適切である。後者の立場にとっては、伝統的で宗教的な考えも意味を持つ。人々の世界観が整合的であり、信念がその世界観に一致する限り、私の対立を避けた説明によれば、彼らの決断は合理的である。[*94]

最適化を目的とする。決断の影響を最適化するどのアプローチを好むかによって、合理性の概念は根本的に異なる。善い影響を最大化させることを目的とする人もいれば、悪い影響を最小化させることを目的とする人もいる。リスクを負うことが合理性の真なる証だと規定する人もいれば、予防がより望ましい選択だと規定する人もいる。さらに、行為者がした最初の動きへの外的な反応をも考慮した、より複雑な戦略を規定する人もいる。これらの見解の間でなされる選択が、結果として生じる合理性にかなりの影響を与えるだろう。

当面の影響と長期的な影響を最適化する。合理性についての多くの一般的な理論は、物理的、心理的、経済的な帰結に焦点をあわせた決断と学説しか受け入れられない。[*95] これは私の対立を避けた説明には当てはまらない。この問題は重要な存在についての私の記述の下でさらに明晰化されるだろう。事

表2-1　六つの合理性

	どの程度の整合性が要求されるか	世界に物はどのようにあるか	影響はどう最適化されるべきか	どんな存在が重要か	何が決断を道徳的にするのか
グラバー	高い	科学的	最大化や最小化によって	人間や彼らの生きる価値	他者に対する配慮
ハリス	高い	科学的			
カス	高い	霊的	人類の継続性を尊重することによって	伝統やそれらの保全	個人の関心事の無視
サンデル	高い	伝統的			
ハーバーマス	高い	科学的で道徳的	対話と協議によって	原理やそれらの受容可能性	偶然的な関心事の無視
グリーン	高い	科学的			

の要点は以下のことである。何が合理的かについての分析の中には、その観点からは正当に、現在未来の選択や行為の実際の物質的な結果や可能な物質的な結果、望まれた物質的な結果、恐れられた物質的な結果への注目を制限するものもある。しかし、私たちの決断が自身や他の重要な存在に与える、権利の侵害、尊厳の軽視、共同体の全体性への脅威、品性の堕落といった当面の、もしかすると非物質的な影響に、平等な正当化をもって集中させるものもある。これらを最適化する方法は、快楽もしくは金銭的な利益の数的な計算からは大幅に異なるだろう。

重要な存在への影響を最適化する。重要な存在の定義は、論争に道徳的な含みをもたらす。例えば、それを神、男、女、人間、感覚がある存在、生きている存在、自然、文化といったものとみなす可能性を考えてみよう。他のものがあるにもかかわらず、これらを重要な存在として認める合理性それぞれに対応する学説がある。それらは、神学的、家父長的、フェミニスト的、人間中心主義的、快楽主義的、生命主義的、環境保全的、共同体主義的な倫理学説である。

ここで検討した三つのアプローチは、異なる分類を提案する。グラバーとハリスは、人間を自身の生に価値を与えられる存在として焦点を当て、彼らの生の生きる価値の程度に重要性を与える。カスとサンデルは伝統、人の命の尊厳、共同体と社会の成員の間の連帯に価値を置く。ハーバーマスとグリーンは、判断力のある個人間の協議が究極的に重要な規範を生ずると論じながら、原理とアクセシビリティーに焦点を当てる。これらを要約して言えば、彼らは人間、伝統、原理を重要な存在として定義した。これらの説明では、道徳性は異なる方法で役割を示す。通常「人間」モデルは、行為者自身のみに関係する思慮深い〔prudential〕決断と他者にも関係する道徳的な決断との間の区別を認識する。「伝統」の視座は、個人に関するすべての計算を単なる思慮深いものとみなし、道徳性はそれらを超えるべきだと要求する。そして、「原理」のアプローチは、純粋に道徳的な考慮と、単なる個人的な幸福と世間一般の方法の偶然性との間に線を引く傾向がある。

グラバーやハリス、カス、サンデル、ハーバーマス、グリーンの合理性は、これらの考察のもとで**表2－1**に要約されている。

すべての論者が要求する「高い」レベルの整合性が示すのは、彼ら全員にとって核心となる合理性は非論理的で自己矛盾的な見解を許容しないと決意することにあるということである。他のすべてのヴァリエーションは、倫理学者の間の不一致の幅と深さを反映している。しかし、この不一致は常に目に見えるものではない。それどころか、世界はどうあると信じているのか、影響をどう最適化すべきと考えているのか、どの存在が重要なのか、こういった問いに現在の生命倫理学の論争では参加者がしばしば明言を避けている。[*96] 議論内での信仰やイデオロギー、価値の役割は隠されており、論争は純粋に整合性における論理の練習へと粉飾されてしまっている。このことは、対立する主張に必ずしも尊重した対話の助けになるわけではないという普遍的な雰囲気を与える。もし一つの見解が普遍的に正しいならば、他のすべては普遍的に誤っている。そしてこれは論理だけではほとんど論証できないが、この判断は道徳的価値の基礎についての世界観や態度、考えの選択に究極的には依存している。たいていの場合、その結果は何が道理に適っているか、何が合理的かについての論争としてカモフラージュされる熱い教義上の怒鳴り合いである。

もし私の対立を避けた説明が信頼できるならば、多くの異なる合理性が存在することになり、それらのすべてが同時に妥当であることになる。この帰結として、多くの合理的な道徳性も存在することになる。ひどく非整合的な見解は非合理的だとみなされる。そして、そのような見解に基づく倫理的な学説も、同じく非合理的のカテゴリーに入れられ、却下されうる。しかし残りの道徳性は、すべて多かれ少なかれ合理的である。それらの「グレーの部分」は、内的にも外的にも評価できる。内的評価は、整合性の観点からのみ行なわれなければならない。他の要因が変化すると他の種類の合理性を生じさせる。そのため、それ自身の基準によって判断される。外的評価はすべての側面を含みうる。そして、競合する合理性が存在するのと同じだけの意見が潜在的に存在する。

7　均衡、平衡、礼儀正しい傍観者

様々な合理性を評価することが可能だという考えは、合理性同士を比較して、その中の一つの合理性を他の合理性よりも上に据えるという誘惑を導く。この誘惑には抵抗すべきである。しかし「反省的均衡〔reflective equilibrium〕」の方法が合理性の評価においていかに用いられるかを検討することで、私自身の「礼儀正しい傍観者の視点」の特徴のいくつかをうまく示すことができる。

反省的均衡の概念は、帰納[*97]についての最善の原理と正義[*98]についての最善の原理を選択する試みの中で用いられてきた。倫理学における反省的均衡の考えは、道徳性についての個別判断とそれらを最善の方法で説明し正当化できる一般原理の間でバランスを探ることである。例えば、少数民族は特別な保護を受けるべきであるという熟慮された判断を下し、同時に人種が政策に影響を与えてはならないという原理を主張することもできる。[*99] もし保護に関する見解が強いならば、人種の中立性の原理は、その最も厳密な形式では、最終的な理論的立場にはなりえない。反省的均衡の原則によれば、一般規則と、より特定の規範についての私たちの意見は、状況が安定するまで改訂されければならない。ジョン・ロールズ〔John Rawls〕はこの方法を用いて、彼の公正としての正義の理論が、他のどの競合する学説よりも優れていることを示した。[*100] 一つの合理性が他の合理性よりどのように優れているのか、ということも示すよう喚起されるのだろうか。

その答えは「いいえと、どちらとも言えない」である。前節で概説した考えを持つすべての論者が一つの合理性を仮定すべきだ、という見解を反省的均衡の方法は支持しえない。問題は、このモデルが個々の規範的な問題については、比較的類似した判断が下されるということをはじめに前提していることである。ロールズは、このアプローチを倫理学に導入するにあたり、人間は自身たちをだいたい同じ方向に導く〔同じような道徳判断をする〕正義の感覚を持つと仮定する。[*101] この仮定は政治的な不公正の文脈では真であるかもしれないしそうでないかもしれないが、遺伝的進歩についての論争ではそれは明らかに疑わしい仮定である。選択やクローニング、エンハンスメントについての見解は著しく異なるため、すべての人々が満足するような、一つの合理性あるいは一つの合理的な道徳性は不可能であると思われる。

この方法は設定をより限定して用いることができる。倫理学者が人間を改良する機会（グラバーやハリス、グリーン）や脅威（カスやサンデル、ハーバーマス）にはだいたい同意するが、理論のレベルでは同意しないときには、理想的にはいくつかの学説に収斂するようにバランスを取ることが可能なはずである。結局のところ、これは合理性と合理的な道徳性についてのより少数のより包括的な規範的見解を導きうる。しかし、これがどんな利点を保証するのかは明らかではない。遺伝的進歩の擁護者と反対者は依然として別の学説を持ち、パラレルな結論を生じさせるアプローチ間の比較がもたらすある種の明晰さと多様性は失われるだろう。

第3章から第9章で、「私たちの」個別判断と「私たちの」望ましい合理性や道徳性の間で反省的均衡を行なうつもりはない。この一連の探求を支持するだろう「私たち」など存在しない。代わりに私が暗に仮定するつもりなのは、ここまでで記述した六つの合理性と一連の分析に現われる他の合理性は、論者が自身の見解を表わすときに心に留めているバランスを多かれ少なかれ表象しているということである。

たとえ何らかの比較が含まれるとしても、それは反省的平衡〔reflective equipoise〕の精神で行なわれるだろう。臨床治験において平衡の原理が述べるのは、もし医療専門家が代替治療の価値について本当に意見が分かれるのならば、その実験は道徳的に容認できるということである。[*102] 研究者自身は選択肢の間に区別を設ける必要はない。彼らにとっては、同僚の中にはそれぞれの選択肢を好むだろう人がいる〔つまり、臨床治験における平衡が成り立っている〕ということが確かであれば十分である。

医学実験は臨床上の決断を確証するが、倫理学的分析は道徳的判断を確証する比較対照試験ではない。しかし哲学者の中には、検討されるそれぞれの規範的見解には、その正確性を論じる評判のよい学説があるということを完全に認識しながら実践的な研究を行なう人もいる。私は、そのような哲学者の考えを好んでいる。私自身は選択肢の間に区別を設ける必要はない。哲学的コミュニティが区別を設けている〔つまり、哲学における平衡が成り立っている〕と認めることで私には十分である。

これは私の礼儀正しい傍観者の視点の定義につながる。これより以下では、次の二つのことを仮定する。すべての検討される原理と判断は哲学者や生命倫理学者、もしくは他の研究者の間で敬意を持って支持されている（反省的平衡）。そして、それぞれの論者の角度から見れば、原理と判断の組み合わせはそれぞれの状況でバランスが保たれている（反省的均衡）。ある解決策がすべての集団に受け入れられると考えられる場合を除き、私は分析する問題の中において、一方の側に意図的に加担するつもりはない。その代わりに、丁寧にそして離れて見解を記述し、それらの解釈を研究し、異なる視座からそれらのありうる評価を定式化するつもりである。

8　この本の残りの部分の計画

「遺伝的難問」を取り巻く主要な倫理的テーマと、その研究の中で用いられる方法論を提示してきた。さて、ここまでの所見を記し、この本の残りの部分の計画を述べよう。

第1章では、「人間を改良すること」についての背景と主要な問題を記述した。最良の赤ちゃんの選択、聾《ろう》者の胚の選択、救世主きょうだいの選択、生殖目的のヒトクローニング、幹細胞研究、遺伝子治療、そして大幅に生命を延長することという七つの実践を明らかにした。**9**節では、より詳細に研究されるべき倫理的な問題を提示した。その問題とは、親の責任、法と道徳の関係、人の道具的使用、他人の命をデザインする自由、ヒトの脆弱性、倫理学への楽観的な態度と悲観的な態度の影響、そして人生の意義である。

第2章の前半では、ジョナサン・グラバーやジョン・ハリス、レオン・カス、マイケル・サンデル、ユルゲン・ハーバーマス、ロナルド・グリーンの六人の注目すべきアプローチを素描した。後半では、私自身の方法論を探求してきた。私の方法論は、「対立を避けた合理性概念」に基づいている。この概念は、合理的な道徳性についてのどの理論の優位性も認めない。倫理学における種々の学説は、それらの間での反省的平衡を行なうことで検討されうる。しかし、反省的均衡のような装置を使用することで、一つの学説に還元しようとする試みは偏見を抱かせることにつながる。

第3章から第9章では、倫理学における主要な議論とアプローチの包括的な説明を目的としている。この議論とアプローチは、遺伝的難問と人間を改良する七つの方法を評価する中で使用される。「礼儀正しい傍観者の観点」を仮定することで、つまり判断や原理、合理性、合理的な道徳性を私が選んだテーマと問いに適用されるものとして公平に分析することで、説明するつもりである。

これらの分析から浮かび上がるものは、望むらくは次の二つである。一つ目は遺伝学の進歩に関する規範的な確信の多峰分布のより鮮明な見取り図であり、二つ目は分散を説明し、明確な合理性と道徳性を定義する判断や原理、信念、態度、理想の集まりである。「多峰分布」で意味することは、この章で提示した倫理学の見解が直面した現象である。六人の哲学者の見解は、「ベルカーブ」（単峰性）正規分布モデルには従わない。生命倫理学における意見は、穏健で、中間的な立場には収斂しない代わりに、賛成か反対かに二極化する。以降の七つの章で、このイメージにより焦点が当てられることを願う。

第10章では、哲学的な仮定や倫理的直観、規範的コミットメントの観点から、遺伝学の倫理学で用いられる種々の合理性を要約するつもりである。これらの合理性は第3章から第9章で明らかにされる。合理性についての私の分析は、十九世紀のヘンリー・シジウィック〔Henry Sidgwick〕の研究と類似している。彼は『倫理学の諸方法』において、道徳哲学の主要な三つのアプローチを定義し評価した。[*103] それゆえ、この本での私の目的はさらなる検討のために現代の主要な「遺伝学の諸方法」を概説することである。

第3章　最良の赤ちゃんと親の責任

この章では、生殖上の選択における親の責任に関する、三つの見解について検討する。一つ目の見解では、すべての選択は不正であると言われる。二つ目の見解では、親の判断で行なわれる選択には、許されるものもあると言われる。三つ目の見解では、遺伝学的情報や医学的情報に基づいた選択は、道徳的義務であると言われる。

1　新生児の殺害から胚の選択へ、そしてそれを越えて

多くの人は子どもを持つことを望み、そして多くの社会はそれを支援する。しかし、多くの人は、どのような子どもを持ちたいかということについて、具体的な考えを持っており、多くの社会は、公式に、もしくは非公式に、その考えを支持する。障害のある新生児は、歴史的に見ると、望ましい子どもというカテゴリーから除外されてきた。子どもが健康であり、身体や精神が正常に発達することを親が期待することは、ほとんどの場合に、合理的なことだとみなされてきた。[*1] そして、美しさや、強さ、賢さを望むことが、常に非難されてきたわけではない。親の望んでいる子どもをつくるために、様々な方法が提案された。それは、親が望んでいないタイプの赤ちゃんを殺したり、死ぬにまかせたりする方法、中絶、着床前の胚の選択、生殖パートナーの選択、治療やエンハンスメントによって、まだ生まれていない子どもの資質を変えるという方法など多岐にわたる。

規範倫理学のどの学派の哲学者も、どういうわけか、新生児の殺害や、望んでいない赤ちゃんを生まれないようにすることを容認する場合があった。プラトン〔Plato〕とアリストテレス〔Aristotle〕は、優生学的な目的のために、障害のある新生児を殺してよいという考えを支持した。[*2] イマヌエル・カント〔Immanuel Kant〕の考えでは、未婚の状態で子どもをつくることは、母親の、女性としての名声を傷つけるおそれがあるので、母親はその子どもの存在を終わらせる道徳的義務を負う。[*3] ジェレミー・ベンサム〔Jeremy Bentham〕は、女性に対する人道的な配慮から、立法者は、新生児の殺害に対して寛大な態度をと

るべきだと主張する。[4] これらの見解は、ある程度は、当時の社会的現実や、哲学者の時代認識を反映している。より最近では、豊かな西洋において、名誉の問題は、決定的なものとはみなされていない。そして、西洋以外の文化のうちのいくつかは、現在でも性別を選択するために新生児の殺害を行なっていることで批判されている。しかし病院ではいまだに、重度の障害が、新生児を生かし続けないための理由として使われている。そして、この方針は、かなり多くの倫理的、哲学的な支持を受けている。[5]

新生児を殺すことは言うまでもなく、新生児を死ぬにまかせることは、無慈悲で、思いやりがない行為のように聞こえるため、一般的には、これらの遅い段階での解決策よりも、より早い段階での決定が好まれる。現在は、超音波スキャンや、母体血清スクリーニング、羊水穿刺などの、出生前診断の技術が、胎児の異常を検出するために、日常的に使用されている。胎児に異常が見つかった場合に、妊娠後期の段階で中絶することは、個々人の規準や社会的な規準では許されないだろうが、多くの国々では法的に許されている。これに対する哲学的な反応は様々だが、[6] それは広く行なわれている。

中絶は非常に難しい問題であり、出生前の選択として中絶を行なうことは、それが妊娠の遅い段階で行なわれる必要がある場合には、特に問題となる。大まかな原則として、先天性の障害の予測が得られるのは、早ければ早いほど良い。そのため、着床前遺伝子診断（ＰＧＤ）は、選択的中絶をとりまく多くの問題を時代遅れのものにするやり方として支持されるのである。[7] 試験管内で精子と卵子を組み合わせてつくられた胚は、六～八細胞の胚盤胞に分裂するまで発達させられる。その細胞の一つが慎重に取り出され、遺伝子変異についての検査が行なわれる。結果が満足のいくものであれば、残った胚が女性の子宮に移植され、妊娠が始まることが望まれる。技術的に言えば、着床する前に妊娠は存在しないのだから、中絶は行なわれない（移植後に着床する場合もあれば、しない場合もあるが）。

しかし、受精が新たな生命の始まりであり、守る必要のある生命の始まりだと考える人にとっては、着床前遺伝子診断は倫理的に疑わしい。というのも、着床のために選ばれなかった胚は、ふつう捨てられるからだ。生殖上の選択にはっきりと焦点を当てるなら、より侵襲性の低い手段について考える必要がある。そういった手段は、生殖パートナーのスクリーニングや、胚や胎児に変化を加えるというやり方の中に見出すことができる。適切な生殖パートナーを見つけるという考えは、かなり長い間存在してきた。プラトンの主張では、最良の市民だけが、子どもを持つことを奨励されるべきである。そして、十九世紀、二十世紀の優生学の運動では、似たようなルールが支持された。[8] 個人のレベルでは、多くの人が、賢くて美しい子どもを持つために、より聡明で、よりルックスの良い配偶者を見つけようとする。キプロスでは、サラセミア症候群の発生率を減少させるために、結婚前の遺伝子検査プログラムを実施している。[9] これらの政策が直面しているジレンマは、個人の選択は比較的効果がないが、一方で、より成果を挙げている集団的措置は、人々から自由を奪ってしまう危険性があるというものである。

出生前の選択のために残されている選択肢は、現在の科学よりもSFの中に多く存在している。しかし、それらの選択肢が、技術的に安全で実行可能となれば、将来生まれてくる子どもが持つ特徴を選択する、という点だけに議論が限定されることになるだろう。原理的には、親となる人は、遺伝学的にプロファイリングされるか、または、彼らの配偶子が検査されることによって、生まれてくる子どもが、どのような特徴を持つ可能性が高いのか、ということに関する情報を得ることができる。さらに、遺伝子治療によって、胚が着床させられる前に、または妊娠中のいずれかで、病気を治療したり、病気ではない性質を変化させることができる。これらの方法ではどれも、新生児や胎児や胚の命を失うことはない。つまり、新生児の殺害や、中絶、着床前遺伝子診断が直面した、重要な倫理的問題の一つが、それらの方法には含まれていない。もちろん、プロファイリングや、胎児の手術は、人の身体に他者が勝手に手を加えることを避けるために、厳密に自らの意思に基づいて行なわれなければならない。しかし、そういった条件のもとで、これらの手段を用いるという選択は、手に入れることができる限りの「純粋な選択」に近づくだろう。

　親の責任と最良の赤ちゃんに関するこの章の議論では、私は主に、子どもの純粋な選択について考えるつもりだ。つまり、生命の喪失や、プライバシーの侵害、生殖の自律性に対する制限、文化的または社会的圧力といった副作用がないような、純粋な選択を念頭に置いている。これらの副作用は、すべて重要な問題だが、差し当たりまとめて置いておくと、親の選択という問題が、より明確に見えてくることになる。私は（2節において）、プラトン、アリストテレス、カント、J・S・ミル〔John Stuart Mill〕という、四人の古典的な哲学者が、親の子どもに対する責任に関して、言わなければならないことについて概観することから始める。そして次に、生殖における親の義務についての、現在の三つの規範的な見解（3節から5節）、そして、これらの見解の基礎となる合理性（6節から8節）へと進んでいく。私は、論争の中で描かれた見解や合理性についてコメントを述べることで、この章を終える（9節）。

2　プラトン、アリストテレス、カント、ミルから見た親の責任

西洋の哲学は、一般的に、良い個体をつくることが可能な場合には、それを支持してきた[*10]。しかし、この点に関して親が持つと考えられる責任については、学派ごとに異なっていた。

　プラトンの理想国家のビジョンでは、支配階級の子どもは、国に育てられる。国のリーダーは、最良の生殖相手を見つけるために、市民をモニターし、しきたりによって引き合わせた人同士が生殖活動をするように仕向ける。子どもが生まれると、母親から引き離され、国の役人が彼らの運命を決める。子どもは、健康であれば、国家によって集団で育てられ、親は誰が自分の子どもなのかわからなくなる。赤ちゃんが奇形である場合には、彼らは秘密裏に、誰も知らない場所で殺される。人類を

存続させるためには適切ではないとみなされる、下級の支配者のもとに生まれた、計画外の子どもにも、後者の手順が適用される。このモデルでは、親の主な義務は、国のリーダーが制定し、施行した規則を遵守することである[11]。この残響は、後の優生政策に見て取ることができ、そこには、結婚前の遺伝子検査[12]によって主要な疾病を減らそうとする現在の試みも含まれている。

アリストテレスは、家族関係を知らないことが、個人にとっても、国家にとっても有益なことだとは考えない。彼の生殖に関するプログラムでは、プラトンと比べると、親と役人は人類の健康に対して同じくらいの責任を負っている。アリストテレスは、生物学的な観察に基づいて、三十七歳から五十五歳までの男性と、十八歳から三十六歳のまでの女性が子どもを産むことを勧めた。その年齢から外れた妊娠の場合には、胎児が感覚や表情を持つようになる前に中絶が行なわれる。よって、男の子は受胎後四十日目までに、そして、女の子は受胎後八十日目までに中絶される[13]。アリストテレスは、妊娠中に適度に運動することが重要だと考えていた。それゆえ、女性が生殖と出産の神が祀られた神殿に毎日散歩することを、支配者が推奨したり、義務づけたりすべきだと考えたのである。このモデルでは、プラトンの場合[14]と同じように、障害のある子どもは、すぐに死ぬ運命にある。これらの考え方の多くが、何らかの形で今日まで生き残っているという事実から、私たちが推測できることは、アリストテレスが超人的な予見力を持っていたということか、もしくは、私たちの考えが、過去二五〇〇年の中で、あまり発展していないということである。

生殖に関するカントの見解は、キリスト教の信条と啓蒙主義の理想によって特徴づけられることになる[15]。宗教からの影響が最も強いのは、セックスや結婚、名誉に関する見解においてである[16]。その一方で、自発的な選択が合理的なものであることが、親や子としての義務に関するカントの考えでは、最も重要であるように思われる[17]。セックスは、結婚生活の中だけに制限されるべきなので、親になる人が持つ第一の義務は、非嫡出子をつくらないことである。カントによれば、「婚外で生まれた子どもは……法律の外にあり、結果として、法律による保護の対象にはならない。……そのため、それが存在することも、それが存在しなくなることも、同じように無視することができる」[18]。ここから次の結論がもたらされるように思われる。つまり、女性が、非嫡出子の母親として知られるという不名誉から、自身を守るために、赤ちゃんを殺すことは、通常の殺人犯のようには罰せられない[19]。しかし、結婚して生まれた子どもの場合、親の義務は明確で、厳格なものである。結婚して生まれた子どもは、親の意志に基づく自由な行為によって生まれてきた。それゆえ、子どもは、自立できるようになるまで、親に育ててもらう権利を持っており、それは強力な道徳的な資格である。子どもは自身の同意なしに生まれてくるため、カントによれば、確定された義務は限定的なものである[20]。しかし親は、「自分の力が及ぶ限りで、子どもを、自身が持つことになる病気と向き合わせる」義務を持っている[21]。ここで、伝統的な母権的な価値と父権的な価値は、道徳的な理由と自己選択の責任の名において問題視されるのである。

ミルは、カントが主張した、事後的な（生んだ後の）親の義務に、子どもをつくる前の段階での熟慮という側面を加えた。子どもを世話することができないことがわかっている場合には、子どもを産むべきではない。ミルの言葉で言えば、「子どもの体に食べ物を提供し、（そして）その心に指導や訓練を提供できる……という、十分な見通しがない場合に、子どもを産むことは、不幸な子どもと、社会の両方に対する、道徳的な罪である」[*22]。子どもの将来を考慮する側面に加えて、ここでもう一つの注目すべき点は、「不幸な子ども」を、親の義務に関する考えの中に導入していることである。ミルは、プラトンやアリストテレス、そして、彼らに続く哲学者たちと同じように、主に、公共的な実践として、子どもをつくることを評価する。そして、望まれず、放置された子どもが、社会にかける負担について批判する。しかしここで、私たちは、これから新たに生まれる人自体への配慮を見出すことができる。生まれた場合に、その子の人生はどういったものになるか。おそらく、ミルのこの早い段階での個人主義に立った洞察からの流れをくんで、現代では、法に関する論争や、倫理に関する論争の中で、「子どもの最善の利益」が重要性を持っている[*23]。

プラトン、アリストテレス、カント、ミルでは、合理性に関する考えが異なっており、この違いが、規範に関する主な違いに対応している。非常に大まかに言えば、プラトンは、健康で従順な市民がいる、合理的な独裁国家を目指した。アリストテレスは、有機的に発展した共同体に魅力を感じたのであり、そこには、自然に良い生活を送る、合理的な人間がいる。カントは、啓蒙された政府が、徳のある人が持っている合理的な道徳性と適合することを望んだ。ミルが望んだことは、人々が、自由に生活する他者に危険を及ぼさない限りで、自身の理性の光に導かれることである。さて、これらの前提をもとに、実践に関する様々な答えを知ることができる。すなわち、プラトンは全体主義的な優生学、アリストテレスはそれよりも穏健なライフスタイルの規制、カントの責任に関する厳格な見解、無鉄砲な繁殖に対するミルの苛立ちである。これらの考え方はすべて、現代の論争においてもいまだに生きている。そして、親は何らかの形で、子どもに対して責任があるという考えは、多くの人が同意するものである[*24]。

以下では、遺伝学と生殖医療の進歩によって生み出された、ある特定の種類の責任に焦点を当てる。今日では、人々が子どもを持つ計画を立てるとき、多くの場合、生まれてくる子どもが持つ特徴を選択することができる。遺伝子治療や出生前の手術の進歩により、将来には、すでに生まれることが決まっており、現時点で存在している個体（胚または胎児）を、微調整することができる。しかし当面は、主に、個体の間での選択が行なわれる。検査によって生まれてくる子どもの特徴が明らかにされ、親は、そこで得られた情報をもとに、選択することができる。望んでいない特徴を持った個体を拒み、望んだ特徴を持った個体を選ぶことができる。そうすると、問題は次のようになる。責任ある親は何をすべきなのか。彼らは情報を求めるべきなのか。そして、もしそうなら、その情報を使って何をすべきなのか。

3　人間を軽視することと生まれ持った特徴

問題に対する伝統的な答えは、原則として、親は情報を求めるべきではないというものである。遺伝子検査や、他の出生前検査は、治療可能な病気を示す場合に、もしくは子どもに必要なことを親が準備するために行なわれる場合に役立つにすぎない。選択は、胚の選択であれ、胎児の選択であれ、正しくなく、許されるべきではない。親は子どもをあるがままに受け取るべきであり、無条件に受け入れるべきである。[*25]

子どもは授かりものであり、親の愛は無条件のものだという考えは、ほとんどの世界宗教の教義の中に含まれている。そして、それらの多くの解釈が、その宗教の教義において与えられてきた。しかし、ここで私が主に関心があるのは、宗教とは別の世俗的な倫理である。そして、この文脈では、先に述べた考えの自然な正当化は、尊厳、連帯、予防の持つ価値に基づいて行なうことができる。[*26] これらの概念はすべて、論争の中で使われてきたが、しかし、主に、より自由主義的な見解に対する応答の中で使われてきた。以下では、これらの応答の基礎にあると思われる考え方を用いて、生殖の選択に反対する、一個の独立した道徳的な主張を再構成する。

遺伝学的なデータや、医学的データに基づいて子どもを選択することは、相まって、人の尊厳を侵害している。子どもの選択は、その過程で拒否された、「障害のある」個体に対する侮辱であり、なおかつ、現に同じ障害を持って生きている人に対する侮辱である。そのような侮辱は、選択のやり方に応じて、より具体的である場合や、抽象的である場合がある。妊娠後期での中絶は、生存能力のある人の命を、物理的に終わらせることに関わる（非常に具体的である）。着床前遺伝子診断は、人に成長する可能性のある胚を捨てることへとつながる（あまり具体的ではない）。そして、遺伝的マッチングは、象徴的な脅威として解釈されるにすぎず、それは望まれない特徴をもって、現に生きている人に対する脅威となる（かなり抽象的である）。しかし、どの場合でも、象徴的な意味は、はっきりとしている。ある特徴を持つことで、その人は、受胎する前、または生まれる前の段階で、望まれないものになるのだとすれば、ある意味では、生まれた後の段階でも、同じ特徴を持った人は、そのことによって、望まれないものになる。親の愛はほぼ常にそれに勝る可能性もあるが、[*27] 社会に関する、より一般的な判断では、「これらの人々が生まれていなければ、より良い社会になっただろう」と言われる。[*28]

子どもの選択は同時に、実際に選択された人にとっても、選択する人にとっても侮辱であるとみることもできる。選択は、選択された人にとって屈辱的なものである。なぜなら、自身の親に受け入れられる前に、強制的に品質管理テストを通すことは、私たちがなすべきことではないからである。学校の成績が悪い場合に、親が子どもと縁を切ることは許されないのだから、胚や胎児についても、同じような決定をしようとするべきではないだろう。さらに、親となる人は、生殖に関して、差別的な選択をすることで、自らの品位を下げている。彼らは、たとえ、実際に誰かを殺したり、誰かの脅威となったりしないとしても、人間の品位を否定するような決定をしている。この否定は、理論の中で行なわれるものであり、事実上のものではない。しかし、理論の領域は、まさに、私たちが人間として獲得する道徳性が存在する次元である。偏見のある選択をすることで、私たちは、倫理的な意思決定者である自分自身の尊厳を汚すことになる。

遺伝学的なデータや、医学的なデータに基づく選択は、直接的にも、間接的にも、連帯を壊すものである。次の事実だけでも、このように主張する十分な根拠となる。すなわち、これから生まれる人間の中には、その人の身体的、もしくは精神的な特徴を理由として、人の共同体から排除される人間がいるという事実である。連帯は、それと関連する、正義や公正の原理のように、人々を、その属性や特徴に関わりなく、平等に扱うことを要求する。子どもを選ぶような生殖上の選択は、紛らわしい場合もあるが、象徴的な影響を与えることで、この要求に反することになる。さらに、尊厳の場合と同じように、ある人が持っている遺伝的な条件や、医学的な条件に基づいて、その人を排除することは、これらの条件を持って生きている人にとって、直接的に脅威となる。出生前の差別が許されるならば、同じルールが出生後の態度や行動にも適用されることになるのではないか。

サンデルの議論（第2章3節）は、この考え方に、明らかに政治的な次元を加えている。[29] サンデルによれば、共同する存在としての私たちの生は、相互的な連帯に助けられ、それによって人間らしいものとなる。そして、連帯は、私たちが経験した、未来に関する不確実性の上に成り立っており、それによって、私たちは社会保障システムをつくるように駆り立てられる。不確実性が認識されるのは、私たちが、自身の資質や運命をコントロールする力を持っていないからである。私たちが理解できる限りでは、私たちはどのようなものなのか、そして、私たちに何が起こるのか、ということに対して、まったくの偶然が強い影響を与えている。しかし、サンデルが主張するところでは、出生前の選択は、生殖において、偶然性が持っている役割を取り去ってしまうものであり、人生や、それに関わる責任についての見方を変えるようなものである。親は、子どもが持つ特徴に対して、責任を負うようになり、これは次のような可能性を持つ。すなわち、親は、子どもが成し遂げたことに対して、過度に誇りを持ち、子どもの失敗によって大いに自尊心を傷つけられる可能性である。[30] どちらの場合でも、（間違った）コントロールの感覚のために、親になる人は、本質的に連帯を持った集団を形成するような、偶然に基づく仲間意識から遠ざかることになる。

最後に、遺伝学的なデータや、医学的なデータに基づく選択は、予防原則と対立する。子どもの選択を可能にする技術を含んだ、新しい科学技術は、恐ろしい影響を及ぼす可能性があり、科学的進歩と比べて、市場への規制が十分でない場合には特にそう言える。[31] この影響は、おそらく、最も一般的には、将来の害と不公平の観点から考えられる。すなわち、もし私たちがいま、身体的に悪い条件を持つ胎児を中絶するならば、最終的には、国にコントロールされた優生学や大量虐殺へと、滑りやすい坂を滑り落ちることになる。[32] しかし、ハーバーマスが自身の理論の中で行なっているように（第2章4節）[33]、この影響を、より深い人間学的な方法によって概念化することもできる。ハーバーマスによれば、私たちの、人間としての倫理的な自己理解は、私たちが今理解しているところの、私たちが「自然に」そうなっているものと、「人工的につくる」ことのできるものの間の区別に依拠している。ハーバーマスの主張によれば、この自己理解は、私たちの人格の同一性や、道徳的自律の土台である。そして、規制のない、市場主導の、生殖技術の開発を可能にすることで、基礎の強さをテストすることは軽率で愚かなことだろう。

　予防によって指示されることは、必ずしも、科学的な活動は、無差別に、または永遠に法的に禁止されるべきだといったものではない。私たちは、現在持っている、人間としての自己についての理解を失うかもしれないが、将来の「ポストヒューマン」の集団が、より良い道徳を生み出すことができるのであれば、そういった可能性が完全に拒否される必要はない。予防策の適切な役割は、おそらく、いま現われてきている、新しいより良い考え方を、私たちが把握するまでは、進歩のプロセスを遅らせることである。しかし、将来私たちを待ちうけているものと、少なくとも同じくらい許容できるものがあることを知るのでない限りは、私たちが現在受け入れることができている生活様式を守ることが重要である。

　尊厳、連帯、予防に基づく議論は、将来親になる人の、生まれてくる子どもへの責任よりも、道徳的な価値や、社会の安定に対する責任に焦点を当てる。この特徴は、5節で見られる、生殖の全面的な自由を支持する見解にも現われる。

4　知識と穏健さ

親の責任に関する、より現代的で、おそらくよりポピュラーな考えでは、親のニーズ、子どものニーズ、そして社会全体のニーズを計量し、比較することが要求される。この考えでは次のことが、時には慎重に、承認される。避妊、出生前検査、中絶政策、そして、市民の個人の自由を重んじる、自由民主主義の中での、新技術の発展である。この見解の基本理念には、知識の望ましさと、適度な規制の必要性が含まれる。[34]

　ロザモンド・ローズ〔Rosamond Rhodes〕は、この穏健な説明を正当化するものが、親の自発的な選択と、選択によって合理的な個人が負う責任にあると考える。[35] 彼女は、次の前提から議論を始める。すなわち、生殖に関する義務は、妊婦が出産に同意することから生じる。[36] 受胎後の（または、実際には受胎前の）どの時点でも、この同意を、はっきりと言い表わすことができる。しかし、言い表わされないとしても、妊娠第三期までには、問題が生じない限りで妊娠を続けることに対して、暗に同意していることになるとローズは考える。そして、密接に関連する二つの義務が、この同意から生じてくる。一つ目は、「生まれてくる子どもが、自立して、道徳的主体として義務を引き受けることができるようになるまで」世話をする義務である。[37] 二つ目は、子どもが、責任を負える道徳的主体へと成長するように、養育と教育を行なう義務である。[38] どちらの義務も同じ目的を持つが、一つ目の義務は、身体と精神の健康に焦点を合わせており、他方、二つ目の義務は、倫理教育に重点を置いている。生きていることは、道徳的主体となるための前提条件なので、これから生まれてくる子どもも、親が同意することで、生きる権利を手に入れる。

　しかし、手に入れた生きる権利は、生まれてくる子どもが、教育の際に設定した目標を達成する能力を持つことを、条件としていると、ローズは主張する。子どもが、身体的な障害や、精神的な障害を持つことで、自立した道徳的主体へと成長できなくなるなら、子どもを育てるという契約は切れ、親はそこから撤退することが許される。出生前検査で重篤な異常が示されたときには、妊娠第三期の中絶さえも許容される。ローズの考えでは、これを正当化するのは、次の原理である。その原理とは、親の同意が有効なままであるのは、子どもを育てるプロジェクトに期限がある場合だけだ、というものである。次の場合には、子どもをつくろうとする合理的な人が、生涯にわたって子どもの世話をすることに身を捧げる義務はない。すなわち、自立していて、責任を負うことができる新たな市民をつくるという、子どもを持つことの原点がすでに失われている場合には、そのような義務はない。[39]

　合理的な人々は、もし彼らがそれを選ぶなら、子どもを生涯にわたって養うことを選ぶこともできるので、親となる人には、遺伝学的な理由や、医学的な理由をもとに中絶する義務があると、ローズが考えているわけではない。しかしながら、そのような理由での中絶を許容することで、親となる人が、自身が望む子どもを選択するための技術を利用することを完全に認めることになる。親の義務に関するローズの分析が、妊娠後期での中絶の場合にも受け入れられるならば、出生前のより早い段階で選択することや、着床前遺伝子診断に基づいた胚選択においても、その分析を受け入れることは理に適っている。

　穏健な説明に対するまた別の正当化が、ピーター・ハリソン＝ケリー〔Peter Herissone-Kelly〕によって示されている。[40] 彼は、ローズとは異なり、親子関係を、承諾や同意という観点から理解しようとはしない。そうではなく、人々は、生殖上の決定を行なうときに、親となる人としての役割と、両立するような態度をとるべきだと、彼は主張する。遺伝子検査や医学的検査は知識をもたらすのであり、その知識は、生まれてくる子どもが送ることになる人生の質を、ある程度予測する。そして、この知識のために、子どもをつくろうとする人は、選択を突きつけられる。ハリソン＝ケリーは、体外受精（ＩＶＦ）でつくられ、着床前遺伝子診断で検査された二つの胚があるケースについて考える。検査の結果が判明すると、親となる人は、「より良い人生を持つことになる胚」と「より悪い人生を持つことになる胚」の間での選択に直面する。[*41] 親は、この状況を、どのように評価すべきか。

ハリソン＝ケリーによると、この状況で親がとるべき唯一の態度は、評価のための「外在的な」観点ではなく、「内在的な」観点をとることである。[*42] 外在的な観点をとるというのは、将来生まれてくる子どもが持つであろう人生の質を、また別の子どもが持つであろう人生の質と、比較することである。そして、この観点をとることは、おそらく、より良い人生を持つであろう胚を選択する義務をもたらす。ハリソン＝ケリーは次のことを認める。すなわち、この考え方は、ほとんどの場合、集団全体の幸福に注目しなければならないような、公的な意思決定者にとっては必須のものであると。[*43] しかし、この考え方は、親となる人にとっては、必須のものではなく、また適切なものでさえない。むしろ、親となる人にとっては、内在的な観点をとることがより良いことである。内在的な観点をとるというのは、「〔将来生まれてくる、一人の子どもが送ることになる人生と、また別の子どもが送ることになる〕人生の両方を、親となる人が想像のうえで生きてみて」、そのうえで、その人生を生きることになる、それぞれの子どもにとって、それぞれの人生が、どのようなものになるかを、理解しようとすることである。[*44]

外在的な観点から、より良い生命を持つ胚への選好が、デフォルトとして与えられるが、内在的な観点によってそれは無効になる。ある望まれた特徴・状態を持つ人、持たない人、また、ある望まれない特徴・状態を持つ人、持たない人がいるとして、それぞれの人にとって、自身の人生がどのようなものになるかを想像してみる。そうすると、それぞれのケースでとても似たような結果が出てくる。つまり、どの人生も、それを生きる人にとっては、最高の人生である。そして、他の人の方が、間違いなく、より良い人生を生きることができたという事実によって、それが何らかの悪いものになることはない。[*45] 親には、「より良い」もしくは「より悪い」胚を選択するための、決定的な道徳的理由はない。[*46] ハリソン＝ケリーの見解では、容認できない苦痛だけが、これを制限する。これから生まれてくる子どもが、あまりにも多くの痛みや苦悩を経験することになる場合には、親は適切に行動して、生まれないようにするだろう。この「受け入れ可能な将来の原則」によって、生きるに値しない人生を送ることになる人と、生きるに値するが、親が容認できないほど悲惨な人生を送ることになる人の、両方を除外することが許されることになる。[*47]

ローズとハリソン＝ケリーが示した考えは、胚の選択に反対する様々な見解に抗って、穏健な見解を擁護するものである。契約と同意に基づくローズの主張は、人の生命はいつでも守られなければならない、という伝統的な見解と対立するものである。ローズは、権利と責任に関する同意主義の教義を導入することで、「受け入れ可能な将来の原則」に例外を設けたのであり、生まれてくる子どもが、自律的な道徳的主体へと成長する見込みがない場合が、その例外に当たる。他方で、ハリソン＝ケリーが提案した見解は、私たちは常にできる限り最良の子どもをつくるべきだという、現代のリベラルな優生学の考えに組みつくものである。外在的な観点と内在的な観点を区別することで、親は集団全体の幸福ではなく、個々の子どもに焦点を当てて熟慮する余地がある、ということを明らかにした。[48]

5　生殖上の善行は義務である

親の責任に関する見解の中で、最も技術を重視する見解によれば、親となる人は、これから生まれてくる子どもが持つ特徴について、知れる限りのことをすべて知るべきであり、そして、その情報をもとに、生殖に関する決定をすべきである。ジュリアン・サヴァレスキュ〔Julian Savalescu〕の著作の中に、この見解を最も強く擁護する議論のうちの一つがある。[49]

生殖上の選択にとって重要な情報には、「疾患遺伝子」、「非疾患遺伝子」、「行動遺伝子」および「他の遺伝子」[50]に関するものがありうる。サヴァレスキュの考えでは、選択の際に重要となってくる疾患には、嚢胞性線維症、癌、喘息、ダウン症候群が含まれる。他方、疾患ではない重要な特徴には、身長、知性、性格、性別、「モーツァルトのような天賦の才」[51]が含まれる。遺伝的基盤を持つ行動様式に関しては、その一覧すべてを示している。すなわち、攻撃性と犯罪行動、アルコール依存症、不安神経症、不安障害、注意欠陥多動性障害、双極性障害、同性愛、母性行動、記憶力と知能、神経症、新奇探索傾向、統合失調症、薬物依存症である。[52]他の選択可能な特徴や状態には、髪の色、盲目、聾《ろう》、小人症が含まれる。[53]

サヴァレスキュによると、親となる人には、「選択に関わる利用可能な情報に基づいて、持つことができる子どもの中で、最も良い人生を持つことが期待される子ども、もしくは、少なくとも、他と同じくらい良い人生を持つことが期待される子どもを選択する」道徳的な義務がある。[54]そして、体外受精や着床前遺伝子診断の後に、嚢胞性線維症、癌、喘息、ダウン症候群になることがわかった胚や、望ましくない行動様式や、疾患ではない特徴や、他の特徴を持つことになるとわかった胚は、拒まれるべきである。親が選ぶ子どもは、できるだけ健康で、できるだけ多くの良い特徴を持つのでなければならない。悪い遺伝的特徴が避けられない場合（つまり、親となる人がつくることのできるすべての胚が、その特徴を持つ場合）には、これらの特徴を備えた子どもを持つことが許されるのであり、場合によってはそれが要求される。先に挙げた障害とは異なり、対処していくことが可能な障害を持つ子どもをつくることはできるが、その対処可能な障害を持たない子どもをつくることはできない場合には、おそらく、親は、その対処可能な障害を持つ子どもをつくるべきである。[55]しかし、それらの場合を除くなら、親となる人は、健康の度合いを下げたり、幸福を減らす可能性のある、すべての特徴を避けるべきである。

サヴァレスキュによると、この「生殖上の善行」の哲学は、以下で示すように、合理性に訴えることで正当化される。AとBの二つの箱から一つを選べるとしよう。それぞれの箱には、〇～一〇〇万ドルのお金がランダムで入っているとする。ボックスAを選択するなら、その中にあるすべてのお金が、自動的に手に入ることになる。ボックスBを選択する場合には、サイコロが振られ、その目が六のとき〔だけ〕は、箱に入っている金額から一〇〇ドル引かれることになる。つまり、そのとき箱が空だったら、一〇〇ドルを支払うことになり、一方で、箱に一〇〇万ドル入っていたら、九九万九九〇〇ドルを受け取ることができる。[56]

サヴァレスキュの主張では、このゲームにおける合理的な選択は、ボックスAを選ぶことである。そして、「疾患ではない状態を求めて遺伝子を選択すること」（そして、おそらくは、病気の状態を持たないように選択すること）は、このゲームを「プレイするようなものである」[57]。ボックス内の金額がわかっていないとき、Aの方が常に良い選択肢である。ボックス内の金額が大きな場合には、Bと比べてAはわずかに良い選択肢であるにすぎないが、金額が少ない場合には、Aの方がよりいっそう良い選択肢だと言える。完全な不確実性を伴う状況では、合理的な意思決定者は、まずはじめに、選ぶことのできるすべての選択肢について、それが当たりである確率は等しいと考える。このゲームでは、ボックスBを選択すると、六分の一の確率で、一〇〇ドルを失うことになる。そのため、全体的に見れば、ボックスAの期待効用が最も高いことになる。

サヴァレスキュによれば、良い遺伝的特徴を選び、悪いものを避けることに関しても、同じ論理が当てはまる。どのような要因が組み合わさって、人生が全体として価値あるものになるにせよ、問題をもたらす可能性のある特徴を持たず、役に立つ可能性のある特徴を持って人生をスタートすることは、常により良いことである。遺伝子検査をされた胚は、ボックスAとボックスBのようなものであり、胚Aは胚Bと比べて、良い特徴が多く、悪い特徴は少ない。私たちは、胚Aや胚Bの人生が全体としてどういったものになるのかを、知ることはできない。そして、胚Bからの人生が、結局のところは最善の人生となることは十分に起こりうる。これは、サヴァレスキュのゲームで、最終的に持ち帰ることができる金額に対応している。（Bを選んだ場合の合計金額が、一〇〇ドル引いても、Aの合計金額よりも大きい。）しかし、「選択に関わる利用可能な情報」に基づくなら、私たちにはそう信じる根拠はない。逆に、その情報を考慮に入れるなら、胚Aが、結局のところ、より良い人生を送ることになると信じるための（少なくはあるが、信頼できる）根拠を私たちは持っている。それゆえ、私たちは胚Aを選ぶべきなのである。

サヴァレスキュが、親となる人は「最良の子どもを選択すべきだ」と言うとき、ここでの「すべきだ」が意味することは、そのように説得することが正当化される、ということであって、それを強制することが正当化される、ということではない。[58] サヴァレスキュによると、親には、最良の赤ちゃんをつくる道徳的な責任があるが、しかしながら、誰に対してこの責任を負っているかは明らかではない。親が、劣った遺伝的性質を持つ子どもを、喜んで持つことは許されるので、この義務は必ずしも自身に対する義務ではない。親は、選ばれなかった胚「B」に対して責任を負っているわけでもないように思われる。というのも、彼らは胚Bを生まないからである（サヴァレスキュの見解では、原則として、それは価値のある経験だが）。親は赤ちゃん「A」に対する責任を持ちうるのである。つまり、赤ちゃん「B」が（もし生まれたとして）、赤ちゃん「A」よりも良い人生を送ったとしたら（その可能性はあるが）、「A」は自身が、親のつくることのできる子どもの中で、最良の子どもではないことに不満を持つだろう。しかし、この不満は、子どもが存在することに基づくものであり、それは「不当な生命」の問題を思い起こさせるものであり、概念的に複雑なものである。[59] そうすると、残っている唯一の可能性は、道徳的な理性と社会全体であるように思われる。

　これが意味するのは、親の責任の「受容者」が、二つのより極端な考えにおいて、基本的には同じものだということである。サヴァレスキュと伝統的な見解の支持者（**3**節）は、どちらも、正しい倫理的態度（もちろん、二つの立場では異なるが）を持つ人々は、正当なやり方で、他者に自分たちの見解を受け入れさせることができると考える。これは、国が強制する場合もあれば、そうでない場合もあるが、いずれかの立場が生殖に関わる政策決定に対して、十分な影響力を持った場合には、国の圧力によってそれが補完されることになる。親となる人は、道徳的な指導者と公的機関に対し、「無条件に受け入れる」または「生殖に関する善行」という政策に従う責任を持つことになる。

6　計算に基づく合理性

サヴァレスキュの合理性概念は、生殖上の選択の結果として生じる、正味の幸福を最大化させるということに基づいている。そのため、この考えでは、他の種類の個人的な価値や、伝統的な価値が入り込む余地はほとんど、あるいはまったくない。しかし、これらの価値は、倫理的なレベルや、政治的なレベルにおいて、個々の行為のための良き理由として、あるいは、集団的な不干渉のための良き理由としての居場所を持つ。[60]

　サヴァレスキュの考えでは、合理性が求めることは、「同じような事例は同じように扱う[61]」ことであり、人間の幸福の最大化を目指すことである。[62] もしも私が、溺れている一人の子どもを救うか、溺れている二人の子どもを救うか選択できるなら、合理的に二人を救うことを選択すべきである。たとえ一人の方は私の子どもで、二人の方は他人の子どもであったとしても、第三者的な観点での分析によれば、そして、他の条件が等しければ、前者ではなく後者を救うべき、大きな理由があるだろう。[63] そして、サヴァレスキュが、道徳は「最もなすべき理由のあることを義務にする」と考えているように[64]、彼によれば、私が自身の子どもを諦めて、見知らぬ二人の子どもを救うことは、道徳的に正しいこととなる。[65] しかし、これで話が終わるわけではない。

サヴァレスキュは、同時に次のことも認識している。すなわち、親は子どもと特別なつながりを持つ可能性があり、そのつながりによって、重要な違いを構成することができる。そして、その重要な違いがあるために、異なるケースを異なるように扱うことができる。[*66] 行為のための理由は、行為者に相対的なものであり、親は、自分の子どもたちを選ぶことを決定する大きな理由を持つ可能性がある。[*67] サヴァレスキュは、「重要な違い」に関する、有意味で、非規範的な定義を与える可能性について確信があるわけではないが、救助の事例のような困難なケースでは「合理性の要求によって制約されることなく、自由に選択すべき」だと確信している。[*68] 私の解釈では、これは、価値を最大化するという当初の義務が、意思決定者自身に近いものが関わってくる場合にはなくなるということを意味している。つまり、不合理な選択が、道徳的な選択である場合がある。

　これを生殖上の選択に置き換えると、ここでの論理は次のことを帰結する。生殖上の決定は、それが可能な限りで多くの幸福をもたらすことが期待できるならば、合理的である。親となる人は、彼らが得ることのできるすべての重要な情報を、幸福を最大限にしうるような合理性に基づいて得るべきである。そして、この情報に基づいて、最大量の幸福を持つことが期待される子どもをつくることを目指すべきである。そして、たとえその過程で、劣った子どもを放棄しなければならないとしても、それを目指すべきである。そして、道徳によって、なすべき大きな理由があることを行なうことが義務となるので、私たちは、最良の子どもを選ぶ義務を持つことになる。

　サヴァレスキュは、「自分の劣った子ども」に関する補足説明を、体系的に展開しているわけではない。[*69] しかし、それは、二つの異なる方法で、彼の見解のうちに含まれている。一つは、生まれてくる子どもがすでに胎児にまで成長した場合には、親は胎児に愛情を感じている可能性があるということである。サヴァレスキュが指摘しているように、「中絶による選択は、着床前遺伝子診断による選択よりも、心理的な害が大きい」[*70]。二つ目は、特定の障害（サヴァレスキュの例では小人症）を持った人が、体外受精と着床前遺伝子診断を使用して、自身と同じような子どもを望む場合には、より良い人生を持つ子どもつくるために、親が選びたいと思った胚を捨てることは、平等性や、個人の関心、生殖上の自律性に反することになる。[*71] それゆえ、障害を持った人が、良い理由がある場合に、障害を持った子どもを選ぶことが許容されるべきなのである。[*72]

　ここでサヴァレスキュは、独立した二つのレベルで動いているように思われる。小人症問題では、彼の論点は次のようになる。自由民主主義では、人々は、生殖上の選択の際に、他の人から見ると、次善の選択だと思われることを、選択することが許容されるべきである。そのような場合には、医療の専門家が、「可能な限りで最良の子どもをつくるように説得する」資格があるけれども、人々が彼らの非合理性に対して特別な理由を持たないとしても（生殖の自律性が依然として彼らの側にあるため）、選択することは許容されるべきなのである。[*73] 自己利益や平等のような、さらなる原理をあげることができ、「カップルを思いとどまらせる全面的な理由がない場合には」特に、そうである。[74] これらすべてのケースで、道徳と公的介入は区別されている。人々には、最良の子どもを持つ道徳的義務があるが、この義務を果たすことを強制されるべきではない（場合によっては、説得さえすべきではない）。

中絶の問題では、サヴァレスキュの論点は異なるかもしれない。親と胎児の間に生じる可能性のある絆が、親と生まれた子どもとの間に生じる可能性のある絆のようなものならば、これが、同じような事例を同じように扱うための根拠を与える。最良の子どもをもたらすことが期待できない妊娠を続けることは、不合理ではあるが、不道徳なわけではない。着床前遺伝子診断に当てはめるなら、これによって、次善の子どもを持つことを望む親が、無罪放免となる場合がある。診断によって示すことができるのは、これまでにカップルからつくられたすべての胚が、何らかの方法で避けることができるような、疾患特性を持っているということである。しかし、それらの診断から次の主張を引き出したのかもしれない。つまり、それらの胚は、すでに、「彼らの子ども」であり、個人的な道徳的理由のために、それらの胚を着床させるべきだと。サヴァレスキュは、このように論証したり、またその妥当性について論じたわけではない。しかし、胚の選択ではなく、配偶子の選択が「心理的な負担が最も少ない」という彼の意見は、その方向性を支持するものである。[75]

サヴァレスキュは、合理性を計算の観点から理解した。しかし、計算に基づく合理性からの要求が、道徳や法律にも拡がっていくとは考えない。生殖上の善行は、彼によれば、常に合理的な義務であり、「純粋な選択」の場合には、それは道徳的な義務でもある。しかし、生まれてくる子どもへの心理的な愛着は、道徳的次元を無効にすることができる。また、関心や原則は、説得が持つ利益の価値をなくすことができる。ただ意見が一致しないだけでも、法的な強制から保護するのに十分である。

7 親が担う役割

穏健な見解を擁護する人は、サヴァレスキュと比べると、技術の合理性に対してあまり注意を払わない。彼らは、理想的な道徳が、幸福の最大化だとは考えない。それよりもむしろ、ハリソン＝ケリーは、親の社会的な役割に適した観点に、そしてローズは、他者が親に合理的に期待できるものに、焦点を当てている。

ハリソン＝ケリーは、生まれてくる命を、互いに排他的な二つの観点から評価できると主張する。[76] それは、外在的な観点と内在的な観点である。外在的な観点は、幸福を最大化し、最良の赤ちゃんをつくることに重点を置く。そして、外在的な観点は、一見したところ、公的機関にとって不可欠なものである。[77] 内在的な観点が要求することは、私たちが、これから生まれてくる自分の子どもの人生を、想像の中で体験することである。そして、そうすることは、親となる人にとって適切なことである。自身の子どもが容認できないほどに苦しむことが確実にないようにすることも、同様に適切なことである。

　興味深いことに、サヴァレスキュのモデルにも、この二つの観点に自然に対応すると思われるものがある。すなわち、サヴァレスキュのモデルの中での、合理性概念は、ハリソン＝ケリーの言う外在的な観点とほとんど区別できない。そして、サヴァバレスキュは、子どもが危険にさらされている場合には、親の意思決定に譲歩するのであるが、その譲歩は、ハリソン＝ケリーの言う内在的な考慮にほとんど一致するように思われる。[78]その違いは、道徳に関する見解の中で、合理性と親の態度に対して異なる地位を与えることによって生じている。サヴァレスキュの考えでは、合理的な意思決定が道徳の模範であり、親が感じる良心の呵責は、同情的な理由から便宜が図られなければならないような欠点である。生殖上の善行は、卓越性を表わしている。ただし、感情のある生き物である私たちは、その卓越性から外れることも、時には許されなければならない。他方、ハリソン＝ケリーは、親の感情と態度が、家族というレベルでの生殖倫理の中核だと考える。合理性は、ほとんどの場合、公共政策においては良いものだが、道徳的卓越性は、親となる人としての、自分の役割を適切に認識することで表われる。

　ハリソン＝ケリーの見解において、親の考え方が持つ最も重要な役割が明確になってくるのは、どの程度の苦しみを子どもに耐えさせうるか、ということに関する彼の考えとのつながりにおいてである。彼の「容認可能な将来の原則」が命じるのは、「私の子どもが、容認できないほど苦しんでほしくない」といった態度を、親が持つことが適切であるということだ。それに続いて、彼は次のように洞察する。「何が容認できないほどの苦しみとみなされるのか、あるいは、より正確に言えば、容認できる将来のレベルを、どの程度のものに決めるべきなのかという問題は、明確な答えが与えられるようなものではない。[79]」もちろん、そのレベルを、容認できない苦しみがまったくないというレベルに決めて、「私は、自身の子どもが、防ぐことのできるような苦しみを受けることを望まない」と言うことは可能ではある。[80]しかし、ハリソン＝ケリーによると、これは、不適切な外在的視点に陥ることを意味するか、もしくは、基準を「異常なほど高く」することを意味する。[81]親は、自身の役割と責任について正しく見極めている限りで、子どもが受けるであろう苦しみを容認することができる。[82]

　ハリソン＝ケリーが親になる人に求めることは、生まれてくる子どもにとってその人生はどのようなものか、ということを考えることである。そして、ローズは、社会に次のことを考えるよう求める。[83]すなわち、責任を負えるような道徳的主体へと成長することができない子どもの親となる人にとって、その人生はどのようなものか、ということを。彼女によれば、子どもを育てることには目標があると理解すべきである。そして、その目標は、良い意思決定をし、正しい行為をする能力のある、次世代の人々を作り出すことである。彼女は同時に次のように考える。子どもを育てることは、期限のないプロジェクトであってはならない。すなわち、子どもが十分に成長したならば、親が当初持っていた、子どもの幸福と教育に関するコミットメントは終了することになる。ただし、道徳的な指導はさらに続く可能性はある。

　合理的な人々は、これらの条件を、子どもをつくる計画を立てたときに理解している。意図的に妊娠する場合、子どもをつくった人は、通常の場合には出産するまで妊娠し続ける義務を負う。しかし、生まれてくる子どもに障害があり、そのために、道徳的な行為主体者になる可能性が低い場合、または、生涯にわたって、親となる人の負担になる可能性が高い場合は、ローズが意図した意味での通常の場合に当たらない。これらの場合には、出生前の選択は、合理的な選択であり、立法者や医療従事者といった人たちによって尊重されるべきものである。

　穏健な見解を擁護する人たちの、合理性や合理的な道徳に関する見解は、「理に適っている」、「分別のある」、「節度がある」、「穏健な」ものと記述することができる。要点は、いずれの方向であれ、極端なことは避けるということである。つまり、完璧を求めることは適当ではない。というのも、おそらく、それは達成できず、それを追求することで失望することになるからである。また、絶対的な約束を求めることも適切ではない。というのも、おそらく、それを守ることはできず、そのような約束をすることで、余計な非難や後悔が生じることになるからである。合理性が幸福の最大化に関わり、道徳がまだ生まれていないすべての生命を守ることに関わる限りで、穏健な見解は、賢明な歩み寄りの名のもとに、完璧を求めることや、絶対的な約束を非難する。

8　道徳的な制限

　尊厳、連帯、予防に基づく立場を理解するための鍵は、その立場には、数学的な計算がまったく含まれていないことに気づくことである。制約的な立場の基礎には次の論理がある。情報を無視することや、次世代の子どもが持つ特徴が贈られたものであることが奨励されるが、その際、善いものや悪いものを、足したり、引いたり、掛けたり、割ったりすることは関わってこない。合理性をより技術的なものとして捉える人たちのほとんどは、こういった計算を、その中心に据えているが、この制約的な立場の場合には異なる説明が必要となる。

　ある意味では、人間の尊厳が、減らされたり、完全に消される場合がある。慢性的な病気や、精神錯乱、肉体的衰え、自立性の喪失によって、冷静さと落ち着きが回復できないほどに失われたと、自身で感じるような状態が生じうる。長期におよぶ非人道的な治療を受ける人は、同時に、自身の品位と価値が、取り戻せないほどに損なわれていると思うようにもなる可能性がある。他の人たちは、仲間にそのような治療をする人は、そうすることによって、自身の人間性が放棄されると考える可能性がある。これらのシナリオでは、少なくとも単純な計算の余地があるように思われる。すなわち、完全に尊厳が失われる選択よりも、ある程度の（あるいは、実際のところ、可能な限り多くの）尊厳を保つ方が良い選択であることは確かだろう。

この考えを取り込めば、生殖上の選択は、必ずしも、尊厳を取り返しのつかないほどに侵すものではない。胚や胎児は、病気で苦しんでいる大人が持つような経験を持つことができない。というのも、そもそも胚や胎児は、身体的な苦痛や、精神的な苦痛を経験する能力がないからである。[*84] 障害を持って生きている人々は、自身が他の人と同じように扱われているのなら、出産前の差別や、非人道的な行為から生じる悪影響を実際に感じることはない。そして、親は、実際に生まれてくる子どもには持っていてほしくないと考える特徴を備えた子どもを、妊娠することや、産むことを拒否したとしても、必ずしも自身の人間性を放棄することにはならない。[*85]

しかし、これは制約的な立場が求める解釈ではない。制約的な立場が求めているのは、より魅力的な見解であり、以下のようになる。尊厳そのものは、減ったり、無くなったりする可能性はないが、ぼろぼろになったり、破損する可能性はある。この解釈によれば、尊厳の変化は、量的なものではなく、質的なものである。したがって、障害を持った人の品位は、同じ障害を持った胚や胎児が捨てられるとしても、数量的に変化するわけではないが、攻撃され、おそらく貶められる。ここで一つのアナロジーが役に立つかもしれない。身体を傷つけられた人は、同じ人のままであるが、攻撃を受けたことで、健康状態が悪化する。同じように、障害を持った人が、その障害を象徴的な仕方で侮辱される場合、人としての尊厳は変わらず持つが、彼はより悪い状態になる。生まれてくる子どもを拒否する親に関して言えば、彼らの道徳的主体としての品位は、依然として彼らのものであるが、傷つけられる。犯罪者が人権や倫理的な義務を持ち続けるように、これらの親もそれを持ち続ける。しかし、道徳的主体が持つ尊厳は、良い質のものにも、悪い質のものにもなりうる。そして、生まれてくる子どもを拒絶する親は、少なくとも一時的には、尊厳が持つ素晴らしさや、輝かしさを失う。これらは、態度や性格の悪化であるが、それは制約的な立場が尊厳に依拠する際に注目している種類の悪化である。[*86]

連帯は比較可能な論理に従っており、これも、二つの解釈が可能である。社会と共同体の団結と全体性は、多くのやり方で測定できる。そして、連帯が定量化可能な特徴によって定義されるなら、多かれ少なかれ連帯がありうるということは明らかである。このとき、評価の対象には、共感の感情や、自発的な利他行為の頻度、社会保障のシステムが含まれうる。

しかし、連帯を支持する人のすべてが、このようなことを意図しているわけではない。サンデルは連帯を支持する人の一人だが、この解釈からは距離を置き、次のように述べる。彼の考えの「ポイントは、単に社会的コストが利益を上回る可能性が高いがゆえに、遺伝子工学が好ましくない、ということではない」[*87]。彼の考えは次のようなものだ。私たちの良い考え方（「無条件の愛や、招かれざるものへの寛容さといった規範」[*88]）を維持し、社会的な直観を、それに合わせて改訂すべきであり、私たちの道徳が腐敗するにまかせて、「世界に適合するように私たちの本性を変える」べきではない。[*89] サンデルによれば、良い考え方を維持することは、個人の権利や自由、幸福への影響とは別に、それ自体で価値のあることである。

エミール・デュルケーム〔Émile Durkheim〕によって定義された、社会学的な言葉を使うなら、[*90]サンデルは、近代社会の「有機的連帯」よりも、前近代的な共同体と結びつく「機械的連帯」のようなものを好むようである。「機械的連帯」は、小さな集団、抑圧的な制裁、集団的権威、宗教、超越的な思考によって特徴づけられる。一方で、「有機的連帯」は、より大きな集団、交流と交渉、個人的な反省、世俗化、そして世俗への関心と結びついている。[*91]現在の西洋社会は非常に高い確率で、「有機的なリスト」によってうまく記述されているので、サンデルの目標は、規範的であり、同時に保守的である。伝統的な考え方は、より多くの幸福をもたらすという意味とはまた別の意味で、それ自体良いものであるから、人々はそれを保持すべきである。

制約的な立場の人たちが理解するところでは、予防は、保守的な連帯という概念と密接に関係している。[*92]ハーバーマスは、この点について、部分的には、人間という種についての倫理的な自己理解を考察する中で説明している。[*93]彼によると、これから生まれてくる人間を、遺伝的に選択することを許すなら、私たちの生命における、贈られるものと、つくられたものの区別が失われることになる。この区別を失うと、私たちは倫理的な自己理解を失うことになる。そして、倫理的な自己理解を失うならば、私たちは人格の同一性や、道徳的な同一性を失うことになる。そして、個人としては尊厳のある人格である自己を、集団としては連帯のある社会である私たち自身を失うことになる。この見解では、予防は次のことを意味しない。すなわち、私たちは、特定の生殖に関する政策の、リスクと便益を計算すべきであり、それぞれのケースで、個別に意思決定を行なうべきだ、ということを意味しない。予防が意味するのはむしろ次のことである。すなわち、新しい技術を取り入れることで、私たちが今理解しているような、自分たちの生命のあり方が失われることになるかもしれないので、技術を取り入れることには注意すべきである。

9　親に関わる合理性

この章では、生殖上の選択における親の責任に関して、様々な見解があることを示した。そして、それぞれの見解が、どのような仕方で、それぞれ異なる種類の合理性に基づいて主張されているのかを明らかにしてきた。「寛容な」見解では、最も良き理由は、将来の幸福を最大化し、将来の苦しみを最小化することだと考えられ、次のような子どもを持つ義務があると言われる。すなわち、望まれていない障害をほとんど持たず、また障害ではない特徴でも、望まれていないものはほとんど持たず、望まれたものをできるだけ多く持った子どもを持つことを義務とする。[*94]「穏健な」立場では、理に適っていることに焦点が当てられ、予期しなかった遺伝子変異が出産前に検出された場合には、親が自身の判断で選択することは許された。他方で、また別の「穏健な」見解では、子どもをつくろうとする親にとって適切なことは何か、という点が強調される。そして、親の役割を根拠として、最大化という合理性の基準を拒否することが勧められた。最後に、「制約的な」立場では、計算が完全に否定される。そして、赤ちゃんが持つ生まれつきの特徴を検査する、という誘惑には耐えて、赤ちゃんをあるがままに、喜んで受け入れる責任があるという結論が導かれた。

ただし、使われている用語に関する疑問が残る。つまり、なぜ三つ目の見解を合理的と呼ぶのか。彼ら自身は、行き過ぎた合理性を非難しており[95]、彼らに反対する人は、彼らの考えの中心にあるものが非合理的だと考えた[96]。というのも、合理的な意思決定は、ふつう、リスクと利益を測り、計算することだと考えられるが、三つ目の見解では、これらのことが拒絶されるからである。そして、この疑問は、ヒト胚の道徳的地位に関する論争を見ると、さらに的を得たものであるように思われる。その論争の中で、「合理主義者」は分析可能な科学的事実に依拠し、「道徳主義者」は伝統的な人間の価値に依拠する。それゆえ、第2章ですでに出された提案に戻り、ここでの中心的な対立が、合理性と道徳性の間のものだということを認めてはどうか[97]。

私がそうしないのは、問題が見た目ほど単純なものではないからである。選択に関する制約的な立場が、計算不可能な要因に基づいていることは確かだ。しかし、それは、いくつかの穏健な見解や寛容な見解についてもいえることだ。ハリソン＝ケリーは、外在的な観点と内在的な観点を区別することで、この点を明確にしている。つまり、前者は測定を含んでいるが、後者はそれを含んでいない。また、前者は公的機関にふさわしいものであり、後者は親にふさわしいものである。このモデルでは、計算的な合理性を認めているが、それが、親となる人の生殖に関わる倫理を決定することはない。サヴァレスキュは、合理的なものと道徳的なものに関する議論ではなく、道徳的なものと法的なものに関する議論をしていたわけだが、選択的中絶や障害を持った親に関する議論の中で、同じような結論に達している。しかしながら、明らかに、彼は、特定の状況において、子どもの良い特徴を最大化し、悪い特徴を最小化することに反対するような、生殖に関わる決定をすることを許容する準備がある。

そうすると、計算が関わってくる度合いは様々ではあるが、どの見解でも、幸福と苦しみを超えるような要因を含む余地があるということが明らかになった。制約的な立場では、伝統を尊重することが義務とみなされ、穏健な立場では、親にふさわしい態度が適切なものだとみなされ、そして、寛容な見解では、これらの組み合わせが許容できるものとみなされた。これらの事実は、二通りのやり方で解釈することができる。一つは、合理性が測定に依拠するものだと考えることだ。つまり、どの見解も、完全には合理的ではなく、制約的な立場に関して言えば、それは完全に非合理的であると述べる。この解釈は、対立が合理性と道徳性の間にあるという提案を支持するだろう。一方、二つ目の解釈は、合理性は計算だけに関わるものではなく、すべての見解が、異なる仕方ではあるが、合理的であるというものだ。これが、第2章で私が主張した考え方である。[98]

私が理解する意味での合理性は、マックス・ウェーバー〔Max Weber〕が言うところの、社会的行為の動機づけとなる要因に近いものである。これに当たるのは、目的合理性、価値合理性、感情、伝統である。[99] 最後の二つ、つまり感情と伝統は、多くの場合に、論理や熟慮の反対にあるものだと思われるかもしれないが[100]、価値についての倫理的、哲学的な反省を、理性の領域から排除するのはおかしなことだ。もし排除することが可能なのだとすれば、あらかじめ設定された目的を達成するための、計算された手段だけが、合理的なものとみなされることになる。例えば、生まれつき健康で、将来、強さと知性を持つということが、それに当たるだろう。もしこれらのことが、私たちの行為の、唯一の合理的な目的だとすると、サヴァレスキュが正しい。すなわち、親となる人には、つくれる中で最良の赤ちゃんをつくる責任があることになる。しかし、目的について議論することは可能であり、それゆえ、議論が、価値合理性へと移行することが認められる。そして、確実に、感情や伝統に基づく合理性や動機へと議論が移行することも認められる。それゆえ、それぞれの見解において、まったく異なるものだが、しかし合理的であるような、規範的な結論が導かれるのである。

第4章　聾者の胚、道徳性、法律

この章で私が探究するのは、おそらく聾《ろう》になる子どもを選択することに賛同する議論と反対する議論である。私は、合理的な当事者たちが、彼らが好む非制限的な法的解決に到達するという問題について互いに意見が違うことを道徳的に認め合うことができると主張する。そしてその後に、対立する合理性が論争を継続させることができると主張する。

1　テストケースとしての聾

第3章の出生前選択において、多くの倫理学者たちが道徳規範と法的規範の間に線引きをしていることが明らかとなった。道徳的義務は法的義務へ自動的に翻訳されることはできない。そして法的容認は常に道徳的許容を含意するわけではない。これは「聾者の胚」の場合に――彼ら自身のように聾者になるであろう子どもたちをつくろうという親の試みにおいて、はっきりと可視化される。

この章は「聾者の胚」を選択することの倫理を研究し、聾を選ぶという可能性について現代の生命倫理学の論争において可視化されている深い道徳的不一致が、おそらくは認識され認められているが不和にあえいでいるわけではないことを論じる。私はまず、**2**節と**3**節で新興の生殖技術における実践の背景を記述し、そして、その評価と規制における主要な道徳的立場と法的立場を描くことにしよう。**4**節と**5**節で続けて検討するのは、その問題についての二つの対立する見解、すなわち「医学的見解」と「社会的見解」へ与えられてきた道徳的正当化である。それらのうちの最初のものが言明するのは、法律が関係するものである限りは親の自由裁量に任されるべきであるが、「聾者の胚」を選択することは道徳的に疑わしいということである。第二のものは、その実践が道徳的に問題のないものであるか、あるいは称賛に値するものでさえあると主張するが、法律が親の選択を妨げるべきではないことに同意する。倫理的分析に従うことで、**6**節では二つの見解に潜在的に共有されている寛容な法的態度の概略が述べられ、そして**7**節においてこれまでの論証が評価される。医学的見解と社会的見解を支持する道徳的主張において同定される諸問題は**8**節と**9**節において検討される。**10**節と**11**節における私の主張は、親になろうとする人への指示的圧力を避けるためには、両者による「聾者の胚」の選択は明らかに正しいとか不正であるというのではなく、真正に道徳的に論争されることを認めることが賢明であるかもしれないというものである。

この特殊な論争の分極化は、規範的スペクトルの「中間的立場」において生じるということが注意されるべきである。主なライバルたちは法的中立性の価値に同意し、これが私の分析と最終的な主張の出発点をもたらす。これはもちろん、より極端な見解がその道徳的問題について沈黙を保つことを意味しない。障害として分類されるすべての特性が避けられるべきであると信じる人々と、この信念が明白に誤っていると考える人々は、私の結論に賛同することができない。そのような立場の基礎をなす合理性が**12**節で提示される。

2　技術とその使用

「聾者の胚」を選択するために必要な生殖技術と診断技術は、体外受精（ＩＶＦ）、着床前遺伝子診断（ＰＧＤ）、胚の選択（ＥＳ）、胚移植（ＥＴ）である。

体外受精の成功事例では、受精が生じるまで、別々に取り出された卵子と精子はシャーレの中で一緒に培養される。着床前遺伝子診断において、六〜八細胞期胚のうちの一個の細胞が、通常、受精の三日後に取り除かれ、そして遺伝子解析が二つ以上の方法によって遂行される。次に、良好な胚が選択され、母親になろうとする人の子宮へと着床のために移植される。体外受精は一九七八年から使用されており、イギリスとアメリカにおけるすべての妊娠のうち目下のところ一パーセント以上がそれによって生じている。デンマークではこの数値が四パーセントを超えている。最初の着床前遺伝子診断による誕生は一九九〇年に生じ、精確な数は知られていないが、その実施は人気を博しているように思われる。

体外受精と胚移植の両者とも、他の方法で子どもを持つことができない人々の不妊治療として臨床現場で第一に使用されている。着床前遺伝子診断と胚選択は次の状況でも使用することができる。すなわち、移植される胚を生存と着床の質のためにスクリーニングすることによって、良好な妊娠の機会が高められる。加えて、着床前遺伝子診断と胚の選択はそれぞれの個体の生まれながらの遺伝子疾患を排除するために発展してきた。遺伝子突然変異が究極的には検出されることができるなら、人工妊娠中絶と胚選択は単一遺伝子疾患（単一の遺伝子によって引き起こされると信じられている疾患）や複数遺伝子多因性疾患（遺伝子要因と環境要因の組み合わせによって引き起こされる疾患）の蓋然性を排除するために使用することができる。これは親の選択肢を増やす機会とみなされてきたのであり、着床前遺伝子診断はそこで妊娠中絶を減らすための方法として使用されている。その究極的な目的が含むのは、害や苦しみを防ぐことと、より健康な社会のメンバーの生産である。

だが、この章の焦点は異なった実践に当てられる――聾者の子どもをつくりだすためにそれらの技術を使用しようとする試みがそうだ。二〇〇一年の有名なケースでは、聾者のレズビアンカップルが、彼女らの疾患が医療的な悩みの種ではなく、自身の子どもと共有することを欲する文化であると論じることで、聾者の赤ちゃんを持ちたいと願った。このようなことを追求するための彼女らの方法は、家族の五世代が聾であった精子ドナーを使用することだった。[*1] 科学のしかるべき進歩を考慮すれば、選択された方法はおそらく着床前遺伝子診断と胚の選択であっただろう。[*2] 今のところは成功の可能性が明確でないが、二〇〇六年にアメリカで行なわれた調査が明らかにしたのは、一三七の体外受精クリニックによって提供された着床前遺伝子診断のうちの三パーセントが「障害を選択」することだった、ということである。[*3]

3　事例、選択肢、立場

私の分析の中で考慮されるべき仮説的な事例は、体外受精によって生産された六つの胚を含む。着床前遺伝子診断が明らかにするのは、そのうちの三つが「聾」であり三つが「聴力がある」ことである。これらのうちの三つの胚を移植することが可能であるとき、意思決定者の直面する問いは、「どれを移植するのか」というものになる。一つの選択肢は、すべて「聾者の」胚を選択するというものである。別の選択肢は、すべて「聴力がある」胚を選択するというものである。さらなる他の選択肢は、情報を無視するか、あるいは「聾者の」胚と「聴力がある」胚の混合物を意図的に埋め込むことによって、「自然の成り行きにまかせる」ものだろう。(「聾者の」と「聴力がある」という属性は、この箇所とこの章を通じて、胚の述語として、注意喚起の引用符の中に置かれる。なぜならば、胚は聞くための適切な器官と能力を持たないからである。この表現が示すのは、結果として生まれる個体が聾者であることや聴力があることの蓋然性の増大である。)

このような事例でなされた判断の正や不正は、道徳的かつ法的に評価できる。特定の一連の行為を選ぶという決断は道徳的に不正であると言うことができる。その事例において、それを行なうことに反対する道徳的理由は、それを行なうことに賛同する道徳的理由を上回っている。道徳的に論争されるとは、その事例において、それに賛同する道徳的理由と反対する道徳的理由がおおよそ同じ重みを持つということである。あるいは、道徳的に正しいとは、その事例において、それを行なうことに賛同する道徳的理由が、それを行なうことに反対する道徳的理由を上回っているということである。同じようにして、特定の一連の行為は法的に禁止されるべきか、法的に容認されるべきか、あるいは法的に要求されるべきである。

道徳的判断と法的判断の関係は多くの仕方で理解されることができる。簡潔に言えば、自然法論者は、深刻な道徳的不正が

表4－1　医学的見解と社会的見解

<table>
<tr><th colspan="4">「聾者の胚」を選択することは以下のようである / あるべきだ</th></tr>
<tr><td>↓/→</td><td>法的に禁止される</td><td>法的に容認される</td><td>法的に要求される</td></tr>
<tr><td>道徳的に不正である</td><td colspan="2">医学的見解</td><td></td></tr>
<tr><td>道徳的に論争される</td><td></td><td></td><td></td></tr>
<tr><td>道徳的に正しい</td><td></td><td colspan="2">社会的見解</td></tr>
</table>

その帰結とは関係なく法的に禁止される程度まで、法律は道徳を反映せねばならないと信じている。法実証主義者は、法律が道徳的考察から完全に分離されているべきだと考える。そして、自由主義者が一般的に心に抱いているのは、不道徳的行為が無辜の傍観者に害を加えると予想されることができない限り、道徳性は法律によって強制されるべきではないということである。ここで仮定されている定義は、より具体的には、法的禁止と法的要求は国によって施行された経済的制裁や物理的制裁（過料や投獄など）によって正当に裏付けられることができるというものであり、その一方で道徳的非難と道徳的義務はそうではありえないということである。

「聾者の胚」を選択することの道徳性と合法性に関する最近の文献では、二つの主要な立場が取られてきた。それらが**表4－1**で図式的に提示されている。

「医学的見解」とは、聾は障害であり、障害とは個人が持つことで害を被る疾患であるという二つの見解から生じる。対照的に、「社会的見解」は、障害とは個人やグループにとって、文化的認識に基づくところの、人の手によって構築されたものであるという仮定から始まる。[*4] それらの概念の道徳的基盤は**4**節から**6**節で検討されるだろう。

4　「医学的見解」に賛同する道徳的主張

伝統的医療倫理の第一原理の一つは、「害を与えない」ことである。[*5] 医療介入は、病気を取り除いたり緩和させることによって、あるいは、彼らにより悪いことが起こったりそうなることを防止することによって、個々の患者に益をもたらすべきである。もし、ある介入が患者に害を与えることが予期されるのであれば、予測される益がその害を上回るべきである。実例を挙げれば、手足の一本の喪失は一般的に害とみなされるが、それがおそらくは患者の生命を守るような場合のように、切断はある一定の場合において正当化されることができる。

この原理を生殖に関する選択へ適用することは常に論争を呼んできた。なぜなら、それらの選択は人間同士の比較を含むからである。実例を挙げれば、中絶は妊娠している女性を害から守るだろうという根拠から、時折り擁護されてきた。しかしもし、子どもになりうる存在者が考慮に入れられ、その生命を否定することが害とみなされるのならば、（いまや二つの異なる存在者に加えられる）二つのタイプの害の比較は、「害を与えない」というルールについての、もともとの、より個人的な志向を持つ範囲からはみ出してしまう。別の種類のバランスを取る試みが必要とされるように思われる。

諸々の個体を横断してバランスを取る試みのための道具は、帰結主義的な倫理学のうちに発見することができる。このタイプの思考によれば、ある行為が道徳的に正しいのは、それが、その選択の時点で、意思決定者に開かれた代替的な何か別の行為よりも、より最終的な善を生み出すことを目指すときである。[*6] このモデルは二つの条件によって、将来の子ども（胚や胎児）の間の生殖に関する選択へと拡張されてきた。第一の条件が言明するのは、個体、特に生まれていない個体は、「置き換え可能」である、というものである。二人の潜在的な人間のうちのどちらが実際に生まれるかは本質的な問題ではない。すなわち、潜在的な生命は他の潜在的な生命と、何らかの権利や絶対的な道徳的ルールを侵害することなしに置き換え可能だということである。[*7] 第二の条件が断言するのは、未来の人同士の選択がなされるとき、私たちは「生殖に関する善行」を行使し、私たちにとってできるだけの最善の個体をつくるよう努めるべきである、ということである。この考えは、人の数が同じままであれば、より悪い人間よりも、より良い人間の方がより良い世界をつくり上げるだろう、というものである。[*8]（「より良い」人間と「より悪い」人間の区別は以下で問題とされることになる。）「聾者の胚」を選択する文脈における、医学的見解についての最も声高な擁護はジョン・ハリス〔John Harris〕に由来し、それは伝統的な医学的精神の特徴とより特殊な帰結主義者によるアプローチを組み合わせる。[*9] その混合物は完全に問題がないというわけではない。なぜならば、「いかなる害も与えない」というルールは、いかなる結果も志向しないバージョンの自律、正義、そして尊厳の原理を含む、様々な他の諸原理と両立するが、その一方で、帰結主義は単に正と不正の基準として結果を見るからである。それゆえ、正当化の二つの要素を別々に検討することが最善である。

ハリスは彼の「医療倫理」の議論を、道徳的に類似したものとみなされる四つのシナリオの形式において提示する。聴力のある子どもを聾者にする、聴力のある子どもを聾者にするであろう病気を治療しない、機会があるのに聾者の新生児を聞こえるようにしない、そして「聾者の胚」を選択する。このリストから議論への進展のためには二つの主張が行なわれる必要があり、そしてそれは実際にハリスによって行なわれてきた。その第一のものは、聴力のある子どもを聾者にすることは常に明白に誤っており、医師がすべきことでは決してない、というものである。第二のものは、道徳的観点から言えば、リスト上の項目同士は等しいか、少なくともほとんど等しいほど互いに密接に類似している、というものである。聴力のある子どもを聾者にすることは誤っており、そして「聾者の胚」を選択することは道徳的な観点からそれに匹敵するので、同じく誤っている。[*10] 両方の選択とも、「害を与えない」というルールを犯している。

医学的見解に賛同する帰結主義者の主張は、聾が障害であり、障害が害であるという仮定に基づいている。障害とは、ハリスによれば、「ある人がそうありたくないことへの強い合理的選好を持つ状態、そして、ある意味では害されている状態」[11]である。検証のためにハリスが持ち出すのは、「害されている状態とは、もし患者がそのような状態で病院の救急救命科に無意識で運ばれて、それが回復したり除去されることができるにもかかわらず回復や除去に失敗したのであれば、医療スタッフの怠慢となるであろうもの」[12]である。例として、彼は聾と「小指の第二関節の欠如」を与える。[13]六個の胚のうちから選択することに関して言うと、母親になろうとする人は「彼女の選択する個体が可能な限り良い個体であることを確実にするため、できる限りのことを行なう理由を持つ」、そして「それゆえ、何らかの特別な仕方ですでに害を受けていない胚を選択する［理由を彼女は持つ］［……］」[14]と彼は論じる。未来の障害と害を防ぐため、そしてそれによって最善の潜在的個体をつくり出すため、母親になろうとする人は「聾者の胚」を選択しないという道徳的義務を持つ。

医学的見解に賛同する議論のどちらの道筋も**8**節において批判的に再考察されることになる。

5　「社会的見解」に賛同する道徳的主張

社会的見解の道徳的正当化は二つの構成要素を必要とする。第一のものは、具体的には聾を、一般的には障害に結びつけられる諸々の疾患を、害とみなすことができるという見解に挑戦することである。第二のものは、「聴力がある」胚に対して「聾者の」胚を選択することに賛同する積極的主張を築くことである。両側面での成功が含意するであろうことは、「聾者の胚」を選択することに賛同する道徳的理由がそれに反対する道徳的理由を上回ることができるというものである。これは、上で（**3**節で）仮定された道徳的な正しさの基準である。障害学の研究者によってしばしば強調される付加的側面は、医学的に定義可能な機能障害よりもむしろ、社会的反応や社会的構築物の観点から「異なっている」ことの不利益である。

社会的見解の擁護者は、（ハリスのような帰結主義者によれば）人々が持つべき「合理的選好」とは対照的に、彼らが実際に持つ諸々の経験に注意を引きつけることによって、「害されている状態」議論に反撃してきた。聾者の赤ちゃんを持つことを欲するレズビアンの女性たち、実例を挙げればシャロン・デュシェノー〔Sharon Duchesneau〕とキャンディ・マッカロー〔Candy McCullough〕は、彼女らにとって聾とは、医学的問題や害されている状態ではなく、アイデンティティであり、文化であり、そして共同体であるとメディアで述べた。[15]聾者の共同体における別の人々は、「聴力の先天的な欠如が必然的に害であるのではない」と、そして「彼らの生は同じように完全だ」[16]と同じ趣旨のことを論じた。人々は身体的にあるがままの生を送り、そして、これは彼らの向上心と社会的相互行為を形作り、結果として、最終的には個人の生まれつきの状態の有害さや有益さに関わる問いが実質的に意味のないものになるのである。[17]

聾者であることや小指の先が欠けていることはその人の不可欠な部分であり、医学的処置を必要とする緊急事態ではない。[*18]

害という問題点を超えていくことで多くの人々が論じたのは、他者に障害として記述される身体の状態は、彼らの生において積極的な影響力を個人的・社会的に実際に持ち続けてきたということである。物理学者スティーヴン・ホーキング〔Stephen Hawking〕は筋萎縮性側索硬化症――それはほぼ完全な麻痺へと徐々に彼を導いていった――だが、彼の意見は、自身の身体状態が実際には、彼の著述スタイルを経済的で簡潔なものにすることでそのアカデミックキャリアの助けとなってきた、というものである。[*19] 他の多くの人々は、彼らの身体に依存するものが「個人間の関係における豊かさの増大」によって十分に補われるものであったと報告した。[*20] そして、身体的に特徴のある様々な個人の現実の共同体が存在するところでは、その文化と価値は、他の多数派グループや少数派グループの文化や価値と等しく尊重されるべきである。シャロン・デュシェノーとキャンディ・マッカローが彼女らの子どもと一緒に働き住んでいるような環境が――ワシントンDCのギャローデット大学がその良い例となっているように思われる。その環境とは、スタッフのほとんどが聾者であり、そして近所に住んでいるスタッフと生徒のほとんどが真正な聾者の共同体を形成している、そのような環境である。[*21]

社会的見解は、（この見解の擁護者によって定義されるものとしての）障害が害でありえ、そしてしばしばそうであることを否定はしない。しかしながらその害は、諸々の個人がそれと共に生きる他者との違いや機能障害によって直接的ないし必然的に引き起こされることはない。害が引き起こされるのは、違いや機能障害のない人々の態度によって、そして、その結果として生じる、特殊な事情を持つ人々のニーズについての貧しい認識によってである。諸々の違いは避けられないものであり道徳的に中立ではあるが、障害は、それを持つ個人やグループを害する社会的構築物である。[*22] この状況を緩和する方法は、個体のうちの医学的に定義されたヴァリエーションではなく、社会的反応と支援体制に焦点を当てることである。聴力がないことは単にある症例だが、聾はそう認められれば文化であり、そう強制されれば障害でありえる。

社会的見解に賛同する道徳的主張の強さは**9**節で再検討されるだろう。

6　法的容認に賛同する主張

道徳的レベルでの不一致をよそに、障害についての対立するモデルの擁護者たちは、「聾者の胚」を選択することに関して言えば、法的中立性を評価する点で潜在的に同意する。私が**10**節でよりいっそう詳述するように、その同意は簡単なものではないが、概念的には擁護可能である。

医学的見解についての帰結主義を擁護する人は、「聾者の胚」を選択することの道徳性について彼らが述べていることが、法的な禁止や規制へと変換されるべきではないと強く、そして繰り返し言明する。ハリスは、回避可能な苦しみを世界へもたらすことが不正であると強調する一方、結果として生まれる子どもが、少なくとも彼らの未来に最低限の満足できる生活を送ることを予測されうる限りは、親の選択を尊重するべきだとも断固主張する。個人の生があまりにも悲惨なものであるゆえにどう考えても生きるに値しないものでない限りは、その個人自身は存在せしめられることで害を受けることはない[*23]。ハリスによれば、「ほとんどの障害は、ある生を生きるに値しないと判断するために要求される酷さの高い基準からはほど遠い」のであり、これこそが「障害を持った新たな個体をつくり出すことを回避することに賛同する理由を、強制や規制や防止から一貫して峻別」[*24]し、そして「生殖に関する自由や生殖に関する自律の原理を常に頑強に支持した」[*25]と公言する理由である。

医学的見解についての別の帰結主義の擁護者であるジュリアン・サヴァレスキュ〔Julian Savulescu〕はもう少し詳しくこの問題を探究し、J・S・ミル〔John Stuart Mill〕による十九世紀の自由主義的功利主義を用いることで生殖に関する自由を支持する[*26]。彼の理論において[*27]ミルが論じたのは、人々は異なり相反しさえする実践や考え方を伴った試みを認められるべきだということである。なぜならこれが、国家による圧迫を防ぎ、そして合理的で相互に受け入れ可能な生の様式をゆくゆくは発見する唯一の方法だからである。もし、結局は正しいことがわかる見解が抑圧されるなら、正しい見解は社会全体に決して発見されないだろう。そして、結局は誤っていることがわかる見解が抑圧されるなら、正しい見解は誤った理由から受け入れられ、結果として諸々の状況を未来へと変化させることに誤って適用されえたのである。これが、同意しない他者に個人的ないし社会的に害が加えられない限り、思考と行為の自由が普及すべき理由である。サヴァレスキュはほとんどの障害の文脈において、親の自律の十分な根拠としてこれを理解する。彼はハリスのように、障害を持って生まれてきた個体は彼らをつくり出した人たちによって通常は害されていないと主張する。そして、過剰な数の特別なニーズを持つ人々によって社会が経済的に傷つけられる可能性を彼は認めるが、「多くの人が障害の選択を行なうことはありそうもないことだ」[*28]というように、これが重大な懸念ではないということに自信を持っている。全体的に言えば、彼は「聾は……悪い」と信じているが、「子どもを生み育てねばならないカップルに価値判断が押し付けられるべきではない」[*29]ということも信じている。

社会的見解を持つ人々は生殖に関する自律の一般的な考え方についての難問を抱えるかもしれず、私はそれに**10**節で戻ってくるだろう。しかし、聾者の子どもを持とうとする聾者の親の特別なケースにおいて、他の人と同じように適切に判断することが法的に要求されるという選択肢は、あまり魅力的に見えるはずがない。実例を挙げれば、彼自身のそれほど重大ではない物理的制約を記述した後に、トム・コック〔Tom Koch〕は続けて、「もし〔彼の〕パートナーが現在妊娠しており、そして〔彼の〕遺伝子パターンと「健常な」それを持つ胎児との選択が仮定されれば、〔彼は〕前者を選ぶ可能性が高い」[*30]と述べる。

そしてシャロン・デュシェノーとキャンディ・マッカローは確かに、「聾者の赤ちゃんを持つことの［彼女らの］機会を増やすことを欲した」。聾者であることは、慣習化された「いいえ」を答えとみなすほど深刻な障害ではないのである。彼女らは聾者の友人の助けを求める前に、先天的な聾者のドナーを排除するという方針を持っていた地元の精子バンクに断られ続けた。[*31] 彼女らのような選択は「聾者の胚」を選ぶことが法的に容認される場合に受け入れられうるだけである。

7 状況の不安定さ

これまでの節で記述された学術的論争が示すのは、この領域における倫理的意見が分かれているということである。「聾者の胚」を選択することは無辜の子どもを故意に傷つけることと道徳的に等しいと強調する人々がいる。[*32] 別の人々は、その選択を妨げることは配慮を欠いた差別的な社会の徴であると反撃する。対立を調停しようとする試みはいままで失敗してきた。そして、同様の試みが未来においてより成功するだろうと仮定する理由は存在しない。[*33]

　もちろん、意見の違いは実世界の諸々の倫理的議論においてありふれており、そしてそれらを取り扱う少なくとも二つの方法が存在する。その第一のものは、対立する見解の一つが他のすべての見解に勝ることは自明であると示すことである。私は、次の二つの節において、これが目下の状況において見込みがないことを論じるだろう。なぜなら、対立する陣営によって用いられる前提を使用すらせず、主要な見解の両者ともが包括的に挑戦されうるからである。第二のものは、意見の不一致を認め、その問題への実践的折衷案を発見することである。**10**節と**11**節において、私がこの経路に賛同することの理由と方法を、そして、論争の主要な当事者たちが私に同意すべき理由を説明するつもりである。

8 「医学的見解」に賛同する道徳的主張の再考

ハリスによって医学的見解に与えられる擁護は、決して、否定しようがないものではない。より詳細に検討すれば、彼の「医療倫理」的見解は帰結主義者のアプローチへと崩れ落ちていく。そしてこれは、ハリスが一貫して激しく否定する判断を論理的に含意することになる。

　医学的見解、あるいは「害を与えない」という主義が仮定するのは、多様な異なる実践が道徳的に同等だということである。それら異なる実践は、聴力のある子どもを聾者にすること、子どもの聴力を失わせること、聾者の子どもを治療しないこと、そして「聾者の胚」を選択することを含む。ここで問題となるのは、倫理学者たちが重要なものとみなしてきた多くの点でそれらの実践が異なるということである。それらのうちのいくつかは行為の作為を含み、他のものは不作為を含む[34]。聴力のある子どもを聾にするという意図はおそらくその子どもを害するものであり、その一方で、「聾者の胚」の選択は未来の子どもを益することとされている[35]。第一のケースでは、選択がなされたときには子どもはすでに存在しているが、着床前遺伝子診断のケースではこれは真ではない[36]。それらの区別のうちのいくつかは道徳的に重要なものではないかもしれないが、それらが現存することは、ハリスによって表現される純粋に直観的な反応へ疑惑を投げかけるに十分である。しかし彼の個人的な見解はさておき、四つのシナリオの間の類似点だけを見ると、それらすべてがある人が聾者であるという結果になるように思われる。この類似点はおそらく関連する考慮事項だが、それは明らかに結果に基づいている。このことが意味するのは、「害を与えない」というアピールが、まさにより一般的な帰結主義者の主張の変種になることである。

　この暫定的結論は医学的見解についてのハリスによる正当化にとって致命的となりうる。もし私たちの道徳的義務が、そして私たちの道徳的義務のみが、世界を可能な限り良くするのであれば、そして、もし私たちが聾者の子どもを持たないという道徳的義務を持つのならば、そのとき、聾者の個人は聴力のある個人よりも世界をより悪くするということが論理的に含意されることになる。世界は彼らがいなければより良い場所であろう。彼らが存在しなかったのであればより良いのである。私たちは、彼らが未来に存在しないよう取り計らう義務を持つ。この文章がいくら粉飾されているとしても、それは差別的であり冷淡に聞こえる。これがおそらく、帰結主義者がその立場によって表現される見解を自分たちのものと認めないよう苦心することの理由である。実例を挙げれば、ハリスが論じるのは、片手を失いたくない人がそれを失うことで、「道徳的にあまり重要でなくなったり、「存在論的な意味」において……価値が減少したり、より必要でなくなったり機能を失う」ことはないだろう、というものである。ハリスによれば、「障害を持つ人にならないことへの合理的選好を持つことは、障害を持たない人であることへの合理的選好を持つことと同じではない[37]。」

　結果に基づく倫理学の他の擁護者たちは同様の指摘を行ない、そして、障害を持つ個人を完全な権利を持つ平等な個人とみなすと主張した[38]。しかし、彼らがその冷淡な判断からどのようにして逃れうるかは明らかではない。「聾者の胚」が選択されるよりも帰結する事態がより良いので、「聴力がある胚」が選択されるべきである。これは、聾が普通の（聴力のある）生活から価値を損なうところの害されている状態だからである。したがって聴力のある生活はより良く、聾者の生活はより悪い。そしてもし、この判断がハリスによってもたらされる帰結主義者の分析において回避されることができないなら、医学的見解についての彼の擁護は自己矛盾であるように思われる。

　12節で私が試みるのは、ハリスの見解に可能な限り近いままでありながら、その判断を回避するだろうモデルを再構築することである。

9 「社会的見解」に賛同する道徳的主張の再考

　社会的見解は、医学的見解が苦しむような内的な論理的問題を持たないが、それもまた、少なくとも三つの異なる根拠から挑戦されることができる。それらのうちの二つは、最終的な子どもの社会的・個人的福利に関係し、三番目のものは選択可能な特別なニーズではなく回避不能な特別なニーズをもたらすことにおける公平性と効率を求める訴えである。（多くの他の懸念が医学的見解の帰結主義的擁護者によって表明されてきたが、私はそれらの提示をここで差し控えておいた。なぜなら、それらの信頼性はその見解についてのすでに論争された道徳的正当化に依拠するからである。）

　第一の反論は事実のレベルにおいて、人格の同一性の第一の基礎としての聾者の文化の考え方を疑問視する。社会的見解の擁護者たちは、主に聾者の人々から構成され、コミュニケーションの第一の手段が手話であるところの共同体のメンバーであるときに、聾者の親の子どもたちが最善の可能な生を送るだろうと論じる。聞くことは彼らの発展にとっての妨げであるだろうし、好まれも追求もされるべきではない。これが原理的に真であり、この考え方がギャローデッド大学とその地域の人々のような相対的に定評のある聾者の環境においてはまさに実行可能でありえる一方で、他の多くの状況においてはおそらく実現可能ではない。聾者の共同体は均質化されたより広い社会に囲まれており、そしてその存続はどの少数派や多数派の文化の存続とも変わらず、常に潜在的な脅威のもとで成り立っている。しかしもし、共同体が安定して存続するものでないならば、社会的見解それ自体によれば彼らは自身の子どもに、聾者としての最善の生活に要求されるアイデンティティを形成するための受け皿を保証することを期待できない。これは少なくとも、聾者の親の子どもにとって最適な生を保証するための手法として「聾者の胚」を選択することについての実践的な疑いへの余地を残す。

　第二の反論は、周辺の共同体の態度と行為ではなく個人の福利に集中する。聾は本質的にそれ自体では、一般的に言って、人を不健康にしたり、より広い社会の試みへと積極的に貢献させないようにすることはない。承認と支持は、聾者でないような人々との付き合いやコミュニケーションにおいて聴力の欠如の代わりとなることができる。しかしながら、他者との知的なコンタクトが人間の開花繁栄にとって重要ならばここには一つの難がある。同様のコメントが別々に分かれて視覚と触覚へと――それを通して私たちが互いに、そして世界と交流するところの他の二つの主張なチャンネルへと拡張されることができるということである。私たちは疑いなく、それらのうちの一つ、あるいは二つさえなくとも良い生を送ることができる。しかし、もし何らかの理由で私たちが三つすべてを失えば、テレパシーや新たな素晴らしいテクノロジーがなければ完全に孤立してしまう。自身の子どもの幸福で賭けをしようと望まない親は、生殖に関する選択を行なうときにはそのようなありえない予想外の展開すら考慮に入れたくなるかもしれない。コミュニケーションの三つの手段のうちの一つを持たずにその人生を子どもに始めさせようとすることは、彼らの後の人生において他者から完全に引き離されるかもしれない（わずかではあるが実際に存在する）機会を不可避的に増加させる。[*39]

第三の反論は、希少資源の配分における公平性と効率についての問いを提起する。ある著者がコメントするように、「人々は聾者が聾者の子どもを持つことを選好し、次には、自身の子どもの特別なニーズを満たすことができるような社会のサポートを要求することができる……ということの受け入れが難しいことをわかっているかもしれない。[*40]」このありうる反応に賛同する一つの理由は、当の人々たち自身と彼らの愛する人々が「特別な」ニーズも持てば特別でないニーズも持つということであり、そして、自身の複製をつくろうとする親によってひき起こされた純粋に選択可能で余分な要求に応じるために、彼らは自分たちのニーズが無視されるだろうと心配する、というものである。この懸念の最後の部分、すなわち複製をつくり出すという非難は、シャロン・デュシェノーとキャンディ・マッカローのケースにおいて正当化されるようには思われない。報道によれば、彼女らにとって、未来の子どもが持つ彼女らの家族の部分としての福利は最重要のものだった。[*41] しかしこれは、選択可能なニーズと不可避的なニーズの比較をいまだにそっくりそのまま残している。もし「特別なニーズ」のための制限された量の資源が存在するなら、そのとき、あまりそれを持ちそうにないような子どもをつくり出すことは、すでに現存しているニーズを満たすための資源を解放する。そして、他の条件が同じならば、聾者の子どもが社会的適応を要求する可能性は、聴力のある子どもがそれらを必要とする蓋然性よりも大きい。これを主張する際の私の論理は以下のものである。すなわち、聴力の欠如が社会への適応を必要とする限り、聾者の子どもが聾に関連する特別なニーズを持つことの可能性は一〇〇パーセントであるが、もし健康状態や家族の状況において他の違いが何もなければ、聴力のある子どもがそれらの特別なニーズを持つことの可能性は、子どもは後に聾者になりうるのでゼロではないが一〇〇パーセントより低い。個人が他のいかなるニーズを持ちうるとしても、それらはこの計算において、仮定により同様に確からしく同様に広範囲に及ぶ。私はまた、聾者の個人と聴力のある個人の社会への潜在的な寄与は等しいと仮定してきた。そのとき、生殖に関わる願望成就や共同体主義的な願望成就のために、ともかく存在する、あるいは存在するであろう人々の必要充足を危険にさらすことは正当化可能だろうか。

10　非指示的な折衷案へ向けて

医学的見解と社会的見解に賛同する道徳的主張は両者ともその支持者を納得させるものであり、そして両者とも第三者によって妥当に挑戦されることができるので、「聾者の胚」を選択するという問いがどれか一つの主張が普遍的に妥当であり、それゆえ認められるべきだと主張することによって満足のいく形で解決されることができるのはありそうもない。こういうわけで、実践は真正に道徳的に論争され、続いて好ましい取り扱いの別の根拠を発見するものだと認めることがその解決法であるかもしれないと、私は信じるのである。私の示唆した「非指示的な折衷案」は**表4-2**で概略的に提示される。

非指示的な折衷案に賛同する私の主張については以下のように輪郭を述べることができる。**6**節で示してきたように、「聾者の胚」を選択することの道徳的地位について意見が異なる研究者たちでさえ、その問題において取り上げられるべき寛容な法的立場に潜在的に同意することができる。もし、非指示性が――多くの人がそうすべきだと考えているように――親のカウンセリングにおいて尊重されるのならば、これは歓迎される同意である。しかしながら、医学的見解も社会的見解も寛容な方針を明白に支持することはできない。なぜならば、両方のモデルにおいて基礎に置かれる道徳的確信がより厳格な法的立場に当の見解を強く引き寄せるからである。実践について道徳に関する論争を行なうことを完全に認識することで、法的観点から欲求され、そして欲求可能な寛容さへ最もよく導かれることができる。

遺伝カウンセリングにおける非指示性の固有の役割の問題は未解決のものである。それは主として次の理由による。すなわち、その定義がたくさんあり、多くの異なるタイプの遺伝子情報が一斉に論じられ、そして、彼ら自身の考えがすでにつくり上げられていたような問題において中立的アドバイスをもたらすという臨床医の能力を幾人かの著者たちが合理的に疑っている。[*42] ここでの私の考えは、親のカウンセリングが非指示的なものであるのは、健康管理医が、自身の好む選択を行なうように、親を意図的ないし非意図的に説得しないとき、またそのときに限る、というものである。この種の相互作用における重点は、医療従事者や医療機関から見た「判断知」ではなく「プロセス知」に置かれている。[*43]

「聾者の」胚か「聴力がある」胚かを選択する際の非指示性の価値を説明する一つの方法は、それを政治的不確実性の文脈においてプラグマティックに考察することである。医学的見解と社会的見解の提唱者は、彼らの持つ種類の指示性が遺伝カウンセリングにおいて考慮に含まれるような状況を選好することができる一方、これが実際に到達可能であることに確信を持つことができない。反対者によって定義されるような指示性を含む最悪の結果を避けるため、両当事者とも、最高の試みを差し控え次善の代替物に甘んじることが――これが非指示性である――分別のあることかもしれない。[*44] もし、価値中立的であることや、双方に賛同する主張を提示することができるということが個々の医師に対する過剰な要求であるならば、おそらく、カウンセラーチームはその問題についての衝突する見解を親になるつもりの人々へ説明するための準備をすべきである。実現性がどのような仕方で取り決められるべきだとしても、明白な中立性と寛容性が法のレベルで要求されるだろう。しかしこれは、論争中の当事者たちのいずれも満足させると自信を持って信じ

表４－２　非指示的な折衷案

「聾者の胚」を選択することは以下のようである／あるべきだ			
↓/→	法的に禁止される	法的に容認される	法的に要求される
道徳的に不正である	**医学的見解**		
道徳的に論争される		**非指示的な折衷案**	
道徳的に正しい			**社会的見解**

られることのできない要求である。表４－２で提示されるように、医学的見解は制限的方向へ向けて滑っていく内的傾向性を持つ。そのモデルの帰結主義的変種のうちの法的寛容性の主要な擁護は、同意しない個人やコミュニティを害さない限り、社会実験が認められるべきというものである。しかし、「聾者の胚」を選択することについての寛大な法的方針が、申し立てられた手続き停止要請を履行するであろうことはまったく明らかではない。もし障害が害されている状態であり、聾が障害であれば、その実施は、未来の個人を害されている状態でつくり出しうるだろう。そのことは確かに、未来の害の産出を認めるように聞こえる。この印象は、彼らをつくろうとする親はごくわずかであるという理由のみから、「誤った」選択は認められることができるし、認められるべきだとするサヴァレスキュの主張によって強化された。[*45] 帰結主義者が障害と定義する条件を目指すことを、多くの親が決めたらどうなるだろうか。サヴァレスキュの議論の持つ論理によって、これは法的禁止を要求するだろう。

　同様の仕方で、社会的見解はもう一つの法的極地へと向かう傾向を持つ。この傾向は、私たちの現在の文脈において間接的にそれ自身を明らかにする。そのモデルの擁護者たちはしばしば、親の自由の一般的原理を、優生学についての新しくゾッとさせる形式と彼らがみなすものの勃興を隠す個人主義的策略とみなす。[*46] 政府はもう「不的確な」市民の再生産を妨げないが、[*47] 個人的自律と衛生品市場の自由という口実のもとに人々が信じ込まされてきたのは、すべての利用可能な遺伝子テストは望まれない遺伝子疾患を排除するために使用されるはずだということである。その状況は障害を持つ人々の利害関係にとって本質的に強制的で有害であるので、親は遺伝子テストを使用するように勧められるべきではない、と言われている。それにもかかわらず、これは確実に法的寛容さが彼らに行なわせるところのものであり、法的寛容さが大目に見られるべきではない理由がこれである。おそらく、聴覚の欠如を導くもののような特別な疾患を持たない子どもを選択することは親に認められるべきではない。これが間接的に意味するのは、ある状況において、人々は「聾者の胚」を選択するよう法的に要求されるということである。聾の蓋然性が最初からかなり高いとき、そして着床前遺伝子診断と胚の選択が禁制のものであるとき、最もありえそうな結果は、少しでも子どもを持ちたいのであれば、親になろうとする人は聾者の子どもを持つよう法によって強制されるということである。これが、社会的見解の論理が法的要求を導く方法である。

11　非指示的な折衷案

　非指示的な折衷案の開始点は、「聾者の胚」を選択することに賛同する道徳的理由と反対する道徳的理由が、異なってはいるがおおよそ同じ重みを持つということである。それは、その実践が真正に道徳的に論争されているということを意味する。誠実な遺伝カウンセリングはこの状況を反映すべきなので、医学的見解と社会的見解のいずれかを支持することはできない。しかしながら、倫理的問題を回避することよりむしろ、徹底的で誠実なカウンセリングで、親になろうとする人へ両モデルの趣旨を伝えるべきである。人工的な中立性へ向かうよう励む代わりに、与えられるアドバイスは「多方向的」であることができる。すなわち、「プロセス知」の促進のために、二人の医師が、対立する見解に賛同する同じ程度に強い主張を行なうように試みるかもしれない。その過程それ自体は、そのとき、私が**10**節で擁護した意味において観念的には非指示的になることができる。

　非指示的な折衷案は、法と道徳の関係へ向けて取られるアプローチにかかわらず法寛容主義と矛盾しない（その代替物が**3**節で記述されている）。自然法論者は法律制定者に重大で明白な道徳的不正を禁止することを要求するが、聾者の胚を選択することはそれらのうちにカウントできない。法実証主義者は、法がそれ自身の歴史的論理に従うことで、多くの国々でそれが持つところの寛容な結論に至ることを見る必要がある。そして自由主義者は、無辜の第三者に深刻な被害が及ばないことを要求し、それで満足するように思われる。

「聾者の胚」を選択することの道徳に関する論争を行なうことの受諾は非指示的な折衷案を強く示唆し、そしてそれと共に存在する法的寛容性はほとんどの角度から支持されているように見える。対立する当事者たちがその折衷を仮定することが賢明であるだろう理由がこれである[*48]。

12　論争を続ける合理性

いまや、自身の主張に賛同する議論を進展させると同時に、私が開放したままにしておいた筋道に戻ることにしよう。本章で引用してきた医学的見解と社会的見解についての支持者たちが、道徳に関する論争を行なうことを選ぶ点で賢明であるだろうという意見が存在するが、彼らにはそうするような傾向性はおそらくない。その見解の再構築が示すのは、彼らの立場をそっくりそのまま残しておくために、合理性と道徳性についての彼らの考えのうちで必要とされる構成要素である。私の議論の再考察は、次に、その論争を克服する代わりに、失われた中間の立場をその論争へ導入するにすぎない方法を明らかにする。

医学的見解の擁護にあたってハリスが用いるのは、聴力のある子どもを聾者にすることと「聾者の胚」を選択することの類比である。三つの前提が仮定されれば、この議論は成功する。まず、行為の作為と不作為は、同じ帰結を持つならば同じ道徳的価値を持たねばならない*49。第二に、結果が同じならば意図は問題になりえない。そして第三に、選択の際の存在は問題にならない——私たちの決定から生じる存在のみが問題となる。それらの前提の付加によって、彼の主張は帰結主義者のそれになる。誰も何らかの選択によって害を受けたり誤ったりしないが「聴力がある胚」が選択されれば世界はより良い場所になる。これが、冷淡な判断が機能し始める場所である。もしハリスが「聴力のある人が生み出されたら世界はより良くなるだろう」と言えば、彼は「聾者が存在しないなら世界はより良いだろう」と言うことを避けることができるだろうか。彼はそうできると考えるので、課題となるのはその方法の理解である。そして、ある例がこれの助けとなるかもしれない。

あなたが、生きるのに必要な備えとともに——そして一人の人とともに無人島で取り残されたと想像せよ。第一のシナリオではこの人は普通の鈍才であり、彼と砕けた会話をすることはできるが、その時間のほとんどを退屈に過ごすことになるだろう。第二のシナリオではその人は卓越した語り手であり、長い昼夜の間、魅力的な話をすることによってあなたを楽しませ続けるだろう。もしあなたが第一のシナリオで終えていたら、面白くない仲間について特に侮辱するような何かを言うことなしに、これを後悔することは可能であるように思われる。「あなた以外の話し手と一緒がよかったなあ」は、「あなたがいないほうがよかったなあ」を必然的に含意しない。前者はその状況下において少し失礼でおそらく愚かなコメントだが、それは後者の脅迫的でありかねないトーンにそれほど近づかない。

もしハリスがこのようなことを念頭に置いているならば、そのとき彼が要求する付加的な前提は、聾者が彼らの性質についてのコメントを自身に向けられたものとして捉えるべきではないというものである。彼らは、聴力があることを彼らが欠く能力として見るべきであり——退屈な仲間が魅力的な話を物語る能力を欠いているように——騒ぎ立てることなしに単に欠点を認識するべきである。ハリスの世界では、問題となっているこの記述に同意しない者が人々の中にいるという事実は無関係である。なぜなら、そうすることによって彼らは自身の不合理性を示すだけだからだ。

さて、この類比が機能するからこそ、ハリスには別の難問が生じる。彼によれば、親が聾者の子どもを存在させるという不道徳的な選択を行なうことは法的に認められる。これは例えば、彼らの子どもが青年期に到達するときに、その聴力のある子どもを聾にすることも法的に認められるべきである、ということを意味するだろうか。道徳と法はそれら自身の論理に従うという根拠のもと、その答えは「いいえ」であるように思われ、そして、これは道徳のレベルではなく法のレベルでの諸々のケースの間の違いをつくり出す。他者を不当に扱い害するような振る舞いは、道徳的にと同じくらい法的にも禁止されており、そして聴力のある子どもを聾にするのもこのカテゴリーに該当する。しかし、「聾者の胚」はそれを存在させることによって不当に扱われてもおらず、害されてもいない（「聾者の胚」は、もしかすると持っていなかったかもしれない、生きるに値する命を持つ）。その「害されている状態」はその創造を（帰結主義的意味において）次善の、したがって不道徳的なものにしはするが。ハリスによれば、彼らの存在する子どもを害することではなく、不道徳的な出生前の選択を行なうことが親にとって法的に認められることの理由がこれである。

　反対陣営へ向かうと、社会的見解の擁護は、聾を選択するという文脈において倫理的意思決定についての二つの条件を要求し、資源配分についての規範的要請を行なう。

　最初の条件は、十分な聾者の文化が存在すると親が推定するときはいつでも、それが存在するということである。これは、ギャローデッド大学のような二、三の確立した共同体を除けば、一つの生活様式としての聾があまりにも不安定に基礎づけられているため、聾者の子どもたちの良い生活を保証することができない、という批判に反撃するために必要とされる。[50]それに応じて、この条件はその状況を評価することを親の仕事にする。「十分」であることはともかく完全な中立性をもって評価されることはできず、ゆえに、その選択によって最も強く影響を受ける個人に評価を任せることが最善である。他の人々や社会全体が介入することは、この思考の道筋によれば不合理だろう。

　第二の条件は、もし潜在的で望まれていない結果がほとんどありそうもなければ、それらは生殖に関する意思決定の際に考慮に入れられる必要はない、というものである。これが向けられるのは、視覚や触覚の欠如と結びつけられる聾が、他者とコミュニケーションを取ることを完全に不可能にするというコメントに対してである。そのコメントは妥当でありうるが、その一方でこの状況は非常に稀なので、それを考慮に入れることは第二の条件が述べるように不合理だろう。このようなとても小さなリスクが道徳性の名のもとに常に避けられるべきであれば、人間の選択は途方もなく困難になるだろう。

　資源配分についての規範的要請は、すべてのニーズが平等性のために優遇なしにつくり出されるべきだ、というものである。これは、聾者の子どもの「特別な」ニーズが他の人の普通のニーズを満たすために要求されるリソースを消耗させるという議論に反対している。問いは、なぜいくつかのニーズのみが「普通」と定義される必要があるのか、というものである。異なる人々は異なるニーズを持つのであり、そして、もし社会が彼らの充足のための責任を負うならば、彼らの要求が「特別」であると主張することによって、現在であれ未来であれ、人々の一つのグループを排除する正当な理由など何も存在しない。そのような区別は要請に関する限り不合理的ないし不道徳的である。

　この章の最後の所見は、非指示的な折衷案に賛同する私自身の議論によって例示される合理性に関する。これを提示する際、私は、より極端な（このケースでは「社会的」と「医学的」）諸見解の間の中間の立場の論理を使用してきた。この解決法が自然なものに見えるのは、その観点が現在の論争においてほとんど失われてしまっているからである。この論理に従うことで、すでに法的に認められてきた考えを、すなわち、全員が充足するためには対立する見解のどちらが重要であるかを決定できないということを道徳的に受け入れることは合理的だろう。法的寛容性はそのとき、実践が道徳的に論争されるという承認でもって補完されるかもしれない。この立場を擁護する際、私は、中間の立場の代表者がしばしば行なうような仕方で、公の議論になりそうな理由に訴えてきた。そこに関わる合理性は、かなりの程度までコミュニケーションと交渉の合理性である。その帰結は、テーブルを囲む人々と考慮に入れられる議論の混合比によって変動しなければならないが。

第5章　救世主きょうだいと人を手段として扱うこと

この章では、兄・姉のための組織提供者となりうる子どもをつくることの道徳性について分析する。害、利益、同意、プライバシーの問題について確認した後に、救世主きょうだいをつくることは、人を単なる手段として不当に扱っているという議論について検討する。

1　事実と規制

親が重症の子どものためにドナーを必要としている場合には、生殖技術を用いてドナーをつくることが可能である。体外受精（ＩＶＦ）後の着床前遺伝子診断（ＰＧＤ）は胚の免疫であるヒト白血球抗原型（ＨＬＡ）を明らかにする。この検査で明らかとなる胚の情報によって、それが現存するきょうだいにとって適切なドナーになりうるかどうかが判明する。ドナーとして適切な場合には、健康で適合する胚を母になろうとする女性の子宮に移植することができる。移植後、順調に事が進めば適合するドナーが生まれる。幹細胞は、胎盤または臍帯血を集めることによって回収され、治癒がうまくいくことを願って、病気の子どもに注射される。血液や骨髄、臓器の提供も後で必要になるかもしれない他の治療法の一つである。

現在に至るまでに、ファンコニ貧血[*1]、サラセミアダイアモンド[*2]、ブラックファン貧血（ＤＢＡ）[*3]が救世主きょうだいとして健康な適合するドナーを求めることが認められている。それらはもし救世主きょうだいによって可能となる幹細胞治療が使用できなければ、いずれも回復の希望がないとされる病気である。ファンコニ貧血は、低身長や骨格異常、腫瘍、白血病および骨髄不全を引き起こす。一部のサラセミアは、常に大量の投薬と定期的な輸血を必要とする。ブラックファン貧血は先天奇形、親指および上肢の異常、心奇形、尿生殖器の奇形、および口唇裂を合併する。少なくともアメリカ、イギリス、ベルギーで成功した救世主きょうだいによる治療例が報告されている。アメリカコロラド州のナッシュ一家は、二〇〇〇年にファンコニ貧血に対して最初の救世主きょうだいによる治療に成功している。[*4]イギリスでは、ハシミ一家は二〇〇〇年から二〇〇五年にかけてサラセミアの治療のための救世主きょうだいを生むための法的闘争を行なったが、二〇〇四年に家族はその試みを停止した。[*5] また、ホワイテイカー一家は二〇〇二年にブラックファン貧血への適合ドナーを産むためにシカゴに渡航している。[*6] そして、フレッチャー一家は二〇〇五年にブラックファン貧血に対する最初のイギリスの救世主きょうだいをつくった。[*7]

救世主きょうだいをつくることに関する規制は、現在ほとんどの国で変動期にあり、国によって顕著な違いがある。[*8] アメリカでは遺伝子検査は徐々に産業になりつつあり、その望ましさに対する議論があるにもかかわらず、ほとんど規制がない。[*9] オーストラリアでは着床前遺伝子診断およびヒト白血球抗原型の検査は公式に承認されて、使用されている。[*10] ヨーロッパ諸国は、完全な禁止から比較的寛容な政策まで様々なアプローチを想定してきた。[*11] イギリスでは政府の機関であるヒト胚の管理機関（ＨＦＥＡ）が、生殖技術の使用に対するライセンスを与える権限を持つ。[*12] 救世主きょうだいをつくることは、二〇〇八年五月に議会で承認された。[*13]

2　事例の理屈

救世主きょうだいの事例の道徳的論理は、一連の「イエス／ノーで答える二択問題」として、それらの答えとともに提示することができる。最初の二択問題は、すでにいる子どもに関連する。その問題とはドナーの使用を伴わない治癒があるかというものである。ドナーの使用を伴わない治療や薬がある場合には、問題は解決される。ドナーの使用を伴わない治療も、ドナーを必要とする治療も不可能な場合、事態は依然として変わらない。

ドナーが助けることができる事例では、次の二択問題はすでにいる人の中にドナーを見つけることができるか（そして、新しい人間をつくることはそれによって避けられるか）というものである。これは、医療チームが親の要求に応じて、適合する組織タイプを持つ人を見つけるためにすべての利用可能な記録を詳細に調べ上げるということである。見つかった場合は、病気の子どもを勇気づける一方で、救世主きょうだいの議論のいくつかの観点に厳密には同じではないがかなりの共通点を持つ一連の副次的問題に導かれる。処置に同意する能力のある成人が適合する場合に、その人から同意を得ることができれば、可能な解決策が割り出されている。しかし、彼らが同意しないならば、何をすべきだろうか。強制や説得が用いられるべきだろうか。もし彼らの組織が、彼ら自身の知らないうちに、そして自覚する損害を与えることなく使用されるとすればどうであろうか。あるいは、ドナーとなりうる人が子どもか同意する能力のない成人であればどうであろうか。そのような事例に対しては法的解決策が考案されてきたが、どのような反応が合理的で道徳的だろうか。ドナーとして家族とまったく見知らぬ人との間に道徳的な違いがあるだろうか。これらはすべて、体外受精、着床前遺伝子診断、およびヒト白血球抗原型の検査といった類のものの組み合わせに対しての倫理的評価でも、留意する必要がある疑問である。

適切なドナーが生きていようと死んでいようと見つけられない場合は、救世主きょうだいをつくるかどうかが二択問題となる。つくられない場合は、残念ながら患者は未治療のままとなる。つくられる場合は、今度はすでに生きているドナーの状況と共有する最後の二択問題を提起する。それは最終的な治療に必要な処置は侵襲的だろうかというものだ。質問と回答はいずれの場合も継続するが、その内容は異なっており、異なる学派の倫理学者によってしばしば取り上げられ、回答が与えられている。*[14]

この処置は、骨髄、血液、および臓器が回収される必要がある場合、様々な程度で侵襲的である。このような事例では、次の疑問は、身体的完全性やプライバシーの（様々な意味での）侵害、同意の欠如といったことについての違反を正当化するものは何か、というものである。ドナー自身の最大の利益と現存する子どものニーズが、十分な理由として引用されてきた。しかしこれらは医学的父権主義や他の人に利益をもたらすために一人の人間を犠牲にすることの合法性の適切な範囲に関するさらなる問いに私たちを導いた。**3**節はそのような問いを検討する。

一方、処置が、胎盤または臍帯血を使用するものであれば、間違いなく非侵襲的である。*[15] さらに、抜け毛や、皮膚、唾液、および身体の他の分離した部分や抽出物の利用は、このカテゴリーに属するだろう。ドナーとの物理的な接触が必要ないために、ここでの自然な疑問は、以前のものとほぼ正反対の、いったいこれは何が間違っているだろうか、というものになる。子どもの命と健康が危機に瀕している場合に、どれほど少量の、ひとかけらのものであれ、未使用のまま周りにあるとわかっているものを進んで有効利用しない手はないだろう。

二択問題に対する一組の回答は、救世主きょうだいをつくることの中に道徳的な間違いがすでにあると主張している。新しい個人を都合の良いように選ぶことで、親は生命をデザインするという手段を用いたことになる。これは形而上学的根拠と同じように心理学的にも間違っている。この意見を、**4**節で簡単に、第6章で詳しく議論する。別の反対意見は、望ましい子どもを生み出す過程で不適合な胚を破棄することによって、親と医療従事者がそれらの生命の神聖さを冒瀆するというものである。私は第7章で生命の不可侵性の問題に戻る。そして、同意の欠如は、検査と選択の両方に反対する理由として使用することができる。この点は、デザインとプライバシーの議論と結びついており、第6章および**5**節でまとめて検討する。

別の一組の回答は、治療に関連する個人がすでにいる場合の治療について主張している。

同意の欠如や遺伝的プライバシーの侵害の問題は、胎盤や臍帯血の使用においてだけでなく、生殖に関する選択や侵襲的な組織回収にも関連している。これらは**5**節で扱う。しかし、この章の主な話題であり、そしてこれまでの考察によって特定、設定された主題は道具的使用の問題である。救世主きょうだいの組織や他の材料が既存の子どもの健康を回復するために用いられる場合、新生児（またはその母親）は他人の目的に役立つ手段として単に使用されているのだろうか。もしそうであるならば、このことは間違っているのだろうか。そしてもし間違っているのであれば、どこが間違っているのだろうか。これらの疑問の検討は、**6**節から**9**節を占め、**10**節においてこの章の検討結果を要約する。

3　何が侵襲的な医療行為を正当化するか

救世主きょうだいをつくることと使用することはどちらも侵襲的である可能性がある。着床前遺伝子診断は検査される胚の六～八個の細胞の一つを除去することを含む。この個体になされた医療行為の長期の影響についての正確な知識はまだ得られていない。専門家は、残りの細胞が分化全能性であり、人体の正常な発達を確保していると従来仮定してきたが、この仮定は最近疑われている。[*16] 新しい個体が生まれた後の、兄・姉を助けるための処置は、物理的な侵襲を必要とする可能性がある。これは、骨髄や他の組織または器官が必要な場合に当てはまる。

これらの侵襲はどのようにして正当化されるのだろうか。医療倫理は通常、同意やレシピエント自身の最大の利益、および他の人々の正当な利益を含む、正当な根拠なしでの身体的完全性への干渉を認めない。この事例で、これらのことに訴えることができるだろうか。

救世主きょうだいは胚や新生児の段階で、細胞や組織の回収に実際の同意を与えることはできない。これは救世主きょうだいをつくることに対してほとんど希望を与えるものではないが、話が終わってしまうわけではない。レシピエントが侵襲的な医療行為に対して真に許可を与えるこの種の承認とは別に、多くの他のタイプの「同意」が医療状況においては通常使用されている。[*17] 以下の条件が満たされるときに、推定された同意が得られる。その条件とは、私たちが理解できる理由でその時点のレシピエントが、自分の意見を形成し、表現することができたとしたら、レシピエントがその活動を許可していただろうと私たちが考えるというものである。レシピエントが論理と道徳の名においてその活動を許可すべきだと考えるときには合理的な同意が準備されている。また、代理の同意は、意思決定の中でレシピエントが考慮されず、そして許可が親権者、親族、友人、専門家、または権限を持つ他の人によって与えられた場合に使用される。本人のものでないこれらの同意の共通点は、医療的介入の対象の意志を推測し、みなし、回避することによってさらに正当化される必要があるということである。利害の考慮がここでは自然な機能を満たす。

救世主きょうだい自身の最大の利益を評価するためには、二段階のプロセスが区別されなければならない。それは着床前遺伝子診断の使用と病気の子どものための組織の回収である。手始めに、つくられた個人は着床前遺伝子診断によって他者より健康的になったり、有用になったりすることはない。サラセミアを持つ人生とサラセミアを持たない人生、あるいは適合ドナーとしての人生とそうでない人生の主観的な比較は存在しない。救世主きょうだいは、必要な特性を持っているために生まれる。そして、自然な（しかし客観的な）比較は、遺伝子変異を有する、もしくは病気の子どもの組織タイプと一致しなかったために生まれなかった他の可能な個人と、生まれた個人との比較である。したがって、介入の対象は後から考えることはできない。「彼らが着床前遺伝子診断を使うことを決めたことは私にとって幸運です。なぜなら、そうでなければ、私はサラセミアを患っていたでしょうから」これは、概念的なナンセンスであろう。

一つの主観的評価基準はあるが、これは救世主きょうだいとしての人生とはじめから存在しない人生との間にある。新しい個人の視点からは、着床前遺伝子診断によって提供される新たな見込みがなくても、親は別の子どもを持っていたか、あるいは、まったく子どもがいない可能性がある。着床前遺伝子診断を好ましいと思う選択肢として、救世主きょうだいは、提供されていない、あるいは提供されていないかもしれない人生が与えられている。人生が存在しないよりもましならば、着床前遺伝子診断はこの意味で新しい個人の最大の利益である。*[18]

同様に、侵襲的処置は、救世主きょうだいを直接的に、よりいっそう健康にしたり、より長寿にすることもない。逆に、細胞または組織の回収は、様々な程度で有害でありえる。血液は、あまりリスクなく採取することができる。臓器提供は当然に有害でありえる。骨髄は危険性と侵襲性の点でその中間にある。救世主きょうだいは間接的に現存する子どもに医療的援助を提供することによって、社会的利益を得ることが可能である。これらの利益は、来たるべきものであるならば、他の人々の利益の促進へとつながるだろう。家族や社会はこのような仕方で役に立つ救世主きょうだいに味方したりしなかったりする。

一致する組織を「提供する」ことによって、病気の子どもを健康にしようと、そして親を幸せにしようと「試みる」ことは、救世主きょうだい自身にとって最大の利益になるだろうか。*[19] 手術が二つの方法で成功する、すなわちそのプロセスがドナーに害を与えない、そして治療がうまくいく場合、救世主きょうだいにとっての利益となるだろう。ただし、これらの要素のいずれかが欠落している場合は、状況が異なる可能性がある。新しい個人が希望の治療をもたらさない場合、親の態度は変わることがある。ドナーへの危害や不都合さは、少なくとも関係者全員に対する処置の良い結果と悪い結果の間のバランスを求めている。

新しく生まれた子どもに危害のリスクを負わせる、もしくは親を幸せにするために彼らの身体的完全性に干渉するという考えは、こじつけに聞こえるかもしれないが、医学的文脈においては正当化されたものとみなされることがある。男児の割礼は宗教的または文化的理由に基づく親の要求により、多くの司法権で受け入れられている。親戚の利益のために子どもを危険にさらすことについて、臓器移植のためのドナーとしての未成年者の使用は、必ずしも不可能な代替手段として見られるわけではない。*[20] また、医学研究に個々の子どもを介在させることは、ある司法権においては、一般的な子どもの利益のために義務づけられている。*[21]

侵襲的処置の事例は、二つの前提に基づいていると思われる。まず第一に、そのような人生、または問題の救世主きょうだいが遭遇するような人生は、生まれてこないよりは好ましいはずである。ほとんどの哲学者はこの前提に沿っているようだ。しかし、第二に、一貫性に基づいて、幼児を同意なしに治療に使用することが妥当である場合、同じような状況で同じ方法で成人を使用することも道徳的に容認されなければならないということが要求される。これは守るのが難しい立場だが、例えばジョン・ハリス〔John Harris〕は、臓器提供と医学研究への関係においてまさにそのような立場をとることによって、少なくとも一つの観点からの合理性がその立場を支持しうることを証明した。[*22]

4　なぜ非侵襲的医療行為は問題になりうるのか

着床前遺伝子診断が発育中の胚に脅威を与えないならば、そして胎盤または臍帯血が必要な治療に十分であるならば、救世主きょうだいをつくることと使用することは非侵襲的とみなされる。この場合の疑問は、なぜこれが問題になるのかということである。重篤な病気の子どもを、廃棄された生体由来の物質で治療しないことを何が正当化できるだろうか。

一部の倫理学者は、それがデザインによって赤ちゃんを持つ方向へ一歩踏み出すことになるために、救世主きょうだいをつくることは間違っていると信じている。[*23] 遺伝病を排除することを目的とした生殖上の選択をすることは、最終的には子どもの最大の利益になることを口当たりの良い正当化として引用しながらこのプロセスを開始した。今いる個人の治療を見つけることを意図した選択は、他人の利益へのおそらく同意できる要請を求めることによって、その考えをさらに一歩進めるだろう。しかし、受け入れられた理由の範囲が広くなればなるほど、特にこれらが無害な動機から生じるとみなすことができる場合に、これまでに除外された技術の使用を我慢することが難しくなる。高度な知能が全面的に優れた性質であれば、より良い知能を持つことは誰にとっても利益になるのではないだろうか。茶色の目の方がその社会でより人気があるのであれば、将来の子どもたちがこの基準を満たしていることを確認することはサービスにはならないだろうか。女子が社会で過小評価されていれば、男子を持つことはより思いやりのあることではないだろうか。しかし知能や、目の色、性別を決定することを目的とした選択には、倫理的な問題がはびこっている。[*24]

一つの考慮すべき事柄は心理的な害である。親の期待は治療が成功した場合のプレッシャーと失敗した場合の失望につながる可能性がある。これらはおそらくつくられた子どもの経験する人生の質を低下させる。軽度の場合では、これは（私は何でなければならないのか、あるいは、私は親が注文したものでなければならないかという）自己のイメージに対する葛藤へ、より悪いシナリオでは、不安とうつ病へと子どもを導く可能性がある。選択することの擁護者は、すべての親子関係に期待が存在しており、「正常の」事例ではそれはそれほど有害ではないと考えられているため、一貫性の名において救世主きょうだいないしはデザイナーベビーの事例は、そのように考慮されてはならないと指摘している。[*25] 擁護者は、デザイナーベビーという新しい実践が、事例が道徳的に許容可能か否かを区別するほど大きな害を与えるかは決して明らかではないと続けて主張する。しかし、選択することの反対派は一連の観察をもってこれらの主張に反対することができる。おそらく、子どもの人生への親の関与はすでに広すぎて制限されるべきであり、そうであれば、類推の議論は機能しない。あるいはおそらく現状は受け入れ可能だが、ごく小さな変更にすら耐えられない。悪いことだがある程度耐えられるという事実は、それが意図的に後押しされるべきであることを意味してはいない。[*26] プレッシャーや不安のレベルが上がるにつれて、それに賛成する証拠がないことは事実であるが、それに反対する証拠もない。これまで人類に合理的に役立ってきた広くいきわたっている実践を変えたいと思う立場に立証の責任を負わせる方が安全かもしれない。[*27]

もう一つの倫理的な問題は、特性が選択されていない子どもの不公平についてのものである。一部の人だけがデザインによって恩恵を受けている場合、残りの人は、何も受けていないという不利益を持って生きなければならないだろう。ここで救世主きょうだいやデザイナーベビーの擁護者たちは、同時に害と公平という見かけ上の矛盾に立って熱心に議論することになる。選択された子どもがその選択によって害を受けるならば、選択されていないことはどのような損失になりうるのだろうか。しかし、矛盾はただの見かけ上のものである。ある子どもはデザインの結果としてより良くありうるが、他の人はそれによって傷つき、あるいは無傷である可能性もある。不公平はまた、二つの主要なグループ間の比較で明らかになる。最も幸運な人よりも悪い状態の人は相対的で先天的な不利益を持ったままである。それは選択なしでは存在しなかったであろうものである。[*28]

さらに別の懸念は、親の選択の基準を満たさない人に対する差別についてである。知能的により低く（測定方法が何であれ）、青い目の（またより正確に言えば、非褐色の目でもない）、あるいは女性（若くとも年をとっていようとも）、が彼ら／彼女らの排除を可能にする技術やそれを許容する政治的風潮によって苦しむだろうか。デザイナーベビーの支持者は「そのようなことはない」と主張する。なぜなら、胚や胎児は大事ではなく、回避された特徴を持つ人々は、何も意図されていない象徴的な脅威を想像するべきではないためだ。デザイナーベビーの反対者は、生命の喪失を真剣に受け止めないこと、そしてまた、ある人と別の種類の人との置き換えが世界をより良くするであろうと述べる、その人にとって明確なメッセージを受け取らないことは困難であると回答している。[*29]

5　合理的同意と遺伝的プライバシー

これらのすべての考察は、医学的に必要な状況において救世主きょうだいをつくることは様々な他の状況におけるデザイナーベビーの生産と必然的に結びついているという考えから来ている。しかしこのことはありえないとしたらどうだろうか。議論のために、着床前遺伝子診断は容認できる選択に対してのみ限定することが可能であるとする。これにはきょうだいを治療するためのデザインが含まれているが、良いタイプと悪いタイプのものを明確に区別することができていると仮定しよう。デザイナーベビーは一般的に、最後の節で示されるように、害、不公平、差別の問題を提起する。一方で、救世主きょうだいに限ってはそれらをほとんど回避するということがただちに明らかになる。胚から一個の細胞を除去することが重大な影響を及ぼさないならば（これは可能）、また親が治療の失敗に対して新しい子どもを責めないように決心するならば（これも可能）、既存の子どもを助けることに対する実際の反対は、子どもを選択する際の広い許可に反対するよう意図されたよりもはるかに弱いものとなる。公平と正義の問題はほとんど発生せず、害についての懸念は、細心の調査と確固とした家族の方針によって対処することができる。

　その状況は仮想的な例に照らして暫定的に評価することができる。私に知られずに臍帯が保存されており、今になって医療チームが病気の子どもの救命治療でそれを使用する許可を求めているとしよう。私は何をすべきだろうか。私には何ができるだろうか。使用を拒否することは間接的に患者の死を招くことになる。そしてジョナサン・グラバー〔Jonathan Glover〕が指摘しているように、「子どもの命を救う唯一の手段を妨害することを正当化する倫理的異論は、大変に目覚ましいものでなければならない」[*30]。私の背景にある倫理学理論が何であれ、私にはその処置に許可を与える強い道徳的理由があるように思われる。使用の要求を許可することは徳が高く、却下することは不道徳であると間違いなく考えられる。他人に対する私の義務には、最小限の個人的な努力で命を救うことができるときにはその命を救えという義務が含まれている。同じように結果の観点でも臓器提供は支持される。私が使用に同意しなければ、私は悪人とみなされる。医療チームが私を見つけることができなければ、または私が同意する能力のない人であれば、彼らは私の許可を想定するためのあらゆる理由を有している。私が拒否すれば、社会は合理的な同意の名の下に私の実際の意志を迂回するための妥当な論拠を持っている。

　これらの最初の反応にもかかわらず、この問題は明確ではない。人々は何が自分たちのものか、あるいは何が自分たちの範囲に属しているかについて根深い直観を持っている。そして他人の介入は、しばしばプライバシーの侵害とみなされる[*31]。私は個人的には臍帯をすぐに使用しようとはしないだろうし、必ずしも何らかの意味のある仕方で私の一部としてそれを見ようとは思わないが、このような事態ではニーズと意見が異なる。他者は自分の治療、新薬の開発、または文化的目的のために材料を必要とするか、または望むことだろう。プライバシーの尊重はそのような要求に対する私の保護を提供し、外部の者が持ちうる利害を要求する。

　倫理的かつ法律的な原則としてのプライバシーは、私の体を誰かが侵襲する、もはや使われない私の部分を使う、そして私に関する情報へアクセスするかもしれないことに対する発言権を私に与える。[32] 身体的完全性の違反は、定義上非侵襲的な救世主きょうだいの事例には起こらず、身体部分への所有権の要求は疑わしいとみなされている。[33] しかし私の同意なしに、私の廃棄した組織がどのように使用されるかを他人が代わって決定することは、必然的に正しいとは思われない。厳密に言えば、死者は自身にとっての利害がないはずだが、移植のための死体の臓器の検索ですら議論の余地がある。[34] それに加えて、情報のプライバシーの問題もある。私が誰かのための可能なドナーであると特定された場合、関係するすべての人は私について少なくとも二つのことを知っていることになる。それは、私はレシピエントのための適合組織を持ち、かつレシピエントが有する疾患は持たないというものである。これらは取るに足らない些細なことのように見えるかもしれないが、プライバシーの機能の一部はこのように「知られている」ことから的確に私を守ることである。[35]

6　手段、単なる手段、結果

　プライバシーについての考察はこの章で焦点を当てたボキャブラリー、すなわち人を他人の目的のための手段として扱うことに関する問題に自然とつながる。私たちのプライバシーの侵害は、それが意図的に行なわれた場合、常に他人の利益によって動機づけられている。これには侵襲者のさらなる目的のための利益や、レシピエントの福祉を促進する父権主義的利益、そして被害者の領域に侵襲する悪意に基づく利益が含まれる。しかしこれらのすべてのケースでは、彼らが定義した目的を達成するために一つの道具として、私たちに属するものを、使用する（あるいは私たちに属する大切なものへ侵襲する）。[36]

　救世主きょうだい（そしておそらく母親も）がその過程において手段として扱われるため、救世主きょうだいの使用は間違っているとしばしば言われる。しかし、「手段として」または「単なる手段として」治療は何に関わっているために、そして何に基づいて間違っていると考えられるのだろうか。哲学的に言えば、この考え方はイマヌエル・カント〔Immanuel Kant〕の倫理学から導き出されたものであり、[37] 私は**8**節と**9**節の中でその意味に戻る。しかし最初に、その考えがカントの理論とは独立に定式化され、批判され、擁護された歩みをみてみよう。[38]

　一連の歩みにとっての重要な目的から始めるために、ハリスは生命倫理学の議論に用いられてきたような、カント学派の反論に大きな利点を見出していない。[39] 私たちが他人を手段として扱うとき私たちは（無意識にあるいは故意に）他人に私たちの目的を促進する何かをさせる。もしかすると、私たち自身がそれらの目的を促進するために何かをしていたかもしれない状況においては、他人もそうするようにする誘惑があったかもしれない。[40] ハリスが指摘しているように、この種の振る舞いは一般的であり、通常は道徳的な非難を受けない。[41] 私たちは物事をお互いに、時には自発的に、時には要請に応じて、時には有料で行なう。しかしこの道具的使用は、一般的に問題とはみなされない。そして、人を単なる手段として扱うまっとうなカント哲学の定式化は、より道徳的な重要さを担うことができるが[*42]、生殖のほとんどの例は、少なくともつくられた子どもの利益によって部分的に動機づけされているため、たとえ他の考察が何であれ、救世主きょうだいの事例において役に立たない[*43]。

ハリスは、それが搾取的であるとか他人の人格を否定しているならば、道具的使用は非難されると認めている[*44]。彼によれば、サービスの場合や組織または身体部分が利他的に寄贈される場合、あるいは適切な対価と引き換えに提供される場合、非難されない[*45]。しかし特に、同意がない場合や、ドナーが強制されたり、重大な危険にさらされたりすると不正な道具的使用が起こる[*46]。搾取とは「搾取される者が抵抗できないか、抵抗するのが難しいほどの強いプレッシャーをかけることができることを通常含意している。」とハリスは述べている[*47]。

同意の役割は私たちの本当の許可のように、強制であるという主張を無効にすることができるため、非常に重要だとハリスは考えている。彼は「他者の搾取でないことを確認する一つの方法は、私たちが提案するものに彼らの同意を求め、そして彼らが本当に拒否する選択肢を持っているということを確認することである。」と述べている[*48]。

一見するとハリスによって述べられた見解は、救世主きょうだいをつくることに対して制限を設けることを支持するように思われる。他者の目的のために使用されるものは同意しておらず、受ける医療行為に抵抗する立場になく、そのプロセスによって傷つけられたり不便をかけられたりすることがある。しかし、イギリスのフレッチャーの事例をきっかけに、次の格言を引用してきたハリスによれば、そうではない。「もう一人の子どもの命を救うことに勝る、一人の子どもを持つ理由はありえない……そういうことだからこれは本当に親とヒト胚の管理機関による「プロライフ」の決定であり、彼らは祝福されるべきである。」[*49]

ハリスがここで採用している論理はおそらく次のとおりである[*50]。彼の見解では、胚や新生児は単純に同意への拒絶を与えることができないため、救世主きょうだいをつくることと使用の同意について考えるのは理に適っていない。同様に、強制は典型的には、抵抗できない脅威や約束に関わるため、未成年者または新生児を強制することについて議論するのはそのような存在者は理解を持たないので、理に適っていない。残りの要素は、決定によって生み出された純粋な幸福であり、（いずれにしても生を付与されるであろう）救世主きょうだいに課せられたリスクよりも病気の子どもの医学的ニーズは、明らかにリスクを陵駕するため、実践は搾取的ではなく、許容されるべきだ。

グラバーはハリスによって提示され暗示された倫理的見解に同意する。彼は分析をさらに進め、最終的な道徳的判断についていくつかの多様性を認めている。人を単に手段として扱うことは、「彼、彼女の自律の侵害や、ある種の尊厳の否定を要求している」と彼は述べている[*51]。しかし、移植と組織の回収を選択することは「新しい子どもの同意なしに」起こるが、条件は彼によれば満たされていない。というのも「選択の余地がないため、子どもの自律の尊重の問題はいずれの段階でも生じない」ためだ。[52] 代わりに、疑問は結局個別の事例の詳細についてのものとなる。親が救世主きょうだいを欲しがり、その細胞を使い、その後その子どもを養子縁組に出したいのであれば、その親は誤った道具的使用をしているとして非難される可能性がある。[53] 子どもが単に手段として扱われるかどうかは、グラバーが述べているように「親がどれほど子どもを愛し、世話するかにかかっている。[54]」子どもたちをスペアパーツ的に使用してすぐに彼らを放棄する準備をしている親は、明らかに適切な親の愛情を持っていない。グラバーによって受け入れられた別の制限は要求される処置と関係している。胎盤と臍帯幹細胞の回収は問題ではないと考えているが、彼は親に兄・姉のために臓器提供者を確保するために、救世主きょうだいをつくることを認めようとはしていない。[55] ここで私たちは、どれほど本当に人々が臓器移植に同意するあるいはするべきかの評価に際して、リスクと利益のバランスに悩まされるだろう。[56]

7　手段、個人、価値

レシピエントとドナーとの間の幸福のバランスをとることについては、より一般的な社会的正義の文脈において、「義務論的」（「帰結主義者」の反対の立場）な自由主義の議論において触れられている。そしてそのようなはかりにかける実践は、遺伝的困難への「義務論的」および「目的論的」アプローチの支持者によって明確に拒絶されてきた。

カント主義的な功利主義批判において、ジョン・ロールズ〔John Rawls〕は社会における最大の平均幸福を目指すことは、ある人を別の人の幸福への手段とみなす傾向を作り出すと主張する。[57] このことは自己尊重と自尊心の欠如につながる傾向がある。そしてこれは合理的な行為者が自身の協力のルールを選択する際に容認しようとするものではない。[58] ロールズによれば、「社会システムの設計において私たちは人間を目的としてのみ扱い、決して手段として扱ってはならない」ここでの適切な反応は、ロールズが正義の原則が達成できると信じている増強したカント主義者のタスクである。[59] 彼の見解では、「人々を手段として扱うとは、ほかの人々の将来性をより高めるために、すでに恵まれていない状態にある人々に対してさらに低い人生の見通しを押し付けようとすることに相当する」[60]。そしてこれは彼の「差異原理」によって、社会的および経済的不平等が、それらが合理的に誰の利益にもなると期待されるように整備されることで防がれる。[61]

ロバート・ノージック〔Robert Nozick〕は他者に利益をもたらすための人の使用は拒否されなければならないというロールズの意見に同意する。[62] 彼は手段としての人々の使用を最小限に抑える策と、（これは帰結主義の思想家によっても支持される）、完全に禁止する策（絶対的な側面の制約として）を対比し、後者の解決策が政治的取り決めにおいて正しいものであると主張する。功利主義者たちは、私たち自身の長期的な利益を促進するために私たちが喜んである種の一時的な犠牲を払うだろうということ、そして、この考えが社会の構成員が社会全体に対して払う犠牲へと拡張されると主張している。[*63] しかしノージックは「自身の善のためにある犠牲を忍ぶというような、善を伴う社会的存在などというものは存在しない」ために、アナロジーは成り立たないと主張している。[*64] その代わりに「存在するのは個々の人々、彼ら自身の個々の命を持った、各々異なった個々の人々のみである」そして「これらの人々のうちの一人を他の人々の利益のために利用するということは、彼を利用することと、そして他に利益を与えることとである」。それ以外のことは何もない。[*65] ノージックはロールズとは異なり、目的としての治療と手段としての治療が経済的な取引において合法的に組み合わされると信じているが、[*66] 彼の総合的な結論は、ロールズの「差異原理」などの規則さえ結局は、ある人物から別の人物へ利益の不本意な転移を正当化することはできないというものである。

　ロールズとノージックの政治理論は、救世主きょうだいをつくることの道徳的選択について何を主張しようとしているのだろうか。応用は単純ではないが、いくつかの点は比較的自信を持って導き出すことができる。ロールズは、グラバーによって策定された規定を支持するように期待されるかもしれない（ただし、もちろん同じ根拠に基づくわけではない）。議論で示すことができることだが、着床前遺伝子診断や胎盤または臍帯血の使用は全員の利益であることが合理的に期待される。一方で、適合する子どもを持つこととその子を養子に出したり、その子を臓器提供者として使用したりすることはそうではない。ここでの唯一の相違は以下のようなものである。ロールズは許容できる場合には、救世主きょうだいが彼ら単独で目的として扱われていると主張するのに対し、グラバーは彼らが手段として扱われるが、そのように正当化されると主張するだろう。[*67] ノージックはさらに進んで、不正な道具化として完全に拒否することができる。別の個人に恩恵を与えるために、（同意できない、または反対することはできない）胚または新生児の体内に侵襲することは、明らかに人の個別性に違反し、そしてもしこの個別性が、ノージックが見ているように、私たちの行為への絶対的な道徳的制限として見られるならば、救世主きょうだいは着床前遺伝子診断の助けを借りて作成されるべきではなく、あるいは他人を助けるために侵襲的に使用されるべきではない。[*68]

　ユルゲン・ハーバーマス〔Jürgen Habermas〕とマイケル・サンデル〔Michael Sandel〕は異なる経路を経て、ノージックが到達するかもしれない同じ規範的結論に至る。ハーバーマスは自由主義的な前提から開始するが、遺伝的な「望ましい特徴と傾向性のプログラミングは……特定の生命プロジェクトに関係する人にゆだねるとすぐに道徳的な不安を招くか、あるいは……自身の人生を選択する自由に特定の制限を設ける」。[*69] 救世主きょうだいであることは、個人の自己定義[*70]を奪うことにコミットする理由になるため、この着床前遺伝子診断の使用は道徳的に非難されるべきだ。この問題に関するサンデルの考え方は少し読み取るのが難しい。というのも、彼の基本的な前提が許可と禁止の両方を支持しているように見えるためである。[*71] 彼の理論で擁護しようとしている「重要な社会的実践の中に具体化された人間の善」の一つは「社会連帯の制度を通じて幸福の果実を進んで分かち合うこと」であり[*72]、そしてこれは他の人が私たちの組織や器官を必要としているときに利他的な寄付の方向へ私たちを後押しするように思える。一方で彼はまた、子育てにおける無条件の愛の規範と自発的であることに心が向いていることを推奨している[*73]。そして「道徳的に忌まわしい……他の人を救うために赤ちゃんから臓器を取り出すこと」を拒絶する[*74]。彼の遺伝子工学を受け入れることへの全面的な抵抗を考えると、サンデルは救世主きょうだいをつくることに反対するだろうと推測するのは理に適っていると思われる。

ハーバーマスとサンデルの同意の役割に関する視点は、より結果主義的な倫理学者の考え方と異なる。ハリス、グラバー、ロールズは、法律や医療処置を受けている人々が公共機関によって定められた方法で規制や治療に実際の同意をしていないことを気にかけていないようだ。合理的な同意が彼らにとって十分であり、そして選択された内容が彼らの道徳理論と両立できる限り、同意は仮定することができる。ハーバーマスは、遺伝的に選択された将来の個人が自身の存在に至る決定プロセスに参加することができないという事実に対して、より敏感である。「胚」の同意を無視する代わりに、彼はそれを欠いていることを生殖技術への批判の土台の一つとしている[*75]。道徳性の要求が個人的な同意に切り札として勝つということについてサンデルはハリスやグラバー、ロールズに同意しているが、彼は理論ではなく伝統の中にある道徳性を見出す[*76]。結果として、彼は実際のまたは合理的な（個人が自由に導いた）同意にあまり価値を置いていない。彼の見解では適切な行動は良好な社会的および共同体の実践と合致し、それを支持する。

8　グリーンのカントに対する三つの解釈

人々を単なる手段として使用することが間違っているということは、もともとカントの考え方である。それはおそらくロールズやノージック、ハーバーマスがカントの考えが政治理論において有用であると考えた理由であると思われる。道徳哲学（政治的なものから区別されうる限り）と生命倫理へのより直接的なつながりがロナルド・グリーン〔Ronald Green〕によって提供されている。彼は人を適切に扱うことについてのカントの教義を競合する仕方で解釈することができ、そのうちの一つだけが規範的な判断の合理的な根拠を提供していると主張している[*77]。

グリーンは、まず道徳的な行為者に「あなた自身においてであろうと他者においてであろうと、人格において、人間を常に目的として扱い決して単なる手段としてのみ扱わないよう行為せよ」と助言するカントの関連する（第二の）義務のカテゴリーの論述から始める[*78]。複雑な生命倫理学の問題にこの簡潔な規則を適用することの難しさを指摘した後、彼は現在の議論で使用され、そして混乱していると考えている三つの解釈を挙げている。

最初の解釈は理性を持つ意志に対する攻撃を非難するもので

ある。[79] 思考して意志する存在として私たちは、自身の思考と判断の過程に逆らうことで自己矛盾するかもしれない。これは少なくとも二つの仕方で行なうことができる。一つは自殺することである。自殺することで私たちは私たちの存在の心的なそして道徳的な基盤を完全に消滅させる。もう一つは中毒性物質を使用することである。私たちはこれによって意識を失うか、または意識を歪める。どちらの場合も、私たちは単なる手段として自分自身を使用する。自殺の場合の目的は痛みや苦しみの回避であり、中毒の事例においては、快楽の単純な追求から生命の耐え難さの形而上学的回避まで様々な目的が考えられる。

グリーンはこの解釈を問題のあるものとみており、その理由はカントにおけるキリスト教の遺産にあると推測している。[80] キリスト教は自殺を禁じており、カントは矛盾を犠牲にしてもこれに順応するように自身の倫理学的理論を歪曲しなければならなかった。カントは他人のために自身を犠牲にする自殺を受け入れたが、その人たちはまた痛みを避けたいと思っている人と同じように自身の理性的な意志をも排除する人であった。文化的観点は、快楽のための薬物に関するカントの見解でも見られる。彼は、適度に消費されたワインが社交術と巧みな会話を刺激するために、アルコールの使用を推奨した。これとは反対にアヘンは麻痺の原因としてカントは禁止した。彼は、ワインを禁止し、その代わりにアヘンを許可する文化を批判する理由をこの点に見出した。

この解釈の事実と価値が何であれ、救世主きょうだいをつくることと使用に明白に当てはまるかは明らかでない。最終的に生まれる子どもたちの命は故意に危険にさらされることはなく、母親の命に関しても同様である。そして、たとえ新しい個人の心が彼らに対して現われる状況によって混乱させられる可能性があるとしても、これは必ずしも後の人生における彼らの理性的な意志に対する具体的な脅威を構成するものではない。

グリーンの第二の解釈は、カントによる、人間の尊厳と完全性が商取引や満足の道具として私たちの身体部分を使うことを禁じているという考えに基づく。[81] 私たちは精神的で肉体的な存在であり、自己を犠牲にする歯の売買や、売春、婚外性交、マスターベーションの習慣は、私たちの人間性の一部を快楽のような低い目的の追求のための単なる手段として扱うことによって私たちの価値を損なっている。

再びグリーンはこの考えにおける欠陥を見出している。[82] カントは、ある人の命を救うために、手足を切断することや目的を満たすために髪を売ることは許されていると主張する。グリーンは単なる歯の販売が非難されていることと、あまりにも極端なために許されている「深刻な財政的困難から自分自身を助けるために歯を売る」ことはどう違うかを疑問視する。[83] 婚外性交（他人を手段として使用するため禁止されている）と婚姻関係にあるもの同士の性交（両者は相手を平等に手段として使用するので許可されている）、そして売春（間違っている）と危険な肉体労働（正しい）の間で同様の緊張関係が指摘されうる。

グリーンは第一のものと同様この解釈は、カントの保守的見解によって見劣りさせられていると考えている。これら二つの形式化はカントの道徳哲学の最良の具体化ではないためである。[84]

グリーンの第三の、そして最も有望な彼自身の解釈は、誤った道具的使用を「公平な共同立法」の考え方につなげるものである。[*85] この解釈では「振る舞いのルールとして情報を与えられ、公平、合理的な選択の条件のもとで受け入れることができない方法で扱われるとき、人々は手段のみであり目的としてではなく」使用される。[*86] グリーンは嘘の約束をすることについてのカントの分析に基づいている。嘘の約束をすることは間違っているとみなされる。なぜなら、騙された人は「おそらく彼に対する行動の様式に同意できず、そしてこの行動の目的に彼自身を含めることができないからだ」[*87]。より一般的には、私たちが他人の権利を侵害するとき、私たちは彼らを「単なる手段として、理性的な存在として常に同時に目的として尊重されなければならないもの、すなわちまさにその行為における目的の中に含まれなければならないものとみなすことなく」使用している。[*88]

グリーンによると、より一般的な形式化は行為の対象の実際の同意を考慮しないですむようにカントによって導入された。さもなければ、例えば私たちは、判決に同意しない犯罪者の意志に注意を払わなければならなくなるだろう。[*89] 私たちは、合理的な存在者として、他者が行動の目的を分かち合っているはずであると自信を持って想定することができる限り、その人の表明された意志を、単なる手段として扱うことなく、妨げることができる。このことは、犯罪者に関していうと、社会にはたとえそれを破ることを好む人に対しても強制されなければならない規則が必要であるということを理解させる。そして、医療の文脈において、この動きは多くの種類の医療的父権主義の正当化を提供する。

グリーンは第三の形式化を支持する。というのも、他の二つは「主にカントの受け入れられた道徳的な意見や偏見の表現であり」そしてまた「私たちの意志を失わせてはならないことや私たちの身体を商品化することで私たち自身の価値を失わせてはならないという議論は、最終的には情報が与えられているか、合理的であるか、公平な共同立法によるかという基準を満たさなければならない」という考えがカントの中にあるためだ。特定の薬物の使用や性的嗜好の売却は最終的な分析で禁じられるべきだとグリーンは認めているが、人間の尊厳と完全性に対する侵襲への素朴な反応から推測されるのではなく、害や自傷・搾取についての慎重な検討によって立証されなければならない。

第三の解釈に対するコミットメントは、とりわけ、救世主きょうだいをつくることと使用することは、ただの手段としての個人の扱いという形では直接的には否定できないことを意味している。新しい子どもたちは、自分の権利で親におそらく愛されることがありえ、そのような道具的使用は道徳的に非難されるものではない。[*90] グリーンによると、私は自分の身体や才能を主に私の目的の道具として使うのではなく、公平に受け入れることができないような仕方で扱うときのみ人々を道具的に使用していることになる。[*91] そして、救世主きょうだいは成人としてその起源と役割について不満を持つが、合理的な存在として、着床前遺伝子診断の妥当性と臍帯血の救命措置を受け入れる可能性が高くなる。

9　目的と手段——二つの異なる原理

道具的な使用についてグリーンや他の人が主張しなければならないものは興味深いが、完全に満足できるものではない。前節のカントに対する三つの解釈は正確であり、グリーンの眼前の問題に対する最も思慮のあるカント主義者の答えを定式化するかもしれない。おそらく公平な共同立法は救世主きょうだいの正不正への一つの答えである。他者によって提示され、そしてこの章において示された結果やルールそして伝統に基づく見解は、彼らの想像上の集会で共同立法者によって有効に用いられることができる。しかし、このことは自分自身や他者に対する他の種類の不道徳な行為とは対照的に道具的な扱いの悪さをはっきりさせているのか。私はそうであるとは確信していない。

もし私が、特別な理由もなく誰かを殺すとすれば、不道徳に行為することになる。私が持ち主のいない人間の死体を奪って売却すれば、それを財産的な目的を促進する手段として使用することになる。私が誰かを殺して最高入札者にその身体を売るとしたら、不道徳に行為し、かつ被害者の身体を私の目的の手段として使用することになる。私が、特別な理由もなく人々の心を混乱させるとしたら、私は不道徳に行為することになる。私が混乱した人々のグループに出会い、私の理想を支持するよう駆り立てるとしたら、彼らを私の政治的目的を推進するための手段として使用することになる。私が、私の目的に従わざるを得ないと感じるよう故意に人々を混乱させるとしたら、私は不道徳に行為し、かつ被害者の心を私の目的のために使用することになる。これまで概観してきた理論的見解はすべて、これらの一連の行為の倫理的に問題のある大部分を認識している。しかし、それらのどれもが「まったく」不道徳な、「まったく」道具的な、あるいはその両方の行為の違いを適切に説明するものではない。私は、これらの区別をはっきりさせ、関連する合理性に対するその含意と要件を評価するためにもう一つの試みが必要だと考えている。

カントの考えから再び始めよう。彼は（少なくとも）三つの定式化を道徳法則や定言命法に与えた。[*92] 一つ目は、私たちの行為の原理は普遍的でなければならないというものである。すなわち、それらはすべての合理的な〔カントの文脈では通常 rational を「理性的」と訳すが、本書の性格から鑑みて「合理的」と訳す〕行為者に対して同じように適用可能でなければならない。[*93] 二つ目は目的と手段に関するものである。[*94] そして三つ目は私たちの原理が、道徳法則を統一的に与える理想的な世界のすべての合理的な行為者に受け入れられることを要求している。[*95] ここで注目すべき点は、第一および第三の定式化はすべての合理的な人々に等しい妥当性と等しい承諾を要求しているが、第二の言い回しは明らかにすべての人に対して同等の扱いを提案しない。それはすべての行為者を、道徳法則に従うことができる人および道徳法則の立法者として扱うように行為するよう私たちに助言するものではない。代わりに、それは私たちの中に私たちの適切な取扱いの中核をなす「人間性」を生み出す。私たちの中にはあるが決して手の届かないところにある、この畏敬の念を抱かせる要素は、決して単なる手段としてではなく、それ自体で目的として扱われるべき存在である。[*96] しかし、私たちはどのようにして正確に目的として人間性を扱うことに失敗するのだろうか。それをどのように手段として扱うことができるのだろうか。これらの二つの問題を別々に検討することで理解しやすくなるだろう。

私たちは、合理的な（意志を持つ）行為者の人間性を以下のようにして目的として扱うことに失敗することがある。それは、彼らの意志を消滅させる（例えば殺す）こと、意志を混乱させる（騙すことや精神を混乱させること）こと、そして意志を制限する（彼らが目指している目標を追求させない）ことによってである。これらは私たちの人間性の精神的側面であり、人々を目的として適切に扱うためには、彼ら／彼女らの意志は存在し続け、混乱しておらず制限されていない状態である必要がある。そうするためには、私たちの肉体的な人格に対する特定の行為は禁止されなければならない。殺人と自殺は身体を破壊し、同時に心を消し去るものである。毒性物質は脳に影響を与え、精神を困惑させるものである。そして、不本意な制限や介入は、身体を通じて意志に影響を与えるものである。その結果として、私たちは自分の命や他者の命を奪い、自分自身や他人を中毒状態にしたり、人々の選択と行為の自由を奪うべきではない。

しかしこれは区別が不明瞭になるところである。自発的なマスターベーション、婚外性交、売春、あるいは歯を売ることはどうだろうか。これらの場合、どのように自由を正当化することができるだろうか。例えば、カントの髪の安売りと救命のための四肢の切断に関する見解をあげれば、彼は個人を害から守ることを望んでいたと主張する議論ができるだろう。マスターベーションは精神病を引き起こすと信じられていた。行きずりの性交は健康上の危機となりうる。売春はサービス提供者や社会全体に有害なものになりかねない。そして再生不可能な臓器を手放すことは人の身体の質を低下させる。しかし、これらはすべて人を目的として扱う、もしくは扱うことに失敗しているという観点から記述することもできる。もし意志の存在または明瞭さが危うい場合、意志を制約から解放することは高次の目的が最初に考慮されなければならないということを単に規定することによって、その目的の下位に置かれる可能性がある。対照的に、カントの解決策は人間性を単に手段として扱うという概念を導入することであった。

今日の多くの人は人々を単なる手段として使用することについてのカントのもともとの例には心を動かされない。性的満足感のために、あるいは金銭的利得のためにある人の性器を使用するという考え方は、十八世紀の小さな街の教授にとってほど、現代の生命倫理学の議論の参加者にとってショッキングなものではない。しかし、倫理的な問題は時として異なる形ではあるものの、いまだに残っている。臓器の安売りは過去数十年間激しく議論されてきた。[*97] そして私が自分の身体を犬の餌として献体する遺言を残すならば、あらゆる種類の反対が起きそうだ。これらの文脈におけるいくつかの主張は、グローバルな不正や強制、搾取、行為者の同意の妥当性や自由と結びついている。しかし、それらは人間性の観点から目的として表現できるため現在の文脈には関わりがない。意思決定に対する不公平や強制、圧力はすべてレシピエントの人間性を目的として扱うのに失敗している。これらの反論の評価においては、手段への言及は必要ない。それでは、なぜ、臓器を安売りすることや人間の身体を犬の餌として使用することは不正な道具化になるのだろうか。二つの答えが自然に提案される。

第一に臓器の売買は人間を商品化する、すなわち人体とその部分に価格を割り当てることである。しかし人間の身体は、心や私たちの合理的な行為者性、人間性、そして尊厳の在り処と不可避的に結びついている。これらは絶対的な内的価値の観点からのみ評価することができ、値段がつけられないほど貴重で商業活動の領域の外にある。私たちの体力や技能、労力は使用する私たちのものであり、それらは正当な所有物の一部でありまたそれらの基礎だが、私たちはこの意味で「私たちのもの」ではない。私たちは作品や所有物を売却することはできるが、そこには身体部分を含んだ私たちの人格は含まれていない[*98]。

第二に私たちの遺体を犬に餌として与えることは間違いなく人体の不適切な使用の一例であると考えられる。この非難の存在はおそらく誰もが理解しているが、さらに分析することは難しい。それは文化的なタブーや道徳的な嫌悪感、身体的かつ感情的な「ゲーッ」という反応とつなげることができる。しかしこの事例は、これらとの関連のためにあまりにも急速に退けられるべきではない。私たちは、ほとんどの問題において私たちの感受性を無視することができる（そして哲学者はしばしばそうする）が、これがよいことであるかどうかは別の問題だ。直観的な反応は、倫理的および法的な過剰反応につながる可能性がある。しかし同時に、それらは人々が社会やコミュニティとして安全を感じて快適に生活することができる限界を示すこともできる[*99]。

商品化と不適切な使用という考えは、人々を「単なる手段として」扱うことの形式化が、最終的にはカント倫理学において混乱を引き起こすものであることがわかる。人々が目的として扱われるかどうかは、これらのケースでは実際には重要ではない。決定的な要因は、彼らが「不公正に手段として」扱われるかどうかである。そして、文献が示唆するように、この不道徳が身体部分の商業的な、また嫌悪感を伴う使用に限定されるならば、商品化と不適切な使用という観点からの反対は、必ずしも医療目的での救世主きょうだいをつくることと募集することに即座に影響を与えるものではない。その実践への頑固な反対者は「モノ化」についてさらに不平を言うことができ、救世主きょうだいが下品な態度で「モノ」とみなされていると主張することができる。しかし医療目的のケースでは、新しい個人は売買されないし値段もつけられていない。モノとしてのあるいは別の攻撃的な不適切な使用への非難はいくらかの説得力を持っているかもしれないが、これは処置の侵略性および喚起された合理性と道徳性に応じて変化する。もし子どもが自身のためにも生産され、そして胎盤または臍帯血が使用される場合、その事例は、最も倫理的な角度から難解なままで残る。

10　合理性の保存

この章では救世主きょうだいをつくることと使用することに対して、少なくとも五つの主な反論があることを示した。着床前遺伝子診断に基づいて治療に不適切な胚を捨てるとき、可能な生命が失われ、意志も失われる。細胞が除去されそして新しい個体の一部が治療に使用されると、未来のそして発生しようとしている意志は否定され、制限される。彼らが検査され兄・姉のために使用されるとき、彼らは不本意に肉体的、精神的なリスクにさらされる。彼らの身体部分の喪失が他人の健康ニーズよりも重要でないと判断される場合、個人は改良され、交換可能なものとなる。そして、胚や新生児が不適切な方法で取り扱われるとき、一般的に人間性は侮辱され、卑劣に攻撃される。もちろん、様々な合理性が、様々な反論を重要視している。

ハリスとグラバーはそれらをすべて否定する。彼らにとっては、まだ生まれていない人、もしくは生まれたばかりの人はまだ道徳的考察に値するものでもなく、選好を構造的に定式化または表現することができないため、彼らの人生と意志について議論することは合理的ではない。身体的および精神的リスクは、臓器移植において考慮事項となりうるが、侵襲性の少ない手術では考慮されない可能性がある。人々のニーズを平等に判断し、最も差し迫った要求を優先させることは、ハリスとグラバーによると基本的な道徳的公理である。特に侮辱や猥褻は、もしそれらが感情や伝統に基づいていれば、不合理であると彼らはみなしている。

グリーンは、情報を受けているという方法と部分的な共同立法の方法で判断して、提案された行為に関する可能なすべての議論に関心を持つことができる。実際のところ、彼はカント解釈のいくつかが救世主きょうだいの状況に役立たないことを証明するという野心の少ない仕事のために妥協しているようだ。

カント倫理学の光明は、五つの意義をすべて取り上げたハーバーマスによって引き継がれている。彼にとって決定的な要因は、将来の人々の意志が否定されていることだ。しかし彼はまた、生命の喪失、具体化、不適切な使用についても考慮している。これらのすべてが、彼によると、種としての自分のイメージを歪める傾向にある。この自己イメージの変化は、おそらく私たちが知っているように道徳の終焉につながるだろう。

サンデルは、ここでの心と身体に及ぼされる脅威にはあまり関心を持たず、生殖、社会的取り決め、道徳性についての伝統的な考え方を守ることに熱心だ。彼にとって、具体化と不適切な使用は、救世主きょうだいをつくることに対して良い議論を提供する。このような考え方は、レオン・カス〔Leon Kass〕が生殖器の正しい使い方や間違った使い方について持っている考えに沿ったものである。間違いなくカント的ではないが、カスはこの章で論じた他の道徳学者よりも性的・生殖行動に関するカント元来の見解に近づいている。

第6章　生殖目的のクローニングと人間をデザインすること

この章で、私は核移植の方法による生殖目的のヒトクローニングの倫理的見解について検討する。自由と害の回避に基づく寛容な考えを簡単に説明した後で、クローニングが人をデザインする有害な実践であるとして反対する議論の吟味を行なう。

1　ほとんど普遍的な非難

一九九七年の二月に、生殖目的のヒトクローニングは、倫理的・法的な問題となった。それは、イアン・ウィルマット〔Ian Wilmut〕とほかの研究者らが、スコットランドのロスリン研究所で、体細胞核移植を使用することによって、哺乳類のクローンをつくることにはじめて成功したということを報告したときである[1]。彼らは核を取り除くことによって、二七七匹の羊の卵子を「核のない状態」にし、電気刺激を与えることによって、それらを他の羊から取り出した乳腺細胞と結合させた。これにより、二十九個の胚がつくられ、代理母の羊に移植した結果、十三匹が妊娠した。最終的に、一九九六年七月五日に、健康的な子羊であるドリーが生まれた。

ドリー誕生の発表により、メディアはすぐにヒトクローニングとの関連性を指摘した。もしその一連の行為が羊に有効であるならば、何が科学者による人間の複製の大量生産を止めるというのだろうか。ウィルマット自身は、早い段階から、彼の仕事が「人間の複製をつくることとは一切関係がない」ということ、彼は人間をクローニングするという考えは「とても不快なもの」であると考えているということを公言している[2]。しかし、可能性の扉は開かれており、世界中の立法者と政策立案者はすぐに規制する動きに移った。

すでに一九九七年には、生殖目的のヒトクローニングは、国際連合教育科学文化機関（ユネスコ）[3]によって非難されている。そして、同年もしくはそれ以前に、アルゼンチン、オーストリア、ブラジル、デンマーク、ジョージア、ドイツ、アイスランド、メキシコ、ノルウェー、ペルー、スロヴァキア、スペイン、南アフリカ、イギリスの国の法令によって、生殖目的のヒトクローニングは禁止されている。これらの法的禁止の一部は、ドリーのクローニングに直接的に刺激されたが、それ以外はもともとあった法をその新しい状況に適用した。二〇〇四年までに、生殖目的のヒトクローニングは、少なくとも三十の国において明示的に、もしくは暗示的に禁じられ、さらなる禁止のための法的準備が進行中である。[4] 二〇〇五年の三月に、国連総会はヒトクローニングに対する宣言を採択したが、満場一致ではなく、八十四の賛成、三十四の反対、三十七の棄権であった。公文書は加盟国を足場とすることができていない。[5]

2　区別と政治

国際連合総会がヒトクローニングに対する宣言を満場一致で採択するのに失敗したことは、新しい成人の人間をつくるためにヒト胚のクローニングを行なうことが、反対や棄権をした国々において受け入れられたということを意味しない。その真意はむしろ、いくつかの国がいかなる状況や理由でも、核移植によるヒト胚をつくることを禁じたいと考えた一方で、他の国はヒト胚の幹細胞研究や治療のために「治療目的のクローニング」の可能性を維持したいと考えたということである。

そのまま成人に成長するだろうクローンをつくるための、核移植によるヒトクローニングの方法は、もし使用されるならば、研究や治療のためにつくることと同じである。なぜなら、いずれの場合も初期の人間がつくられ、いずれのクローニングの状態も実際に「生殖的」であるという有意味な議論があるからである。この精神に基づいて、アメリカ大統領生命倫理評議会は、二〇〇二年に「子どもをつくるためのクローニング〔cloning-to-produce-children〕」と「生医学的研究のためのクローニング〔cloning-for biomedical-research〕」という用語を提案した。[6] これらの名称は正確であったが、不評であった。そのため、私は「クローニング〔cloning〕」と「生殖目的のクローニング〔reproductive cloning〕」という表現を、このように子どもをつくる試みという意味で使い、「幹細胞をつくること〔stem cell creation〕」や「治療目的のクローニング〔therapeutic cloning〕」という表現を幹細胞の研究や治療と関連する実践という意味で、使い続けるだろう。それとは反対に、注意喚起するいくらかの主張があるにもかかわらず、今までのところ、成功した（核移植による生殖目的のヒト）クローニングの検証された報告は一つもない。[7]

生物のクローニングは、体細胞核移植によってだけではなく、複製や胚分裂によっても可能である。これは農業のバイオテクノロジーではより一般的な方法である。[8] この方法では、存在する胚が機械的に二つもしくはそれ以上の胚に分裂し、その結果生まれる存在は正常に成長し続けることができる。一卵性双生児は、生殖医療が発展する以前から、自然な複製の結果であった。この方法で新しい人間をつくることの倫理的問題は、ほぼ間違いなく体細胞核移植の場合よりも少なく、その実践はアメリカ医師会によって不妊治療で認められている。[9] しかしながら、ほかの国では反対されている。例えば、イギリスでは、そのような治療は違法である。[10] この章で私は、核移植による生殖目的のクローニングに焦点を合わせるつもりだ。なぜなら、この方法が使用される場合、クローンの資質をデザインする可能性は、はるかに広範囲で激しく議論されることになるからである。複製をつくることと、それらを研究目的で破壊することの問題は、第7章で議論するつもりである。そこでは、治療目的のクローニングに焦点を合わせる。

　国際連合の宣言に反対する理由は、様々な国がそのプロセスから生まれた様々な結果を望んだということである。[11] 体細胞研究に対してより寛容な立場の国家は、状況を解明し、生命科学者にとって保護された労働条件をつくるために、生殖目的のクローニングの集中的な禁止を目指した。この立場は、イギリスによって代表されている。イギリスは、「体細胞研究を強く支持している」[12] が、二〇〇一年にすでに、「受精以外の方法でつくられたヒト胚を女性に移植することを禁じる」[13] 法を制定していた。一方で、より規制的な考え方をする国家は、生殖目的のクローニングと同様に体細胞研究の普遍的な禁止を追求し、体細胞研究を禁じるための手段として、生殖目的のクローニングに反対する強い国際的な態度をとることを望んでいる。

　同様の精神は、クローニングを規制する地域的・国家的な試みにおいても見受けられる。クローニングの初期の禁止は、一九九八年に、ヨーロッパの委員会の十九の国によって認められたが、その加盟国に（「あまりに寛容な」）ドイツと（「あまりに規制的な」）イギリスは含まれていなかった。[14] 三年後、欧州議会は、欧州連合ですべてのクローニングを禁じる動きを拒否した。[15] アメリカ政府も同様に、クローニングを禁止するいかなる連邦法も認めようとしなかった。二〇〇一年から二〇〇九年までの間、アメリカ政府による体細胞研究への補助金が禁じられたが、その他の点では規制はそれぞれの州に委ねられていた。いくつかの州は生殖目的のクローニングか治療目的のクローニングのいずれかを認めない一方で、別の州はその両方を認めなかった。[16] 地球規模で、国の法令が異なり、関連する技術の発展に伴って変化し続けている。[17]

3　注意深い発展に賛成する主張

　概して、立法者は生殖目的のヒトクローニングに対して規制的な態度を想定してきた。しかし、これによって、哲学者がその実践に反対する潜在的な理由と同様に、賛成する潜在的な理由を批判的に研究することが、妨げられることはなかった。いままでクローニングの施行から生じてきた最も寛容な考え方は、そのプロセスでクローニングがもたらしうる利益を不必要に失わないためにも、クローニングは現在非常に危険ではあるが、完全に拒絶すべきではないと主張する。より詳細には、注意深い発展に賛成する主張は、実践のポジティブな側面をリストにしたうえで、そのネガティブな側面との比重を評価しながら進められる。[18]

　そのように言われているが、生殖補助の形としてのクローニングは、その他の点では、子どものいないカップルや個人が子どもを持つ手助けをするだろう。ある夫婦は、亡くなったばかりの胎児のクローンを望むかもしれない。不妊の夫やパートナーは、自身の生物学上の子どもを望むかもしれない。レズビアンのカップルは、一緒に遺伝的関係のある子どもを持ちたいと思うかもしれない。そして、独身女性も、一人で子どもを持ちたいと切望するかもしれない。さらに、クローニングの研究は、おそらく生物学と生殖医療におけるほかのいろいろな領域での発展を速めるだろう。生命の始まりや、不妊問題、人間の老化のプロセスに関する、より多くのことが学ばれるかもしれない。クローニングとそれについての研究は、直接的であれ間接的であれ、生殖のニーズに応え、親の願望を満たし、選好を満たし、苦しみを減らし、人々の健康を促進する。

　ヒトクローンをつくることの許容は、ひょっとしたら適切な仕方で規制され、個人や生殖の自由を尊重するかもしれない。これは善いことである。なぜなら、一般的な選択の自由は他の誰一人として害されていない場合に許されるべきだからである。つまり、合理的な決定は規制から守られるべきである。特に、生殖の自律は人権としてみなされうる。この領域の研究を行なうことの許容は、同様に生命科学者と自発的な協力者の自由を尊重する。科学の規制は、思考や信念、言論、行為の自由の規制であり、それ自体として疑わしい。そして、もし人々が胚などの研究のための材料を提供したいと考えるならば、そうすることが許されるべきだろう。クローニングの控えめな規制は、大規模な禁止とは対照的に、苦しみを減らし、福利を増やし、自律とさらなる正義を促進しうる。

　その実践の擁護者によると、クローニングとそれについての研究は、人間の根本的な性格特性と両立し、人々が徳としてこれらを発達させるように促す。生殖への衝動はとても自然な衝動である。子どもを持つ家族は、人柄や社会的技能の発達にとって理想的な文脈である。人々が子どもを持ち、家族をつくる手助けをすることによって、クローニングはその人々がよりよい人間になり、より生産性のある共同体の一員になるのを補助するだろう。世界のメカニズムを理解しようとする欲求は、同様に人間にとって自然なものである。そして、科学は信頼できる知識を獲得するための最もよく知られた方法であり、それによってこの欲求を満たすことができる。研究は制限があるべきであるが、その制限は禁止に訴えることのない規制によって設定されうる。

　これらの考慮は、クローニングとそれについての研究を許容するために、少なくとも最初の事例が存在するということを示す。他の要因はこの判断を覆し、修正しうる。しかし、これを達成するためには、それらは明確に示され、その実践の利益と不利益のバランスに重要な影響力を持たなければならない。これらのほかの要因は二つのグループに分けられる。それは具体的なものと抽象的なものである。

　クローニングに反対する具体的な議論は、リスクと危険に関係する。なぜなら、ドリーは二七七回の試みの結果生まれた唯一健康な子羊であり、他の二七六匹の羊はすべて何らかの致死性の問題を抱えており、明らかにその方法はその段階で人間の生殖医療で使用することができるほど十分に安全ではなかったからである。別の問題は、ドリーが羊にしては早く死んだということである。専門家の中には、これが体細胞のドナーの年齢と関係すると考える者もいた。[19] このトピックは第9章で再び扱う。そこでは大幅な生命延長について論じている。しかし、その問題の主旨は、生物の細胞が自然な生命の時間を持ちうるということである。そして、それはすでに成人のドナーによって過ごされたかもしれない時間の一部である。さらに、核移植の身体的リスクは、心理的・政治的危険によって複雑化される。クローン、つまり言うまでもなく最初のヒトクローンとなるのは、その子どもにとって精神的につらいこととなるだろう。そして、禁止しないという解決策は、地域政策の例外の余地が残されており、結果的に個人の生活と集合的評価を犠牲にする、危険な実験を導くこととなる。

クローニングに反対する抽象的な議論には様々な形と規模がある。ある人は、クローニングは不自然だと言い、他の人はそれに参与する科学者は神を演じていると言う。ある批評家によると、クローンは個人や人間としての自由を失っており、他の批評家によると、複製の人間をつくるという考えがそもそもひどく不快であると考えられている。[20]

注意深い発展の擁護者は、具体的な要因の部分的な関連性と、場合によると抽象的な要因の間接的な重要性を認めている。[21] その方法が安全ではない限り、それは人間に使用されるべきではない。それゆえ、クローニング自体の一時的な停止期間が認められるかもしれない、と彼らは言う。しかしながら、規制された研究は続き、一時的な停止期間は、その領域の科学的発展の段階に条件づけられている。その方法が安全になったとき、実験はもはや心理的、政治的、もしくは抽象的な差し控えという理由で失速することはないに違いない。最初の「試験管ベビー」として生まれることは、ルイーズ・ブラウン〔Louise Brown〕を傷つけることはない。ゆえに、なぜ最初のヒトクローンとして生まれることが、最初のヒトクローンとなる人を傷つけることになると言えるのだろうか。規制は、研究にとって適切な制限を十分に設定することができる。話は続くが、すべての抽象的な議論は、深刻に捉えるにはあまりに感情的で、宗教的で、伝統的で、曖昧である。ゆえに、禁止ではなく、一時的な停止や規制こそが、クローニングとそれについての研究に対する正しい反応であるという結論に違いない。

4　完全禁止に賛成する議論

禁止の擁護者は、倫理的な議論や有名なメディアで生じた多くの議論による擁護を得ようとすることができる。クローニングは神を演じることであり、不自然であり、嫌悪感を引き起こす。それは、その手段の産物や、関係する他のものにとって本質的に危険だろう。それは、人間の進化に有害な影響を与えるだろう。技術の不適切な拡張として、それは、人間の尊厳を侵害し、人間性を破壊し、個人の自由を危うくする。子どもを持つ新しい形として、それは人のアイデンティティを混乱させ、家族関係を複雑化し、子どもへの態度を変化させるだろう。それはまた、性行為を生殖から切り離すことになるだろう。それは人間のコントロールが可能だと思いこませ、少ない資源を枯渇させ、新しい形の優生学への扉を開くことになるだろう。[*22]

　これらの議論の背景にある根本的な関心のいくつかは、初期の人間の生命を破壊することに関係する。それは科学と技術が世界を変化させるスピード、私たちも知るように人生の意義の今後予測される喪失などである。これらの関心は第7章、第8章、第9章で詳細に扱うつもりである。以下の節で私は、クローニングは人間をデザインすることを含むので不正である、という主張に焦点を合わせていくつもりである。この概念によると、人間のデザインは、様々な点で、不完全な個人（**5**節）、歪んだ家族（**6**節）、不格好な共同体（**7**節）、倒錯した社会（**8**節）、混乱した種（**9**節）を生み出すことになるだろう。これらの非難を分析した後で、私はこれらを、たとえ発展が人間性の現在の境界の向こう側へと私たちを連れていくとしても、その発展は望ましい、という考えと対比するつもりだ（**10**節）。そして、対立する考えに関係する合理性を要約することによって、この章の結論を出したい。

　デザインに訴える多くの反論は、注意深い発展の擁護者によって「感情的」、「宗教的」、「伝統的」、「曖昧」であるとして再反論されるような「抽象的な」反論となりうる。そして、その課題とは、比較的正確で、合理的な、一般的に理解しやすい仕方で、これらの反論をどのように定式化しうるかを考えることである。これが可能であれば、非常に議論を呼ぶ慣例法や観念的な仮定を回避することになる。

5　制限がないことと不完全な個人

いまやあらゆる人が、クローニングは、その結果生まれる個人にとって、あまりに身体的・精神的に危険であるため、試みられるべきではないということに賛成しているようである。人間のデザインへの反論はさらに進み、たとえ束の間の健康リスクをコントロールすることができるとしても、クローンは依然としてその構造上の欠陥に苦しむことになるということを主張している。私たちの技能は、神や自然の技能とは合わず、私たちが越えてしまうと安全とは言えないような制限がある。

　ここで、「神」と「自然」は意志のある行為者とみなす必要はないということを述べておくべきである。展開のポイントは、私たちがつくったわけではないこの宇宙で、事物が存在しているということにすぎない。山と人間はこのカテゴリーに入る。技術の助けを借りて、もし私たちがそう選択するならば、私たちはこれらの事物のいくつかをつくり、真似することができる。そうすることは時に賢く、時に賢くない。その議論によると、人間をつくることは賢いことではないということになる。

　生殖において、自然な誕生（自然な／贈られた／善い）とつくられた人間（人工的な／つくられた／悪い）を区別するラインは、すでにある程度交渉と同意の問題である。人間の生命は、女性の体内での卵子と精子の結合を導く、異性間の性行為によって始まりうる。それはまた、シャーレの中で卵子と精子を結合させることによっても始まりうる。ドリーの方法を使用することによって、研究所で体細胞と核のない卵子に電気刺激を与えるとき、人間の生命は始まりうる。そして、理論上、少なくとも配偶子や胚は、機械的に新しい生命をつくるように構成されうる。[*23] 多くの人は、関連する境界は、すでに最初の試験管ベビーの産物によって越えられていると感じていた。しかし、一部の人は（シャーレなどの）場所での受胎は、（女性などの）別の場所での受胎と同様に、自然であると主張した。その連続の一端で、一部の人は、実際にその技術を歓迎しているかもしれない。しかし、おそらく私たちの多くは、機械的な配偶子の使用を人工的であるとみなしている。ここで精査されている議論は、受胎における二つの遺伝子の結合と、クローニングによる一つの存在する遺伝子の複製の間で線引きをしている。つまり、自然発生的な卵子と精子の結合は自然であり、認められるようである。しかし、電気刺激を与えることによって、体細胞と核のない卵子を結合させることは、人工的で、疑わしいものとみなされる。[*24]

その境界を越えることによって私たちが引き起こす危険は、一般的な用語や特定の用語で記述されうる。「不自然に行為すること」や「神を演じること」という非難は、環境災害や神の罰という高尚なイメージを引き起こす。もし私たちが川の流れを変え、山を動かしたならば、長期間累積された結果は、私たちが現在の知識では正確に定義できないような壊滅的な状態となりうる。そして、もし私たちがヒトと動物のキメラやクローン、親のいない子どものような、「嫌なもの」をつくることを選ぶならば、物質的な結果が予測できないだけではなく、私たちはまた神の逆鱗に触れざるを得ないことになってしまうかもしれない。[*25] 私は第8章でより詳細に、未知なるものを目の前にして警戒する考えについて検討するつもりである。

より具体的な道徳的・政治的議論は、私たちは不必要に、私たちが互いに関係していく中で必要不可欠だと感じる境界を、曖昧にするべきではないと述べている。人間とその他のすべてのものの境界線が、この一番の例である。中には魂という用語で、この区別を定義することを好む人もいる。私たちは魂を持っているが、その他のものは魂を持たない。彼らは、クローンは人間性のこの本質的な特徴を欠いているだろう、と主張する。しかし、その区別の関連性は、神学や形而上学の考えを超えて拡張していく。最終的に、それは私たちが多様な存在や事物に対して認めることができるタイプの権利を決定する。

将来、科学の発展は、人間とはかけ離れているとは簡単には言えないような存在をつくるだろう。これは、人間とその存在に違いがないと言っているのではなく、その違いを必ずしも見つけることができるわけではないということである。見た目が人間と同じで、十分な会話技能を持つコンピュータやロボットがよい例である。一九五〇年に、アラン・チューリング〔Alan Turing〕が以下のことを報告した。比較的単純な技術を使用してでも、あるメッセージが人間によって書かれたものか、それをまねて書くようにプログラムされたコンピュータによって書かれたものかどうかを、その書いている様子を見ること無しに判断するのは非常に難しいだろう。[*26] これが、機械が人であること（もしくは、もともとこちらの方が「チューリングテスト」が言いたかったことであるが、機械に知性があるということ）を証明しない一方で、人間と機械を区別することが問題となりうることを示唆している。そして同様にこれには興味深い概念的・倫理的な含意がある。

　現状では、私は自分のコンピュータを売り、電源を切り、リサイクルに出すことに気がとがめることはない。コンピュータは、人間ではない人工物であり、私が道徳的に尊重する必要のある対象ではない。対照的に、私は他の人を殺し、奴隷にすることには気がとがめる。彼らは、自然な人間であり、道徳的に尊重される対象の集合に属する。なぜなら、「自然」で「人間」であることは、人工的で人間ではないこととは違い、尊重を強く要求しているように見えるからである。もし誰かが私のコンピュータがチューリングテストに合格するようにプログラムしていたならば、状況は違っていただろう。もしそのコンピュータが、実際に思考や理想を持つ生物だと私に会話の中で確信させるならば、私がその「人間性」を認め、その電源を切るのをやめるのも、もっともなことだろう。もちろん、他の人は合理的にこの私の意見に反対するだろう。

　クローンを現実的なものとして扱うならば、私はすべての人間に対して感じるのと同じように気がとがめるだろう。思うに、クローンは、簡単にチューリングテストに合格することができ、アップグレードされたコンピュータと同じ意味で、私にその「人間性」を確信させる。クローンはまた、人間の遺伝子を持ち、そしてこの事実は多くの人々が決定的な要因としてみなすものである。自然な妊娠の結果生まれた個人は生産されていない。しかしその意味で、クローンは生産されており、この事実はクローンを完全な人間にしないと言う人もいる。このことの影響の一つは、生命や自由、そのほかの善いことに対するクローンの権利が実行できるように議論されうるということである。

　人間性の境界を拡張することによって生まれる倫理的問題は不可避であり、それはクローニングの議論に制限を設けることはできない。私たちは体細胞核移植によってつくられたクローンを人間の家族に迎え入れることはできるが、もし私たちが最終的にデジタルコンピュータや容姿端麗な家事用ロボットの権利を認めたいとは思わないならば、依然としてどこかで線引きされなければならない。いずれかの段階で、私たちは自分自身がつくる存在が、見た目や会話する能力、構造にかかわらず、私たちと道徳的・政治的に同等ではないということを言わなければならない。クローニングに反対するデザインに基づく議論は以下のように述べる。人間とクローンを区別する適切な基準は、比較的操作されていない妊娠といった生物学的出生である。もし私たちがこの基準を守るのに失敗したならば、明快でわかりやすい倫理的カテゴリーとしての人間性は存在しなくなってしまう。

6　性とは無関係の生殖と歪んだ家族

デザインに関する議論には次のようなものもある。それは、家族が人間の生殖と社会生活の基礎であって、ヒトクローニングが家族にとって脅威となるという主張をするものである。この考えの本質的な特徴は、レオン・カス〔Leon Kass〕とジェームズ・ウィルソン〔James Wilson〕の初期のやり取りにおいて現われている。両者は家族の重要性を強調しているが、彼らはやや違う方法を用いて根本的に異なる結論を持っていた。[*27]

クローニングに賛成・反対する功利主義の議論の妥当性を否定し、カスは以下のように主張する。「たとえ誰も不満を持たないとしても」（たとえ差し迫った具体的な害が全く見つからないとしても）、クローニングは依然として「ある種の子どもの虐待であって、性別の区別を持って生まれる存在であるという私たちに贈られた本性への深刻な害[*28]」である。これは私たちの「嫌悪感[*29]」によって私たちに明らかにされるものである。この嫌悪感とは、アングリア教徒やメソジスト教徒、カトリック教徒の教えで繰り返されてきた「明確でない人間の道徳的感覚[*30]」である。しかし、これは社会全体に忘れられ無視されている。[*31]道徳的感覚は以下のことを私たちに教える。それは生殖技術が、「セクシュアリティと人間の誕生の神秘性への尊重の継続的な崩壊を導き[*32]」、「身体化、性的分化、生殖の間にある本質的に重要な関係のより深い意味を曖昧にする[*33]」ということである。カスによると、技術を用いた生殖が社会的に受け入れられるようになったという事実は、それを支持する道徳的な証拠にはならない。それは、「成長した社会が男性同士の性行為や不倫を許容するということによって、レビ記十八：二十二や十戒の七つ目が拒否されるわけではない」のと同じことである。[*34]自然の目的論は、現代科学によってはねのけられ、「それが持っている規範的でありうるような指針における本性」は、多くの人には見えなくなった。それにもかかわらずカスは、クローニングが「本性に逆らっている」と考えた。[*35]

カスが「性の存在論」と呼ぶものから始まり、彼は、有性生殖が私たちの存在に意味を与える、と主張する。人間の生は、セクシュアリティなしには存在しない。なぜなら、カスによると、「性別を持つ動物だけが、自身の存在に勝る目的を一緒に追求し、補い合う他者を探し、見つけることができるからである。[*36]」他の存在の種は、世界を食べ物や敵としかみなしていない。彼が強く言うには、ヒトは同時に生き物の中で最も性的で知的でもある。なぜなら、ヒトの雌は、発情しないが、「性周期の間は受け入れることができ」、ゆえにヒトの雄は「より強い性欲とうまく生殖をするためのエネルギーを持たなければならない。」そして、これは他の追随を許さない人間の野心や社会性、寛容さ、知性の特徴を説明する。[*37]

カスによると、女性と男性が性行為をするとき、その男女は、自身の死すべき運命を受け入れると同時に、乗り越えようとしている。性とは無関係の生殖をする生物は、自己保存の行為をしているように見える。なぜなら、同じ遺伝子が新しい個体の中で生き続けるからである。対照的に、有性生殖は、新しいヴァリエーションの命をつくる。そしてその命は、通常その親よりも長生きすると知られている。[*38] また、有性生殖は、男女の寛容さや気遣い、愛の対象を生み出し、単なる性行為では達することができない絆で、育児中の男女を結びつけている。性行為は、生殖を行なう人の死すべき運命を示唆する人間の受胎を許すが、またそれによって、彼らの遺伝的形質や信念、理想をあの世まで持っていく計画が始まる。[*39] カスの考えは以下のとおりである。「私たちには、性行為への快楽や、はっきりとはしない結合へのあこがれ、愛し合う抱擁のコミュニケーション、深く根ざし、子どもに対する一部だけはっきりとした欲求を享受する本性がある。それは、まさにその行為によって、私たちが人間存在の連鎖を続け、人間の可能性の誕生へと参与するような行為の中で享受される。そして、その本性が持つ神秘性についての知恵が存在する。[*40]」

これらの考えに基づいて、カスはクローニングが不正であると論じている。子どもとその親の自然な幸福は、有性生殖と安定していて、異性愛で、二人親の家族という伝統的な子育てによってのみ保証されうる。[*41] クローニングは、性とは無関係の生殖の形態である。それは、「自然な人間の道から根本的に外れており、父親や母親、きょうだい、祖父母についてのすべての通常の理解と、彼らに結びつけられたすべての道徳的関係を複雑にする。[*42]」

ウィルソンは、批判的なコメントの中で、カスの結論に反対している。彼は、クローニングを含む人工的な出産のほとんどの場合において、母子関係や他の家族関係は満足のいく方法で解決できる、と主張する。そして、受胎がなされた方法よりも、これらの要因の方がより重要であると主張する。彼は、生まれてすぐに養子縁組された子どもや人工授精や体外受精によってつくられた子どもが、自然妊娠の結果生まれ、生物学上の親によって育てられた子どもとほとんど同じようにうまくやっているようだという考えを支持する研究や統計を示している。[*43] ウィルソンの考えでは、代理出産が問題となるのは、生みの親である代理母が、子どもをそのまま自分のものにしたいと思い、それが法的に認められるべきではないときである。[*44] しかし、母子の間に特別な関係が形成され、その子どもが傷つけられることなく、二人親によって育つことができるとき、万事うまくいき、クローニングですら認められうる。[*45]

カスはウィルソンのモデルに再反論する。なぜなら、それは個人の幸福の功利主義的評価に基づいているからである。[*46] 彼は（「親になることの自然で（異）性的な根拠」を無視する危険に反対し）、[*47] むしろ「結婚制度と二人親の家族」を擁護する。そして、新生児の女の子を母親の双子の妹になる（「厳密には普通の母娘の関係ではない」）ことから守り、[*48]「常にひどく嫌なことを（合理的に考えている）」のではなく「いかに身震いするのかを忘れて」いない社会で生きたいのである。[*49] カスによって示された考えを尊重するなら、これらの関心はどれも、ありうる結果によって評価できるものではない。彼の見解の主旨は、まさに道徳的感覚が示しているものでなければならない。そして、生殖についての自然な事実は、子どもはクローニングによってつくられるべきではない、ということを確信させる。そうするという考えは嫌悪の対象である。より綿密な調査は、クローニングは家庭生活にとってだけではなく、人間であることの意味にとっても脅威である、ということを示す。

7　支配の計画と不格好な共同体

カスと同様に、マイケル・サンデル〔Michael Sandel〕は、クローニングは不正であると考える。しかし、彼によると、その不正さは権利とリスクへの着目や、カスの生殖における道徳性の考慮の、いずれによっても適切に説明することはできない。むしろ、彼は、クローニングが不正である理由は、「その第一の目的が、特定の種類の子どもをつくることである」からだと考えている。[50]

サンデルは、ヒトクローンをつくることが他のあらゆる形態の生殖と同じくらい安全に行なわれる状況を仮定することから始める。そのような状況の下では、クローニングを非難するために、自由や権利、自律といった個人主義の概念を使用することはできない、と彼は指摘している。生殖の自由は、親になろうとしている人に、子どもを産む時期と方法を決める権利を保証する。子ども自身は、どのような資質を持ちたいかどうかを聞かれることはない。こういうわけで、一部の倫理学者は、子どもの自律がそのプロセスで妨げられている、と主張する。しかし、サンデルは、他の生殖様式でも、子ども自身が自分の遺伝的特徴を選ぶことはない、と指摘することによって、この非難に対抗する。もし私たちの親が決断しなければ、私たちの生まれつきの資質の選択は、運に任される。つまり、「遺伝くじ」である。[51]

クローニングは、性とは無関係の生殖の形態であるため、不正である、というカスの議論は、サンデルの議論にあまり影響を与えない。サンデルによると、子どもをつくる歴史的な方法からの逸脱は、男女が惹かれあうことへの脅威とはならない。彼が述べているように、「性行為は、変わりなくそれ自体で存続するだろう。ここで、連邦法の助けを借りることはない。[52]」同様の見解は、母親や父親、おば、姉妹、祖父母のような、おそらくクローンをつくることによって大して混乱することはない家族の役割名にまで推定上拡張されうる。

サンデル自身のクローニングに反対する議論において、彼は一般的な遺伝子選択や遺伝子工学に向けられる基本的な考えに戻っている。[53] これらの実践のすべては、親や社会が子どもに持たせたいと思う特徴や資質を持つ子どもをつくることを含んでいる。そして、この生をデザインする試みは、「子どもを所有物や、私たちの願望の計画、私たちの幸せのための手段、というよりもむしろ、授かりものとして、理解することへの攻撃である」とサンデルは述べている。[54] 結果として、子どもに対する人々の態度は醜くなり、これは共同体内のすべての関係の崩壊に影響を与える。サンデルの考えによると、[55] 最終的に、人々がその人間性や責任感を失い、この喪失がすでに危険な状況にある連帯の制度に壊滅的な打撃を与えるという結果に陥るだろう。[56]

この一連の思考は、明らかに私たちの生きる世界の現実性を欠いているという点から非難されている。親はすでに子どもの生を、子どものために早期教育を選択することや、レジャー活動を体系化することによって、コントロールしている。学校や趣味は子ども自身の考えや望みとは無関係に幼い頃に選択され、強制される。そして、子どもの生を形作る多くの決定を説明するのは、自分で決めたというよりはむしろ親の野心である。

サンデルは、この現象を自分の考えを弱めるものではなく、強めるものだとみなしている。サンデルによれば、前述の議論は、親のコントロールは絶え間なく増大するが、そのプロセスで有害なものは生じないということを仮定している。その状況にクローニングが加わったとしても、依然としてコントロールしていることに変わりはない。サンデルは、遺伝学が現在起きていることを突然中断することはないということに賛成しているが、その現在起きていること自体が警戒されるべきものだと主張している。彼の考えによると、「ヒトクローニングと生体工学に関して最も厄介なのは、それらが急激な逸脱を示しているということではない。むしろ、それらが、特に子どもの見方や扱い方において、すでに私たちの文化で生じている厄介な傾向性を完全に表わしているということが、最も厄介なことである。[57]」私たちはクローニングを認めるべきではない。もしこれが、一貫性と整合性という名目で、一部の現在の親の行為が、見直され、おそらくやめさせなければならないという意味であるならば、それはまた私たちの現代の共同体における連帯の感情と実践を救うためになされるべきである。

8　神秘性の喪失と倒錯した社会

次に、クローニングに反対するデザインに基づく議論は、不完全な個人や歪んだ家族、不格好な共同体から、欠陥のある社会や倒錯した国家、堕落した政治体制という、より広い領域へと焦点を変える。デイビッド・ガーナム〔David Gurnham〕は、このタイプの推論の有益な説明をした。そしてそれは、彼の取り扱いにおいて、「尊厳」と「神秘性」の概念を含み、社会的・政治的取り決めや、それらのより適切な制限の観点から、これらの概念を説明している。[58]

ガーナムは、「クローニングがもたらす生殖の可能性と、人間の尊厳に対する予測される影響の間の関係を通じて、クローニングへの倫理的反論を検討する。」そして、「クローニングへの反論は、人間の生について、常に神秘性が保持されるべきこと、決して保持されるべきではないことがあるということを含意している」と主張している。[59] 彼によると、そのような議論は、尊厳のある人間の生において、個人の出生は常に神秘性を保持すべきである一方で、家族関係は常にわかりやすいものでなければならない。クローニングは、両側面のルールに違反しているため、不正である。[60]

　では、クローニングは最初のルールにどのように違反しているのか、そしてそれはなぜ問題なのか。ガーナムは、倫理における秘密と神秘性の役割を強調するジャック・デリダ〔Jacques Derrida〕とヒラリー・パトナム〔Hilary Putnam〕を引用している。一般原理としてのデリダと厳密に人間の生殖に限るパトナムである。[*61] ガーナムによって引用される、パトナムの言葉では、「私たちの子どもの予測不可能性と多様性は、本質的価値であり、それを反映するその家族の道徳的イメージは、私たちの民主主義的憧れを支える社会の道徳的イメージと結びついている。」[*62] 私たちの出生の神秘性が民主主義と結びついている状態を、理解し、説明するのは容易ではないが、彼らの議論にとってきわめて重要であるように思える。平等を実現するための政治体制の一部としての人権は、その問題を明らかにしているようには思えない。なぜなら、権利はまだ存在していない個人に対して付与されることができないからである。[*63] 社会をより効率よくするためにエリートのクローンをつくるという不謹慎な考えは、予防効果があるだろう。しかし、この考えを、新しい技術によって、（エリートだけではなくすべての）個々の親の生殖の自律を増進する提案にまで拡張することはできないだろう。[*64] ガーナムによると、その答えは、私たちの出生の神秘性と、私たちの民主主義へのコミットの間の本質的な結びつきにおいて見つけられなければならないようである。また、この結びつきはそれ自体でさらなる分析に役立たないようである。人間性の秘密を明らかにすることは、適切な規制がない場合に、最終的に民主主義に損害を与えるだろう一連の独立した出来事を起こすことはない。その神秘性と民主主義は、概念的に結びつき、私たちのリベラルな思考の中で、切っても切り離せない関係である。[*65]（**9**節でより詳しく解説する）

　もう一つのルールの違反は、説明がより簡単である。[*66] 私たちの家族関係がうまく機能するためには、私たちは人が持つ役割の明晰な語彙を必要とする。母親と父親は子どもを持ち、子どもは姉妹と兄弟を持ち、子どもが母親と父親になるとき、彼らの子どもは祖父母とおじおばを持つ。すべての人がその体制の中で、彼・彼女らの肩書と役割を理解している。そして、その関係性が安定していることで、民主主義的な体制の堅実な基礎が与えられる。クローニングはこの配置を歪め、いかなる事前の反省なしに理解が可能であるはずの関係性に神秘性を加える。もし女性が彼女自身のクローン、つまり遺伝子上の双子の妹を生み出すならば、彼女はそのクローンの母親であると同時に姉であることになる。この技術がないとしても、彼女は自分の父親との間に子どもをつくることによって、これを達成することができる。混乱し倒錯した家族関係という他の例とともに、この近親相姦の言及によって、ガーナムは次のように考える。つまり、クローニングの不正さが、社会と政治的秩序の基本的な結合を導く傾向にある秘密と不確実さと大いに関連しうる。[*67]

9　見捨てられた自己理解と混乱した種

クローニングによって人をデザインし、つくることに対する幅広い議論はユルゲン・ハーバーマスによって示されてきた。『人間の将来とバイオエシックス』で、彼は、現存の個人の複製をつくることは、私たちがいま知っている文明社会と人間性の終焉を意味するだろう、と主張する。[*68]

ハーバーマスによると、普遍性と自由民主主義の現代の精神は、すべての人々が道徳的に平等なものとして扱われることを要求する。そのためには、やはり、その身体的・個人的な品位が常に尊重されなければならない。しかし、どのように、正確に、これを行なうことができるだろうか。私たちは人の身体的・個人的な品位をどのように正しく尊重することができるだろうか。ハーバーマスは、問題の核心は、人の二つの性質を、ある部分では「自然にできあがってきたもの」と、またある部分では「人工的につくられたもの」として理解することである、と主張している。[*69]

私たちの存在の多くの側面は、私たちの生の中のある時点で、私たち自身（または他の人たち）によって選択され、変更され、または取り決められてきた。これらの側面は、つくられたものとして私たちを構成し、それらは教育、仕事、生活様式、そして価値を含みうる。しかしながら、私たち（または他の人たち）が選んでこなかった私たちの生の中にも特徴がまた存在する。それらは、自然にできあがってきたものとして私たちを形成し、私たちが生まれたときの身体として、伝統的に私たちの身体を構成してきた。ハーバーマスは、身体を持つことと身体であることの区別を使用する。前者の同一の身体を意識的に所有しているということは、私たちが肉体的な存在であって、これまでも肉体的な存在であった、ということを私たちが理解する幼い時分に獲得されるものである。[*70] 私たちの中で、あるいは少なくとも私たちの身体の中で自然にできあがってきたものは、私たちの両親や医療提供者が育て、形成し始める前、そして私たちが存在することさえわかる前から、私たちが持つ元の身体である。

ハーバーマスが提案するモデルによると、身体を持つことと身体であることの区別のポイントは、民主主義的な対話に基づく普遍的な道徳性を維持するために、私たちの存在は平等に尊重されるべき二つの側面を持つ、と強調することである。[*71] 現代のリベラルな倫理学と立法の本質は、彼ら自身の人生を生きる人々が集まり、「私たちは」という態度をとり、そして彼らが完全に合理的に受け入れることのできる規範や価値観について交渉を続けるということである。このモデルでは、人への尊重には二つの側面がある。行動規範が完成する前に、その対話に参加している人は意見を聞かれ、同意を得られなければならない。これは、自律的で、（心理的に）自ら選択する意思決定者としての彼らの自由が適切に考慮されることを保証する。しかし、同様に重要なことに、彼らはまた、彼ら自身の内なる性質、すなわち人間性に結びつけられた彼ら自身の自律的な、（生物学的に）自ら方向づける生を持つ個人として扱われなければならない。そうでなければ、彼らはカントの意味で、目的として扱われていない。[72]ハーバーマスは私たちの内なる性質と人間性を、自然にできあがってきたがつくられてはいない私たちの部分に見出している。つまり、伝統的に、私たちが生まれたときの身体の内に見出している。[73]

クローニングの可能性は、私たちの中で自然にできあがってきたものを排除してしまうことで、私たちの自らによる方向決定に難問を投げかける。私たちの親が、私たちの遺伝子を選択するようになれば、私たちの本質的な生物学的自己は、これまでにはなかった形で、人の手によるものになる。もちろん、私たちの特徴のいくつかは、親の生殖パートナーの選択によって決定されてきた。つまり、私たちの生物学的部分は、私たちが生まれる前後の環境要因によって影響を受けてきた。また、結局のところ、私たちの初期の社会的影響のいくつかは、私たちが操作できる身体から離れて語ることができないために、私たちの生涯を通してずっと私たちとともにある可能性もある。しかし、クローニングは依然としてこれまでの事実からかなり逸脱している。

人を改良するための努力にもかかわらず、これまでのところすべての人が唯一無二の個人として生まれた。優生学的な組み合わせや出生前診断による選択にかかわらず、人々は彼らをつくった人に予測不可能な驚きを与えるものとして生まれた。いくつかの望ましい特徴は予想通りに現われ、いくつかの恐れられた病状は回避されたかもしれない。しかし、生まれる子どもは依然として、他の人によってではなく、自然や神、運命、偶然によって彼らに贈られた、かけがえのない個性を持つ。同じ遺伝子を共有する一卵性双生児でさえ、コントロールされていない自然のプロセスによってこれまで生み出されてきた。クローニングでは、核移植や人工的な胚分割によっても、上記のことは成立しなくなる。親と科学者はクローンが持つだろう遺伝子を選択し、それによって自然にできあがってきた身体の基礎を取り除く。これらの人は他の人によって選ばれ、つくられるだろう。

ハーバーマスがクローニングと文明化された人間性の終焉との間に築くつながりは、人類の倫理的な自己理解という彼自身の概念を利用している。そしてそれは因果関係ではなく概念的な関係とみなされるのが最善である。[74]平等な人々の間の普遍的で民主主義的な道徳上の討議は、最初のヒトクローンが規範と価値観の交渉に参加することで必然的に終わるだろう。すべての人の個人的な（つくられた）尊厳と、身体的な（自然にできあがってきた）尊厳が尊重されている状況で、現代の道徳性はすべての人によって受容されなければならない。そもそもクローンは、自然にできあがってきた尊厳を持たないだろう。ゆえに、クローンを平等に扱うことはできないだろう。結果として、クローンは、現代のリベラルな社会で生きる人間が考える意味での道徳性を持つことはできないだろう。クローニングは私たちから私たちの倫理的人間性を奪うことになるだろう。

10　トランスヒューマンの世界をデザインする

生殖目的のクローニングに反対する「デザイン」に基づいたすべての議論は、この技術の受容が私たち自身の概念を変えるという懸念を共有している。人をつくることは、人と人でないものの区別を曖昧にし、性行為や家庭生活を脅かし、私たちの共同体における連帯の結びつきを浸食し、役に立つ神秘性を明らかにし、有害なものをつくり、平等な人々の間の民主主義的な意思決定の可能性を破壊するように思われる。

　これに対するありうる応答は、現在私たちが知っている人間性の価値を単に問題にするということである。私たちの種は、変化と変容の長い歴史を経験してきたが、それらをさかのぼって考えても、そのほとんどは私たちをまったく悩ませてはこなかった。数千年前、人々は石鹸を使用していなかったが、現在使用している人々は、私たちの初期の人間性のこの失われた特徴について特に気にすることはない。対照的に、石鹸を使用して洗っていない私たちの遠い祖先を振り返るときに、明らかに優越感や安心がある。なぜこれが今後の発展に当てはまらないのだろうか。私たちは今体の表面の細菌および体臭の人為的な変化を受け入れる。ゆえに、将来の人々が私たちの生殖様式の人為的改変を受け入れることができるのは当然のことである。将来の人々は私たちを振り返ることができ、彼らは私たちが現在持っている「自然な」関係の迷路を免れたことに安心した。そしてもし民主主義が私たちの出生の自然さに基づいているなら、ちょうど民主主義が歴史的に実施されてきた取り決めよりも、より良い政治的取り決めであると私たちが信じているように、ひょっとしたら将来の社会はより良い原理に基づいて機能しているかもしれない。私たちはもはや人間ではないかもしれないが、トランスヒューマンまたはポストヒューマンであることは、将来の「人々」にとって、より良い選択肢となりえる。[*75]

　変化への抵抗についてのニック・ボストロム〔Nick Bostrom〕とトビー・オード〔Toby Ord〕の考えは、その状況に適用されるかもしれない。彼らは、人を大いに改良しようとする多くの試みは、現状維持バイアスによって不必要に妨げられていると主張する。[*76] 現状維持バイアスとは、「現状を維持するために生じる、選択肢に対する不適切な（非合理的）好み」である。このバイアスが生じていることを見つけるために、彼らは以下の反転テストを提案している。反転テストとは、「特定のパラメータを変更するという提案が、全体的に悪い影響を与えると考えられる場合は、同じパラメータを反対方向に変更することを考えるというテストである。また、もしそれが全体的に悪い結果をもたらすとも考えられるならば、私たちの立場がこのパラメータの変更によって改善できない理由を説明する責任がこれらの結論に達する人々にある。もし彼らが説明することができないのであれば、私たちは彼らが現状維持バイアスに苦しんでいると疑う理由を持つ。[*77]」クローニングの問題に応用すると、この議論は以下のことを述べることができるだろう。すなわち、もし核移植の技術によって増大している私たちの生殖の力が悪いものとみなされるならば、私たちはその生殖の力を減らすことが同じ程度の善を生じさせることになるかどうかを問うべきである。そしてもし、現代の生殖医療のすべての利点を排除するという考えも同様に悪い選択肢とみなされるならば、クローニングの反対者たちはおそらく保守的なバイアスに屈していることになる。

しかしながら、この議論の成功は、関連するパラメータの私たちの定義と、私たちが念頭に置いている現状の性質に依存するように思われる。デザインに基づく反論は、現在の技術の発展のスピードで、道徳性があまりに急速に変化しているために、私たちの自己イメージや社会的取り決めがその発展に追いつくことができないということを仮定している。つまり、トランスヒューマニストの見解によると、禁止や規制によってその速度を落とすことは、科学的革新を最大限にもたらす機会を失うことにつながり、全体的に悪い結果を導くことになる。ここでの反転テストとは、非常に道徳性の変化を速めることがより良い結果をもたらすかどうかを問うことである。そして私たちの現在の精神の擁護者は、発展の最も無謀な擁護者でさえもこれを信じることを合理的に選ぶことができなかったと示唆しうる。人々は繁栄するために倫理的および政治的思考の少なくともいくつかの身近な要素を必要とし、変化はそれに応じてコントロールされるべきである。これらのことを考慮すると、クローニングの擁護者は、ボストロムとオードのテストを考慮して、現在の「動的な現状維持」、つまり現在の発展の速度のみが許容できる理由を説明するべきである。

結局、ヒューマニズムとトランスヒューマニズムの問題は、変化に対する異なる態度に帰着する。急いでいることは私たちの自己理解にとって危険であると考える人もいれば、臆病さが私たちの状態を改善することを妨げると考える人もいる。第8章でこれらの問題に戻る。

11　クローニングに関わる合理性

この章で、私は核移植による生殖目的のヒトクローニングに関する倫理的議論に対する、それ自体で明らかな合理性や付随する前提を伴う三つの主なアプローチを説明した。

一つ目のアプローチは、個人の意思決定を強調し、一度その技術が機能するようになったら、人間をクローニングするという点での唯一の妨げとは、安全性であると考える。クローニングによって生まれる子どもの身体的・精神的福利は、保証されるべきである。そして、合理的に予測される家族や社会構造へのあらゆる危害はまた、注意深く考えられなければならない。しかし、傷つけられた感情や道徳性の堕落のような、より抽象的な傷は、物議をかもすナンセンスなものとしてはねのけるべきである。この考えによると、科学や人々の即物的な福利によって支持されていない関心は、不合理である。さらに、そのモデルの擁護者は、人々は新しい物事に慣れ、反対する時間もすぐに過ぎるだろうと言う。

二つ目のアプローチは、現状そうであるように、人間性と道徳性の価値を強調し、クローニングや遺伝上の選択、生殖細胞系遺伝子治療を、それらの価値への脅威とみなす。クローニングの擁護者たちによって予想されるように、人々は考えを変えて新しい技術を批判するようになるだろう。しかし、これは態度の中立的な進化からは程遠く、抑えられるべき誘惑である。なぜなら、それは必然的に家族関係や連帯、民主主義の解体を導くからである。個人の福利は重要であるが、私たちの最も大切な道徳的、社会的、そして政治的制度を犠牲にしてそれを追求することは、賢明でない。つまり、不合理である。急進的な変化は、私たちの人間性を守るという名のもとで反対されるべきである。

三つ目のアプローチは、急進的な変化や、ある意味ではその後の人間性の終焉の可能性を歓迎し、発展の先駆けとしてのクローニングのような新しい技術を歓迎する。もし科学の発展とその応用が、私たちの現在の制限を超えて私たちを導くことができるならば、たとえこれが私たちの現在の身体的・精神的特徴を放棄することを意味するとしても、私たちはその新しいトランスヒューマンの世界を歓迎するべきである。私たちが放棄すべき身体的特徴は、主に身体の不完全性と弱さである。そのため、私たちが放棄するだろう道徳的規範を、不必要な倫理的な妨げと同等にみなすことができると考えるのは、当然である。この考えでは、待望のより良い変化に直面しても、これらの道徳的規範を支持することは不合理である。

もちろん、クローニングは、他の観点からもアプローチされることも可能である。しかし、この章で私は以下の三つのアプローチに焦点を合わせた。それは、注意深い発展に賛成する主張や、人間をデザインすることは人間性を変えるため不正であると述べる多様な批評家の主張、そして、変化を問題とみなさない人の主張である。他の見解の主な特徴は、これまでの他の章で取り扱われてきたように、これ以降の章でも取り扱うつもりである。

第7章　胚性幹細胞、脆弱さ、神聖さ

この章で私はヒト胚幹細胞研究の道徳性の二側面を検討する。一つ目は胚形成のための卵子を獲得するときの女性の役割である。二つ目は幹細胞研究によって破壊されて消滅する胚の道徳的地位である。

1　何が、なぜ、どのように規制されるのか

ヒト胚と胚性幹細胞に関する研究の可能性は、人間を改良すること（新しい個体の創造）から人間をより良くすること（存在する個体の健康の改善）へと劇的に議論の焦点を切り替える。胚およびその初期の部分は、もし適切に移植され栄養を与えられるならば、成人になることができる。しかしこの発達はほとんどの種類の胚実験で許されていない。実際の目的は生殖ではなく、むしろ人々の利益のための生物学的および医学的な知識の蓄積である。

胚性幹細胞は体外受精（ＩＶＦ）、体細胞核移植（ドリー法）および遺伝子の複製によって作成された胚から獲得できる。不妊治療のための体外受精で作られたが使用されずに残された胚は研究のための良い材料を提供する。将来の幹細胞治療は理想的には核移植によるクローニングを必要とするようにも思われる。ドナー幹細胞はレシピエントの免疫系によって拒絶される。しかしこれは患者のクローン胚をつくり、これを治療的および免疫学的に適合する幹細胞のために摘出することによって防ぐことができる。そのとき「治療目的の」クローニングと「生殖目的の」クローニングの違いは、一方は胚が治療のために破壊されるということであり、他方は赤ちゃんをつくるために胚が移植されるということであろう。

受精卵、成功した核移植の産物および初期の分裂（桑実胚）によって生み出された細胞塊は全能性を持ち、自然のまたは人工的な子宮によって与えられる適切な環境の中で新しいヒトになることができる[*1]。できて四～五日経った胚（胚盤胞）の内部細胞は多能性を持ち、胎盤以外のすべての身体組織になることができる。胚性幹細胞研究は今日までヒトとマウスの胚性幹細胞株——初期の多能性胚に由来する細胞の培養——に集中して

きた。そのようなヒト細胞株は一九九八年以来生産に成功してきた。[*2]

胚性幹細胞研究は科学的好奇心とこれまで治療不可能な疾患を克服しようとする衝動に動機づけられている。いままでのところ研究の結果はかなり不確実である。治療は不完全であり、治験は許されていない。この領域において進行中の研究の難問は移植による拒絶を避け、細胞の分化をコントロールすることである。たとえば、直接レシピエントに注入された多能性幹細胞は多くの種類の組織へと発達し、奇形種（髪、歯、骨やその他の身体の部位を含む「怪物のような」腫れ物）を生じることでその機能を果たす傾向がある。しかし、科学者たちが望むのは、いったんこれらの問題が解決されたならば、胚性幹細胞が組織の再生や置換を必要とする症状を特有の仕方で軽減することに使用できるということである。[*3]

ヒト胚性幹細胞株はその存在の最初の十年間に主としてヒト胚を破壊することでつくられた。未分化状態での生存可能時間は複製によるクローニングに依存する。そして治療のための有用性は体細胞核移植によるクローニングを必要とするかもしれない。これらは生殖や生命の始まり、そして二つの問題に関して相反する規範的見解と連結しており、世界中の幹細胞研究の規制にかなりの多様性をもたらした。立法者の中には、ヒトの機械的生産をすべてやめさせたいと思う人もいれば、初期のヒトとその部位の不必要な消滅と軽蔑的な使用を避けたいと思う人もいる。そしてそれでもなお、胚は十分に成熟したヒトではないので、すべての有用な実験は許されるべきだと主張する人もいる。

イギリスは胚とその部位の研究に関して最も寛容な見解の一つをとってきた。もしヒト胚の管理機関〔HFEA〕によって認可されるならば、胚の発生から十四日目まで、ほぼどのような種類の研究も許される。より議論を要する事柄、つまり体外受精によってつくられる胚の研究と複製、ヒトと動物のキメラの作成、体細胞核移植による研究目的での胚のクローニングが認可された。[*4]

他の国々は異なった線引きをすることを選択した。治療目的のクローニングかヒト－動物のキメラ、あるいはその両方を禁止するか、もしくはもともと不妊治療のためにつくられた余剰胚の使用のみを許可する国もある。またより古いヒト胚幹細胞株の使用は許可するが、新しいヒト胚幹細胞株をつくることは禁止するかまたはこの種の研究のための公的資金の使用を禁止する、もしくは十四日未満での実験は許容する国もある。アメリカでは、個々の州が望むとおり自由に幹細胞研究を規制することができる。しかし二〇〇一～二〇〇九年の間、連邦の財源は、法律による禁止が成立したときに存在していたいくつかの初期の方針を除いて、使用されなかった。ヨーロッパでは、最も厳しいルールがフランスとドイツで広く行き渡った。世界中の多くの国では今日まで幹細胞研究が規制されないままとなっている。一つには科学がとても急速に発展していること、もう一つには治療目的のクローニングと生殖目的のクローニングの間の関連性が依然として論争となっていることが理由として挙げられる。[*5]

2　代替案と推量

研究と治療のために任意の幹細胞を獲得することはヒト胚の破壊、そしてその目的のための先行するヒト胚の作成を意味した。初期のヒト胚の命に価値を置く人々は、その実行は両方とも不正であり、停止されるべきだと主張する。しかし幹細胞は科学研究の格好の実験材料であり、ある研究は特別な事情があれば容認されうる。その事情とは、大雑把に言えば、研究以外の状況でつくられた胚は、もしすでに死んでいるか、何をしても日の目を見そうにないならば、慎重な見方によってさえ、研究が許されるということである。

アメリカとドイツの議員たちは、次のような見解を取ってきた。たとえ新しいヒト胚幹細胞株をつくることが禁止されたとしても、国家の規制に先行する研究は、許容可能と考えることができるのである。ここでの理屈は潜在的に価値のある科学的活動は許されるが、それが許されるのは、ジョージ・ブッシュ〔George W. Bush〕が言うところの、「生死の決定がすでに行なわれている」ような状況に限られる。[*6] 破壊された胚を元に戻すことはできない。そのため私たちは研究者たちに胚を研究させ、生命の始まりについての知識を増やし、人類にはびこる疾患の治療を発展させようと試みることで胚の犠牲を有意義にした方がよい。

着床前遺伝子診断（ＰＧＤ）によって検出された、生存不可能な体外受精の胚は、合法的と考えられうる別の実験材料である。移植されたとしても、これらの存在は、当然、胎児や子ども、そして成人になることはできない。したがっておそらく研究での使用を許すことによる損失は何もないだろう。この種類の個々の胚が持つ特殊な条件に応じて、胚の有用性は制限されるかもしれない。それでも、もし「親」が子どもの使用に同意しさえすれば、多くの胚はそれほど多くの倫理的問題を生じることなく、信頼できる情報をもたらすことができる。[*7]

多くの議員は体外受精でできた「余剰な」胚の研究は許可するが、科学研究の目的で意図的に胚をつくることは許可していない。体外受精の治療は普通子どもを産むために移植されるよりも多くの胚を作り出す。そして余分な胚はしばしば将来利用するために凍結される。しかし、遅かれ早かれ、余剰胚はもはや必要とされず、そして破壊されるか無制限に蓄えられるかのどちらかである。「余分の」あるいは「予備の」胚の使用はしばしば研究目的のために新しいヒトを生み出すよりも倫理的に弁護できるとみなされる。その主張は、科学者が他の仕方では無駄になっていたであろう存在を、すぐにもしくはいつかは、詳細に分析するならば、何かが得られ何も失われないということである。

これらの区別はすべて概念的かつ事実的な根拠の説明を迫られうる。「すでに死んでいる」という主張は整合性と共謀に関する幅広い問題を生じさせる。本当に二月二十八日に胚を破壊することは正しいが、三月一日に胚を破壊することは不正でありうるのか。そして研究者は過去の過ちから利益を得ることで「手を汚す」だろうか。[*8]「生存できないものを犠牲にする」という見解は、トリアージの点で考える限り、適切であるように思われる。トリアージとは、もし資源が不足していて、すべての人を救うことができないならば、手の施しようのない人はあきらめようということである。しかし資源はそれほど不足していないので、誰も見捨てる必要はない。致死的で現在治療できない状態の胚は凍結しておいて、未来の医学的進歩でその胚を治療できる日が来るのを待つことができるだろう。また、「予備の胚」というアプローチは、客観的事実に基づいたというよりも詭弁的なものである。医師でもある科学者が状況に応じて行動すると決定するのでない限り、不妊治療が過剰な材料を生み出すことはない。卵子だけを採取し、処置後に余分なものを残さないで、移植される卵子だけを受精させることは同様に可能である。[*9] 実際に不妊治療クリニックは三十年の間に、本当に必要とされるよりも多くの胚をつくることで、研究目的の胚を作り出してきた。[*10] もし初期の人の命を守ることが深刻に考えられるならば、既存の余剰胚はひょっとすると凍結されて体外発生ができるようになるのを待つことで、科学のために利用できなくなるだろう。もしくは、胚提供によってようやく生きる機会が与えられるかもしれない。[*11]

　胚を救助する複雑な操作は、その存在が生まれた人間の命が持つのと同じように道徳的価値を持つのでない限り、ほとんど意味がない。この考えに対しては中絶や不妊治療や胚実験に関する生命倫理学の著作において擁護と批判の両方が行なわれてきた。人間の命はすべて受精したときから神聖であり、胚の破壊は殺人に等しいと主張する人がいる。また受精卵や桑実胚や胚盤胞が権利を持った人間であると言えないのはドングリが根を張った樫の木であると言えないのと同様であると反論する人もいる。〔ジュディス・トムソンの議論を指す。トムソン「妊娠中絶の擁護」塚原久美訳、『妊娠中絶の生命倫理』江口聡編・監訳、勁草書房、二〇一一年、一一頁〕初期のヒトは何らかの価値を持ち、ある程度の保護を受けるべきだと言う人もいる。しかし、不妊治療クリニックで火事が起こった場合、たいていの人はおそらく胚の入っているシャーレよりもむしろ意識のない子どもを救助するだろう。[*12] これらの見解については7節から9節で議論する。

　胚の破壊を避けて、なお幹細胞研究によって約束されるいくつかのもしくはほとんどの利益を保持するために三つの主なやり方がある。これらのやり方には成体細胞をそのまま使う研究、再プログラミングされた成体細胞を使う研究、もしくは元の胚を消滅させずに取り出された胚細胞を使う研究が含まれる。

　第一に、成体幹細胞の使用は倫理的な意味で比較的争う余地はない。その結果は非常に励みとなるものであった。[*13] 患者自身の幹細胞を用いた治療は少なくとも自己免疫疾患、脳性小児麻痺、二型糖尿病、心不全、多発性硬化症、変形関節症やその他の変質した関節症、パーキンソン病、関節リウマチ、脳卒中のために現在提供されている。一つの選択肢はすべての資源をこの領域に集中させることである。

　第二に、成体ヒト幹細胞を「再プログラミング」[*14]して、胚に相当するもののように扱うことがいまや可能である。すでに分化した細胞は操作された結果、人工多能細胞（ｉＰＣ）へと「脱分化」する。こうした胚盤胞期への誘導された復帰は、生まれていないヒトの実際の使用に関連する論争を生じることなく、胚性幹細胞に望まれる特性を持つ存在をつくることができる。ｉＰＣの作成と使用のための研究を提唱することはおそらく胚がヒト体細胞よりも道徳的価値を持つと考えるすべての人々によって好まれるはずである。[*15]

第三に、ある科学者グループは胚を破壊することなくヒト胚性幹細胞株を得ることができたと報告した。[*16]これらの科学者は着床前遺伝子診断の技術を使って、八細胞に分裂した段階の胚から一つの細胞（割球）取り出し、その後取り出した割球を幹細胞株の誘導のために使用した。彼らは元の胚を損なわずに残しておき、結果としてその胚は原則として新しい個体をつくるために移植された。研究胚を生殖に利用することは現在許されていないが、しかしこれらの実験に使用される胚は通例移植に使用される胚に似ている。

これらすべての事例における残りの問題は新しいヒトの個体をつくる幹細胞の現実的もしくは潜在的な力に関わる。第三の選択肢における着床前遺伝子診断によって取り出された割球は、もし全能性を持つのであれば、ある見解によると権利を保護する価値のある人間とみなされることができるし、おそらくみなされるべきである。そして結局のところ第一、第二の選択肢の多能性幹細胞が再プログラミングされて全能性へと戻ることができるならば、この「誘導された胚」も全能性を持つという点では通常の胚と同じである。そうであるならば、どのようにして私たちはこれらの「誘導された胚」の道徳的地位を評価すべきだろうか。

3　倫理的難問とのつながり

もし使用可能な幹細胞が胚を破壊せずにつくれるとすれば、どうして研究の目的で胚を破壊したいと思う人がいるだろうか。厳密に言えば、どうして必要であると思われないことをして道徳上の罪を引き起こす覚悟で危険を冒そうとするだろうか。この問いへの帰結主義者の答えは、「必要性」は様々な度合いで生じるということである。良い研究は疑いなくｉＰＣなどを用いて行なうことができる。しかしより多くのかつより良い研究はおそらく本物の胚性幹細胞を使用することで果たされるだろう。速度と効率は重要である。なぜなら人々は毎日幹細胞治療によって止められる疾患から苦痛を受け、死ぬからである。もし胚の破壊によって失われる本当の価値が何もないのであれば、命を救い、生活の質を改善することができる研究に対して、道徳的な罪は些細なものにすぎない。[*17]私たちは、もしいま科学者に胚性幹細胞研究が許されないならば、治療の発展が遅れている間に亡くなった多くの人々の死に対して「責任を負う」ことになるだろうと主張される。[*18]

第8章で私は潜在的な利害という点からの議論を検討する。しかし帰結主義者の言う必要性の擁護の強さは胚の道徳的地位についてとられる見解に依存するだろうということは明らかである。特別な重要性を持たない細胞の集まりを使用することと医学の進歩のために生まれていないヒトを犠牲にすることとはまったくの別ものである。ともに是認されうる二つの観点が存在するが、しかしこれらはすべての人にすぐに許容できるものではない。

幹細胞研究において生命の神聖さを考慮することの明確な役割は以前の章で示された研究とそれにおける道徳的議論の出自を見ることで光を当てられうる。遺伝子の選択、救世主きょうだいの作成、生殖目的のクローニングは、もちろん、それらすべてが生存に適しないもしくは成功しないヒトの存在の消滅に関係する、すでに始まっている命の価値と間接的に結合しうる。しかしこれらの活動は彼らを他者に従属させるという側面を持つ。この面において、それ自体の文脈でより重要な反論が生じうる。最良の赤ちゃんをつくる試みは親の責任の真の本性を捉え損ねるとして批判されうる。つまり、子どもたちは、彼らが自然にそうあるがままの存在として愛されるべきであり、親がそうあるよう望んだ存在として愛されるべきではない。聴覚のある子どもだけを選択することは聾《ろう》を文化として絶滅させる試みとして疑問となりうる。クローニングはヒトをデザインする極端な事例とみなされうる。そして救世主きょうだいの作成は子どもを道具にしようという動機のために問題となる。

これらの不平不満のうちはじめの三つは幹細胞研究にまったく適用できない。赤ちゃんは生まれていないので、親の責任の問題や文化的多様性、成人のヒトの作成の問題は生じない。しかし胚は子どもたちのように手段として使用されうるし、体外受精や治療目的のクローニングもしくは人為的な単為生殖の実験のために卵子をつくる女性も同様に手段として使用されうる。[*19]それゆえ道具化はヒト胚性幹細胞研究において問題となりうる。私は女性の扱いから分析を開始したい。なぜなら女性がいなければ胚（その道徳的地位が何であれ）は存在しないだろうからである。

4　女性は不必要に使用されるのだろうか

胚をつくるには卵子が必要であり、卵子は女性の体から採取される。しかし男性の体から精子を採取するのは容易であるが、女性の体から卵子を採取するのはそれほど簡単ではない。そして体細胞は核移植ドナーから採取される。卵子は麻酔下での処置によって取り出される。そして処置の前には、多くのホルモン注射が行なわれる。それは非常に多くの副作用やあまり十分に研究されてはいないがおそらく長期的な健康への有害な影響を伴う。[*20]ホルモン刺激の副作用は気分障害や軽度の感染から卵巣過剰刺激症候群と呼ばれる状態――それは入院が必要かもしれない――にまで及ぶ。長期的なリスクはあまりわかっていない。そして手術で一般に使用される薬物には、卵子採取という目的に対してはまったく認可されていないものもある。もしくは認可されていても治療を受けた女性とその子どもへの将来の結果について正確な知識がないものもある。[*21]

　もし卵子採取がドナーとその子どもにとって危険でありうるならば、どうしてそれは行なわれ、どのようにして合法化されうるのか。不妊治療をする状況では、二つの問いに対する答えは同じである。赤ちゃんをつくろうという欲求と意図は両者に危険であるにもかかわらず卵子を獲得するための説明と正当化を与える。しかし研究についてはどうか。科学的な進歩は卵子採取に対して釈明し、道徳的な理由づけを与えることができるのか。

　ヒト胚性幹細胞の研究と治療の潜在的な利益に関する評価はかなり異なっている。最も積極的な見解は哲学による貢献の中に見出されうる。[*22] 例えばペニングズ〔Guido Pennings〕とステイアテーヘム〔Andre Van Steirteghem〕は幹細胞は「大きな治療可能性を持つと考えられ」、「世界中の研究者たちは幹細胞が疾患の治療のために持っているかもしれない莫大な潜在的利益を強調する」と主張する。[*23] ハリスはその代替案とは対照的に、胚研究を擁護して書いており、「私たちは治療の目的のために成体細胞が胚細胞と同様に優れているかどうかはまだわからない」、そして「今のところさらに多くの蓄積されたデータがあり、ヒト胚性幹細胞にさらに多くの治療の見込みが期待できるにすぎない」と主張する。[*24] 最近では、デヴォルダー〔Katrien Devolder〕とサヴァレスキュ〔Julian Savulescu〕が黄禹錫〔Hwang Woo Suk〕らの研究論文を引用した。そこでは、これは「ヒト胚のクローニングの明白な証拠である」と指摘され、「ヒト胚のクローニングに関する最近の研究は人類にとってきわめて重要である」と述べられていた。[*25] しかし黄の成果はその後すぐに捏造されたものだということが明らかにされた。[*26]

　ヒト胚性幹細胞研究の擁護者によって選ばれたアプローチはおそらくダン・ブロック〔Dan Brock〕によって最も良くまとめられている。彼は次のように書いている。「私は、この研究が一型糖尿病やパーキンソン病のような広範囲の人類の疾患の理解と治療のために科学的・医学的な大きな期待を持っているという科学界で優勢となっている見解を当然だと考える。[*27]」ブロックや他の胚研究の擁護者が将来の見通しについて「当然と考える」ものは真実であり、科学界でのこの信念の評判と正当化に関するさらなる証拠を力説することは無駄かもしれない。しかし要点はこのレベルの一般論に関しては言及された「見込み」の価値を見極めることが難しいだけでなく、実際に卵子採取の個々の事例に適用することが不可能でもあるということである。

　研究の目的で卵子を採取することへの反対者はリスクと利益を評価するためにより簡単なテストを提案してきた。ノーシジアン〔Judy Norsigian〕は不妊治療の事例で「多数の卵子採取を受ける女性は明確な潜在的利益が存在し、その中できわめて貴重な価値のあるものすなわち赤ちゃんが存在するということを知っている。その一方で研究のための胚をつくる同じ処置を受けることを求められる女性にとってリスクと利益の比率は、潜在的な利益がこの段階でまったく仮説的であるように、大変異なっている」と述べる。[*28] また同じ二つのグループにおける女性を比較すると、ビーソン〔Diane Beeson〕とリップマン〔Abby

Lippman〕は「彼女自身のためもしくは別の女性のために赤ちゃんを産む一〇~四〇パーセントの機会を持っている人もいる一方、まだ不確かな利益を持つ研究計画における被験者であるにすぎない人もいる」と指摘することでその論点を繰り返している。[*29] ノーシジアン、ビーソン、リップマンは特に治療目的のクローニングの限定的な有用性に焦点を当て、スナイダー〔Evan Snyder〕やローリング〔Jeanne Loring〕という幹細胞研究の権威から自分たちの見解に対する支持を得ている。彼女らは黄禹錫事件直後の時期に、体細胞核移植が「幹細胞生物学——専門家が時間を割く他の難問に事欠かない発生生物学の一派——のより広い学問分野において小さな役割しか演じない」としぶしぶ認めた。[*30]

ノーシジアンは続けて、「研究に使用するのでなければ不妊クリニックで、もはや体外受精を続行していないカップルによって捨てられるだろう「従来の」胚に由来する胚性幹細胞を研究すること」で研究は有益に進むだろうと提案する。[*31] しかしこれらの「残り物」の卵子も女性の体から採取されたのであり、おそらく偶然に生じたのではない。そしてそれゆえこの提案は、女性の健康に関して言えば、必ずしも中立的であるとは言えない。[*32]

しかしここで関連する研究成果は、提供された卵子およびそれを使った体外受精後や単為生殖後やクローニング後の子どもについてのヒト胚性幹細胞研究に賛成する「必要性」の主張が微調整を加えられる必要があるということである。研究の擁護者に可能な選択肢は以下のどちらかである。研究の利益が潜在的に莫大であるならば、予測されるリスク(この解決は第8章で議論されるだろう)にもかかわらず進行すべきであると主張する。そうでなければ、研究の見通しと危険性がともに不確かであるならば、正当化は別の仕方でなされなければならないと認めるべきである。後者の選択肢は次の二つの節で検討されるだろう。まず害の予防と正義という観点から、その次に自由という観点から検討を行なう。

5 女性は不公平に使用されるのだろうか

特に研究から生じる利益がすべての人に等しく享受されうるならば、あるグループの人々を他の人々が負う必要のないリスクに組織的にさらすことは不公平であるだろう。卵子や胚に関する研究の予測される結果が男女に利益を与えることができるけれども、卵子採取において、女性は男性が直面することを求められない健康の危険性に直面することを求められる。卵子採取は差別であり不公平であると主張されうる。

より一般的な文脈では、意図的にではないが、ハリスがこの批判に対して回答を述べてきた。彼の主張は、どのジェンダーやグループのメンバーであれ全員が「重大な科学研究」に参加する道徳的義務を持っているということである。[*33] 彼によると、この義務は善行〔beneficence〕と公平さ〔fairness〕に基づく。おそらく私たちの行為は他者に深刻な害を与えるのを防止することができ、私たちの負うリスクと他者に与える利益とのバランスが理に適っているならば、私たちは行為すべきである。「なぜならそうできないのであれば、その場合に生じる害に対して責任を負わなければならないからである。[34]」そしてもし私たちが社会的実践から利益を得たならば、そして「これらの利益を受け」続けるならば、利益を生み出す社会的実践に貢献する正義という義務を持っている。[35]医学研究は害を防止し軽減する力を持っており、かつ私たちは医学研究から利益を得てきたし、これからも得続けるのだから、私たちは皆、必要とあらば研究の被験者として、科学研究に参加する義務を持っている。他の事柄が等しいならば、女性は卵子を提供すべきであり、男性はジェンダーの不均衡という脅威を回避するために同等に負担のあることを行なうべきである。

　ハリスの考えおよび特にそれを卵子採取に適用することは[36]、少なくとも三つの角度から問題となりうる。彼が持ち出す義務の存在は疑問でありうる。そのモデルにおけるリスクの役割は疑問視しうる。そして要求されたジェンダーの中立性の実現可能性は疑わしいものである。これらの懸念を具体的に考えて、一つずつ可能な答えを検討しよう。

　ハリスの見解の分析において、シャプシェイ〔Sandra Shapshay〕とピンプル〔Kenneth Pimple〕は、次のように主張する。ハリスが導入する義務は存在するけれども、医学研究に参加する普遍的な義務を正当化することはできないというような弱い形で存在するにすぎない。[37]彼女らは善行のための道徳的な緊急性のレベル、すなわち「ルール・オブ・レスキュー」を導入することから始める。そして、害の防止を要求する見解は三つに区別される。一つ目は、私たちは、合理的に防ぐことができる深刻な害のすべてを防ぐ必要があるという考え。二つ目は、私たちは、防ぐことができる深刻な害のほとんどを防ぐ必要があるという考え。そして三つ目は、私たちは、自分自身で選択して、いくつかの深刻な害を防ぐ必要があるという考え。[38]もし私たちが三つ目の解釈を選ぶならば、科学研究への参加は私たちが他者を助け、その結果私たちのなすべきことをする無数のやり方のうちの一つであるが、しかし唯一のものである。[39]もし私たちが二つ目の解釈を採用するならば、私たちは他者のために何らかの犠牲となることなしに私たちの善行の義務を果たすことはできない。しかし私たちは生命医学研究によって解決できる健康問題と、他の主要な社会的かつグローバルな問題——ほんの数例を挙げれば、貧困、飢餓、読み書きができないこと、不正——のどれに道徳的な注意を払うべきかを比較考量しなければならない。[40]その場合、ハリスが要請すると思われる厳格な義務は一つ目の解釈に基礎づけられなければならない。しかし他者に関する害を最小化するために私たちの生活全体を捧げるという義務はおそらくあまりに行き過ぎた要求であるので、私たち自身有意義な生活を送ることが許されなくなる。[41]同様に、シャプシェイとピンプルは、社会の中に「フリーライド」がないという意味で公平さは重要であるけれども、ハリスの言うように、私たちは生命医学研究のための被験者になることなしに多くの他のやり方で他の人々の貢献に報いることができる。[42]

　この批判に対する可能な回答は、それにもかかわらずより弱い義務が責任ある市民たちに科学を促進させる善なる道徳的理由を与えるというものである。たとえ私たちの義務が私たちが場合によって与えるかもしれない仲間への最も深刻な種類の害を防ぐこと「だけ」だとしても、このことはなお私たちが疾患、もしくは貧困、飢餓、読み書きができないこと、不正と戦うという厳格な義務を私たちが持っているという結論をもたらす。私たちは善行と公平さを他の人々へと向けて実践する道を選ぶことができる。しかし上で挙げたことを何もしないという選択肢はない[*43]。私たちのうち、窮乏と苦痛を減らそうという目的で政治もしくは慈善事業で活動していない人は、最終的には、人体実験の被験者になることで最もよく他者を救うことができる。

　胚性幹細胞研究におけるハリスモデルの使用によって生じる別の懸念は、他者を助けるという普遍的な義務を受け入れるかどうかに関わりなく、卵子採取そのもののリスクがそのまま残っているということである。「公平さ」は新しいグループの人々をいま卵子のドナーの身に迫っているのと同じレベルの危険にさらすことによって達成される。このレベルの危険はもちろん、全員が生命医学研究に参加すれば、より低くなるだろう。体外受精の処置は今日では三十年前よりも安全でかつ効率的である。そして新たに発生している健康問題を扱う医療従事者の能力は常に科学研究によって改善し続けている。

　しかしそれ自体の有害な影響を取り除くようデザインされていると言うことで危険な活動が正当化できるのか。ある事例がその点を明らかにする。合成エストロゲンであるジエチルスチルベストロール（ＤＥＳ）は一九四〇年代初期から一九七〇年代初期まで自然流産を減らすために使用された。（効果がないと知れ渡った）しかし長期的な影響の一つはＤＥＳで治療された女性の娘が不妊の問題に悩んでいるということである[*44]。早くも一九八七年には、ロウランド〔Robyn Rowland〕が状況に敏感に反応して「体外受精が今日ＤＥＳの問題に対する解決として歓迎されるのは「科学の自然な進歩」である」、そして「ＤＥＳの娘たちは母親についての医学の不始末と実験によって引き起こされた不妊を克服するために体外受精による妊娠を提供されている」と意見を述べた[*45]。この歴史が今日知られていない体外受精に先立つホルモンの刺激のリスクと考え合わされるならば、あるパターンが出現する。以前の医療ミスが将来正される必要のある新しいミスによって正されるということは賢明であるのか。そのモデルはきっと明白な仕方で長期的なリスクを減少させるようには思われない。

　この意見に対する最も自然な回答は、生命医学がつくってきた、そしてつくり続ける些細な支障にもかかわらず、多くの人々の生活が科学の進歩がなかったときよりも改善されているということである。医原性の疾病と死亡は珍しくはないが、しかしそれらは誤った科学的知識と杜撰な健康管理の実行のせいであって、真剣な研究の結果ではない。新しい医学的な処置と技術の無制約な発展は人間の健康と幸福を促進する最善の道である。（再び、私はこの系統の議論の前提を第8章で検討するつもりである。）

　リスクの問題に対する他の回答は、ハリスが実際にしているように、危険性は他者を助けるという私たちの義務を免除するわけではないと主張することである。彼が書いているように、「研究の被験者へのリスクは重大であり、負担はかなりのものであるが、しかし他の人々への利益が同じくらい重大であり、かなりのものであるならば」、人々に参加を強制するのはおそらく不正であるだろう。しかしこれによって個人が進んでそのような負担に耐えようとするべきでないとか、他者の利益のために負担に耐えることが個人の道徳的義務でないとか言うことはできない[46]。

ここでハリスの提案についての残りの懸念すなわちジェンダーの中立性の問題に焦点が絞られる。私たちは女性も男性も同じように他の人々が赤ちゃんを持つ、もしくは疾患を克服する機会を増進させるために困難な実験に志願しそうな完全に公正な世界に生きているのではない。胚や胚性幹細胞を研究するために卵子を提供せよという要求は女性に、そして多くの事例において不妊治療を受ける女性に向けられている。彼女らは自分たちが助けを求めている研究に貢献せよという感情的・社会的な圧力をかけられている。

科学に好意的な陣営からの最もありそうな反撃は、ジェンダーの不平等は不正であり、体外受精を行なう際に余った卵子を提供せよという強要は避けられるべきであるが、その一方で胚性幹細胞研究のために卵子の提供を受けることは依然として望ましいことである。正義についてのさらなる問題はもちろん取り上げられなければならないが、しかしその問題は研究の被験者の確保において現実にある不平等の原因であって、結果ではないので、有益な生命医学研究に反対するために労力を費やすべきではない。女性は卵子採取に関連するすべての情報を与えられうるが、しかしこの仕方もしくは他の何らかの仕方で善行という広範囲の義務を果たすかどうかを最終的には彼女たち自身で決定することが許されるべきである。

6　女性は不正に使用されるのだろうか

これから検討する提案は次のとおりである。人々は仲間に利益を与えるために何かをする道徳的義務を持っている。そして生命科学研究への参加はこの義務を果たす一つの良い方法である。リスクを伴う可能性はあるが、しかし利益がこれに釣り合うならば、道徳的義務は依然として存在する（たとえそれの法的な強制が疑問でありうるとしても）。女性はその過程で男性よりも負担を負わされるだろう。しかしそれは実験を妨げるというやり方ではなく、ジェンダーの平等を奨励するという方法によって、それを中和すべきである。もし女性が胚性幹細胞研究に卵子のドナーとして、自発的にそして研究の本質と効果についての適切な情報を保有して参加したいのであれば、研究に参加するのは自由であるべきである。

卵子採取についての倫理学的な議論への参加者でこの提案そのものに反対する人はほとんどいないだろう。というのも、反論は正当な意思決定者としての女性の地位を脅かすことを意味するからである。しかし多くの人は提案で述べられる状況が実生活に合わないと主張する。たいていの卵子ドナーは提供の見返りに金銭を欲しがる。例えばアメリカの法律は研究目的の金銭が絡む取引を許可していない（不妊治療のためには許可されている）。イギリスでは、直接的な報酬は同様にルール違反である（体外受精の治療費が、研究のために採取されたいくつかの卵子を譲渡する女性に対しては減額されうる）。しかし金銭的な見返りがなければ、女性は卵子を科学のために提供するのを嫌がるように思われる。ただし女性が乏しい情報しか与えられていなかったり、過度な圧力をかけられていたりする場合を除いて、である。不妊治療は研究を継続している医師兼研究者を助けようとする感情的な動機をつくることができる。そしてヒト胚性幹細胞研究が対処できるであろう健康状態に苦しむ家族のメンバーまたは友人が社会的な期待を形成しうる。もしこれらの強制的な要素が何も現われなければ、女性は卵子の見返りに報酬がほしいと思う。しかし経済的な奨励ならびに卵子提供のための労力に対する補償や申し訳程度の補償は広く禁止されている。[47]

卵子採取に対する報酬は不正だと考えられる。なぜならそれによって無防備なグループからの搾取ができるからである。感情的・社会的な圧力と同じく、経済的な誘因は若い女性、低収入の女性、少数民族の共同体出身の女性、発展途上国世界の女性の脆弱さにつけ込むことができる。[48] トーマス・パパディモス〔Thomas Papadimos〕とアレクサ・パパディモス〔Alexa Papadimos〕は若いアメリカ人の大学生を卵子ドナーとして使用することに証拠を挙げて反論した。そして二人の論法は同じくより多くの、そして様々な仕方ではあるが、疎外された女性にも容易に拡張される。[49] 二人の主張は、若い女子学生が他者が子どもを持つのを手伝うためにも、科学者の研究を支援するためにも卵子を売ることに適切に同意することができないということである。この主張を裏づけるために、二人はインフォームド・コンセントが妥当であるために必要とされる四つの要素を示す。四つの要素とは自発性、能力、理解、情報開示である。そして、未熟な若い成人が授業料を値上げするという圧力のもとに将来に関わる決断をするならば、どの要素も確実に存在するわけではないと主張する。

パパディモスらによれば、自発性は決定者が他者の不当なコントロールのもとにない場合に限り、存在しうる。二人が認識するコントロールの形態は直接的な脅迫による強制である。（それは通常は卵子の取引では存在しない。）つまり、説得、もしくは他者の理性または感情への関与によって強制される。（理性に訴えることは許容可能だが、感情に訴えることはそうではない。）そして、嘘をつくこと、情報を伏せること、感情を揺さぶる恐喝など（すべて許容できない）を支持する巧みな操作もそうである。二人は次のように言う。「授業料のために彼女たちの遺伝子を取引するよう説得しようとすることは、理性に基づいたものではありえない」し、そのような「説得は例外なく感情的な反応を呼び起こす」。そして「人が「困窮している」とき、理性が勝ることはないだろう」[50]。その言外の意味は、強制または操作なしでさえ、卵子と引き換えに金銭を提供することは自動的に自発性の可能性を奪うことになるだろう。

パパディモスらによって明らかにされたように、能力とは「法的能力を有する決定をするための心理的、社会的、身体的な能力を含んでいる」。そして能力を持つかどうかの「決定は通例医療従事者によって行なわれる」[*51]。二人は、女子大学生は通常彼女自身で決定する能力はあるけれども、卵子採取の場合には「彼女にはこの選択をする能力がない。なぜなら彼女は財源を必要としており」、「心理的に拒否できないようにしうるジレンマの「板ばさみ」を提示されていたからである」[*52]。それゆえ自律的な意思決定のための能力はこの設定の中にはない可能性がある。

　卵子採取への金銭的な見返りが許されるためには、理解という別の要求も満たされなければならない。パパディモスらは、患者が時として「手術前に自分に示されるリスクに関連した情報を獲得したり、処理したり、保持したりしない」ということを示す研究に言及する。そしてこれが「特に……最近成人したばかりであり、いま経済的なジレンマに直面していてその解決策として見かけ上安易な決心をする女性のリプロダクティブ・ヘルスに関する決定を扱う場合に、処置の前のインフォームド・コンセントの道徳性を」弱めうると指摘する[*53]。大学生は、抽象的なレベルでは、卵子採取に含まれているリスクを理解することができる。しかし「彼女はわずかではあるが、がんにかかるか死亡するかもしれない可能性があるという事実を実際に受け入れることができるのか」[*54]。

　パパディモスらにとって情報開示もまた倫理に関する疑念を引き起こす。患者や被験者に侵襲的な処置とその影響について何を伝えるのかを決めるために使用される基準は、専門家が通常何を言うべきかということから、個々人が主体的に何を知る必要があると思うのかということにまで及ぶ。二人が考えるには、専門家のアプローチがあまりに技術的もしくは医学的であるので、卵子採取のような個人的な問題においては使用できない。そして主観的な好みは非常に難しいので実践的な使用に属することを明確にできない。残りのテストは「合理的な人間」が何を知りたがるかであるが、しかしこれは役に立たないとわかっている。なぜなら「合理的な」大学生にとっての基準は共同体の一般大衆から拾い集められえないからである[*55]。

　提示された議論は卵子を提供するという自律的な選択が受け入れられるものである。その一方で、卵子を買うという申し出を受けた女子大学生はそのような選択をすることができない。その結果その取引におけるインフォームド・コンセントは成り立たない。もし経済的な誘導が許されるならば、「授業料のために自分の遺伝子を取引する若い女性、本質的には私たちの娘世代の人たち、そしてある場合には既婚の女性の世代の人たちが効率的に搾取されている」と二人は書いている[*56]。そして二人の懸念は現在や未来に起こる女子大学生以外のグループの確保にも拡張される。豊かな国や特に発展途上国において、経済的に困窮している女性は、高学歴にもかかわらず、同じ状況に直面する。グローバルな卵子産業が女性を単なる生体材料のドナーに変えないよう、警戒が必要であると二人は主張する。

　研究への参加に対する報酬を擁護する人たちは、パパディモスらによって提出された自律に関する見解が現在私たちの社会で受け入れられている多くの研究と両立しないと述べる。若い人たちでさえ利他的な理由で腎臓を提供しうる。[57] そして侵襲的な処置、例えば気管支鏡検査法もしくは内視鏡検査法が必要ならば、研究の被験者はしばしば補償を受ける。[58] 感情的・経済的に苦しんでいる状況について言えば、大学生は結婚し、子どもを持ち、研究を打ち切って、自分には重要でない仕事をしようと決意することができる。そしてもしこれらの選択がそれほど危険でなければ、彼らはスキーや航海、登山、ボディビルをすることもできる。最初のリストの選択はすべて強い感情と長く続く経済的影響に関連する。そしてそれは自発性と能力を減少させるはずである。その一方でスポーツにおいて少ないけれども実際にある死のリスクは適切な理解と情報開示を不可能にするはずである。パパディモスらがこれらすべてを法律で禁止したいと思うのでなければ、報酬の擁護者は二人の言う女子大学生の精神的能力についての考えがパターナリスティックかつ差別的なものとして描かれている可能性があるということを示すことができる。

二人は軽率に議論の中で自律の役割を強調しすぎたのであり、議論される行為のタイプに集中することでより良く説明できただろうという可能性がある。重要な臓器を提供し、子どもを産み、仕事を得、スポーツに関わることができるのはすべて善であり、立派な活動である。そしてもし若い成人があまり十分でない能力もしくは理解でこれらに関連する危険を引き受けても、誰も反対しないように思われる。逆に、麻薬の使用や乱暴な振る舞いや売春のような他の種の行為は等しく許容不可能であり、より容易に道徳的非難を引き起こす。これに対する一つの説明は、麻薬は長期的な健康に影響があり、暴行は他者に害を与える可能性があり、営利目的の性行為は堕落と考えられるということである。もし若者がこれらに巻き込まれているならば、親は、若者がまともに考えておらず、彼ら自身の不合理で不道徳な選択から保護されなければならないと主張しがちである。保護されるグループのメンバーが身体的もしくは精神的に、自分自身もしくは他者に被害を及ぼす傾向にある場合にのみ、自律的に決めたかどうかで行為の意味に違いが生じるように思われる。そしてそれはおそらく卵子採取を疑わしくさせる害の予期でもある。

このように見ると、営利目的での卵子採取についての反対者と擁護者の間にある不一致は、卵子採取の差し迫ったそして来たるべき影響に焦点を当てられることになる。批判者は言う。卵子ドナーとその子どもの幸福が未来の利益の漠然とした保証のために危険にさらされる。そして脆弱な女性の品位が搾取によって貶められる。[59] 擁護者は、研究の被験者は科学の潜在的には非常に大きな進歩のために個人的な犠牲を払っていると主張する。そしてこの活動に参加する女性が良識と市民の徳のために称賛されるべきだと考える。[60]

卵子採取の不都合さと結果について言えば、ある合意は体外受精をする女性の経験と見解に関する経験的研究によって達成されうるだろう。しかしいくつかの結果はまだ知ることができず、意見は多様でなければならない。したがって身体的・心理的な害は論争されたままである。さらには、一方の陣営における搾取された被害者としての卵子ドナーの描写と他方の陣営における正しい市民の描写が、第5章の人間を単なる手段として使用するという文脈で議論された線に沿って差を広げる。人体の部品について価格を設定することは「商品化」とみなされうるし、幹細胞研究におけるその使用が「不適切」であるとみなされうる。[*61] しかし商品化は報酬の擁護者にとって妨げではない。彼らは、血液と精子がすでに市場において取引可能であるが、しかしこれはほとんど問題ではないと指摘することができる。そして（研究が胚を破壊し）胚の破壊が不正である場合にのみ、おそらく研究のための使用は人間を単なる手段として使用する議論において意図される仕方では不適切である。しかし、胚の破壊は不正なのか。そしてもしそれが不正であるならば、何に根拠があるのか。

7　胚の破壊は常に不正である

ヨーロッパの伝統的な見解によれば、問題になっている人間の年齢にかかわらず、無実の人間を意図的に殺すことは不正である。もし人々が自然に死に、私たちが積極的・意図的に関与しないで死ぬのであれば、これは許容されうるし、許容されなければならない場合もある。他者の脅威となる個人もしくは重い罪を犯している個人には、異なるルールが適用されうる。しかし人生の始めから終わりまで、無実の人々が意図的に殺されるべきではない。

道徳的に重要なものとしての人間の生命の始まりは、様々な仕方で定義されうるので、ある見解は胚に保護の手を差し伸べるが、他の見解はそうではない。胚を受け入れる三つの「生命の神聖さ」の主張は、胚の魂に訴える主張、胚の肉体に訴える主張、胚の未来に訴える主張である。これらの倫理学的な説明によれば、胚は私たちと同様である。いったんこれが確立されると、共感、公正さ、連帯および普遍性の要求は規範に関するその他の研究を行ない、胚の破壊は不正であるという結論に至る。

第一の見解は、目的とその現実的および可能的な達成というアリストテレス的な言葉遣いで表現されうる。アリストテレス〔Aristotle〕によれば、すべての存在は様々な種類の存在にとって異なりうる完全な姿へと運動もしくは発展する。重い物体は落下し、軽い物体は上昇し、すべての生物はその成熟（そして最終的な終結）の方向へと運動する。人間の場合、この運動の背後で働いている力は魂である。それは私たちの肉体がなりうるものの形相、言い換えれば設計図である。現実の人間すなわちいまの私たちは、成長へと向かう可能性を持つものとして、私たちの魂の中で、それが私たちの体の形相となったときから存在してきた。アリストテレスと幾人かの後世の哲学者は胎児が成長する数週間のうちに「魂が宿る」と信じた。しかしキリスト教の思想家は魂の生成を受胎と同一視した。後者の道筋が選ばれるならば、生命はその生物学的な始まりからして神聖である。なぜなら可能性を持った魂はすでに胚の中に存在しているからである。[62]

第二の見解はパトリック・リー〔Patrick Lee〕によって最近定式化されたものである。それは私たちが魂を持つ存在であることよりもむしろ身体を持つ存在であることに焦点を当てる。[63] リーは次のように主張する。私たちは、私たちが持っている本質のために私たちが（本質的に）そうであるところのもののために、本来価値あるものである。私たちは（本質的に）身体的な生命体である。私たちは受胎以来同一の身体的な生命体であった。そしてそれゆえ、私たちは受胎以来本来価値あるものであった。私たちがいま持っている本来的な価値によって私たちは生存権を含む権利の主体である。私たちは、この権利を持つので、殺されるべきではない。そして私たちは胚としてすでに内存的な価値とそれに隣接する権利を持っているために、受胎後のいかなるときも私たちを殺すことは不正であっただろう。リーによれば、この推論は（前述のアリストテレス解釈のように）現在胚の段階にある人間の魂の可能性に依存しない。彼が書いているように、「現時点でヒト胚は理性的に考え、自由な決定をする基本的で、本性的な能力を持つ主体的存在である。胚がこれらの能力を発揮するにはある程度時間がかかるだろうが。」そして彼は「現時点でヒト胚はあなたや私と同じ主体的な本性を持っており、したがって尊厳において平等な存在である」と結論づける。[64]

第三の見解は中絶の状況で特にドン・マーキス〔Don Marquis〕によって主張された。それは魂と肉体の両者を退け、未来の経験と活動に注目する。マーキスは、私たちはお互いに殺し合うべきではないという前提から始める。強い道徳的理由がない限り、大人も青年も子どもも幼児も命を奪われることは重大な不正である。それから彼は続けて「大人と子どもを殺す不正さの最も良い説明は殺人が私たちの価値ある未来、すなわち私たちが自然な寿命を生き延びたならば経験したであろう人生のすべての善を奪われるということである」と主張する。[65] 死を引き起こすことの不道徳性は肉体の破壊もしくは魂の消滅とではなく、人生が終わらされる人にとって価値ある未来を否定することと同一視される。マーキスは彼のモデルを通常の殺人行為から中絶へと拡張する。そして「中絶は、私たちのものと同じ未来を胎児から奪うため、不正である」と主張する。[66] さらに一歩進んで胚も含まれるべきだという主張には必ずしもつながらないが、[67] そう主張することも可能である。

これらの見解のいずれかが批判に耐えうるものであれば、胚性幹細胞を破壊する研究の問題は容易に答えられる。すなわち胚は私たちと同じ道徳的に重要な意味で人間であり、殺されるべきではない。この立場によれば、幹細胞研究は、仮に行なわれるとしても、胚の命を終わらせることなく行なわれなければならない。

8　胚の破壊は決して不正ではない

胚の生命の神聖さという学説への反対者は、通常人々が不必要に殺されるべきではないという考えを受け入れる。そして、私たちのような人々が本来価値ある生を持ち、生存し続ける権利を持っていると主張する。それにもかかわらず一致しない点は、誰が私たちと同じ人間とみなされるのかという問題についてである。それに対する標準的な答えによれば、その類似性は、ほとんどの大人や子どもは持っているが、胚は持っていないような、心的な能力や合理的な能力と関連する。

胚研究の擁護者は通常精神的に重要な能力を持つ者をひと〔person 自己意識を持ち、思考や行為の主体である人〕と呼ぶ。そして主にこの権利を有するグループに属するために示された基準は、意識、自己認識、継続的な精神的生、関心、行為者性、合理性があることである。「ひとであること〔personhood〕」の正確な定義（リストにある特別な項目を選ぶといういう意味で）は胚に関しては必要とされない。なぜなら胚は必須の能力を何も持たないということが明らかだからである。[*68] 胚にはまったく自己意識がない。つまり胚は信念や願望、記憶、意識的な関心を持たず、行為もしくは思考をしない。[*69] そのように言われているが、これが、成熟した人間が受ける保護を胚は受けず、救命と健康促進に関する科学研究のために胚が有用で合法的な材料とみなされる理由である。

この結論に同意しない人々はしばしばまだ生まれていないヒト〔human being 単なる生物学上の存在としての人〕の潜在性や能力、見込みに訴えてきた。もし胚が普通に発達できるならば、胎児や子ども、最終的には成人になるだろう。胚はすでに胚体の中に私たちがより積極的な形で持つ感情や思考、行為のためのすべての潜在的な能力を宿している。そしてもし私たちの生命が突然打ち切られないならば、私たちの未来が前途に横たわっているのとちょうど同じように、胚の未来は前途に横たわっている。これらの主張やコメントへの回答が述べられる仕方を素描してみよう。

潜在的な能力と未来への期待に訴えることは背理法によって反論されうる。背理法とは相手の前提を新しい場面へと適用し、その前提が誤った結論を導くことを示すものである。反論では、四つの事例が使用された。第一に、卵子と精子は（結合すれば）初期の胚が持つのと同じ見込みを持っている。第二に、卵子は（潜在的には）単為生殖によって、言い換えれば他の配偶子もしくは体細胞なしに胚になるよう刺激されることがある。第三に、肉体のどの細胞も（潜在的には）、再プログラミングによって全能性を持つ段階へと戻すことができ、その後新しい個体に発達しうる。そして第四に、補助医療を受けていない生殖によって命が誕生する場合、一つの命の誕生につき、少なくとも三つの胚は消滅するか、流産となる。私たちの一員になる機会を持つ生命を生まれないようにすることが不正であるならば、これらすべての存在はおそらく研究胚となるものと同じくらい熱心に大事にされるべきである。すべての相性の良い卵子と精子はその潜在性を引き出すよう結合されるべきである。すべての適合する卵子と体細胞は変化を起こしてヒトになれるよう刺激されるべきである。そして生殖能力を持つ男女の間のコンドームなしの性交もコンドームを使った性交も厳重に回避されるべきである。生命の神聖さという見解の持つこうしたすべての含意は奇妙であるので、批判者によれば、生命の神聖さによって道徳的に重要な人間の生命を定義することは拒否されなければならない。[*70]

価値ある将来の考えを詳細に検討することで「神聖さ」と「ひとであること」という見解の間にある差異を表わす別の区別が明らかになる。マーキスは、殺人の不正さを定義するときに、生命の客観的価値を強調し、まだ誰もその価値を経験していないとしても、価値の欠如は剥奪であるとして描写する。[*71]ハリスはある人の存在を価値づける能力としてのひとであることの有名な擁護者である。彼は個人の役割と自分自身の生命の主体的評価を強調する。[*72]マーキスは、殺人における最も重大な不正さは未来の生を非人道的に抹殺することだと考えるモデルによって先導される。一方では、ハリスによって選ばれたアプローチは、人々が個人として自身の生に価値を見出し、生き続けたいと思うがゆえに（もしくはその場合に）殺人は不正であるという可能性に対してより開かれたものである。前者の合理的説明だけが胚の行く末を考慮する際に使用されうる。

ともかく、もし胚を除外する意味でのひとであることが固有の価値と権利の決定的な基準であり、潜在性や能力や見込みが胚の道徳的地位を変化させないのであれば、意図的に無実の人間を殺すことが普遍的に受け入れられる不正であることはヒト胚幹細胞研究を禁止するための正当化には適用できない。

9　胚の破壊は場合によっては不正である

「神聖さ」と「ひとであること」の学説からは、それぞれの反対者の目から見れば、十分には信頼できない結果が生じる。例えば、セーレン・ホルム〔Søren Holm〕によって述べられたように、第一の見解〔神聖さ〕の厳守は何らかの理由での中絶（レイプや若すぎる人への人道的な対応を含む）ならびに避妊のための子宮内器具（胎児が子宮内で生き続けるのを妨げる器具）の使用をさせないようにする。その一方で、第二の見解〔ひとであること〕は、化粧品の開発のようなまったく命に関わらない目的のための胚研究（もしそれが価値を持たないのであれば、何にでも使用されうる）や新生児の殺害（乳児もまたひとであると言えるために要求される能力を持っていない）を支持することとなりうる。[*73]これらの論理的帰結は必ずしも具体的な見解に強くコミットする理論家を思いとどまらせるわけではない。しかしホルムは現代社会における一般人の道徳的直観と矛盾するように見える倫理的概念に対しては、さらなる支持が与えられないかもしれないと述べる。

ホルム自身は（彼はほとんどの人が自分と同じ信念を持っていると信じて）次のように信じる。「人生は生のすべての段階で本来価値あるものである。しかしそれは受精卵から成人の人間に至るまでの成長の間により価値あるものとなる。」この

「漸進主義」の見解の持つ基本的な考えは「成長している人間が新しい特性を得るにつれて、殺人行為はますます不正となる特徴を伴う」ということである。[74] 胚は何らかの価値を持つ。成長している胎児は次第により多くの価値を持つ。そして生存能力の獲得もしくは誕生のような後の重要な段階は完全な「成人」の価値が到達する目印を示す。私たちの現在の状況における規範的含意は、研究のために胚を破壊することは、良い理由によって正当化できるけれども、まずは不正であり、気軽に行なわれるべきではないということである。ホルムの言葉で言えば、「それは胚性幹細胞を破壊することで行なわれる研究が重大な人間の疾患を治癒し、治療する必要があるという確信的な主張を提示する科学者の責任である」[75]。胚性幹細胞研究の進歩に関する現在の不確実性のために、彼自身は懐疑的であり続ける。

　人間はその生涯を通じて多くの種類の転換を経験する。そして、周囲との関係は生物学的、心理的、社会的そして制度的に変化する。もし多くの絡み合う内外の要因によって発育ができるならば、一細胞の受精卵から私たちは胎児、子ども、成人へと発育する。ある段階で私たちは感覚を持つようになり、またある段階で私たちの意識と自己認識が存在し始める。そして最終的にほとんどの人は合理的に考え、道徳的に行為する仕方を身につける。親の私たちへの愛着は、子どもがこれから生きていくだろうということや超音波映像で見られること、そして子宮内で躍動することで、胎児の成長過程を通じてしばしば増大する。最後に、他の人々と法律は私たちをだんだん胎児、家族のメンバー、親族、被扶養者、合理的な行為者、有能な意思決定者、市民、道徳を持つ共同体のメンバーとして認識する。

　増大する価値と不正を働く特徴が連合した考えは理論的には少なくとも三つの系統の思考によって裏付けられる。第一の思考は、社会的な認知と他者の態度やコミットメントを示すものである。第二は発展途上の潜在性やそれの未来の可能性との関連に訴える。そして第三は発達の様々な段階で降りかかりうる害の種類を区別する。

　胚および胎児の命の認知された価値が漸次的に加えられることは、第一のモデルにおいては以下のように説明される。価値が加えられるのは、胚および胎児が生物学的に変化することと、それに伴って家族と共同体の反応が進化することのためである。例えば、誕生はヒトにおける重要な差異を示すものではないかもしれない。しかし誕生とは胎児が赤ちゃんとなり、まだ生まれていないヒトが社会のメンバーへと変わる過程のことである。これと同じ直観的な考えは事実レベルに関する漸進主義者の見解を支持する。人々はしばしば、事実問題として、仲間として感じ、彼らを名づけ、理解し、ともにコミュニケーションができるならば、仲間がより多くなることに価値を見出す。しかしこの現象は現状における道徳的な学説として漸進主義者を支えることができる。もし私たちが人間性〔humanity〕をそれ自体で尊重したいならば、ホルムと他の人々がするように[76]、人々の態度とコミットメントが私たちの生存権を左右するのを許すことはできない。その権利は、私たちの名声や評判に依存する偶然的な事実にではなく、むしろ私たちの本質的で生来の特徴に基づくものでなければならない。

　ホルム自身は第二のモデルを好む。そのモデルでは社会的な認知の代わりに潜在性によって成長していく人間にその道徳的地位が与えられる。彼の主張は次のようなものである。「Xはひとであることにふさわしい潜在性を持つ生物学的な存在である。……殺害（つまり私たちが持つのと同様の命を奪うこと）において核心をなす害はひとであることにふさわしい潜在性を持つ存在を殺害することに関係する。……この害は自明な生存権を基礎づけるに足る重要性に属している。それゆえ……Xは自明な生存権を持つ。」[*77]「胚」をこの推論における「X」に置き換えると、ホルムは、唯一の重大な道徳的理由が胚の破壊を伴う初期のヒトについての研究を正当化することができると主張することになる。[*78]より規制的な観点から見ると、このモデルの問題は、胎児や子どもや成人とは対照的に、胚に与えられるのが潜在性という割り引かれた価値であるということである。将来の「私たちが持つのと同様の命」はすべての場合において同一である。そして生存の蓋然性が決定的な役割を与えられない限り、[*79]受胎によっては命の剥奪に対する完全な保護がヒトに与えられてないということが、（神聖さの角度からは）説明できないと思われる。両極端のもう一方において、胚研究の擁護者はホルムの漸進主義者の見解のヴァージョンを、現実のひとであることよりもむしろ潜在性に訴える他のすべての見解と同様説得力のないものと理解する傾向がある。

　ヒト胚の地位に関する議会審理において、ホルムは様々な存在が発達レベルによって生じる様々な害にさらされうると認める第三のモデルをほのめかしたように思われる。彼は漸進主義を次のように説明する。「胚を害することはできないが、後期の胎児を害することのできるもの〔苦痛のことを指す〕が存在する。私の見解では、後期の胎児は道徳的地位を持ち、誕生前のある時点で本質的に私たちが持つのと同じ道徳的地位を得る」[*80]。それから彼は苦痛によって害される胚と胎児の能力についてコメントする。「感覚に結びつく具体的な種類の害が存在するので、感覚だけが重要であると私は考える。あなたが苦痛を感じるのでない限り、私はあなたに施す処置においてあなたに苦痛を引き起こすことはできない。私はその処置があなたに苦痛を引き起こすかどうかを考慮する必要はない」[*81]。

　「ひとであること」の見解の擁護者はこの戦略を喜んで採用し、権利は確かに漸次的に蓄積されうると主張する。感覚があることは意図的に加えられる苦痛を避ける権利を持つ。（なぜなら感覚のある存在は苦痛を感じることが可能だからである。）ひとは殺されない権利を持つ。（なぜなら人間は自身の生を意識しており、生が続くことを望むからである。）そして自律的な人間は自分自身の選択をする権利を持つ。（なぜならそうする人間の能力がさもなければ見落とされるからである。）ホルムはこの拡張に同意せず、誰かの生を失わせることはより成熟したヒトと同様に胚を害しうると述べる。これによって彼は、固有の価値が人間の持たない性質であって、必ずしもその価値を持つ個人によって感じられるわけではないという信念において、マーキスと関連づけられる。それは再び「神聖さ」の難問へと彼の思考を開くことでもある。もし生命の喪失が胚に害を及ぼすのであれば、なぜこの喪失は胚に絶対的な保護を認めるのに十分ではないのか。

10　胚に関わる合理性

ヒト胚幹細胞研究の問題はまったく異なる二つの倫理的次元を持つ。それは卵子ドナーとしての女性の扱いと研究胚の道徳的地位である。両者の問題は、合理性に依拠して、異なった角度からアプローチされる。私はまず胚の道徳的地位の代替案を要約し、次に女性の扱いについての選択肢を概説する。

　胚の道徳的地位に関する三つの主要な見解は、全般的に見て、第2章で素描された三つの合理性に従う。生命の神聖さは伝統的な概念である。それは「尊厳」という概念やカスとサンデルによって使用された「授けられること（giftedness）」という概念によく似ている。ひとであることはグラバーとハリスによって擁護されたモデルの核心である。そして漸進主義はグリーンとハーバーマスによって擁護された考えと一致する。道徳の境界づけは理論的な定義よりもむしろ実践的な交渉の問題とみなされるべきである。その関連はすぐには見えないかもしれない。なぜなら神聖さ、ひとであること、漸進的発展の学説は共有している一つの実在、すなわち人生に固有の価値に焦点が当てられるように思われるからである。その一方で、三つの合理性は三つの分岐した方向へと傾いている。それは目に見えにくい道徳的卓越性、目に見えやすい物質的成果、共同の意思決定である。表面上その印象は真実なのだが、しかし生命の価値に関する考えに与えられた正当化は合理的なものにおける背景理論との結合を明らかにする。神聖さの見解は宗教における伝統的な基礎を取り除くことはできない。なぜなら受精卵における道徳的な「人間であること」の存在の意味を理解する他の明確な方法がないからである。ひとであることという見解は個人によって経験される善を最大化することの核心にあるものである。そして漸進主義の見解は他の見解によって明らかにされたような極論を避け、様々な生物学的（そしておそらく社会的）要因を倫理的な決定と政治的な選択へと持ち込む。

　卵子ドナーとしての女性を考慮して言えば、主要な問題は卵子を採取したり売ったりすることの有用性、公平さ、良識に関わるものである。研究の擁護者は主にハリスによって擁護された「合理的な明白さ」の見解に沿って議論する。ハリスによれば、ヒト胚幹細胞研究は続行されなければならない。なぜなら他の方法では治癒できない疾患のための新しい治療法を作り出すことが最善の道だからである。卵子を採取するリスクは、研究に参加するという全員の義務が認識され、ドナーが適切に補償を受け、強制されない限りで、乗り越えられないハードルを示すものではない。それに対し、実験の反対者は、正義と連帯に訴えながら、最終的に「道徳的卓越性」の見解をとる。反対者は、男性が負わないリスクに女性がさらされることは不公平であると主張する。そして脆弱な女性が合理的に拒絶できない金銭の提供によって搾取されるとする。

中間の見解はこれらすべての懸念を組み合わせ、適切に比較考量することでつくられる。もしあるタイプのヒト胚幹細胞研究が、他の研究よりも有用だと認定されうるならば、そしてもし卵子採取の女性へのリスクが軽減されうるならば、さらにもし卵子が適切に公平な社会において十分に情報を与えられて同意する能力がある女性によって自発的に提供もしくは売却されるならば、女性の扱いの問題によってこれらの特殊なタイプの実験が妨げられる必然性はない。（もし胚の破壊が処置の一部であれば、胚の道徳的地位は実験の妨げとなるかもしれない。）

残りの重要な問題は幹細胞研究の推定されるリスクと利益に関するものである。擁護者はリスクは取るに足りないものだが、利益は莫大であると主張する。反対者は事態は逆であると主張する。中間的な見解を持つ人は両者の説明にいくらかの真実味を感じるが、状況に応じた評価が必要だと考える。観念的ならびに事実的な要素はこの判断において重要な意味を持つ。そしてどのようにしてそれらの立場が適切に比較考量されうるかは明確ではない。この難問はさらに第8章で検討されるだろう。

第8章　遺伝子治療、希望、恐怖

この章で、私は遺伝子治療の文脈において結果がどのように評価されうるかを検討する。事実に関する背景的な考察と、体細胞および生殖細胞系列への介入や治療とエンハンスメントとの区別を受けて、客観的計算の内実の捉えにくさ（何を計算に含めるのかは人によって違う、「客観的計算」という同じ語を使用していても、人によってその内実・意味合いや計算結果が異なってわかりにくい）の分析が行なわれる。

1　試行錯誤

遺伝の基本単位は遺伝子である。遺伝子はタンパク質の生産を支配しており、そのタンパク質が私たちの身体のほとんどの生命機能を担っている。遺伝子の改変によってタンパク質が機能できなくなった場合に、遺伝性疾患が生じうる。これらの疾患は少なくとも四つの方法によって矯正できる。一つ目は、機能していない遺伝子を置き換えるためにゲノム内の任意の位置に正常遺伝子を挿入する方法。二つ目は、ＤＮＡ交叉としても知られる相同組換えを介して異常遺伝子を正常遺伝子と交換する方法。三つ目は、正常な機能を復元させる選択的逆行変異によって異常な遺伝子を修復する方法。四つ目は、罹患遺伝子のスイッチをオン・オフするメカニズムを望ましく機能するように調節する方法である。

これまで行なわれたほとんどの研究では、一つ目の方法――すなわち正常な遺伝子を欠損ゲノムに挿入する方法――が用いられてきた。修正する遺伝子を患者の細胞に運ぶこの試みでは「ベクター」と呼ばれる担体分子が必要とされる。ＤＮＡ（あるいはもっと稀にＲＮＡ）の直接挿入や担体としてのリポソームの使用も行なわれているが、ほとんどの事例でウイルス（アデノウイルスやレトロウイルスが最も一般的である）がベクターとして使用されている。[*1]

一九八九年から二〇〇九年の間に、大部分はアメリカであるが、二十八か国で計一五三七件の遺伝子治療の臨床治験が承認された。それらの大半はがん疾患に向けて設計されており、心血管疾患や単一遺伝性疾患、感染性疾患もまた代表的である。

これらの治験のほとんどは初期段階であり、第Ⅰ相試験（フェーズⅠ）が六〇パーセント、第Ⅱ相試験（フェーズⅡ）まで含めると九六パーセントにのぼる。また、健康なボランティアへの試験は全体の二・三パーセントである。[*2]頭頸部がんに対する中国製品ゲンディシン〔Gendicine〕が、二〇〇三年に世界ではじめて商業的に認可された遺伝子治療製品となった。[*3]この製品の他の用途を見つけるための実験が中国の医薬品認可機関の不正行為にもかかわらず続けられており、中国国内の研究ガバナンスの盤石さに疑問を投げかけている。[*4]研究倫理の問題は、アメリカおよびフランスでの遺伝子治療の開発においても生じている。例えば一九九九年のジェシー・ゲルシンガー〔Jesse Gelsinger〕の事例や、その後二〇〇二年以降、「バブルボーイ症候群」の事例がある。

　J・ゲルシンガーはアンモニアが血中に蓄積する遺伝性肝疾患オルニチントランスカルバミラーゼ欠損症（ＯＴＣＤ）を患っていた。

　この疾患は多くの場合致死的である。しかしゲルシンガーの状態は低タンパク食および薬物療法によってコントロールが可能なほど軽症であった。一九九九年、彼が十八歳のときに、ゲルシンガーはペンシルバニア大学で第Ⅰ相試験での遺伝子導入実験に参加するためボランティアを申し出た。試験への参加が自身には何も治療上の利益をもたらさないことを彼は知っていたが、その試験結果が将来のＯＴＣＤを持つ子どもたちの助けになると信じていた。アデノウイルス担体を用いて遺伝子が彼の体内に注入された四日後、ゲルシンガーは死亡した。ウイルスへの反応のためと考えられている。[*5]

　その後の事件の調査によって、いくつかの不備の可能性が明らかになった。ゲルシンガーはアンモニアレベルが高かったために、そもそも試験に不適格であった可能性がある。そして実験に用いられたベクターは、予備研究においてヒトには問題を、そしてサルには死亡を引き起こしていた。その後の論争や訴訟において、ゲルシンガーの同意が得られたときには、これらの要因は公にされていなかった、と父親が主張した。[*6]この訴訟は最終的に法廷外の示談で決着された。大学はいかなる深刻な不正行為も否定したが、治験に対するインフォームド・コンセントの手続きがより完全でありえたのは明らかであろう。

　Ｘ連鎖重症複合免疫不全症（Ｘ－ＳＣＩＤ）は遺伝的変異によって起こる生命を脅かす病気であり、十全な液性免疫と細胞性免疫の欠如が特徴である。「バブルボーイ症候群」とも呼ばれ、男性のみを冒し、適切な治療が行なわれなければ通常生まれて一年以内に死に至る。適合するドナーからの骨髄移植は治療として役立つが、適切なドナーが見つかっても三例中一例しか治癒が見込めない。残る患者の治癒を見つけるため一九九八年にフランスの研究者たちが一連のＸ－ＳＣＩＤ治験を開始した。その治験では白血病ウイルス由来のベクターを用いて患者からもともと抽出された修正遺伝子が血液幹細胞に挿入された。

　フランスの治験と他の国で実施された治験の治療結果は良好であった。遺伝子治療は治療を受けた少年たちの免疫システムを確かに回復させた。しかし、フランスでの実験患者十一人のうち四人、イギリスでの患者十四人のうち少なくとも一人が、治療の直接的な結果として白血病を発症した。[7]二〇〇二年、二〇〇三年、二〇〇五年に発生した最初の三件により懸念が高まり、フランスとアメリカでは治療への警告と一時的な禁止につながった。イギリスでは、白血病の最初の症例が報告された二〇〇七年まで児童衛生研究所の研究者たちが研究を続けた。この治療はそれでも有望であると考えられている。というのも、X-SCIDは三人のうち二人はこれ以外に治療法がなく致死的である一方で、白血病は統計的には五人のうち四人で治療可能（フランス人少年三人が寛解、一人が死亡）なためである。しかし、この治療は危険であり、遺伝子治療で起こりうる問題を示唆している。

　これらの新規治療には多種多様な困難さが知られている。治療的なDNAは必ずしも「張り付く」とは限らない。細胞が急速に分裂して効果が消えれば、治療がもう一巡必要となる。治療のためには免疫応答の「スイッチを切る」必要があるのだが、免疫応答は制御しにくい。ウイルスベクターの使用は毒性、炎症、および望ましくない免疫応答の問題を伴う。また心臓病や高血圧、糖尿病のような多因子疾患では一つの遺伝子変異だけでなくいくつかの因子の相互作用を考慮しなければならないため治療が難しい。

　しかしながら、遺伝子治療にはそれでも輝かしい未来があるだろう。一九八九年から研究され始めたばかりで、すべての認可された臨床治験のほんの一部がこの領域であったにもかかわらず、有望な結果を示すものがすでにいくつかある。ほとんどの治験は初期段階にあるが、さらに進むにつれ急速な躍進が可能だろう。妨げとなる問題はあるけれども、いくつかの疾患は近い将来遺伝子治療によってのみ克服される可能性があるという知識と相まって、これらの見込みはこの研究分野の発展を支持している。

　研究倫理の問題が適切に対処されて以来、最近では最も無害な形の遺伝子治療が広く受け入れられるようになったように思われる。治験の初期には、人々は神の御業や自然の営みに干渉することに恐怖を持っていたし、多くの人が大半の人には何十年にもわたってめったに利益をもたらすことのない実験にかなりの資源を配分することの健全性に疑問を抱いていた。[8]いくつかの実験的治療が実際に役立っているという現在、病を抱える個々人への治療的遺伝子改変がより一般的になってきている。[9]反対意見はいまや将来世代に受け継がれる遺伝的変異や遺伝学というものが存在しない場合の彼らの最高の状態よりも人間の改良そして新しい技術の帰結について私たちがとるべき考え方を懸念している。まず**2**節で体細胞遺伝子治療と生殖細胞系列遺伝子治療の本性を検討し、次いで**3**節で治療とエンハンスメントとの区別を、それからこの章の残りの節で帰結に関連する利益と害をいかに解釈するか（**4**節）、価値をいかに定義するか（**5**節）、技術的変化をいかに知覚するか（**6**節）、技術との関わりで行為者としての人間をいかに理解するか（**7**節）、そして不確実な状況でいかに決断するか（**8**節）という疑問を検討する。

2　体細胞および生殖細胞系列への介入

これまでヒトに対して承認された治験はすべて体細胞遺伝子治療を開発しようとする試みであった。これは実験で標的とされた細胞が配偶子でも配偶子生産に関与する配偶子組織でもなかったという意味である。ごく稀に、治療的に変異した遺伝子が生殖領域に移動したが、それは意図的なものではなかった。この種の医療では、要するに罹患した個体の子孫についての遺伝的構成に干渉することなく遺伝性疾患の治癒を提供するということである。

いままで動物にしか試みられてこなかった生殖系列遺伝子治療の考えは、他の条件が同じならば遺伝的改変を継承するようにしてそれが将来世代に引き継がれるようにさせようということである。この明白な理屈は、治療された家系の人々を永久に改善し、その家系に生まれるすべての新しい個体に同じ治療を繰り返す必要性を取り除くということだろう。もちろん同時に、治療の安全性と有効性に関する疑問が増大することになる。

ジョン・ハリス〔John Harris〕やジョナサン・グラバー〔Jonathan Glover〕、ロナルド・グリーン〔Ronald Green〕のような著者はどちらのタイプの遺伝子治療にも絶対反対という意見を持っていない。命を救い、健康を回復することは最も重要な価値の一つであるから、完全ではないが満足のいく程度に安全である場合に限り、治療的な体細胞介入は自動的に承認される。そして、治療的な生殖細胞系列介入は同じ価値の促進を目的としているため、同じような考慮がそれらに適応される。自分の子どもに可能な限り最良の生を提供する親の義務によってそのような考慮が強化される。現在の文脈では選択が含まれていない、つまりある個人により良い生を与えることが他の個人の生を否定することを伴わないため、この文脈での義務は間違いなくなおいっそう明快である。未来世代についての話になると、ハリスは「遺伝継承に関する私たちの義務……は、後の世代の人たちを害さないという一般的な義務の一部である」と述べている。[*10] ハリスは、予防しようと思えばできたのに予防しなかった障害を起こす遺伝性疾患を消極的に与えられた害とみなし、不当な予防措置あるいは同意の欠如のためにそのような害を許容することは不道徳であると論じる。[*11] グラバーはもう少し慎重である。彼は障害を予防できるのにしないのは不正であるという考えに同意し、私たちは「子どもたちが必要とする他の形の医学的治療を義務として負っており、遺伝子治療は……原理的には異ならない」と述べる。[*12] しかし、彼は次のことを認めることでこの考えを緩和する。それは病気や障害が唯一の害ではないということ、そしてすでに病気や障害を持つ場合の子どものアイデンティティの問題やその家族への財政負担、胎児手術の場合の母親へのリスクを含む他の考慮と比較考量されるべきであるということである。[*13] 彼はまた、予期せぬ危害のリスクや人の運命を管理しようとする過去の計画の失敗、私たちの子どもが自己創造する権利を侵害する可能性を含めて子孫のゲノムに干渉することを「傲慢だ」と反対する一般的な警告も考慮しているが、これらの警告が禁止を明確に支持するかどうかはわからない。[*14] グリーンはハリスとグラバーが到達した規範的な結論に同意する。とはいえ、彼は「生殖細胞系列遺伝子治療への恐怖は理解しやすい」と認める。それは、「臨床医が生殖系列遺伝子治療で間違いを犯すならば、無数の人々に影響を与えながら代々受け継がれうる新しい遺伝病を創り出してしまうことになる」[*15]と彼が記したことからもわかる。ハリスやグラバーとの共通点はまだある。それは三人の著者全員が生殖細胞系列遺伝子治療の倫理的問題を単に危害とその予防という観点で思い描いていることである。

ユルゲン・ハーバーマス〔Jürgen Habermas〕やマイケル・サンデル〔Michael Sandel〕、レオン・カス〔Leon Kass〕はこのアプローチに同意せず、そして多様な根拠に基づいて、いま存在する個人の病気を安全な体細胞介入によって治癒させることはおそらく受け入れられうるとする一方で、生殖細胞系列遺伝子治療はまったく別の問題であると主張する。家系における永久的な変化は将来の病気を減らす可能性はあるが、権利や自律性を侵害し、優生学的な圧力を増加させる可能性もある。ハーバーマスは、いま存在する個人への治療的遺伝子介入の最初の許容可能性を認識することから始める。「医学的な介入が、病気の治癒もしくは健康な生活のための予防的配慮という臨床的目的に導かれている限りは、処置する側の者は、――予防的に治療を施される――患者側の同意を推定することが可能である。[*16]」しかし彼は続けて、私たちは将来の人々にとって何が価値があるのかを知ることができないため、将来の人々の場合は状況が異なると述べる。「肉体の健康という高度に一般的な善は、様々なライフヒストリーの文脈の枠内で同一の価値を維持することさえしない。[*17]」ハーバーマスによると、生殖系列の変化には不確実性が含まれるため、たとえ治療目的であっても使用は差し控えられなければならない。サンデルも、親には病気の子どもを治療する義務があり、より一般的には彼らの子孫の健康を気にかける義務があると記すことで、ハーバーマスと同様の方法で論じ始める。[*18] 彼は次のように述べる。「自分の子どもたちの健康を守るために子どもの健康を気遣うという限りで、親が子どもの設計者の役割を演じることにも、親が子どもを自らの意志の産物や自らの野望のための道具へと変えてしまうことにもならない。[*19]」しかしながら、将来の個人の改変は問題を生じさせる可能性がある。サンデルの見解では、「そこには批判の余地が残されている。というのは、優生主義的な子育ては、人間の能力や優秀さが持つ授かりもの〔gifted〕という性格を見失わせるような支配や統御の姿勢を表わしており、またそうした姿勢をはびこらせてしまうからである。[*20]」ハーバーマスやサンデルのようにカスは、遺伝子工学を通じた健康促進の魅力を理解している。しかし、彼は人間本性を変化させるという考えは人間の尊厳と調和しないことを見出し、体細胞治療と生殖細胞系列治療の区別は支持できないと論じて、いくつかではなくすべての形態の遺伝子治療が疑念の目で見られなければならないと結論している。[*21]

3　治療とエンハンスメント

体細胞介入と生殖細胞系列介入との間の区別のようないろいろな区別は議論の部分として用いられ、競合する意見を持つ人々はこれらの区別を様々な方法で使用する。立法者や規制当局はこの種の境界線を好む。なぜなら、境界線を引くことで、多くのイデオロギー的陣営からの考えの包摂が可能となり、厄介な問題の強固かつ繊細なガバナンスの印象を作り出すためである。規範的な「中間」の立場を擁護する学者たちもまた、これらが均衡のとれた妥当な立場の形成に役立つことを見込んで線引きを好む。より明確な解決策の擁護者はこのような境界線を万人が認めるようなはっきりしたものではないとみなし、境界線がはっきりとはしていないという理解を自身の倫理的事例の一つの要素として使用する傾向がある。例えば、ハリスとカスによれば、道徳的観点から言えば体細胞治療と生殖細胞系列治療は本質的に類似しているのである。ハリスは前者が許容可能であるために、後者も許容されなければならないと論じる。カスは後者が許容できないため、前者も拒絶されなければならないと反論する。

治療とエンハンスメントの区別は一見して概念的に明確である。治療とは病気を治し、病気を和らげ、そして人々が正常な健康と能力へ戻るのを助けることである。エンハンスメントとは通常の身体的な予想を超えて個人を改善するようにデザインすることである。しかし、治療とエンハンスメントの区別が〔一方は許容できるが、もう一方は許容できないという〕規範的な力を持つかを考えると、それほどきっぱりとは区別できないということが見えてくる。グリーンによって指摘されたように「天然痘やポリオ、麻疹、百日咳、その他私たちがワクチン接種する病気に生まれつき免疫がある人はほとんど誰もいない」。これが意味するのは、ワクチン接種が「私たちを超人にするということであるが、この種のエンハンスメントを嘲笑するものは誰もいない」[*22]。そしてたとえ「病気や障害の予防を超えて、正常で健康な人々の改善されたパフォーマンスや優れた能力に対する望みを満足させることを目的とした〔境界事例ではない純粋な〕エンハンスメント」に私たちが進むとしても[*23]、医学が提供するはずのものを人々が使用することを止めたり禁止したがるかどうかは、はっきりしない。もし私たちが自分の子どもの身長や体力、魅力を安全に高める手段を持っており、それらが子どもの生をより楽にすると知っているならば、なぜそれをできなくさせる線引きをするだろうか[*24]。

カスは、治療介入を含むすべての遺伝学的進歩に向けてもっと注意深い態度をとることによって私たちが歯止めをかけない場合に、現在の社会で物事がどのように発展するかの一つの記述としてこの分析に同意する[*25]。カス自身が自明だとみなす遺伝的技術と他の技術との差異に言及して、新しい技術の「その差違に基づいた明確な使用制限基準を作れないと感じているのだ」と述べる。そして「病気を治すために一度瓶から出された遺伝子の魔神は、好むと好まざるとにかかわらず、わが道を行くだろう[26]〔最初は治療のために用いられた遺伝子技術は、やがてコントロール不可能になり、治療以外にも用いられるようになってしまうだろう〕」と予想する。

ハリスもグラバーも遺伝学の技術の発展を歓迎する。治療は正常な能力を発揮する状態に回復させることであり、エンハンスメントは正常な状態からは引き離してしまうことであるという見解を批判し、ハリスは「種に典型的な機能を復元することは当事者個人への増強〔enhance〕であるということ」、そしてそれゆえにほとんどの「治療として認められるものは、彼女の〔事前の状態〕と比べると個人へのエンハンスメントである[27]」ということは概念的に常に真であると指摘する。それゆえ、正常性とそれに基づく区別はハリスにとって最も重要な論点というわけではない。代わりに、彼は「療法と治療のどちらにとっても最も重要な道徳的命令とは、害を予防し利益をもたらすことであり」、「残りの問題は、任意の事例でどこにバランスがあるかの詳細な計算方法に関するものである」と述べる[28]。グラバーはこの結論に同意する。なぜなら、「疾患や障害の発生を減らすことに賛成する論拠は、疾患や障害が豊かな人生を送るためには邪魔になるということであり」、その論拠によってこれらの優れた実践が「豊かな人生を妨げる非医療的な障害を取り除くための、遺伝的な選択肢を含む他の選択肢」と類似したものになると彼は主張するからである[29]。

これまでの論者とは異なり、ハーバーマスとサンデルは特に親の選択の文脈でこの区別の存在を信じている。すでに上（2節）で引用した一節において、子どもの病気の治癒や他に健康の促進を目指す医療行為への自分の子どもの同意を親が肩代わりできると、ハーバーマスは述べている[30]。しかし、健康の概念にしっかりと結びついてはいないような方法で、子どもの生物学的本性を変化させようとする意図的な試みには、親が彼らの同意を肩代わりすることはもちろんできない。エンハンスメントの価値は、「自然にできあがってきた」ことの価値や、「つくられた」のではないことの価値を必ずしも上回るものではない。そして、このことが私たちの子どもの自律の名においてエンハンスメントを拒絶しなければならない根拠である[31]。サンデルは、病気を治すこと、医学的または教育的手段を使って人の機能を増強させること、および子どもの資質を決定することの間にある微妙な道徳的差異を認識しなければならないということに同意する[32]。けれども、この差異が適切である理由については、ハーバーマスと意見を異にする。というのも、サンデルは未来の人々の自律が問題の鍵だとは思っていないからである[33]。サンデルによれば、子どもを増強することの許可はすぐに、増強すべきだという規範と義務に変わり、この変化は個々の親に自信の子孫への責任を負わせるだろう、そして社会の連帯は徐々に崩壊するだろう[34]。ハーバーマスとサンデルの両者にとって重要なことは、人間の「自然にできあがった」あるいは「授かった〔gifted〕」という核心を保護することである（少なくとも深刻な病的状態に突然襲われないのであれば）。

4　利益と害を解釈する

授かりものとデザインという考えは前章で取り上げられており、私はここでそれらのことには戻るつもりはない。代わりに、何らかの特殊な事例において「どこで［害と利益の］均衡が取れるのかについての詳細な計算方法」とハリスが呼ぶものに集中しようと思う。[*35] 私が提案するつもりなのは、この「詳細」を慎重に検討しても、必ずしもハリスが示唆するように結果を簡単に計算できるようになるとは限らず、むしろどんな記述的事実よりも簡単に人々の規範的判断を揺るがすことができる思弁的でイデオロギー的な考えへ導くということである。[*36]

もし無制限のままに放置しておくと、遺伝子治療の発展はどのような結果をもたらすだろうか。少くとも一人、ゲルシンガーがその分野の治験の結果として死亡した。実験的な「バブルボーイ」である十人余りの人々が遺伝子治療によって治癒した。これらの数字以降、他のすべては推測である。過去二十年間に、貧困に苦しんでいる国々で百万人を養えただろう額のお金を、遺伝研究センターは費やしてきたのだろうか。ありえないことではない。その研究は次の数十年以内にがんを日常的に治療できるようにする知識を生み出すだろうか。ありえないことではない。高度バイオ医薬品への集中は、個人の道徳性や社会の連帯に変化をもたらすだろうか。ありえないことではない。すべてのこうした不確実性のために結果を解釈し、その重要性を決める方法はこの時点で最も重要である。

科学に熱狂的な見解は、部分的な現在の成果や莫大な将来の見通しを強調するだろう。治験的治療ですら、欠陥がありえることは、彼らの同意によって正当化される。ボランティアを助けることができる。代替コストの問題は公正なものだが、従来型の手段によって飢餓の人に食事を与えるのは終わりの見えない課題であると言われているが、遺伝子治療は世界を永久に改良すると言われている。科学的進歩がふさわしい優先順位を与えられる場合に限り、生物科学的研究へのコミットメントは、食料問題だけでなく医療問題も解決するだろう。その間に、貧困と飢餓で亡くなる人がいるだろう。これは残念なことであるが、ありうる利益が無限に近くなると、有限な不利益は、費用便益計算においては意味のないものになる。無限から何を引いても、答えは無限のままである。

科学に好意的な見解は、全人類の問題への解答は科学研究で発見できるとまでは主張しないが、見通しはなおかなり有望であると主張する。もし遺伝子治療と人道的支援の間で実際に選択がなされる必要があるならば、人々の激しい苦悩は十分に考慮されるべきであるが、遺伝病で瀕死の個人の苦悶もまた他の誰かの現実であることは忘れられるべきではない。私たちの裁量で使える希少な資源は、周囲の人々のあらゆる需要に適切な注意を払って、賢明に分配されるべきである。

科学に懐疑的な見解は、すでに知られた直近の害やまだ知られていない将来の災難、疑わしい制御の段取り、不釣り合いな費用、および何らかの大規模な利益の深刻な不確実性を強調する。貧弱に計画されたり無謀にも履行されたりした遺伝的プロジェクトの研究対象となって、死んだり白血病に罹患したりした人もいる。もし同様の研究の試みが、例えば生殖細胞系列の介入にまで拡大されているならば、かなりの被害が将来の世代に及ぶかもしれない。倫理的ガバナンスの仕組みがこれまでのところ整備されていないのはほぼ間違いない。そして、不十分な情報に照らしてあるいは治療法を見つけるという圧力の下で同意が得られてきた。将来、状況が異なるという保証はない。経済的な費用が高く、多くの研究に公的な資金が提供されているために、特に発展途上国のより日常的な問題に有効である資源を枯渇させている。そして長期的な利益はどちらかといえば大げさに誇張されるため、これらはすべておそらく無駄になるだろう。

　科学に敵意のある見解はさらに進んで、遺伝子治療の発展が全面的な災難へ導きうると述べる。いったん体細胞治療が許容されたならば、生殖細胞系列の試みもそれに続くだろう。というのも、いったん技術電車が駅を出発すると、それを止めるものがないためである。自然の力に干渉すれば続いて身体的な惨事か精神的・社会的な破滅のどちらかに至る可能性がある。私たちが知るような人類の終焉となるだろうほど深刻に世界の秩序を混乱させるリスクがどれだけ小さいとしても小規模な短期的利益は正当化することはできない。そこで問題は、どの見解が遺伝的進歩の結果についての私たちの評価を導くべきかということである。

5　価値を定義する

帰結主義の教科書的な説明は観念的な違いにほとんどあるいはまったく注意を払わない。その説明によれば、他のどの行為の選択肢よりも多くの善を生み出す行為の選択肢が最善であり、選ばれるべきである。善の定義は様々だが、その前提は私たちの決断と行為の重要な帰結のすべてが中立かつ客観的な方式で比較され、計算されうるということである。個人の意見が結論を偏らせるのは許されるべきではない。また、伝統的な道徳システムが計算の中で過度な役割を与えられるべきでもない[*37]。しかしながら、結果の評価についてこの純粋な見解は問題を抱えている。

　これらの問題の一つは、喚起された価値の最終的な恣意性である。ジェレミー・ベンサム〔Jeremy Bentham〕は伝統的な功利主義的見解を導入した。それによると、すべての行為と政策はそれらが引き起こす快楽や苦痛の観点からのみ評価されるべきである。彼にとって、関連する要因は以下のような量的なものに限られる。感覚の強さと長さ、それが確かであるか不確かであるか、それが近いか遠いか、その多産性（同じ種類のさらなる感覚を生み出す傾向性）や純粋さ（反対の種類のさらなる感覚を生み出さない適性）、そしてそれを経験する個人の数である[*38]。より現代的な単一価値の公理は同じ方法で、欲求[*39]や利益[*40]、選好[*41]、幸福〔well-being〕[*42]、そして需要[*43]を選び出した。しかし、これらの一元論の中でさえ、ある善はそれ自体としてそれ以外の善よりも優れていると言いたい誘惑がいつもある。J・S・ミル〔John Stuart Mill〕は、ベンサムに対抗して、ある「高次の」快は、功利計算において他の快より価値があるべきであると主張したことで有名である。彼が書いたように、「二つの快楽のうち、両方を経験したすべてのあるいはほとんどすべての人が、それを選択すべきだという道徳的義務感とは無関係に、一方をはっきり選ぶことがあれば、その方が他方より望ましい快楽である[*44]。」同様の質の差の導入がすべての主要な功利主義的信条に加えられてきた。そして結果的に、挙げられた学説の中に数えられる存在は、合理的な欲求[*45]や意識的な利益[*46]、非狂信的な選好[*47]、そして基本的な需要[*48]に還元される。もしくは、幸福の要素間の正当なトレードオフが最終的には未定義のままに残されるかのどちらかである[*49]。ここでの難しさは、訂正された理論の中で規範的な負担の多くが、しばしば気まぐれな高次／低次、合理的／非合理的、意識的／無意識的、非熱狂的／熱狂的、あるいは基本的／非基本的といった区別の中に置かれていることである。この考えは「より良い」善は道徳的な評価においてどうにかして客観的に重みづけされるべきであるということである。しかしこの境界は、それらに賛成している哲学者の理論に先立つ道徳的直観に適応するよう曲げられているように思われる。生命倫理学の議論におけるこの一つの事例はグラバーやハリスによって提案された「生きる価値がより大きい」、「生きる価値がより小さい」、あるいは「生きる価値がない」という生命のランクづけである[*50]。

別の問題が価値についての競合する考えによって提示される。軽薄に、愚かに、あるいは不公正に思われる決断を避けるために、「善」についての当初具体的で無意味ではない説明に質の差が導入される。もし単純な快楽のみが重要なのであれば、私たちはぼんやりと満足に保ってくれる経験マシンの中で、残りの人生を生きることを甘んじて受け入れるだろうか[*51]。すべての欲求や選好に同じだけの価値があるのならば、私たちは他人を苦しめるような狂信的な欲求や選好に従うべきだろうか[*52]。そして、もしすべての利益と需要が同じであれば、無実の人の殺害を認めるためには、どれだけ多くの人が公開処刑を見たいという衝動を持たねばならないだろうか[*53]。これらのようなトレードオフ、そして常識と品位との直観的な衝突は、より繊細で賢明な公理を発明しようとする試みを生じる。しかしいったんこの議論の道筋がとられれば、実際にそれらに質の差が導入される場合には、受け入れられる価値を単に身体的、心理的満足の領域に限定することは困難である。すでにベンサムの前に、デイヴィッド・ハートリー〔David Hartley〕は行為に対する私たちの動機や理由が自身の利益だけでなく想像や野心、同情、宗教観そして道徳感覚の快楽や苦痛によっても構成されていると述べた[*54]。彼によれば、これらは同情に収斂し、同情とは道徳性への最初のガイドである。それはとにかく、ここでのポイントは、行為の結果を計算するときに美学的、企業家的、神学的、倫理学的な考慮に注目することが妥当な要求かどうかということである。ハーバーマスやカス、サンデルが言うように、もし私たちが知るような人間性の崩壊が悪だと言うならば、そのような人間性は現在・未来の個人の幸福に勝る価値はないと主張するだけで、必然的に無視できるというわけではない。

　これらの困難はよく知られているため、学者たちの中には程度によるがベンサムのオリジナルのモデルに戻っている人もいる。*55 これらの快楽主義的功利主義者への問いとその回答は以下のようなことである。彼らが「私たちの道徳的な確信が快楽と苦痛の計算結果と対立する場合には、何がなされるべきか」と問われたとする。彼らは、それでも私たちは計算に従って行為すべきだと回答し、この場合は私たちの確信の方が誤っているということを認めるだろう。もしも「私たちの行為が直接的・間接的に現在から未来へのすべての知的生物に生じるだろう快楽と苦痛をすべて数えることが可能か」と問われたとする。彼らによれば、これは不可能であると認めることができ、そして功利計算は行為を導くものではなく、道徳性の基準である。日常の意思決定では、しかし、どのような状況でも最善であるその選択は一般に最善の結果をもたらすものだということは否定できない。*56 全体的にこれらの応答は、帰結主義の反対者よりも擁護者に許容可能なものである。

　結果の評価で価値が定義される場合には、三つの主要な選択肢が現われるように思われる。一つ目は〔ベンサムのように〕、単純で具体的な価値を好み、それらの価値を使用することで生じる義憤や不公正の感覚を無視する。二つ目は〔ミルのように〕、直観的な批判を避けるために、質的な区別によってこれらの単純で具体的な価値を洗練させる。この立場をとる論者は、これらの区別が道徳的言説を重視するすべての人々によって認められると確信している。そして三つ目は、〔ハートリーのように〕もっと複雑で非物質的で精神的あるいは道徳的な価値を考慮する。主張された価値が明白であればあるほど、一般的には科学に対する態度は好意的になる。特に遺伝子治療がそうである。しかし、これが区別する唯一の要因というわけではない。科学への熱狂と敵意はいくつかの特定の見解を必要とする。技術変化の歴史的役割については**6**節で、変化を推進する人類の力については**7**節で、そしてこの文脈においてリスクを引き受けることへの適切なアプローチについては**8**節で述べる。

6　技術に関する楽観主義と悲観主義

　医療や遺伝子治療の発達を含む技術的変化は、良好な人間の生活を促進するか、それを妨げるとみなすことができる。十七世紀以来提唱された啓蒙主義思想は文化、経済、科学、技術の進歩が絶えず人類を改善し続けていること、そしてこの傾向が終わることはないことを主張し続けてきた。一方で、多くのロマン主義の擁護者はこれを否定し、科学や技術は必然的に人間の本性、共同体の絆、そして伝統的な方法から人々を遠ざけることによって悲惨と災難につながると主張してきた。*57 これらの対立する観点は「技術に関する楽観主義」と「技術に関する悲観主義」と呼ぶことができる。*58

啓蒙主義の哲学者は非宗教的な理性や個人の自由といったものが、宗教上の偏見や伝統的な制約に勝利するにつれ、人類は徐々に強化されると考えた。人々は精神的、道徳的、さらには身体的に健康になるだろう。そして社会はより効率的かつ公正になるだろう。発展は多くの人によって必然だと見られていた。経済発展あるいはイデオロギーの変化が意識的な人間の作用と介入がほぼなくても力ずくで世界を変化させると考えられていた。アダム・スミス〔Adam Smith〕は『国富論』でこのタイプの思考の経済的な変種を描いたことでよく知られている[*59]、そしてフランスでは、コンドルセ〔Antoine de Condorcé〕が、『人間精神進歩史』においてさらなるイデオロギーの変種を提示した[*60]。知的プロセスは避けられない変化の中核にあると主張したヘーゲル〔George Wilhelm Friedrich Hegel〕によって同様の考えがドイツでも行なわれた[*61]。

　思想の自由と経済的取引の自由が幸福と正義を増やすと人々が信じ始めたとき、啓蒙主義の哲学者の理論的な記述はかなりの規範的な力を得ることができる。正しい種類の変革を促進する人々は、善良で進歩的な市民とみなされる。一方でそれらに反対する者は疑わしい反動主義者である。ここ数十年、これらの考えはグローバリゼーションと研究の自由に関する議論に用いられてきた。楽観主義者は、世界市場と遺伝的進歩を含む制限のない科学的活動が、普遍的な進歩と福利の鍵だと信じている。遺伝子治療は、すべての人にとってより少ない病気とより良い健康を有する世界へ向かう変化の手段の一つである。進歩を止めることによって、遺伝子治療の反対者は人間の苦しみを不必要に続けさせたことの責任を負う危険を冒す。

　ロマン主義の哲学者は、人間の理性によって支配される直線的な進歩を信じなかった。代わりに、彼らは社会と共同体の有機的な性格を強調し、文化は生まれてから成長と成熟を経て老齢と死に至る自然な生涯を有していると主張した。この考えを紹介する最初の思想家の一人が国家を植物に例えて、植物と同様に国の生命力は場所の変更によって簡単に消耗されうると主張したヘルダー〔Johann Gottfried von Herder〕[*62]であった。寒い中で繁殖しない熱帯の花のように、ある場所で生まれた人々は必ずしも別の場所で生き残ることができない。人間は知性と計算によるよりも、もっと情緒や感情、意志、精神によって生きるのだから、理性の使用による新しい状況への調整——啓蒙的解決——は、ヘルダーと彼の仲間のロマン主義者によると、働かない。ある「人種」（ある人たち）の「フォルクガイスト」（国家精神）は、そのメンバーの努力にもかかわらず、集団の生を大いに左右する非合理な存在である。

　この考え方が個人に適用されるとき、技術的変化の批判として容易に用いられる。新しい技術は新しい生産方法につながり、多くの場合、これらは人々が工業地域や都市部に移動するよう促す。人口の減少は田舎の共同体を傷つけ、そして最終的に消滅させてしまう。それによって共同体のメンバーが住む伝統や慣習の終焉を招く。都市では、人々は精神的にも身体的にも萎縮する。そして彼らは疎外され、技術主導の商品やサービス、それらの間の現代医学に依存する。しかし、彼らはこの種の生活のためにデザインされているわけではないので、遺伝子治療や他の優れた治療は実際には状況を改善するものではない。悲観論者の中には、遺伝子工学はおそらく新しい病気を生み出すことによって個体に害を及ぼすだろうと言っている人もいる。[*63] 他にも、遺伝子工学は不公正を奨励し、連帯を腐食させることで社会に非常に多くの害を与える。それらは、ウェルズ〔H.G. Wells〕による『タイムマシン』やオルダス・ハクスリー〔Aldous Huxley〕による『すばらしい新世界』、マーガレット・アトウッド〔Margaret Atwood〕による『侍女の物語』、そしてアンドリュー・ニコル〔Andrew Niccol〕監督の映画『ガタカ〔*Gattaca*〕』のようなＳＦの名作に描かれている。[*64]

7　技術に関する決定論と自由意志論

時間とともに物事が改善している、あるいは悪化している、という信念はこの発展が必然であるあるいは逃れられないという確信によって強められるであろう。この見解を保持する者は、「技術に関する決定論」そしてそれを否定する者は「技術に関する自由意志論」に同意すると言える。

好ましい進歩が約束されていると確信することは、継続的な変化は完璧に向かっていると信じる者にとっては明らかに問題ではない。何があっても良いことがやってくるのに、なぜ心配するのか。止めることのできない衰退を信じることは別の問題である。より良い未来の希望なくしていったい誰が生きたいと思うだろうか。これが批判的なコメントをする決定論が技術的な悲観主義としばしば連結している理由である。しかし、より詳しく分析してみると、どちらの考えも等しく困惑させるものである。もし人間が何をするかにかかわらず、世界が目的地に向かってあらかじめプログラムされたように発展するならば、〔決定論の〕定義上、これを変えるために私たちができることは何もない。これが意味することは、すべての倫理的助言と規制は役に立たないということである。そして、技術的変化と同様の避けられない歴史の力によって支配される自然的な帰結への必然性に従うということも意味する。

決定論を理解するためには、信条はより限定された定式化をされなければならない。道徳的指針が言っているのは、重要な境界線を越えた場合、技術の悲惨な進展を止めるために人間ができることは何もないということと解釈することができる。「重要な境界線」は、例えば治療とエンハンスメント、体細胞治療と生殖細胞系列治療などの活動の間に線を引くことができる。このモデルは遺伝医学のいくつかの進歩の有用性を認識しているが、健康と幸福の名において許されていない。価値論（**5**節）で用いられた質の差の導入のように、この学説は、帰結への制約やその評価を設定する。そして、ある活動が物質的な観点からはどれほど利益があるように見えるとしても、その活動を控えない限り、すべてが失われると主張する。私は**8**節でこのテーマを継続する。

自由意志論者は、人間は歴史の過程にいつも影響を与えることができ、例えば太陽系の最終的な終焉のような自然の終末をも越えることができる（彼らが言うことには、人類は他の星系に移動できる）。悲観主義者にとっては、これは特に希望的なものではない。というのも、外的な環境と同じくらい効果的に人間も物事を台無しにすることができるからである。しかし楽観主義者にとって人間の努力に支えられた進歩という考えは魅力的である。理論的には、すべての可能な規制的選択肢はこの包括概念の中で行使されるだろう。グラバーやハリスがそうしたがっていたように、良い開発は許可され、奨励される。また疑わしいが有望な実践はグリーンが示唆しているように監視することができる。そしてかなり危険な努力はハーバーマスやサンデル、カスが主張するように禁止することができる。しかし実践的には、技術的な変化への好意と敵意に沿って意見が分けられているようである。グラバーやハリス、グリーンは明らかに、私たち自身の努力によって列車を正しい軌道に保つことができるという観点をとるが、一方ハーバーマスやサンデル、カスは、もし私たちが道徳的な展望の中で一定の指標を越えるならば、ある程度不可避的に悪いことしか起こらないという考えに傾いているようである。

8　予防、恐怖、希望

技術の倫理において誰もが、危険である実践は少なくとも監視され、多分規制もされ、おそらく禁止すらされていなければならないことに同意する。しかし、この文脈においていかに「危険」を定義するべきだろうか。その特徴づけにおいて、不安になる理論家と、安心する理論家がいる。

　もし私たちが同意していない人間に身体的または精神的な害を及ぼそうとしていることが合理的に予期され、予測できるならば、その行為と選択は危険である。この見解はほとんどの功利主義と帰結主義の中核である。そして他の多くの倫理学的理論と互換性がある。しかしもし判断が、事実に基づく予期や明確な予測の代わりに、不安や不確実性に基づいているならばどうだろうか。いわゆる（そしておそらく誤った名で呼ばれた）「予防原則」の擁護者はこのような判断は、技術的進歩に関する倫理的な議論でも認識されるべきだと信じている。*65

　予防原則はもともと環境政策の枠組みの中で策定されたが、医学と遺伝学にも適用されてきた。私たちの行為は有害かもしれないが、この有害性が科学的な調査によって確証されたり、反証されたりすることができないならば、予防原則によれば、その証明責任はそのような行為を提案する人にある。その行為が疑わしい悪影響を有していないことをさらなる研究が示すまで、それらは許可されるべきではない。*66

　最も有益な活動が損害を起こしうると疑問を発するだけで、この論理を使えばその有益な活動を禁止することができる、とこの見解の反対者は述べてきた。ほぼすべての新しい技術発展と政策は以前には試みられたことがないので、それらは本質的に予測不可能である。遺伝子治療の文脈において、これは特に真実である。体細胞治療がそれによって介入の影響を遺伝的で（手順が戻せないならば）永続的にする生殖細胞系列に影響を及ぼさないと私たちは確信していない。さらに、未来世代が彼らの遺伝子の変化に害を受けないかどうかもわからない。そして、これらの疑いのいずれも科学的に否定できないので、いかなる遺伝子治療も許されるべきではない。しかし何もしなければ深刻な病気が治癒されず、除去できる人間の苦しみを継続させることになる。

予防という考えは、パスカル〔Blaise Pascal〕によって十七世紀に提示された神の存在を信じるための「賭け」の議論に似ているようである。[67] パスカルは、神が実際に存在するかしないかにかかわらず、彼がコミットしている命題に自分自身をコミットさせることは数学的に合理的であると主張した。もし神が存在し、それを信じることを選ぶならば、報いは永遠の至福となるだろう。もし神が存在し、それを否定するならば、私たちの罰は永遠の苦しみになるだろう。もし神が存在しなければ、信じなければ持っていただろう世俗的なわずかな喜びを、信じることによって失うことになる。良いギャンブラーとして、私たちはどのような有限の考慮でも私たちの選択を妨げさせてはならない。不確実性がある状況では、パスカルによれば、私たちは重要でない（有限の）コストと潜在的に莫大な（無限の）利益を持つコミットメントを選択しなければならない。否定的に言えば、些細な利益（罪の許し）があるが、潜在的には莫大な費用（永遠の苦しみ）を持つコミットメントを選んではならない。

予防原則の支持者は、パスカルの結論を否定的に定式化した線に沿って考えているようである。計り知れない悲惨さをもたらす未知なる力を解き放たないように、信頼できる知識がなければ遺伝子治療やその他の新しい技術を開発すべきではない。この概念には三つの要素が含まれていることは注目に値する。一つ目は、私たちの行為の結果に関する不確実性である。二つ目は、災難についての強い直観的な感情、または恐怖である。そして三つ目は、失われるものに対する損失の感覚がほぼ欠如していることである。三つ目の要素は議論の中でほとんど言及されていないが、それは重要なことである。パスカルの信念は、世俗的な生活の喜びに関する彼の無関心に部分的に基づいていた。そして遺伝子治療に反対する人々は、限られた数の人々にしか提供されないだろう治療法について、常に高い評価をするとは限らない。

パスカルの議論は、しばしば技術的変化に関する批判的見解と結びつけられてきた。[68] しかしながら、便宜的な仮定で、それは遺伝子治療と遺伝学における他の進歩を守るために同様によく使われることだろう。セーレン・ホルム〔Søren Holm〕やトゥイヤ・タカラ〔Tuija Takala〕が「希望原則」と呼んでいるものの提唱者たちは、技術的進歩は人々の生をより良くするための必要条件であると主張している。そして、臆病さに基づいた禁止や規制は、最も危険な技術革新がこれまで生じさせたかもしれない苦しみさえ超えた多くの苦しみを生じさせると主張する。[69] 希望原則の擁護者のように、提供されるより良い人生がパスカルの永遠の至福と比較できると仮定すれば、合理的なギャンブラーは技術的なリスクの小さな悪を無視し、完璧な未来のより明るい約束を目指したがるだろう。再び、不確実性や直観、無関心の要素が存在する。この事例の強い直観的な感情は希望であり、懸念の欠如は遠い未来のリスクと社会的影響に関連している。

この節の冒頭で、私は「予防原則」という言葉は、不確実性が禁止や凍結に至るべきであるという考えに対する誤った名称であろうと示唆した。これを示唆する私の理由はいまや明らかなはずである。パスカル流の賭けを肯定的に読むか否定的に読むかの選択に、もし恐怖や希望が重大な要素であるならば、それに対応するルールはもっと有益に「恐怖原則」と「希望原則」と呼ぶことができるだろう。不確実な状況での予防措置は、技術的な意思決定において、恐怖感も熱狂もどちらも妥当ではない割合（それが何であれ）にはなっていないということを確かめるために用いることができる。

9　治療に関わる合理性

遺伝的介入の帰結の観点での評価は合理的な考えのように思われる。治療とエンハンスメントの間の区別と同じように、体細胞治療と生殖細胞系列治療の間の区別はある程度の価値を持つだろうが、もし私たちがこの分野における特定の医学的進歩を許可または禁止するならば、何がその後に続くかを知ることは依然として有用だろう。問題は、意見と態度が経験的データよりも結果の推定値をもっと効果的に導くように見えることである。

技術的変化を疑わしく思う人は、新しい発展の悪影響を強調する傾向がある。彼らは、遺伝子治療が望ましい目的を持つことができると認めているが、意図された良い結果から意図しない悪い結果に至る可能性のある「滑りやすい坂」について依然として心配している。例えばX‐SCIDといった病気を癒すことはそれ自体望ましい。しかし、彼らへの遺伝子治療を容認することは徐々に他のよりいかがわしい遺伝的介入に導き、最終的には生殖系列エンハンスメントのような明らかに容認できない実践に導くだろう。この考え方の唱導者によれば、道徳的価値は身体的、精神的安定よりも重要であり、害の評価において道徳的価値は完全に考慮に入れられなければならない。

技術の貢献に関してもっと期待する人々は、人類への潜在的な将来の利益に焦点を当てる傾向がある。彼らは現在の治療法はややリスクが高いだろうと認めているが、順調な進歩という「自動エスカレーター」が、間もなく不完全な実験から、命を救い生活の質を改善させる日常的な手順に移るとも確信している。[*70] がん患者に蔓延する病気を治すことは理想的な解決策ではないが、X‐SCID治験を許可することは、知識の蓄積をもたらし、最終的には難病治療へのより良い安全な治療へ導くであろう。もし道徳的価値が良好な発展の妨げになるのであれば、この観点の賛同者は、人間の自由と幸福は唯一の正当な倫理的な考慮事項だから、それらは無視されるべきであると言う。

技術的変化を理解する様々な方法があることは、中立で公平な仕方で私たちが結果を計算することを妨げる唯一の要因ではない。その多様性は結果を評価する基本的な概念に根ざしている。私たちは起こるかもしれないし、起こらないかもしれないすべての事柄を追跡することはできない。そしてこれが、いかに私たちの行為が重要な存在に影響するのかということに、集中する理由である。しかし、私たちはどちらの存在が真に重要であるかについて同意しないので、測定単位に同意しない。そしてこのことは、私たちの結果の計算が比較されたり結合されたりすることには役立ちえないことを意味する。人々の間の交渉は、いかに異なる価値が軽重を問われるべきかを決めることはできるが、これは本章の目的であった結果の分析を超えている。さらに、交渉は結果をより直接的に導くことができる。人々は価値とそれらの意義についての哲学的討論に関与する代わりに遺伝子治療を許可するか禁止するかを真っ向から決めることができる。

第9章　大幅に寿命を延ばすことと人生の意義

この章で、私は人間の寿命を延長する試みを描写し、この試みに対する主要な倫理学的応答を考察する。事実的かつ理論的な死すべき運命と生命延長の説明を受けて、人工的につくり出された大幅な長寿を拒否するもしくは擁護するために使用される道徳的概念が分析される。

1　死すべき運命と老化

人間の生命は受胎、もしくは妊娠中、もしくは誕生時に始まる。しかし人間の生命は死で終わる。それとともに生命延長の試みは常に死を先延ばしするための努力でもあった。生きている間の個人やグループの健康や幸福といったものは、これらのプランや実行において、生命延長とは独立に価値づけられうるのではあるが。もし死が克服されうるのであれば、私たちは永久に生きるであろうということは概念上の真理である。

三つの要因が人間に死すべき運命をもたらす。すなわち外傷、疾患、老化である。外傷と疾患の予防と治療は死を引き延ばして生命の質を改善する昔ながらの方法である。そして私たちが生物学的な脆弱さに従属する限り、これらは生命延長において必要とされるだろう。しかし大幅な長寿に対する究極の難問は老化である。もし生物学的生命体としての人類が、いわば誕生から百年を少し越える所定の有効期限を持つならば、私たちは事故と病気を避け、期限が達して時間が切れるまでこの上なく満足して生きることしかできない。問題は、私たちにできることは何もないのか、それとも老化は停止もしくは逆戻りしうるのか、ということだ。

必ずしもすべてがではないが、ほとんどの生命体は死すべき運命にある。バクテリアの菌塊は少なくとも急速な老化の心配がないように思われる。ヒドラと珊瑚はまったく老化しないように思われる。ベニクラゲは種族の成体の形態とポリプ〔刺細胞動物が世代交代において固着生活をするときの形態。自由生活をするときはクラゲとなる〕の形態とを行ったり来たりすることができる。そして最古のブリストルコーン松〔アメリカ西部産のマツの一種で球果の鱗片に刺状の突起がある。メトシェラという名前のブリストルコーン松は現在の樹木中最古の樹齢を持つ」は四八〇〇歳以上と推定される。[1] しかしながら、人類は、他のほとんどの生命体のように、一方通行で不可逆的な老化とそれに続く死をこうむる。この現象に対して提案された説明は、次の三つのことを含む。複雑なシステムがある点で失敗するようまさに運命づけられるということ。化学的なダメージの蓄積は遅かれ早かれそのシステムを動けなくするだろうということ。そして、どんなにうまく自分の体を大事にしても、私たちの遺伝上の構造におけるあるものが、私たちを最終的な肉体の活動停止に対して脆弱であるように仕立てるということ。[2]

個別の生き物が死すべき運命にあることに対する一つの理論的解釈は進化論的生物学に基づく。生命体と種は生き残るためにそれらの環境に適応する必要がある。そして変化していく私たちの生物圏の環境の中での適応は生殖能力と多様性を要求する。ある種族内での近親交配は遺伝的な類似性を増やし、変種を減らし、そしてそれゆえ種の多様性と長期にわたる生存に対する脅威を引き起こしうる。可死性はこの問題への解決策と見られうる。個体は、繁殖した後、死ぬときに、新しい世代のために場所を空ける。[3]

異なった性質を持つ種は異なった仕方で可死性を獲得してきた。小さな捕食される動物において「外因による可死性」がしばしば満たされる。つまり、他の動物とその他の環境が世代的な浄化をする。より大きく捕食する動物は多くの場合に「死の原因が自身の中に」なければ長く生きるだろう。それは、例えば、致命的な突然変異によってもたらされた。これが、全体的に見れば致命的となる、過度の長寿を防ぐために人類――相対的に大型で、社会的で、知的な捕食者――が、がんや老化に関係した条件を必要とする進化論的な理由である。

しかし、ある者の遺伝子を次世代に伝える前にがんで死ぬのはよくないことであろう。ある考えによると、これが、テロメアとそれがだんだんと短くなることが関係するところである。一つの細胞が分裂するたびに、複製された遺伝情報の一部はDNA構成要素の末端から消失する。この情報が有意味であるとき、不完全な複製物が生物の生命力に有害な突然変異を引き起こす。テロメアはここで助けになるように思われる。テロメアは線状の染色体におけるDNA構成要素の両端にある反復的な、遺伝的に無意味な「しっぽ」である。分裂する細胞の中で消失するDNA構成要素の部分がテロメアに属する限り、なくてはならないDNAは無傷のままであり、生命体が複製中に危険にさらされない。しかしテロメアは老化とともにだんだんと短くなる。そしてテロメアがもはや複製する細胞を保護することができなくなるとき、致命的な突然変異と細胞の機能不全が続きうる。進化論的観点から、個別の生命体はその役目を終え、子孫のため場所を空けるために死ななくてはいけない。[4]

より一般的な考え、すなわち拮抗的多面発現〔antagonistic pleiotropy〕の概念によると、生物学的なメカニズムは老年期以上に青年期と成人期に有利となるよう働くこともある。同じ遺伝子は生命の異なった段階で異なった過程をコントロールするかもしれない。例えば、早くカルシウムを骨へと集めるやり方を持つのはよいことであり、したがって私たちの身体にそうするよう指図する遺伝子は私たちが若いときには有益であろう。しかし、後になると同じ遺伝子がカルシウムを動脈へと集めるよう指図することもある。そしてそのため遺伝子がより老化した私たちにとって有害となる。進化論的な用語で言うと、これらと同じような機能の組み合わせを持つ遺伝子はおそらく幼年期の重大な疾患を引き起こす。しかし後にはそれの方が生命の質を改善する遺伝的配列よりも生存に有利なものとなるだろう。

注意と説明に関するいくつかの言葉がここで必要となる。進化論的かつ生物学的な問題は行為者性に対する意図しない暗示なしに記述することは難しい。老化は殺す、テロメアは遺伝情報を保護する、クラゲは成体と幼生の間を跳躍する。もちろん、これらすべては比喩的にそして自然物の部分におけるどの意図的作用も仮定せずに得られなければならない。別の問題は、可死性と老化があまりうまく理解されないということである。たとえ新しい知識がいつも現われているとしても、なぜ私たちが死ぬのか、そして私たちが死ぬことは本当に避けられないのかどうかについて誰も実際のところわかっていない。それゆえ私がこの節で言ってきたことは、自然史における可死性と老化の役割について語られる、一連の可能な物語とみなされるべきである。私が語る物語の役割は、わかりやすい倫理学的批判のための背景を設定することである。その批判は、この章の後の節で提出されるであろう。

2　大幅な長寿へと向かって

進化論的な可死性の説明はさておき、歴史は必ずしも私たちの現在または未来を指示しない。知っての通り、多機能遺伝子や短縮していくテロメアが、人類の生存に寄与したと言うことはできる。しかしまた、医学的介入と技術的進歩の助けを借りて、現在遺伝子やテロメアの不都合な影響に負けずに、歴史的利益を享受できるようになったと言うこともできる。大幅な生命延長の擁護者は高齢によって起こる死の不可避性を否定し、老化は他の疾患の中にある一つの疾患であり、いまのところ不治であるが、しかし理論的にも実践的にも征服できると主張する。基礎老化学の研究者は、科学がいまこの目的からそれほど遠いわけではなく、あらゆる努力がより多くの知識を集めて生命延長の医療行為へと変形させるようになっていると信じる。この見方の最も目立った提案者の一人がオーブリー・デグレイ〔Aubrey de Grey〕である。

一九九九年のミトコンドリア遊離基についての研究論文でデグレイは老化の本質的特徴を次のような解説によって描いた。老化は「私たちにとって悪であ」り、「発展の延長ではなく、衰退である」、そして老化が「それ自体では私たちを殺さないにしても、私たちを着々とより殺害可能なものとする。」しかし研究論文の最後に近づくと、彼はより楽観的な調子でこうも述べた。「私たちはたった数十年間で、人間の老化の速度をある程度コントロールすることが実現できるチャンスを持っている。それはいままでもっともらしく思われてきたどのようなチャンスもはるかに凌駕するものである。[*6]」それから数年の間に、デグレイは彼自身のモデルを、老化に相関する悪化を理解しそれと戦うために進展させた。名づけて「加齢をとるに足りないものにするための工学的戦略」（ＳＥＮＳ）である。[*7]デグレイの提案の中心は次のようなものである。緊急の問題として医学的手段によって和らげられなければならない身体に対する主要な構造的ダメージは七つしかない。そしてこれらが克服されたとき、副次的なダメージは、概して、身体そのもののメカニズムによって修復されるだろう。

　七つの本質的な欠陥、そして健康に戻す道具だとデグレイが考えるのは次のようなものである。[*8]細胞喪失〔cell loss パーキンソン病などに見られる〕とは次のような傾向のことを言う。私たちが老化していくにつれて、私たちの身体の生命に関わる部分の細胞がなかなかもしくはまったく置き換わらないこともあれば、他の細胞が置き換わることもある。それによって元の細胞のいくつかが危険なほどに肥大化したり、細胞組織が縮小したりする。これに対する治療は、機能訓練、私たちの身体への増殖因子の導入、遺伝子治療、幹細胞治療を含んでいる。がんへと至る核変異と遺伝子外変異〔nuclear mutations and epimutations〕が潜在的には命にかかわるものである。しかしデグレイによると、もしいくつかのもしくはすべての私たちの重要な細胞が一定の間隔で置き換わることで、テロメラーゼ（テロメアを元通りにする酵素）の供給が絶たれるならば、がん細胞はとても速く自己複製するのでテロメアがどんどん短くなっていって死ぬだろう。ミトコンドリアは間接的に酸素と栄養素を私たちの細胞内でエネルギーへと転換する役割を担っているので、ミトコンドリア変異〔mitochondrial mutation〕は多くの種類の重大な疾患を引き起こす。このことに対して提案された解決策は遺伝子治療である。それによってミトコンドリアＤＮＡが遊離基、すなわち細胞の新陳代謝の過程で出る有毒な残留物の攻撃に抗してより回復力を高めるようにさせられる。死への耐性を持つ細胞〔death-resistant cells〕（内臓脂肪細胞、老化細胞、免疫細胞）は老化とともに増加し、それらの環境の中にある健康な組織を損傷させやすい。死への耐性を持つ細胞は自然に死んでいくのを拒むので、遺伝子治療はそれが自殺するよう、もしくは私たちの免疫システムがそれを殺すよう仕向けるようにデザインされるべきである。細胞外の空間にあるタンパク質が化学的に結合されるとき、細胞硬直〔tissue stiffening〕が起こる。それによってタンパク質の自由運動を防ぎ、動脈の内壁のような重要な組織の柔軟性をなくしてしまう。デグレイによると、このことは私たちの体内の他のものは破壊することなく、ダメージの原因となる結合を破壊することによって解決されうる。何の機能も持たない細胞外廃棄物〔extracellular junk〕は体内にだんだんと蓄積して、アルツハイマー病や加齢に伴う疾患を引き起こす。これに対する適切な処置には免疫システムが不必要な物質を取り除くよう促すワクチンが含まれるだろう。細胞内廃棄物〔intracellular junk〕は、細胞のごみを処分するシステムが破壊もしくは除去できない化学的残留物から成り、そしてそれゆえ細胞内に留まり、時とともに、なかなかもしくはまったく更新しない組織の中で有害となる。デグレイが考えるには、ダメージを防ぐために、私たちはおそらく土壌の微生物の中にある酵素を解明するべきである。その酵素は有害な物質を分解し、それを体内に組み入れる遺伝子治療を進展させることができる。

デグレイの計画に熱狂的になること、もしくは懐疑的になることは等しく容易である。彼は私たちの可死性の重要な多くの構成要素を列挙する。そしてそれらを排除しその影響を減少させるための一見したところ思慮深い戦略を提案する。一方で、もし彼の考えが部分的にでも真実であれば、彼が挑戦するタイプの研究に資金提供することで、予見可能な未来では多くの人間の生命を良い健康状態で延ばす可能性がある。*9 他方では、デグレイの提案だけが老年生物学の研究者たちの学界で高く評価されているわけではない。事実、彼自身は専門家の保護主義と固定観念を持っている。*10 しかし、そのことはまた彼の生物学における相対的な未熟さと未来の発展へのかなりの信頼に対する合理的反省でもありうる。*11 多くの場合、例えば、彼は技術がとても未熟な段階にあるということをどの人とも同じくらいよく知るべきであるにもかかわらず、老化の問題に対する回答として遺伝子治療を提示する。

この章の議論に対するデグレイの研究モデルの価値は、彼が次のような明確な案を提出するということにある。その案は老化を停止し逆戻りさせるようデザインされ、それによって人類が若返り再活性化された体で大幅により長く生きることを可能にするというものである。無制限の生命延長に対して穏健な他の多くの擁護者は生物学的な不死性に関してより控えめな期待を持っている。彼らの中のある人は一般的な危険性の減少、健康な生活様式の選択、栄養補助食品、カロリー制限といったものを提案するにとどまり、最大限の寿命よりもむしろ平均寿命が延びることを期待する。またある人は永続する寿命を期待するが、ただし私たちの体の負担なしで、少なくとも私たちがいま体に感じる健康状態で、である。デグレイにとって、目的はより焦点が絞られている。いまや私たちは、すでに生きているいくつかの個体が少なくとも千年生きられるということを確かめるために、基礎老化学に投資すべきである。*12 この案が実現するかどうかは、私の倫理学的な論説の目的にとって、大部分は副次的な問題である。

3　大幅な長寿を超えた同一性

デグレイの考え方を部分的に補完し上回る進歩は、幹細胞治療、臓器培養、医学的ナノロボット工学、人間と機械の接合装置、サイボーグ、精神転送、魂の不死、身体の復活、瞬間移動を含んでいる。これらの発展と考えのほとんどに関して考慮される必要のある主題は人格の同一性である。デグレイのモデルでは、医学的介入は私たちの現在の身体と精神がとても長い時間生きるのを助けることを目的としている。他のいくつかの方法では、誰がもしくは何が疾患と老化という難問を切り抜けようとするのかがあまり明確ではない。

幹細胞は、少なくとも理論的には、衰えつつある成人の体の若返りにおいて使用されうる。老化した細胞がそれ自身をもはや効率的に更新しないとき、システムに組み入れられた幹細胞が元の機能を回復させることができる。私たち自身の細胞のいくつかを摘出して操作し、元に戻すことである。しかしもし私たち自身の組織が使用できないのであれば、他の人々の細胞が必要であるが、このことは問題を引き起こすかもしれない。細胞の提供によって、私たちが何者であるかということを変化させられると考える人はほとんどいないが、人体由来の材料は他の不快な想像を喚起しうる。歴史的に、敵の肉を食べることは活気づけとして行なわれることがあった。人の血を飲むことは若さを取り戻しおそらく不死を得る方法と見られた。そして若い人々や処女との性的その他の関係が若返る方法として探し求められた。幹細胞の注入は、特に細胞がとても若い人間に由来し、若返り「だけ」が目標であるとき、人肉食や吸血行為、子どもの生贄のような禁忌を心理的に連想しうる。

移植のための臓器は不足しており、しかもしばしばレシピエントの免疫システムによって拒絶される。これに対する可能な解決は治癒に使うための組織を体外で培養することだろう。私たちは皆、私たち自身の細胞から生じた、適合する予備の部位を蓄えておいて、脅威となる医学的状況において利用することができるだろう[13]。移植患者は、他の人々の臓器が彼らを微妙に変化させると感じることもあるけれども、生物学的に自身に由来する臓器に対してはこの感覚は必ずしも生じない。しかし、ここで提示されたその種の工学技術は他の異議を呼び起こすだろう。それは安全に行なわれるだろうか。誰が体の部位を収納庫に保管する余裕があるだろうか。実験室で育つ完全な臓器を持つのは気味が悪くないだろうか。このことは、裕福な人々が事故または突然健康が脅かされる事態を予期して収納庫に完全な、もしかすると脳のない予備の体を維持することにつながるだろうか。

将来は、医療用のナノロボットが細胞や体のその他の部位をデグレイのモデルにおいて要求された仕方で清潔にし、維持するかもしれない。ナノロボットとは、細胞内外のダメージを健康な臓器の機能に干渉することなく修復する指示を出し、修復する道具を持つ微小な医療機器である。いくつかのヴィジョンにおいて、この微小な修繕機械は、回復や処理の必要な組織を診断しながら、私たちの体内で永久的にあちこちを巡回するだろう[14]。あまり大がかりなものでなくても当分の間ずっと理論上の計画において、ナノロボットは外から検査することによって問題があることが明らかになった体の部位へと直接に挿入されるだろう。

私たちの体の内部に残されたナノロボットは人間と機械の接合装置となり、私たちをサイボーグ――定義上、自然的な要素と人工的な要素の結合である存在者――に変形させる。着想は別世界のことのように聞こえるが、しかし実際に人間と機械の接合装置はすでに医学上の現実である。心臓のペースメーカー、糖尿病患者のためのインスリンポンプ、聴覚障害者のための人工内耳はダメージをコントロールし、性能を高めるために人体の内部で働いている機械のありふれた実例である。私たちは、これらの装置を身に着けている人々、もしくは義肢をつけたオリンピック選手、もしくは方向誘導システムに接続された飛行機の操縦士を、「サイボーグ」と呼びたいかもしれないし、呼びたくないかもしれない。技術の進歩とともに、しかしながら、多くの人間がやがてますます顕著なサイボーグの特徴を持つだろうと思われる。

SFのサイボーグはしばしば同一性の問題を持っているけれども（「私は人間なのか、それとも機械なのか。」）、これは、二、三の小型機器を持つ現実の個人に当てはまるわけではない。もしくは、未来の人々の生が生物学的生命体として始まっているのであれば、たとえ彼らが人工的な部位しか持たないとしても、同一性問題は成り立たない。私は自分の記憶を持っており、そして私の体が少なくとももともとの体と家族同士が似ているのと同じような類似性を持つ限り、私は、私がなお同じ人間であると確信している。[*15]

精神転送はさらに一歩先を行っている。その考えは、特定の時期における私たちの精神的生命の転写と、自然な体であれ人工的な体であれ、私たち自身の体から他の体への転移を準備することである。もしくは使用や保管のために他の何らかの適合する場所へと転移させることである。この案で想定されているのは、以下の三つのことである。一つ目は私たちの精神的生命がすべて脳の活動であるということである。二つ目は私たちの脳の活動がすべてコンピューターに取り込んで保存されうるということである。三つ目は仮想空間または別の脳に置かれたこの活動が転送前の私たちの精神と経験を再生するだろうということである。これらすべての仮定はむしろ大胆であり、正確に言うと、何が、どこへ、何の目的で転送されるのだろうか、と問うことは正当であるだろう。しかしさらに、たとえある精神がプロセスの最後に現われることができたとして、それは誰の精神なのだろうか。ある種の仮想空間の中でいま漂っている精神的生命が、以前物理的領域に存在した、肉体を持った人間の精神的生命であるということは自明なのだろうか。

精神転送についての批判的な疑問は死後の魂における生命と肉体の復活によって提出された難問に似ている。もし私たちの肉体が滅んでも私たちの不死の魂が生き続けるならば、魂の存在はどのような形態をとるのだろうか。宗教的な教義は、あるときは個人の、あるときは集団の永久の至福について語る。しかしどちらの場合でも、経験はたぶん現在自覚している自分とは大いに異なっている。そのため、姿かたちが変わっても、自分たちが知っていて胸に抱くとおりの自分自身が保持されうるかどうかは、かなり疑問視されるかもしれない。もし復活において、火葬または土葬されてから数年後に、突然新しい体を授けられるとすれば、何が同一性の基礎であるのだろうか。[*16] 私たちはかなり違和感を持つかもしれない。そして、いま生きている多くの人々は同じ原子と分子を「身に着けてきた」だろうが、その一方で私たちは異なった材料からつくられるであろう。異なった精神と異なった肉体を持って復活した未来の存在者は私たちにどれくらい接近しているのだろうか。

デレク・パーフィット〔Derek Parfit〕は、私たちの記憶が多かれ少なかれ損なわれずにいる限り、私たちの体に起こることをほとんど無視して私たちの精神的生命の継続を実際に尊重すべきだと主張する。[17] 瞬間移動の論理的可能性は、[18] 彼の見解を説明するのに役立つ。瞬間移動において、ある機械が私たちの体のすべての微粒子についての詳細な記録をつくり、この記録を別の機械に送る。そしてその機械はそのとき受け取った情報に基づいて、異なる材料を使用してオリジナルの複製を生産する。[19] 複製は私たちと同一のものではないだろう。――もしオリジナルがプロセスの中で保存されるならば、それはなおオリジナルであり、複製は複製である。しかしパーフィットは、もしオリジナルが破壊されるならば、私たちは少なくとも複製が生き続けるということをほとんど喜ばしいものとして見るはずだと主張する。私たちの個人の生存は肉体の永続性よりも心理的な結合性に依存しており、したがって私たちの記憶を持つ複製の継続する生命は私たち自身の継続する生命と同じくらい私たちにとって価値あるものであるべきである。

ある意味、パーフィットがここで重要事に気づいていると見ることはたやすい。今朝私が目覚めたとき、私は私の体の継続性について苦悩し始めることはなかった。私は私の記憶を持っており、したがって誰かがこの記憶や記憶に対応する脳のようなものを別人の体に転移させたかもしれないという仮定的な可能性が私を悩ませることはまったくなかった。私の観点では、私の今日のヴァージョンとして、生きていて私自身を自覚していることが喜ばしいのと同様、他のどのヴァージョンの「私」にとってもその（記憶を持つ）人の観点から喜ばしいであろう。しかしいったん疑問が生じたならば、避けるのは難しい。もし「私が」昨夜別人の体から瞬間移動したとすれば、私は本当に私、すなわちオリジナルの私だろうか。どのような意味において、私の昨日のヴァージョンが生存していたのだろうか。その人は彼の精神的生命を引き継ぐ他の誰か――今日の私――の可能性にどれくらい興味を持っていただろうか。

私はこの節において同一性と不確定な長寿という複雑な問題に答えようとするつもりはない。この章の主な焦点はデグレイによって主張された大幅な生命延長についてであり、その研究モデルでの問題は、その人間が比較的長く生きるという、人格の同一性と比べるとより単純な問題である。しかし、より長い人生と不死についての議論は身体的、精神的、霊的な生存という多くの次元を一つのものに合成しがちである。そのため、私は相容れない提案の事案に関する真に倫理的な問題への影響がより早く見て取れるように、手短にその提案の輪郭を描いた。

4　死すべき運命は個人にとってどう有益なのか

カスは、死すべき運命を克服しようとする基礎老化学の試みを、そのとおりに実現するかどうかは別として、過去数世紀の間にますます人類を掌握しようとしてきた広範囲の科学的精神のしるしにすぎないと理解する。[20] 彼は、「アンチエイジングの療法を求める声は切迫」しているにもかかわらず、「私たちが基づいていた前提を再検討することは最も大切である。すなわち、すべてのことが、可能な限り健康を維持し、寿命を延ばすために行なわれる。そしてより良い健康やより大きな活力やより長い生を司る生命医学の神の前では、そのほかの価値は取るに足らないのである。」と記す[21]。生は善であり、死は悪であるが、しかしカスは、新しい生命をつくり出し現存している生命を延長させる努力の中に認められる様々な限界があると考える。

私たちが追求する事柄がそれ自体において望ましいときでさえ、それはどれくらい十分に達成されうるか、そしてどれくらい公平に分配されうるかが評価されなければならない。これらの問題の評価が生命延長に有利に働き、生命延長がおそらく人々の生活を改善することを目指すものであるということは明らかではない。もし個人がだんだんと長生きになるとして、「就職の機会、引退後のプラン、雇用と昇進、文化的態度や信念、家庭生活の構造、世代間の関係、統治の中心と政府の権力、商売と職能」に対して何が起こるだろうか[22]。長寿の擁護者はこれらの問題がやがて解決できると信じるが、しかしカスは人々の生を長くすることが実際にはこれらの社会問題を通じてその生活を悪化させ続けるだろうと意見を述べる。この結末を避けるために、長寿は限られた個人にだけ許されるかもしれない。しかしそのときその悪い結果はより抑制されるが、正義の問題が現われるだろう。なぜ限られた人々は不死を享受するが、その一方で他の人々が有限な寿命を運命づけられるべきなのか。どのようにしてこれらの人々が選ばれるのだろうか。等々[23]。

しかしカスが示す中核の批判は、生命延長は開始するのが望ましいという想定へと向けられている。彼の表明した意向は可死性を擁護し、最初の事例において[24]、「本人が知ろうが知るまいが、人生に限りがあることは、すべての個人への祝福である」と主張することである[25]。主張を補助するために、カスは有限な寿命を持つことの四つの主な利益を導入する。生への興味と関わり、活動での真摯さと情熱、審美眼と愛する能力、徳と道徳的卓越性、これである[26]。彼がこれらによって何を言おうとしているのか見てみよう。

一つ目は人生における私たちの生への興味と関わりが、私たちが誰であろうと、私たちが何をしようと、はるかに長い人生では残存しそうにないということである。すでに多くのことを達成した人々は付け加わったほんの数年を楽しむための最善の位置にいるかもしれない。しかし長い目で見るといったいその人々のために何が提供されているのだろうか。カスはその疑念を一連のより具体的な質問に言い換える。「プロのテニスの試合数が二五パーセント増えたならば、テニスプレーヤーはそれを心から喜ぶだろうか。現代のドン・ファンは、誘惑する女性の数が千人から一二五〇人に増えたとすればうれしいだろうか。」親は子どもをもう十年間育てたいだろうか。マイクロソフトの重役もしくはハーヴァードの学長はもう十五年間任期を続けたいか[27]。そして疑問はもっと普通の生活を送ってきた個人の場合において、より顕著でさえある。彼らは四十年余り後に会社の中で何を生きがいにするのだろうか。ポール・バロウ〔Paul Barrow〕はこの文脈で「霧雨の中で高速道路をさらに数百年運転する見込みは、地上ではある年齢で死ぬだろうというより短い命の確信よりも魅力的な見通しであるのか。そして天国に行くことができるというキリスト教の教えよりも魅力的なのか。」と問うた[28]。カスの考えの要点は以下のとおりである。人生が終わる日が来るだろうと知っている限り、私たちは皆私たちの生活に焦点を合わせ続けることができる。しかし、もし仮に私たちが無期限に何かを行なうという脅威に直面しなければならないとすれば、私たちは必ず私たちの行なっているどのようなことにも興味を失うだろう。

二つ目は死すべき運命が活動での真摯さと情熱を私たちの行為に与えるということである。「自分の日々を正しく数えることは、日々を大切に過ごすための条件である。」と彼は書く[29]。例えば、ホメロス〔Homer〕によって描写された不死の神は、主にその生が情熱的で有意義な死すべき者たち〔人間のこと〕を観察しつつも、浅はかで不真面目な生を生きる。たいていの問題において、目標を追求する価値のあるものとする切迫感を失わないように、人々は最終期限を視野に入れておく必要がある。カスはこのルールに対する二、三の例外、特に友情と知識欲が存在するということを認める。しかしほとんどの活動にとって、「私たちがこの世に自分の望むだけいられるわけではないことと時間が限られていることの真意を認識し、感じるということはきわめて重要である。」と彼は考える[30]。

三つ目は、それが私たちの審美眼と愛する能力を深めることである。彼によると、死すべき運命を持つ存在だけが、彼らと違って、決して老いたり朽ちたりしない芸術を創作したいという気持ちを持つことができる。彼は、自然美の審美眼は正反対の考え、すなわち美のはかなさへの気づきに基づきうるとも考える。そして彼は愛が私たちの欲望の対象のはかなさと強く結びつくことができると考える。「どれほど深く不死の「人間」が他者を愛することができようか。」と彼は問うている[31]。

四つ目は徳と道徳的卓越性への強い影響力である。私たちが戦場で生活を送るとき、私たちが差し出す犠牲は死すべき運命にある者である。不死のものは死ぬことができず、したがってこの種の信仰に捧げることはできない。カスはオデュッセウスの例を引用する。オデュッセウスはカリュプソという妖精によって共に至福の不死にあずかろうと誘惑されたが、しかし彼の愛する人たちとともにあり、彼の義務を果たすために苦難を受け、やがては死んでいくことを選ぶ。カスによれば、それは「苦しむことや耐えること、故郷のため、家族のため、真の友情のため骨身をけずることこそが、本当の意味で「生きる」ということであり、この、死すべき運命を持つすばらしい存在が選ぶべき道であろう[32]」。

5　選択の自由は個人にとってどう有益なのか

カスによって示された視点は一般的に受け入れられていない。驚くべきことではないが、ハリスは、死すべき運命を持たないことの利益について四つの点を提示した一人である。彼は「不死についての示唆〔Intimations of immortality〕という論文の中で四つの点に対して逐一詳細な反論を与える[*33]。

生への興味と関わりについての問題に対してハリスは、ずっと長い期間にわたって様々な事物が人々に対する様々な魅力を保持するかもしれないと答える。より多くのテニスの試合数やより多くの性的関係を持つことはある人々には訴えるものがあるだろう。その一方で他の人々はソフトウェア会社を発展させたり、学術的に優秀な研究機関を率いたりすることに、より興味を持つかもしれない。しかし肝心なのは、もし人々が何度も繰り返して同じことをするのを楽しまないのであれば、いつでも何か新しいものをしようと試みることができ、それによって人々の興味と関わりが甦らされる。人々は、もしそう望むならば、死を選ぶこともできる。傷つくことに対する人間の脆弱さのために、生命延長は不可逆の不死に達しない[*34]。

活動での真摯さと情熱に関して言うと、ハリスはカスが古代の詩における想像上の神とその行ないに訴える論証をばかげたことであり、議論を呼ぶ力がないとしてはねつける。この部分のカスの説明では、ハリスによれば、「私たちは虚構の不死のためにつまらない生を送るらしいゼウスやヘラやアポロンやアテナといった非実在的な存在の伝説によって扱われる[*35]。」この節で反省された態度はこれら二人の思想家のアプローチの違いを明確に示す。カスは文化的に埋め込まれた神話の価値を信じるが、その一方でハリスはその神話を無意味だと考える。両者の相違点がこの特殊な文脈で明らかになるのは興味深い。ハリスは単に友情と学識の価値に言及するだけでカスに反論したつもりなのかもしれない。それに対しカス自身は、友情と学識こそが真摯さと情熱が永続しうるための源泉だと言った。

ハリスも美と愛をカスと同じように論じる。そしてハリスはカスの芸術と自然美についての熟考が人間の生命を延長する努力にどのような関連を持ちうるのかを考えることを拒否する。しかし提出された反語的な問題の一つは、より直接的な答えによって返される。カスがどれほど「深く不死の「人間」が他者を愛することができようか[*36]」と問うとき、ハリスは「不死の人間は、永遠の恋人になりうるというかなりロマンチックな優位性を持つということ以外は、死すべき運命を持つ人間と同じくらい深く愛せる[*37]」と答える。この論争が学問的な判断を必要としないと私は気づいている。しかし両者はこのやりとりで大幅な長寿の問題を超えて文学上の不死の領域へと進んだように思われる。とても長い時間を生きる人類でさえも感覚が持続するよう調節できる時間には限界があるだろう。そしてそれが意味するのは、真に永続する愛の込み入った事情が彼らのやりとりの中で解決される必要はなかっただろうということである。

ハリスは、カスの言う徳と道徳的卓越性を二つに分ける。有徳な行為の促進と、家族や同国人のために自己の身を犠牲にする能力とである。両者は、彼が言うには、より大きな有能さと気高さを伴って、数百年もしくは数千年の間生きる人間によって現実によりよく成し遂げられうる。より長く生きる人々は善行をするためのより多くの時間を持っている。そして、彼らは、不死身でない限り、彼らの生を他の人たちのために捧げることができる。後者の点に関して、ハリスは、ほぼ間違いなく不死の人々の犠牲が、「［彼らは］単に有限な可能性よりもむしろ無限の可能性を手放すだろうから、より気高いだろう」と付け加える。[38]

ハリス自身は、あらゆる形態の生命延長とそれらの研究が許可され、促進されるべきだと考える。というのは、彼によれば、あらゆる合理的な人間は生き続けて、よりよい事柄を経験する好機を歓迎するだろうからである。[39] この態度は、ハリスが主張するには、人類が死を避けるというほとんど普遍的な事実と、人々が生命の延長を受け入れるだろうという個別的な事実によって証明される。新しい科学的前進による生命延長の行為を、より系統立った医学的手段によって死を延期するという行為に準えて、彼は増強的進化〔Enhancing Evolution〕のことをこう書き加える。「生命延長の治療は人命救助の治療であり、かつ常にそうでなければならない。そして人命救助が私たちの道徳性と社会的価値の中に持つすべての優先事由を共有しなければならない」[40]。言い換えれば、私たちは自由に選択された人命救助の措置は善いと考えるので、さらにまた、あれこれの類似した発展が結局のところどのような場合にも適度な長寿か、大幅な長寿か、無制限の長寿のいずれかに帰着するのだから、私たちが基礎老化学による生命延長技術の直接的な発展を制限することは不合理である。

ハリスは、原理的に分別ある人々が自分のために欲しがるものと容認されうるものとの間に不一致があると認める。合法的な制限は安全性、効率性、正義についての熟慮に基づくのであればよい。しかし長寿をもたらす場合には、彼はこれらを保護するために人々の自由を抑制する必要性を認めない。

人間の生命を大幅に延長することについての安全性の問題は、人口爆発という社会的問題と私たちの遺伝子構造を勝手に書き換えるという医学的な危険性を含む。第一の問題に対するハリスの答えは、未来の人々の数を減らす手順を組み立てることである。彼の提案は、無制限の長寿を選ぶ人々に対する多額の税金、彼らの生殖を禁止または制限するルール、どの個人にも許される年齢の上限である。[41] これらすべてが道徳的ならびに実践的に疑わしい。そのため、ハリスは、長寿の選択よりもむしろ無制限の長寿を好む。そして、この取り決めによって生じうる困難が、いずれ現実になればの話だが、生じないようにされうると主張する。[42] 第二の問題である健康リスクに関して言えば、私たちの基本的な生物学的特質を改造することによって生命を延長する試みに警戒するようウォルター・グラノン〔Walter Glannon〕は求めてきた。彼の懸念は拮抗的多面発現の考えに基づいている。[43] そしてそれは特に近未来において、より長寿の人類の世代を作ることは、ずっと後の世代が現代の人々よりも短命になってしまうように、人々の遺伝子を変化させるかもしれないという可能性に基づいている。もしこれが可能だとして、「より大きなスケールで、医学的介入を発展させることについて考える前に、遠い未来の人々の生がこの介入によってどのような影響を受けるのかについて、注意深く評価する生物学的、道徳的な理由がある」[44] と彼は書く。しかしハリスはこの反論に動じない。なぜなら彼は害の単なる可能性によって推進された予防策は不合理であり、これらがグラノンの擁護するものだと思うからである。ハリスが批評するように、ホルムとの共著論文の中では、「グラノンの促す警戒を合理的なものとするために、私たちは利害のつり合いについて現在得られるよりもはるかに明確な証拠を必要とする[45]」とされる。遠い未来のリスクについての理論上の憶測は、ほとんど目の前にある好影響を伴う活動に関する禁止を正当化するには十分ではない。

効率性について焦点となる諸問題の中には、増大する健康管理の費用の問題と、数百年前に「その人たち」にたまたま起こったこととつながりのない未来の個人の利益を減少させる問題がある。生命延長治療の発展と分配には多額の費用がかかるのであり、そして人々が何倍も長く生きることは、他の条件が同じであれば、多様な保健医療事業を必要とするだろう。ハリスは後者の懸念に対して二つの見解によって答える[46]。理想的なのは、延長された生を通じて人々の体調をずっと良好に保つことであるので、より長生きする個人が実際により多くのケアを必要とするのかを私たちは確信することはできない。そして人生の終末が延期されることでかかる費用は、経済成長を条件に、だんだんと実質的には減少するので、これらの費用は千年のうちにいまよりも安く埋め合わされるようになるだろう。未来の利益を減少させることに関して、ハリスはパーフィット主義〔Parfitian〕の立場をとる。たとえ私たちがすべてのより後の私たちの自己と同一であると感じられず、それによって自分自身で千年の生活を楽しむことができる人たちではないとしても、「第一の自己とおそらくは第二の自己がそのような一連の自己の中に存在するのを願うこと、そしてそれ以後の、継続する諸々の自己が長命で幸福な連続体であるのを願うことは不合理ではないだろう[47]」。一から新しい肉体を成長させ社会の新しい成員たちを増やさなければならない代わりに、同じ肉体に宿っている後続の幾人かの人々を持つことは経済学的、生態学的により健全であるだろうという観点もまたハリスは提示する[48]。

ハリスが検討する最後の異議は正義の問題である。生命延長の治療は、現存する人々と将来の人々にとって利用可能となるとき、少なくともその初期には、高い費用がかかるだろう。このことが意味するのは、より貧しい国々の市民は治療を夢見るにすぎず、その一方でより豊かな国々においてさえ裕福な人々だけが自分と自分の子どもたちのために治療の費用を賄うことができるだろう[49]。「どのように私たちはここで正義の要求を理解すべきなのか[50]。」とハリスは問う。彼自身の答えは功利主義者と自由至上主義者である。「功利主義者」で私が意味するのは、彼が第一に取り決めから生じる純便益を焦点とするということである。もし生命延長が善ならば、生命延長が多く行なわれることは、それが少ないかまったくないよりももっと善である。「自由至上主義者」で私が意味するのは、ハリスが連帯主義的な概念によって制約されないということである。すでに最も恵まれた地位にいる人々が利益を得るということはまったく重大なことではない。彼らはより長い生を楽しむことができるであろう一握りの人々なので、彼らにそうさせないことは目的にかなっていない。他の誰かが千年を生きる機会を持つことによって害を受ける人はいない[51]。結論はこうである。すなわち、すべての人にとっての平等に利用する権利としての正義への訴えがある人たちの大幅な長寿を妨げることは許されるべきではない。

6　個人の不死から社会的な超越へ

これまでの議論は個人の利害が中心だった。精神的な熱望と共同体の絆に目を移すと、医学的な生命延長は結局のところそれが約束するものをかなえないとカスは主張する。人々はある意味で自己を超越したいと思っている。そしてこれが老化に打ち克つ試みを動機づけるものである。しかし最長の生命でさえもともとの欲望を満足させない。個人の生存はほぼ同じ欲望を与えるだけである。そして私たち自身の限界を超える唯一の好機は人間の完全性を獲得するか、または私たちの家系と共同体の生命の「不死」に参与するのでなければならない。

カスはたいていの文化が不死に固執しているということは認めるが、しかしこのことの第一の理由は人々が日々の雑事を永遠に行ない続けたいということではないと主張する。彼の見解では、「人間の魂はそれを目指して活動してはいるが、しかしこの世の人生で到達することはできないような条件、状態、目標を切実に熱心に追い求めている[52]」。カスにとって、不死の探求は個人のレベルでは完全性の探求であるかもしれない。そしてそれは無制限に生き続けることによって到達することはできない。仮に到達できるのであれば、これは他者を愛すること、究極の智慧を探求すること、神の御前《みまえ》での魂の救済を通じてであろう[53]。したがって「永遠不滅なものを求める人間の気持ちは生命医学的な死の克服によって満足できるものではない。」こうした克服は他者への愛や智慧の探求や神の祝福から私たちをはるかに遠ざけるだろう[54]。逆に、私たちの医学的な生命延長への没頭はそれが私たちの真の目的から注意をそらすという点で有害でありうる。私たちは、もし永久に肉体を持って生き続けることだけに焦点を当てるならば、魂の幸福に気を配るのを忘れかねない[55]。

魂とその完全性の存在を信じない人々に対して、カスは、生物学に基づいて、自ら進んで遠からず死ぬことの社会的正当化を提示する。彼が示すように、生殖、つまり「子どもを産み、育てること」は「多くの動物がわが身を危険にさらし、時には自分の命を犠牲にさえする」目的である。彼は続ける。「実際、哺乳類などの高等動物においては、生殖それ自体が自分の死を受け容れることであり、子孫に継承されていく遺伝子の中に自分が生き続けることでもあるということを示す[56]。」人類において、このことは社会的な相互作用と文化的活動によって、とりわけ信仰と伝統の創造およびそれらの子どもたちへの伝達によってさらに増強される。家族と共同体は若者にその理想と通念と儀式を教える。それらは世代に特有な継承に依存する見解を含んでいるのだが。これが、老人たちが、より多くの活力と生命についてより新鮮な見解を持つ新しい人々へとたいまつを順番に手渡す準備をする仕方である。永遠に生きようと願う人々は、故意にではないにせよ、このたいまつのリレーを妨げ、それによって生殖の価値だけでなく、文化と伝統の価値やその他すべてのより崇高な生の終わりの価値をも否定しようと企てる。[57]

カスの説明の中で二つの項目はいくらかの詳しい説明を必要とする。第一に、生殖が死の受容を含むと言うことによって彼は何を言おうとしているのか。その主張が動物的な志向と人間の性別に関係した自殺傾向という言外の意味を剥ぎ取られるとき、答えはおそらく機能と役割の認識の中に見出されるだろう。生物学的には、動物はいったん生殖の作業を成し終えたならば、その機能を満足させたと言える。そして社会的には、人間はいったん子どもを産み育て上げたならば、その役割を果たしたと言える。それから、比喩的に言えば、子どもを持つことは、より大きな社会の枠組みの中では、ある人が必要でなくなることを認めることである。[58] 第二に、子どもを持つことは尊重するが、まだ死にたくないだけの、不死を熱望する人についてはどうだろうか。[59] 彼らはどのように生殖や、生殖から生じるすべての善いことの邪魔をしているのか。文化と伝統の歴史の中では、子どもたちは彼らの親にとって代わる人々だ、と考えられてきたというのがカスの考えであるように思われる。もし親が決して死なないならば、共同体と社会において新しい世代のメンバーには身の置き所がなく、それゆえ役割がなくなるだろう。このことは、公共的、社会的に新しい人々がまったく存在しないも同然であることを意味する。そのため、この意味では、不死でありたいという親の願いが、自分の子どもたちの生を無意味にする。

7 持って生まれた道徳性と人生の意義

道徳性の生物学上、社会上の正当化によって、カスは十三世紀にトマス・アクィナス〔Thomas Aquinas〕が説いた自然法論に近くなる。アリストテレス〔Aristotle〕とプラトン〔Plato〕に基づくトマス主義者〔Aquinian〕の理論において、すべての生物はその種族の本質的な目的に向かって運動することによってそれ自身の最高善を得ようと努める。人間――脆弱で、社会的で、知的な動物――にとって、この目的は生存と生殖、そして真理の探究、とりわけ神に関する真理の探究である。[60] 多くの場合、より高い目的は先行するリストのずっと下にある目的に優先する。例えば、聖職者の男女が生殖から解放されていたり、もしくは親は子どもの命を守るために、自らの命を危険にさらしたりする。カスによって主張された見解はまったく途切れることなくこれらのルールに順応するように思われる。真理は宗教的伝統と道徳的伝統の中にある。そしてその伝統は後続の世代が効力を再活性化しなければ存続し栄えることはできない。後続の世代は、自分たちの番になると、年老いた人々の死がなければ、その地位を引き継ぎ、共同体の伝統を活気づけることはできない。それゆえ人間は、無制限に生き続けるならば、人生の中でその目標に達することもその目的を満たすこともできない。人生の意義そのものが、私たちが自己自身を死すべき運命の者だと認めるということを要求する。[61]

ハリスはアクィナスによって挙げられたすべての個別の目的を、もしそれらが適切な解釈を与えられるならば、容易に受け入れることができる。真理の探求、とりわけ科学的方法を使用して真理を探求することは重要である。[62] 子どもを持ち、育てることもまた重要である。[63] そして生存することは大いに重要である——これが基礎老化学の研究者の努力が非常に称賛される理由である。[64] しかしハリスは、これらの価値の階層的な順序を作るというアクィナスに続くカスの方法を受け入れることができないし、そうすることもしない。ハリスにとって真理は宗教的伝統や道徳的伝統の中にあるのではないのであり、いったん生殖を終えると死ぬことを人々に要求する伝統の中には決して存在しない。けれども、無制限の長寿と宗教との間の逆転した結合には警戒している。彼は「人類の遺伝子に不死を書き込むことのありうる帰結の一つは、宗教の最終的な消滅であるかもしれない。」と述べる。[65] 多くの宗教的信条は、来世で私たちに下されると言われる賞罰に依拠している。そのため、来世の審判を無制限に延期することは、それに従って活動する人々の動機づけを損なわせるだろう。ハリスは仮説として、私たちが神の崇拝をやめれば、怒った神が私たちに大災害を送りつけるかもしれないという考えを挙げるが、しかしこれは明らかに真剣な熟慮として述べられるのではない。彼は、アクィナスとカスとは反対に、神をその座から引きずり下ろす全般的な効能が「快適さ」であり、伝統からの「解放」であるだろうと考える。[66]

神が私たちの道徳的な意思決定において何の役割も果たさないはずだという考えは、古代ギリシア以来、西洋のエピクロス主義〔Epicureanism〕の学派の一部であった。[67] エピクロス〔Epicurus〕はプラトンとアリストテレスの後の時代にアテネで哲学を教えた。そして倫理の基礎は、適切に解釈された快楽主義であると考えた。追求する価値のある目的は快楽を得ることと苦痛をなくすことだけである。そしてこれらの目的を達成する最善の道は、わずかな善事を喜び自分の友人たちとの関係を育むという、平静な生活に至ることである。より直接的に幸福を求める方策は危険であるから、消極的な満足感にとどまること——心の平安——が、このモデルにおいて正当化される。私たちは、もし過度に積極的に快楽を追って私たちの享楽を最大化しようとするならば、おそらく結局は後になって満足感が減少していくか、もしくは苦痛を受けるという代償を払うことになるだろう。

そうした適切な節制にもかかわらず、エピクロス主義の教説は必ずしもより伝統的な見解を持つ人々によって歓迎されてきたわけではない。エピクロス自身はこのことの原因を人々の持つ恐怖、すなわち神に対する恐怖、死に対する恐怖、死んでいくことの恐怖に帰した。これらすべては、エピクロスの見解によると、根拠のないものである。彼によると、神はまったく別次元の存在に属しており、人間の事柄によって心を動かされない、言い換えれば私たちの行ないによる干渉を意に介さない恵まれた生活を送る。神は、私たちが邪悪である場合に懲罰を与え、善良である場合に褒賞を与えるということはないだろう。同様に、死は私たちの現在のあり方と何のつながりもない領域に属する。私たちが存在するところに死は存在しない。かつ、死が存在するところに私たちは存在しない。死は感覚的には存在しないものである。したがって私たちは来世でひどく苦しめられるだろうと心配する必要はない。死んでいくこともまた自然な出来事であり、ひどく恐れるようなことではない。私たちの生にとって早すぎるか、もしくはひどく苦しい最期は、もちろん、いろいろな意味で望ましくないだろうが、しかし私たちが今後数十年の間にいつか死ぬだろうというただの事実が私たちに不要な心配を引き起こすはずがない。

　ハリスはほとんどのエピクロス主義者の信条を受け入れるかもしれないが、しかし私たちが死んでいくことを恐れないという見解は彼には理解されないだろう。ハリスにとって、私たちの存在――その「意義」――の要点は価値ある生に導くことである。そして私たち自身の願望に反してこれを妨げるものは何でも悪である。エピクロス主義者は、カスと並んで、どのような大幅な生命延長もそれとともに限界効用の逓減を持っており、その結果ついには存続が価値があるよりはより多くの悩みの種となる、と論じるだろう。しかし量が増えていくにつれて、価値の増加量が減っていくものもあれば（一杯目の水は十杯目の水よりものどの渇きを満足させる）〔限界効用の逓減〕、価値の増加量が一定のものもある（二枚のコンサートチケットは一枚よりももっと有益である）。ハリスがここで言わなければならないことは、彼にとってより長い人生の方がより短い人生よりも善いということだけである。長寿はカスと彼の擁護者にとって限界効用の逓減を持ちうるが、しかしハリスにとって長寿が限界効用の増大を持っている限り、生命延長に対する反論は誤りとなる。

　エピクロス主義を強調する他の二つの仕方は、それぞれの目的にとって述べる価値がある。人々は、積極的快楽と消極的快楽の均衡が安定して善き生を獲得し、心の平安を享受している。そのとき、彼らはすでに自分の人生の目的に達したのであり、それに加えるべきものは何もない。今日幸福に死んでいくことは明日幸福に死んでいくことと異なってはおらず、したがって私たちは生き続けようと望む実質的な理由を持たない。快楽主義の一派の主張は、私たちが究極的に死すべき運命にある限り、死のことで思い悩むことは私たちに苦痛と悲惨をもたらすにすぎないということである。善すなわち平穏な生は、あまり多く死に注意を払いすぎないようにし、代わりに小さな楽しみと友情を大切にすることによって、最善の状態で営むことができる。

　ハリスとカスは両者ともこれらの思慮深い考えを認めそうにない。ハリスは、次のような困難を抱える。エピクロス主義者が一方では苦痛を避けようとすることにハリスは同意できる。とはいえ、より多くの快楽と幸福、選好の満足に対するハリスの熱中をエピクロス主義者は共有しない。一方のモデルは悪い事柄の最小化を狙い、他方は善い事柄の最大化を狙う。ハリスの見解は、量的にエピクロスのそれと異なっている。つまり、ハリスにとって、人生の意義はできるだけ多くの価値ある経験を持つことである。また、カスにとって、平穏さの強調と平静な生は疑わしいかもしれない。カスが敬意を払う偉人は闘争と犠牲、願望と恐怖から彼らの存在の目的を見出すように思われる。そして、エピクロス主義者は隠棲と感情のコントロールから存在の目的を見出す。カスの見解は質的にエピクロスとその弟子たちのそれと異なっている。カスにとって人生の意義とは道徳的伝統と宗教的伝統を生き生きと保つことである。

8　不死に関わる合理性

大幅な長寿の理論的可能性は哲学的議論、とりわけ分析の伝統において長らく避けられてきた問題に注意を引きつける。この問いは人間存在の固有の形態、力量、内実、言い換えれば人生の意義に関わる[*68]。私たちが見てきたように、より古い起源は私たちの自然的傾向に求められる。エピクロス主義者は快楽を求める私たちの私たち個人の欲望に、トマス主義者は生存、存続、理解のための私たちの集団の必要性に求める。カスは私たちの存在の支柱として共同体の価値を強調する点でアクィナスに従っている。ハリスは心地よい生活に期限があるはずがないと述べることでエピクロスを超えていく。しかしこの本の他の主要な四人の理論家――グラバー、グリーン、ハーバーマス、サンデルはどうだろうか。長寿と人生の意義に関して彼らの見解から何を言うことができるのか。

グラバーはハリスに同意するように思われる。『致死と救命〔*Causing Death and Saving Lives*〕』の中で、グラバーは、永遠性は退屈なものだろうという主張を検討し[*69]、その主張に説得力がないとして、こう結論づける。「もし観察に適した人々がいれば、私は喜んで数百万年の間サンプルとして、成り行きを見守るだろう[*70]。」グラバーのより一般的な倫理学的見解を念頭に置くと[*71]、彼の主張は次のようなものである。すなわち、人生の意義は神もしくは自然の中には見出されえない[*72]。それは並外れて価値のある生をもたらすという私たちの道徳的義務の中に[*73]、そしてすでにいまある生を続けようとする自律的な願望の中に見出される[*74]。殺害は不正であり、命を救い損ねることは道徳的には殺害するのも同然であるので、命を救い損ねることは、救助される人の年齢に関係なく、不正である[*75]。私たちの存在の目的、言い換えれば人生の意義は、可能な限り、価値ある命を誕生させ、価値ある状態で存在させ続けることである。

グラバーの後年の著書『子どもの選択〔*Choosing Children*〕』は大幅な長寿について独自の擁護論を提出する[*76]。知的エンハンスメントについて議論する中で、彼は「私たちの中心的な企図」は「世界についての私たちの理解を増大させることであるが」、しかし世界についての私たちの理解は私たちの現在の知的能力によってひどく制限されていると述べる[*77]。これによって彼は次のように提案するに至る。知的エンハンスメントが私たちが前進する唯一の道でありうるので、そうしたエンハンスメントが人間の本性にもたらすだろう不可避の変化にもかかわらず、エンハンスメントを発展させ実施することは賢明であるだろう[*78]。長寿は同じ役割を担う同伴者である。今日よりもずっと長く生きる真摯な学者は、知的エンハンスメントをしなくても、無知の壁を突破することができるだろう。それは、現時点では原理的にさえ到達できないほど、より多くの知識を蓄積し、もっと良い現実の理解を発展させることによってなされる。したがって、生命延長は智慧の道具として擁護されうるだろう。[79]

グリーンは『デザイナー・ベビー〔*Baby by Design*〕』で、カスが議長を務める大統領生命倫理評議会によって表明された生命延長に対する反論を検討する。[80] グリーンはこれらの反論が未来の弊害についての具体的な事実に、というよりはむしろ変化への恐怖に基づいていると理解する。新しい世代は古い世代のせいで妨害されうるだろうし、人々の生殖の動機づけが抑制されるかもしれない。ただしこれのどれもが必ず起こるわけではない。[81] 数十年のうちに多くの国で寿命が長くなったにもかかわらず、人々は無意識のうちに二十世紀の間でともに生きていく道を見つけた。[82] そして、規制は最悪のシナリオが実現しないように、制定されうるだろう。グリーンは「反転テスト」に関する問題を熟慮することに懐疑的であり続ける人々に問う。[83] もし彼らが十年の生命延長は悪であろうと考えるならば、平均余命の短縮は悪くないのだろうか。もしこのことが等しく悪であると思われるならば、変化に対する抵抗はおそらくまさに「現状維持バイアス」、つまり物事が永遠に同一のままであるように望むことを示している。[84] グリーンは、人間の生に対する意義を理性的な節度によって調整された進歩の中に見出す。

ハーバーマスは『人間の将来とバイオエシックス』において大幅な生命延長について二つの部分的に異なる見解を持っているように思われる。[85] 生殖補助、遺伝子治療、生殖目的のクローニングに関する結論において、彼は遺伝上の選択と操作の不正を、あくまでも他者が将来の個人の同意なしに行なう決定にあるとする。[86] 私たちは、もしまだ生まれていない人々の健康と幸福を守るためであっても、彼らに対する基本的な生物学上の生命の選択を行なうならば、道徳上の討議において彼らの意見が聞かれる権利を侵害することになる。これが、私たちが、特に、私たちの子どもの寿命を延長するであろう、生殖細胞系列の遺伝的変化を生み出そうとすることを差し控えるべき理由である。しかしこの個別的な禁止は、他者に対してなされた決定だけに適用するので、同意する能力のある大人の個人が何の不正も犯さず自分のために長寿の治療を選択しうるという選択肢を未解決のままにする。

しかしながら、ハーバーマスは著書のはじめのほうの節で、少なくとも人間の生命を延長する明らかに機械的な方法には反対するという、より厳格な見解へと向かう。[87] 彼はナノロボット工学と精神転送について議論し、「自然にできあがったものと科学技術によって人工的につくられたものとの融合」を生み出すことによって、これらの道具が「両者の境界線を解消し、私たちの日常行為において存在するように見えた、私たちが必ずと言ってよいほど用いる思考の枠組みと対象との接続を破壊する」と主張する。[88] 私たちの倫理的な自己理解は、私たちが持っているものの中で、何が自然にできあがったものであり、何が人工的につくられたものなのかを私たちが知っているということを要求する。[89] そしてこれを知ることは、もしごく小さな自己複製をする医療ロボットが私たちの体内を循環するか、もしくは私たちの精神の内容がコンピューターのファイルに転送されたならば、可能ではない。ハーバーマスは、長寿の選択は個人自身にとってもしくは社会全体にとって有害でありうるのだから、長寿のための人々の自身の選択がこれらの場合に制限されるべきであると提言するように見える。この見解は研究への干渉がない生物学に基づく道徳的平等性を人間の生命の核心とするものである。[*90]

　サンデルの生命延長に関する公式的な見解もまた二つの方向に進む。『完全な人間を目指さなくてもよい理由[*91]』の導入部で、彼は遺伝子工学の二つの使用を次のように明確に対比する。「筋ジストロフィーの症状緩和や加齢に伴う筋力の低下を防ぐための遺伝子治療は、きっと誰もが歓迎するだろう。だが、遺伝子を改変されたスポーツ選手をつくり出すのに同じ手法が利用されるとすれば、どうだろうか。[*92]」それから彼は著書の残りの部分で後者の種類の実践を、それが与えられるものと私たちの生活の中でつくられるものの間の区別を曖昧にし、ついには連帯の基礎を腐敗させるという根拠をもって非難することへと進む。[*93] このことから描かれる二つの解釈は次のようである。一方では、生命延長につながるとしても、老化の遅延は場合に応じて許容可能である。その一方では人間のつくった長寿は授かりものとしての人間の生命という私たちの見解を脅かす「支配のプロジェクト」の一部と見られうるということである。[*94] カスが議長を務める大統領生命倫理評議会での質問に答えて、サンデルは次のように述べた。「私は、私たちが決して事態を修復すべきでないとは言わない。しばしば私たちは与えられたものは修復、言い換えれば回復することを必要としている何らかのものであるという結論に達するだろう。[*95]」どうやら、老化遅延と生命延長という異なるタイプの影響力は別々に、それ自体で調査されるべきであるということのようである。けれども、サンデルが人間の生命に対して見出す意義は、「授けられること」と、それの認識に基づく相互の連帯をしっかりと支持し続けることである。

第10章　遺伝的難問を合理的に捉える

この章では、まず遺伝的難問の倫理学的分析において用いられた仮定と議論を要約する。次に、その論点に対する三つの主要なアプローチの完全なヴァージョンを提示し、最後に私の所見は遺伝倫理学の領域での哲学者の働きに変化を求めるものであると結論づける。

1　難問から解決へ

これまでの章では、遺伝学や関連する分野での発展が人類に投げかける七つの難問と、それらに取り組む三つの哲学的アプローチと、倫理学的論争で使用されてきた主要な議論を提示してきた。この章では、私の所見を要約し、続いてこの領域での哲学的研究が有用に利用される方向性を示す。しかしながら、結論を定式化する前に以下のことを論じる。**2**節から**4**節ではこれまでの章で紹介してきた議論を、そして**5**節から**9**節では遺伝的実践に賛成する場合と反対する場合を三つの哲学的なアプローチの見地からまとめる。

遺伝的難問の文脈で提示される主要な議論は、以下の六つのカテゴリーに分けられる。①理論的には皆に受け入れられるが、実践的には異なる方法で解釈される一般的な主義主張。②論争の賛否両側で使用されうるより具体的な議論。③発展に賛成する議論。④規制に賛成する議論。⑤規制に反対する議論。⑥発展に反対する議論。それに続く反論と再反論の積み重ねには終わりがない。しかし、これらの六つのレベルによって主要な論点を突き止められるだろう。

2　基本的な主義主張とその解釈

①皆に受け入れられる主義主張とは次のことである。

- 善い生をつくることは善いかつ正しい
- 健康と生活の質を保ち、回復させ、改善することは善いかつ正しい。

- 命を救い、延ばすことは善いかつ正しい。
- 人々に自己決定権を与えることは善いかつ正しい。
- 人類を改良することは善いかつ正しい。

これまでの章で概述されたすべての対立する見解は、適切な仕方で解釈されるのであれば、これらの原理に由来するだろう。

　善い命をつくることは善いかつ正しい。しかし、どのような命が善く、それらをつくるどのような方法が許容可能なのか。ある見解によると、その生命が技術の利用や他者の命の犠牲によってもたらされたのでなく、かつ、その共同体で役割と居場所がある限りは善い命である。また他の見解によると、これはほぼ真ではあるが、技術は常に望ましくないというわけではないし、過度な苦痛がある生命は故意に選ばれるべきではない。そして、身体的・精神的に最も注意を払っている生命のみが本当に存在させる価値のあるものであって、出生前の選択は多大な価値の喪失を伴うものではない、と主張する人もいる。

　健康と生活の質を保ち、回復させ、改善することは善いかつ正しい。しかし、これらの課題のために使用される方法には限界があるのか。医療を発展させるとき、もしくは施すときに、胎児、新生児、成人を含む人間を犠牲にすることは不正であり、なされるべきではないと論じる人もいる。もう一方では、不正な利用と道具化について語り、適切に配慮して人々や人体を扱う実践に限って使用を認める人もいる。両方の規制に対して、発展の擁護者は次のように主張する。胚のみが同意なく使用されるものであり、他のドナーや研究対象はその役割に志願しているか、彼らの協力に対して適切な補償がある。この条件が満たされるならば、救世主きょうだいや幹細胞、遺伝子治療は許容できないほどの道具的使用を伴うわけではない。

　命を救い、延ばすことは善いかつ正しい。しかし、無制限にそしてどんなコストを払ってでもすべきだ、と全員が信じているわけではない。最長寿命の大幅な延長は個人にとっても社会にとっても悪であり、それゆえ禁止されるべきだと考える人たちがいる。また、問題は生じるだろうが、禁止するよりもむしろ治療として規制することを推奨する人もいる。対照的に、命を救うことはともあれ命の延長であるので、生命の延長それ自体に反対することにはそれほど論理的な意味はない、と技術進歩の擁護者は指摘する。

　人々に自己決定権を与えることは善いかつ正しい。しかし、これは正確には何を意味し、何に対して守る必要があるのか。その状況は**図10－1**で示される。

　私たちの決断は、多くのものから多大な影響を受ける。それは、社会や共同体、家族が与える価値観、そして科学についての理解、市場への依存、社会的影響の考慮、未来世代、そして人類の生存である。ユルゲン・ハーバーマス〔Jürgen Habermas〕やマイケル・サンデル〔Michael Sandel〕、レオン・カス〔Leon Kass〕のような倫理学者は、生命科学の発展やその商業化（**図10－1**の左右）によって与えられる圧力から私たちを守ろうとする。そして、彼らは共有する信念や予防的反省によって与えられる「道徳的な」誘引についてはあまり関心がない。他方で、ジョナサン・グラバー〔Jonathan Glover〕やジョ

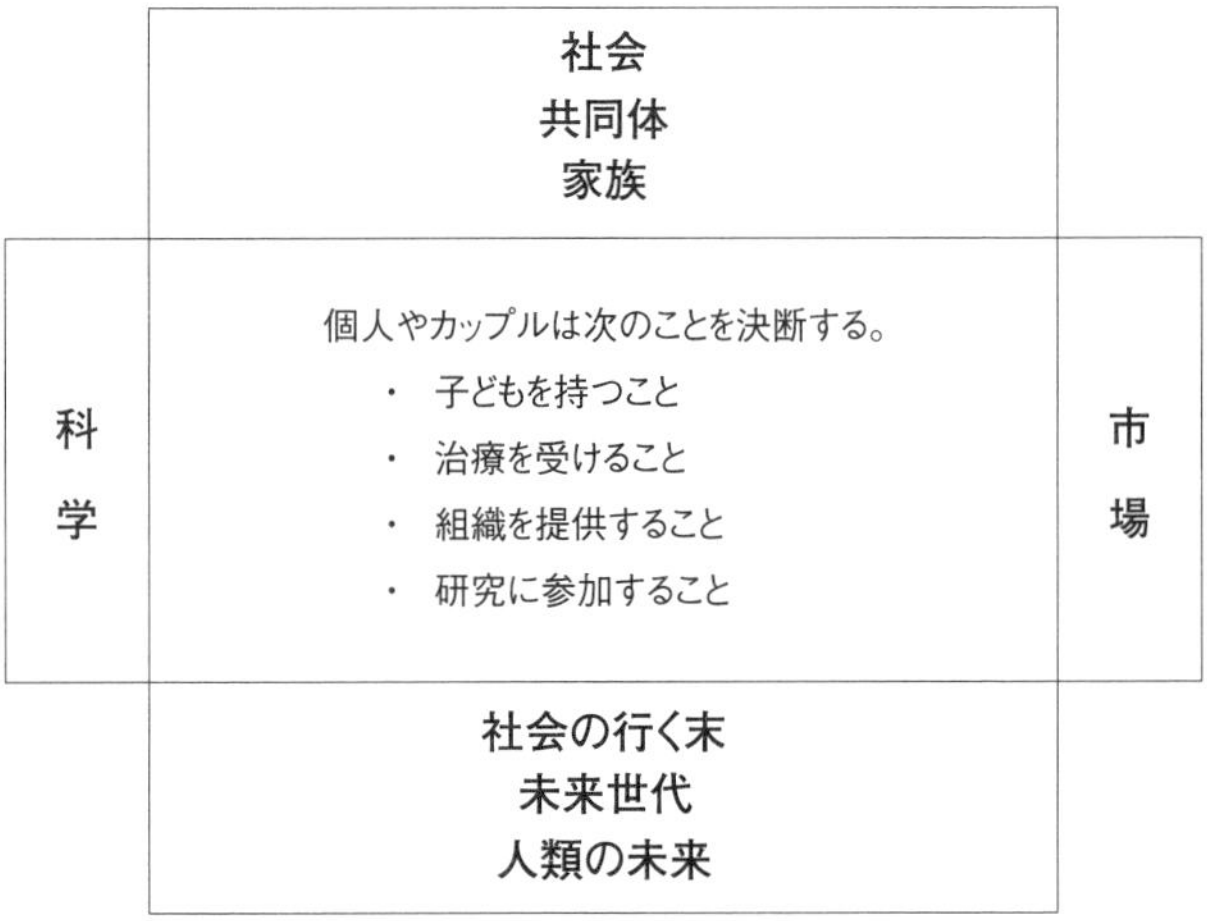

図10－1　何から守られる必要があるのか

ン・ハリス〔John Harris〕、ロナルド・グリーン〔Ronald Green〕のような倫理学者は、科学の革新や市場の変化をより信頼している。そして、彼らは伝統や恐怖感（図10－1の上下）という「不合理な」圧力から私たちの選択肢を守ろうと努める。

最後に、人類を改良することは善いかつ正しい。しかし、それはどのような意味でなのか。遺伝学と医学は、人々をより健康に、より強く、より長生きにするために発展する。そして、これが選択や幹細胞研究、遺伝子治療についてのほとんどの擁護者が主張することである。しかしながら、ほぼ間違いなくこれらの発展は道徳的な対価を伴う。そして、これが倫理的な自己理解や連帯、伝統的な生活様式の名において、新しい技術に反対する議論の根拠である。論争中のそれぞれの主張に真理を見る人は、中庸を見つけようとし、適切な制限を通じた身体的な改良と精神的な改良の両方を目指す。

3　論争の賛否両側で使用されうる議論

②一般的な主義主張に加えて、論争における擁護者と反対者の両者が使用するより具体的な議論がある。これらは次のような関心を寄せる。

- 生命の喪失
- リスク評価、利益評価、予防
- 滑りやすい坂
- 現状維持バイアス
- 類推
- 生殖の自由と親の自律
- 非指示性
- 社会的圧力
- 親の責任
- 親の愛はほとんど常に勝るという仮定

上記のように、異なる態度によって多様な立場が与えられる。そして、それらは哲学的目的にとっては、概念的かつ規範的な区別として描かれる。

もし胚が研究に使用されるならば、生命は失われる。そして、胚が研究に使用されなくても、生命は失われる。前者の場合、生命の喪失は直接的で能動的である。後者の場合、それは間接的で受動的である。胚段階のヒトの生命が重要であると仮定すると、ここでの倫理的判断は殺すことと死ぬにまかせることの間に依存している。道徳的な差異があると信じる人は、研究のために胚を殺すことは不正であり、幹細胞治療がないことで人々が死ぬにまかせることは許容可能であると主張しうる。一方で、これら二つの実践は道徳的に等しいと信じる人は、殺すことと死ぬにまかせることは道徳的計算の中では等しく扱われるべきだと主張しうる。

リスク評価、利益評価、予防は、すべて私たちの価値観の選択や、リスクを負うかどうかの戦略、大胆さや臆病さの程度に依存する。もし私たちの第一の価値が現在健康な人の生を継続させることであるならば、伝統や未来の発展におそらく望みをかけることができる。他方で、もし私たちの道徳性が共有する信念と慣習に基づくのならば、高度な技術によって潜在的に救われる命を軽視しやすくなる。両方の例で、後者は前者を無謀にリスクを負っていると批判し、前者は後者が誤った利益評価をしていると批判する。そして、私たちは両者を過度な警告をしていると非難することができる。

滑りやすい坂論法は、よく科学の発展に対して向けられる。その因果的な形式では、もしある安全で有益な技術が発展し実施されたならば、ある危険で有害な技術の発展と実施がより起こりそうになるということが警告される。これがすでに初期段階にあるその発展が停止されるべき理由である。しかしながら、科学の擁護者も、研究と治療の規制に対して同じ論法を適用できる。彼らは、（クローンのような）予測できない科学的実践の禁止が、どんな研究も規制されなければならないという強迫観念を後押しすることで、完全に無害な研究をも禁止する未来が導かれうると論じる。

科学に反対する人は現状維持バイアスに悩まされるという考えは、科学の発展がもたらす計測可能な変化に専念する倫理学者に影響を与える。人類を長生きさせたくない人がいるとする。倫理学者はその人に人類を短命にさせたいのかどうかを尋ねて、次のように結論づける。彼は人類を長生きさせることも短命にさせることも受け入れないため、彼の見解は変化への恐れに起因すると考えられなければならない、と。しかしながら、道徳的観念の進化に着目することで、科学への熱狂者が同じ論法で反論される。発展の擁護者は新しい技術が受け入れられるようになり、伝統的な倫理的理想が消滅する方へと足を進め、発展の歩みが遅れることを好まないだろう。しかし、彼らは現在の倍の速度で発展することを望むだろうか。これはおそらく悲惨な社会の行く末を導くだろうから、答えは「いいえ」でなければならない。これが意味するのは、科学の擁護者が動的な現状維持バイアスに冒されているということである。（科学の擁護者が加速した道徳的進化に警鐘を鳴らすということは、実際にはありそうにない。しかし、短命にする代わりに道徳心が向上するならば、科学の反対者は平均寿命を短くするという考えを必ずしも避けるわけではない。基本的な価値観とイデオロギーは、そのような考えが適用される方法に強く影響する。）

類推に訴える議論は、私たちの見解の整合性と一貫性についての主張をなす。体細胞遺伝子治療と生殖細胞系列遺伝子治療をめぐる論争が、この議論が本質的に中立であることの一例となる。ハリスとカスは二種類の治療介入が本質的に類似しているということで一致する。ハリスは体細胞治療が倫理的に許容されるため、生殖細胞系列の治療も倫理的に許容されると論じる。対照的に、カスは生殖細胞系列の治療介入が不正であるため、体細胞治療も不正であると論じる。類推の議論はある規範的立場ともう一つの立場を同じレールに乗せるけれども、どこで電車が停止するかは私たちの道徳的直観がそれをどちらの方向に操縦するかに依存する〔類推の議論は、二つの立場の間に同じ道徳的評価が下されることを要求するが、両方とも許容されるのかもしくは両方とも禁止されるのかについては私たちの道徳的直観にまかせられる〕。

生殖上の自由と親の自律は、将来の母親と父親が彼らの子どもの性質と条件を選択することの正当化として、遺伝的選択の擁護者が最もよく主張することである。しかしながら、選択の反対者は次のように主張する。医療関係者と遺伝カウンセラーは、切迫した疾患と障害を理由として人々に妊娠を終わらせるよう説得することで、患者に「医学的に肯定される」決断をさせている。社会的圧力もまた正常と思われることを選択させうる〔中絶が認められることで、社会が考える正常から外れた子どもは中絶しろという社会的圧力がかけられるかもしれない〕けれども、この傾向は遺伝カウンセリングや遺伝相談での非指示性によってバランスが取られる。選択される特徴が健康と能力に関連する限り、新しい技術の擁護者は自由を求め、新しい技術の反対者は指示性と圧力を拒否する。しかし、聾《ろう》者の胚の事例が示すように、この議論は逆向きにも働きうる。親の自律は耳の聞こえない子どもを持つという選択を合法化し、文化的に影響を受けた医学的なアドバイスと共同体での相互扶助が聾の個人をつくるという決断を支持する。

親の責任は生殖上の自由と関連しており、親が適切な態度を取り、子に対して適切に行為するよう要求する。しかしながら、どんな態度や行動が論争の対象なのか。倫理学者の一方のグループは、遺伝的そして医学的な意味で最善な子どもに到達しない子どもをつくることは馬鹿げていると主張する。もう一方のグループは、自然から贈られる子ども以外を望むことは悪だと断言する。そして、中間のグループは、贈られることは利点を持っている一方で、私たちには多大な犠牲を払う義務はないし、自然の「授かりもの」をただ受け取るという重大な損害の享受を容認することもない、と言う。

親の愛はほとんど常に勝るという、グリーンが導入する仮定も、互いに対立する見解のどちらをも支持するために使用されうる原理のもう一つの例である。この原理はもともとデザイナーベビーと救世主きょうだいに関する不安を和らげることが意図されていた。たとえ、つくられた子どもが期待されたもの（才能や治療法）をもたらすことができなかったとしても、彼らは親に愛され養育されるだろう。しかし、同様の見解が障害を持った子どもについても言える。親が何を期待し何を望むかは問題ではなく、最後には自然が贈った赤ちゃんを抱擁するのである。では、なぜ「正常性」を理由に選択するのか。

4　賛成論と反対論

哲学者が持つ多くの道具立ては、互いに矛盾する見解を支持するために使用される。けれども、発展もしくは規制に賛成もしくは反対のどちらか一方のみに使用できるより具体的な概念も存在する。

③前述の章で提示された具体的な発展に賛成する議論は、すべての人間の行動の目標を述べ、それがどのように達成されるかについて主張する。その目標とは、生きるに値する命をつくり、命を永らえさせることである。生殖においては、可能な限り最も健康で最も賢い子どもを存在させるべきである。そして、医学と医療においては、すべての個人が本人が望むだけ長く、最善の状態で生きられるように私たちは努めるべきである。方法に関しては、一般的には科学が、具体的には生命科学が目標達成の最も効率的な方法である。科学の発展は疾患をなくし、治療法を発見する。科学以外の実践も人の幸福に貢献できるけれども、科学が人間を取り巻く状況を最も改善する見込みがあり、先行している。

④規制に賛成する議論は、コントロールされていない変化から保護する必要がある社会的善を明らかにする。そして、最善の保護を提供すると信じられている一連の規則を規定する。社会的善は伝統や、連帯、倫理的な自己理解である。この社会的善が生き残るかどうかは、私たちの生の中で「授けられる」ものと「つくられる」ものの間の区別がうまく捉えられるかどうかに依存していると理解される。生命科学の発展は、この区別を混乱させるので規制を必要とする。この区別を保つためには、次のような存在や原理が守られる必要がある。その中には、人の生命の神聖さと尊厳、胎児をも含む全人類の間の平等としての正義、道具的に扱われないことや不正な仕方で扱われないこと、言い換えれば物として扱われないこと、組織的に発展した共同体に対する敬意、そして急激な変化に対する注意深さがある。

⑤規制に反対する議論には、個人の自由を支持する積極的な主張と、禁止や規制への一連の応答が含まれる。積極的な主張は次のように論じる。自由が保護に値する価値であるのは、それ自体が基本的な価値である、もしくは個人や共同体の長期的な幸福を促進するためである。たとえ提示された一連の変化が脅威だと思われるとしても、その実際の作用と副作用を明らかにしようと試されることもある。規制的な見解への応答はより多様であるが、ほとんどの応答が規制的な見解の杜撰さや非整合性への非難に基づいている。胚を子どもと、障害を文化と、

市場取引を誤った道具化と、そして変化への非合理的な抵抗をよりすぐれた知恵と呼ぶことは、混乱を生じさせるだけである。整合性について語るとき、遺伝学に恣意的な線引きをしないのならば、どのようにほとんどの医学的発展を享受しうるのか。不作為は作為と道徳的に等しいと考えて、この分野を発展させないことで、何千人もの人々が近い未来に救命治療を受けることを妨げることは非倫理的である。そして、なぜ人々は廃棄された胚に関心を持つのか。少なくともそれらの代わりにより健康な胚が着床している限り、置き換え可能性の原理はどんな価値も喪失していないことを保証する。

⑥発展に反対する議論は生命医科学の疑う余地のない価値を否定し、合意や分配、平等な治療の問題を喚起する。科学の熱狂者は、遺伝学や関連する分野は紛れもなく善い結果を生み出していると信じている。そして、私達の健康と幸せに最大限貢献する方法で、善い結果が生み出されていると考えている。反対者は、無制限な長寿と、人々をデザインしてつくり出すことは望ましくない発展であって、そもそも追求されるべきでないと論じる。例えば、死に瀕した子どもを治療するといった、遺伝学の発展のより穏当な狙いは尊敬に値するが、この領域の成功率は約束されたものではない。どのような場合でも、倫理的考慮は予期されうるすべての結果に暗い影を投げかける。子ども、胚そして未来世代は、これらの手続きに同意することはできない。そして、このことは遺伝学の実践を疑わしいものにする。すべての人が新しい介入の利益を享受できるわけではないため、正義の問題が大きく立ちはだかる。いったい誰がこの希少な治療を受けるべきか。そして解決策が発見されたとしても、新しい発展から利益を得られない人や、下層の社会階級に属すると思われる人は存在し続けるだろう。平等への要求はこれを認めないよう警告する。

5　完全な論拠には何が必要とされるのか

遺伝的難問の文脈での完全に倫理的な論拠には、二つの主要な要求がある。それらは、例えば**表2-1**で示されるような、その背景となる合理性を定義しなければならない（第2章**6**節）。そして、論争の中で示される、関連するすべての議論と反論を包括しなければならない（**2**節から**4**節で要約した）。

私の「対立を避けた合理性概念」（第2章**6**節を参照）の意味でアプローチを明確にする問いは次のようなものである。

- どのようなレベルの一貫性が必要か
- 世界の中に事物がどのように存在するのか
- 影響はどのように最適化されるべきか
- どのような存在が重要なのか
- 何が決断を道徳的にするのか

これらの疑問は、何が理に適っているのか、そして何が倫理的に許容されうるのかというテーマに基づいて、主要なヴァリエーションを引き出す。

私が述べてきた見解は、すべてが論理分析や計算精度を称賛するわけではないけれども、すべてが高いレベルの整合性を要求する。例えば、もし行為者ＡとＢ、もしくは状況ＰとＱが道徳的に重要な意味で互いに異なっていることを示せないとする。そうであるならば、「状況Ｐにおいて、ＡにＸする道徳的義務がある」ならば、「状況Ｑにおいて、ＢにＸする道徳的義務はない」ということはできない。この種の所見は類推論法の基礎であって、すべての人に許容されている。しかし、何を道徳的に重要な差異とみなすかについては、哲学者の間にかなりの不一致がある。そのため、原理の適用においても当然一致しない。

対立を避けた概念によると、私たちの信念と、世界の中での事物の存在の仕方は整合的であるべきである。倫理的な議論において、共有された実在の代わりに自分自身の想像の産物を引き合いに出す人々は、間違いなく合理性の範囲から足を踏み外している。しかしながらそのような事例を除くと、実際の事物の存在の仕方は明確ではない。物質的な存在のみが実在するという人もいれば、精神的な観念もまた道徳的考慮の中で役割を果たすと信じる人もいる。また、私たちは考慮される必要のある規則や規範を含む社会的存在物を皆で一緒になって構成すると論じる人もいる。異なる世界観を持つ理論家はこの点で異なる合理性を持つ。そして、すべての主要な学説の賛同者は、お互いに相手の世界観を捏造だとして非難し合っている。

合理的な行為者は、重要な存在についての決断の当面の影響と長期的な影響を最適化する。先の章で、この最適化が可能だと倫理学の理論家が信じる少なくとも三つの方法を明らかにした。簡単な言葉で言えば、計測、感知、交渉である。最初の選択肢（計測）の擁護者は次のように考える。私たちが自身に重要である存在を定義するやいなや、倫理的評価は具体的な帰結の計算へと還元される。害は最小化され、利益は最大化されるべきである。そして、基礎的な価値が正しく決定されている限り、他の考慮はその計算を妨げるべきではない。二つ目の方法（感知）の擁護者は、価値と規範の間により緊密な関係を見て取り、次のことを主張する。個人の定量化できる物質的および精神的な幸福よりも、持続する共同体の伝統や生活様式が重要である。社会の結びつきや人間存在について私たちは知識を持ち、それらを大切に思っている。そして、それらを脅かすような傾向や実践を拒否することで、私たちの選択の影響は最適化される。三つ目のアプローチ（交渉）の擁護者は、私たちの選択による個々人への結果や共同体の意義よりも、むしろ意思決定の手続きに着目する。彼らにとって重要な存在は規則と原理である。彼らは内容に関する交渉と、これらの規則と原理の適用が、意思決定の手続きを重んじる最適の仕方だとみなす。

何が決断を道徳的にするのかに関する見解もまた、少なくとも三つにまとめられる。リベラルな帰結主義の学説では、行為者自身にのみに関係する、もしくは主に行為者自身に関係する行為は打算的で道徳とは無関係だと考えられている。一方で、他者にも関係する行為は道徳的評価の対象である。共同体主義や自然法論においては、個々人の物質的な善を最大化することを目指す行為は、道徳に無関係もしくは道徳に反するとさえみなされている。一方で、道徳的な評価と称賛は集合的もしくは精神的な幸福を目指す実践に帰属する。純粋に義務論的な学説において、道徳的な基準が適用される限り、個人の目標と共同体的な目標は、どちらも二次的なものである。行為の道徳的特徴は、それが基づく規則の（普遍的もしくは合理的な）許容可能性に依存し、また行為がそれらの規則に従うことにも依存する。

（**2**節から**4**節で述べた）関連する議論と反論は、私たちの皆が持つが様々に解釈する基本的な主義主張から始まる。完全に倫理的な論拠は、許容可能な生活の質、研究や治療への人間の使用、延長された命につけられる意味、自律の味方と敵、人類の未来についての問題に対して確固たる立場を示さなければならない。ほとんどの場合、これらの基礎的な選択は、例えば生命の喪失や類推、親の責任に対処するといった、より具体的な議論に関する立場を自動的に明確にする。そして、いったんこれらの基本的な要素がまとめられるならば、規制に賛成する場合にせよ反対する場合にせよ、その論拠は可能な限り完全になるだろう。

6　難問を計測で解決しようとする

倫理学的理論と科学の発展に関する規範的見解の間にある密接な関係は、遺伝的難問の次元で前述の章の中で明確になった。伝統と発展を混ぜ合わせることは論理的に可能だろう。それは例えば、私たちが最もよく馴染んでいる生活様式は、選択とクローニングによってのみ保たれると主張することである。また、リベラルな帰結主義者の無危害の精神を規制と組み合わせることも可能である。それは、現在と未来の個人は新たな技術の使用によって身体的にも精神的にも苦しめられると主張することである。しかしながら、現実的な議論ではこれらの見解はほとんど現われない。伝統は規制と結びつく一方で、選択と幸福は寛容な方針と組み合わされる。他の二つの論理的な選択肢は仮に使用されるとしても、反論の中や、不適切に発展した形式の中で使用されるだけである。

遺伝学やそれに関連する発展を擁護する一番の正攻法は、グラバーとハリスの「合理的な明白さ」のアプローチに由来する。究極的に重要な唯一の存在は人格（つまり、自分自身と自分の存在価値を意識している存在）と、彼らが生きるに値するならば、その生命である。意思決定者としての人間は、安全であるか、自発的にその試みに参加する個人にのみ関係することは何でも行なうことが許される。人間は自分自身には何の道徳的義務も負っていない。ゆえに、もし彼らが自由にそして情報を与えられて自身を傷つけたとしても、他者が意に反して傷つけられない限り、非倫理的なことは何も生じてはいない。けれども、人間は他者に対して道徳的義務を負っている。生きるに値する人の生をつくり、保ち、改善し、延長する義務がある。これをなす最も効果的な方法は、科学的研究を促進し、それが邪魔されないことを確かめ、求められたならば被験者として参加することである。もちろん、この見解の擁護者は、他者の幸福を促進させる義務はどこまで拡張されるのか、科学がその促進にどれだけ役に立つと考えているかを決めなければならない。他者全員を助けることは望み過ぎであり、モルモットとして志願する以外に人類を助ける他の方法がある。しかし、これらの考慮は、科学の発展が妨げられるべきでないという見解の主要な点を弱体化させることはない。

「一般的な主義主張」の解釈に関して言えば、その見解は以下の結果を導く。生きるに値しない生はつくるに値しない。生きるに値する生はつくる価値がある。そして、より生きる価値がある生ほど、よりつくる価値がある。価値のあるより長い生は、より短い生よりも善い。そして、人類は健康、強さ、知力、他の具体的で測定可能な素質に関して改善されるべきである。胚はいつでも研究や治療に（親の許可があれば）使用できる。というのも、それらは人間ではなく、それゆえに重要な存在ではないからである。そして、もし処置が安全であるかまたは自発的に引き受けられるならば、人間もまた使用できる。（どちらかの条件が満たされるだけで十分である。なぜなら、人々は傷つけられないならば不平を言うことはできず、自分自身の意志が自分に起こる何事をも正当化するからである。）私たちが選択に必要とするものは、合理的な意思決定を妨げるような、感情や伝統、慣習的な規則に反対するすぐれた知的能力だけである。

より具体的な議論はどうかというと、「合理的な明白さ」の見解の擁護者は、由緒はあるが内容に乏しい特徴や態度に反対して、自分たちに味方するよう訴える。彼らによると、人々を死なせることは殺すことと同じだけ本質的に悪である。これが、未来で命を救うことを約束する科学を、発展させる義務を私たちが負っている理由である。予防と滑りやすい坂のおそれは非合理的であって、ものごとの現在のあり方に関するコミットメントを妨げるように、すべての合理的な意思決定を妨げる。類推論法の最善の使用は、許されている実践と許されていない実践の間の類似性を示し、一貫性の名のもとに、前者と同じように後者も許容されるべきだと推論することである。親は可能な限り身体的にも精神的にも最善の子どもを産む責任がある。そしてこれを達成するために、遺伝的テストを使用する自由と資格が認められるべきである。また、聾のような状態を子どもに選びたい親にはそうする法的な権利はあるが、道徳的にはその選択は批判されうる。

この見解から出てくる実践的な規範は、法的には許容されるが道徳的には要求の厳しいものである。人々は適切と思われるどのような方法でも子どもを選択する自由があるべきである。しかし、新しい個人の命の観点と（救世主きょうだいの場合では）医学的有用性の観点の両方から、可能な限り最善の子どもをつくることは道徳的義務である。同様に科学者には胚の研究を行なう法的な自由があるべきであり（なぜなら、それら胚は重要な存在ではないため）、科学者以外のすべての人々は自発的に研究の被験者となる法的な自由があるべきである（なぜなら、自発的に参加する人の権利は害されえないため）。しかし、女性は胚の研究のために卵子を提供する道徳的義務があり、すべての人は生命科学者に実験のために奉仕する道徳的義務があり、生命科学者自身は有用な研究をすることが道徳的に要求される。特別な場合として、生殖目的のヒトクローニングはその過程でつくられる（同意していない）個人が安全でない限り許されない。

それゆえ、ここで私たちは遺伝学と関連する領域の発展に賛成し、規制に反対する最初の完全な論拠を手に入れる。選択肢と方針の正不正は、人間と生きるに値する命への影響を計測することで明らかにされる。他のすべての考慮は、もともと余分であり、倫理的評価にとって必ずしも必要ではない。

7　難問を感知で解決しようとする

カスやサンデルが好む「道徳的卓越性」アプローチも、規制に賛成し発展に反対する直接的な場合を提示する。グラバーとハリスの見解とカスとサンデルの見解の比較は、表面的には、困難である。なぜなら、それらは分析と論理的整合性の価値において明確に不一致をきたしているからである。グラバーとハリスは理性や啓蒙が押す太鼓判に信頼を置く一方で、カスやサンデルはそれらを現代倫理学の浅薄さと精神的衰退の根源であるとみなす。しかしながら、これが意味するのは、相手への批判の要素として、一貫性があるもしくは欠けているという点をどちらの側も無視しようとしている、ということではない。カスは、大幅な長寿は自滅的であり、不死への願望は生存年を延ばすことでは実現されないと論じることで、これをうまく示した。どちらの論者も整合性と一貫性を評価し、それらを相手を妨害しようとする試みの中で使用する。

「道徳的卓越性」という見解の基底にある合理性は、帰結を重視した見解の基底にある合理性と比べて、科学的でも計算的でも個人主義的でもない。カスとサンデルは、私たちの生活における近代科学の重要性を否定しなかった。けれども、実践と政策を規範的に評価する役割を与えようともしなかった。特にヒトをつくることになると、彼らは生命科学者では到達できないような、伝統的なもしくは超自然的な「贈りもの」や「授かりもの」という要素を維持しようとする。集団的な考え方や共同体主義的な生活様式に含まれるこの要素が、カスやサンデルにとって道徳的に重要な存在である。可能な限り無傷でそれらを保存することが規制の最善の成果である。個々人の無制約な自由と物質的な幸福を失うことは、この思想によると、人間の尊厳と社会の連帯についての真なる道徳性のために支払う小さな対価である。

「一般的な主義主張」について論じる中で、カスとサンデルが与える解釈は、グラバーとハリスが好むものと正反対である。人の生命は選択によっては善くならない。それどころか、最良の赤ちゃんは両親に自然から贈られた赤ちゃんである。いったん生まれた以上は、医療手段を用いてその人々を健康に保つことができるし、保たなければならない。しかし、これには制限があり、それを踏み超えるべきではない。研究や治療へのヒト胚の使用は、潜在的には、その一つの制限であり、それを許容するためには十分説得力のある理由が必要とされるだろう。子どもをデザインし、つくることは生殖の「贈りもの」の側面に反するため、救世主きょうだいをつくることは慎重に考えられなければならない。人々は適切な寿命を生き続け、健康でいるべきである。しかし、尊厳と連帯が規定するのは、高次の価値を犠牲にして個人の命を伸ばしたり改善したりするという過度な試みは行なわれるべきではない、ということである。これらの高次の価値は、共同体の伝統や人類の未来についての考慮に由来し、科学の発展と商業活動から絶えず攻撃を受けている。そして、人々はこれらの攻撃に抵抗する力をつけるべきであり、何が本当に望ましいのかに意識を集中するべきである。

　カスとサンデルは伝統的な理想を擁護する。そして彼らが区別と、それと両立する理想を支持することは理に適っている。人を殺すことと人を死ぬにまかせることは別のことである。そして、私たちは苦も無く命を救うことができるときに何もしないままでいるべきではないけれども、過度な社会的義務を引き受けるべきでもない。道徳的そして社会的な帰結が何であれ、区別の撤廃は、殺人は原理的にまったく正しいということか、または私たちは常に命を救い延長させることが求められる、ということを意味する。どちらの選択肢も許容できない。予防や滑りやすい坂、現状維持については、カスとサンデルは惨めであることよりも安全であることを好み、非合理的な臆病さについての非難によって動じることはない。それらを類推することは、主に、二つの疑わしい実践が道徳的に類似している場合に、どちらも禁止されるべきであるということを意味する。自由に子どもを選ぶことを認めるという意味での生殖上の自由は、「道徳的卓越性」の見解によっては認められない。しかし、他の方法で構成される親の自律は促進され奨励さえされる。善や指示的カウンセリング、強固な同調圧力は母親や父親になろうとしている人を説得して、彼らがすべきこと、つまり遺伝的技術の使用を差し控えて自然からの授かりものとして与えられた子どもを受け取るようにさせる。これは広く普及している生命科学産業と制御されていない市場経済力に反対する、彼らの自律と尊厳の表現であるだろう。

　この見解から導かれる実践的な規範は、法的には規制的であり道徳的には保守的である。出産を考える人々は子どもを調べたり選んだりすべきではない。そして、立法者と規制者はそれを始める機会を与えるべきではない。カスとサンデルは障害や救世主きょうだいのための選択についてははっきりしないが、ヒトをデザインしてつくる事例が好意的にみなされていないように、これらの実践は好意的に見られるべきではない。幹細胞研究の結果は有益であり得るけれども、ヒト胚の機械的な使用はひどく軽蔑的であるため、幹細胞入手の他の方法が検討されるべきである。そして、胚に関する許容される研究はその利益が道徳的にも社会的にもコストに釣り合うものに制限されるべきである。デザインの究極的な形としてのクローニングは明確に禁止されるべきである。体細胞遺伝子治療は一見したところ無害な医療処置であり、したがってそれらに反論は挙がらない。しかし、体細胞遺伝子治療は生殖細胞系列の変化と遺伝的エンハンスメントへの連続性を持つため、「デザイン」や「支配」だとする非難に対して脆弱である。もちろん、人々の生活の質と適度な長寿の見込みを改善することはよいことである。しかし肉体の不死性の（傲慢な）追求は、これらのことと密接に関連するので、注意が必要とされる。

　カスとサンデルが擁護する見解は、グラバーとハリスが主張するものとは異なり、お互いの見解からときどきかなり逸脱する。幹細胞研究や体細胞遺伝子治療、寿命延長に関して言えば、サンデルはカスよりもほとんどの場合寛大である。それにもかかわらず、彼らの見解の基礎は類似している。どちらの見解も伝統的な理想に依拠する。そして、命の概念を、選んだり作ったり変更したりしうるものとは対照的に、授かりものとして強調する。

8　難問を交渉で解決しようとする

　残りの「全員の受け入れ」という見解は、遺伝的難問によって挙げられる規範的問いへの答えを親に与えない。ハーバーマスとグリーンは、普遍的規範についてのほとんどカント主義的な考えを二つの異なった方向に適用し、結果として二つの異なった結論に至った。ハーバーマスが論じるのは、すべての未来の個人をも含む全員が道徳規則の拘束力へ同意が可能でない限り、それらを正しいと認めることはできないということである。グリーンは、道徳的立法において理性的な人間の自発的な参加がその立法の普遍的妥当性を保証すると主張する。

　この学説内での重要な存在は、倫理的規則とそれらの許容可能性である。道徳性は、本来物質的な帰結や精神的な伝統に関連しているのではない。決断がなされる他の手続きと、それらの手続きを用いることの含意に関連するのである。ハーバーマスは厳格な普遍性を、科学の進歩とその規制に関する決断における明確に道徳的な次元として強調する。グリーンは、プラグマティックな観点から、科学的活動の常識的な適切さにより興味を持つ。両者とも、分析的な明晰さの必要性と概念的一貫性の必要性に同じだけの重要性を与える。

　では、「一般的な主義主張」と、このモデル内で変化したその解釈についてはどうか。ハーバーマスは、子どもは授かりものとして大切にされるべきだとして、もともと子どもに与えられて選択の対象ではないものと、子ども本人の選択や他の人の行為の結果であるものの間の区別を混乱させうるような活動に親は携わるべきではないということを強調する。このことは、彼に選択に反対する根拠を与える。というのも、遺伝的性質のために選ばれた赤ちゃんは多かれ少なかれ親の計画の一部となる、と彼は思っていたからである。興味深いことに、グリーンが対立する結論に至るためには、授かりものという考えを拒絶する必要はない。彼によれば、親の愛はほとんど常に勝るため、親は子どもがどのような方法で産まれたかには関係なく、素晴らしい授かりものだとみなすだろう。選択の後にさえ新しい個人に驚くべきことがあるだろう。親はこの予期せぬ特徴を正しく評価し、子どもはこの意外性の中に彼らの「贈られた」アイデンティティを持つ。

グリーンは、ヒトの命をより良くそしてより長くする現在のそして予測されるすべての方法（救世主きょうだいや幹細胞、遺伝子治療、遺伝的エンハンスメントを含む）を原理的には許容する。彼によれば、たとえ時には規制が必要であったとしても、理性的な人々はこれらが合意可能だと見出すだろう。ハーバーマスにとって、救世主きょうだいと生殖細胞系列への介入は疑問の余地があるものである。なぜなら、私たちは対象となる個人に先立って同意を求めることができず、彼らが私たちの行動を承認するのは当然だとはみなすことができないからである。次に、幹細胞の研究と治療は、初期の人間を尊厳なしに扱うため批判されうる。しかし、胚の使用についての意見はかなり多様であるため、ハーバーマスはこの場合の（普遍的な）道徳的結論を出すには至っていない。人々に決断する資格を与えて、人類を改良することの問題において、グリーンはグラバーとハリスに味方し、規制的な意見と予防的懸念に反対する。他方で、ハーバーマスは生物工学への強い非難と倫理的理想の衰退に直面した不安において、カスとサンデルに接近する。

どちらにも役立つ議論は、ハーバーマスとグリーンから部分的には類似し部分的には類似しない解釈を引き出す。両者とも、規則とその遵守は道徳性に勝ると信じている。規則に従う行為は意図を必要とする。そして、人を殺すことと人を死ぬにまかせることの背後にある意図は多くの部分で異なるため、ハーバーマスもグリーンも殺すことと死ぬにまかせることを区別する。そして、子どもに最善の生を望む親と望まない親の区別もなされうる。しかし、ハーバーマスの見解とグリーンの見解は生の善さについての概念が衝突することで離反する。グリーンは生の善さを生きている個人の健康と彼の子孫の中に見出し、ハーバーマスは倫理的な自己理解の維持の中に位置づける。結果として、グリーンは制御された発展を認めて変化への抵抗を拒絶し、ハーバーマスは注意を促し、すべての（まだ生まれていない人を含む）人間への敬意を要求する。

グリーンの実践的な結論は寛容的である。その結論とは、安全性と公平性の問題がない限り、検査や実験、クローニング、工学的操作、寿命延長などの有益であるものは発展させるに値するというものである。ハーバーマスが許容するのは、現存している個人の健康を回復させることを目的とした遺伝子治療と、人間の「贈られた」要素と「つくられた」要素を容易に混同しない老化を遅延する治療である。しかしながら、どのような形であれ選択やクローニング、生殖細胞系列への介入は、その知識と同意のない人をつくる方法だとして強い拒絶に直面する。

「全員の受け入れ」という見解は、少なくとも仮説的には、私たちが想定する規範に関する交渉を必要とする。そのため、寛大な「合理的な明白さ」の立場と厳格な「道徳的卓越性」の立場の両方から得た洞察と直観の理論的可能性を持つ。しかしながら、この学説は論争の両極端の立場を和解させる中間的立場としてのみみなされるのではない。この立場は、それ自体、普遍的な観念に基づいて、遺伝的難問を解明する独自の方法を明らかにするアプローチである。グリーンとハーバーマスの間の不一致によって明らかになったように、実践的な結論は「普遍性」や「全員」という中心的な概念に、どのような内容が与えられるかによって多様でありうる。

9　遺伝倫理学の方法

ヘンリー・シジウィック〔Henry Sidgwick〕は、一八七四年の『倫理学の諸方法』において、当時の道徳哲学における三つの系統の思想を定義した。同じように、私は**6**節から**8**節で要約した合理性が現代の遺伝学の倫理学、言い換えれば遺伝倫理学における三つの主要なアプローチを明らかにするということを提案する。シジウィックの時代に他の道徳的な思考法があったのとちょうど同じように、遺伝倫理学の領域にも他の思考法が存在する。しかし、遺伝的難問と人類の改良についての学術的な論争において表現されるほとんどの意見は、先に述べた三つの見解およびそのヴァリエーションに由来する。

シジウィックが区別した方法は、「教義的直観主義」、「倫理的利己主義」、「普遍的快楽主義」である。一つ目は、選択や行為の正しさを、伝統的な徳や普遍的義務、絶対的権利などの観点で言い表わされうる、広く普及している道徳的直観に従うこととと同一視した。二つ目は、すべての道徳的行為者は自分自身の善を追求する義務があるとした。三つ目は、すべての道徳的行為者は全体の善を追求する義務があるとした。グリーンやハーバーマス、カス、サンデルによって提示された多くの理念や概念は、おそらくシジウィックの分析では最終的に一つ目の「教義的直観主義」に含められるだろう。一方で、グラバーとハリスは三つ目の「普遍的快楽主義」に分類されるだろう。

その背景にある理論によって、シジウィックはいわゆる「方法」を批判的に評価しランクづけを行なった。彼は、倫理学的な理論は内的に一貫性を持つべきであり、正義（特定の状況においてある人にとって正しいことは、同じような状況にある他の人にとっても正しい）や、思慮（未来の利害は現在の利害と同じくらい重要である）、善の普遍性（普遍性という観点から、ある一人の人の善は他の一人の人の善と同じであり、比較した場合に、多数者の善は常に少数者の善よりも重要である）などのより高次の原理に合致すべきだと考えていた。これらの基準によって、教義的直観主義は、実践的な状況と衝突する規範を生じさせ、それゆえ一貫性の要求に従わないため、拒絶されうるとシジウィックは結論づけた。しかしながら、彼は倫理的利己主義と普遍的快楽主義に決定的な判断を下すことができない。というのも、両者とも正義と思慮の条件を満たしているからであり、そして個人が物事を自分自身（一人）の角度から捉えるのか、それとも普遍性（多数者）の観点から捉えるのかは合理的な議論の問題だからである。

たとえ私たちが背景にある原理の選択においてシジウィックに従ったとしても、「合理的な明白さ」、「道徳的卓越性」、「全員の受け入れ」という遺伝倫理学へのアプローチの間に同様の決定的な区別をつけることは簡単ではない。その一方で、シジウィックの功利主義的な枠組みのおかげで、グラバーとハリスが賛同する見解は彼のモデルにうまく適合するはずである。そして、正義（ある人にとって正しいことは他の人にとっても正しい）と善の普遍性（各人を一人の人として、そしてただ一人の人としてのみみなす）がうまくいく限り、彼らの見解はシジウィックの枠組みに適合する。しかし、もしここで言う帰結主義者が、間接的なリスクや累積的なダメージ、予防についての論争においてそうするように、未来の損害を代償として当面の利益を主張したならば、思慮が困難をもたらすかもしれない。一方で、徳や義務、権利に訴えることがそれぞれの学説に分離されてランダムに混ぜ合わされないならば、シジウィックが発見した教義的な日常の直観主義における一貫性のなさは消滅する。シジウィック主義的な意味での正義と思慮が、グリーンやハーバーマス、カス、サンデルの流派に問題をもたらすはずがない。正義と思慮はおそらくダブルスタンダードを擁護したりせず、いまの世代の差し迫った欲求の満足ではなく、人類の未来を明確に強調するからである。少なくともカスとサンデルは集団としての共同体の善が個人の満足に勝るという、もしかすると関連のある考えに満足するとも思われるけれども、多数者の善が少数者の善に勝るという本質的に功利主義的な考えは困難を生じさせる。一貫性の問題はすべての陣営で生じうるが、しかしその解決策は純粋な論理よりもむしろ基本的な態度と基礎となる価値に依存する。

10　遺伝的難問を対立を避けて捉える

シジウィックの原理と比べて、対立を避けた合理性概念は、遺伝倫理学への互いに矛盾するアプローチをランクづけする根拠をほとんど与えない。三つの見解には著しく一貫性を欠いたものはない。そしてその他のヴァリエーションは単なるヴァリエーションとしかみなされえない。しかし、私の研究結果の観点から見れば、このことは何を意味するのか。

もし、私が言うように、異なるアプローチ（言い換えれば、遺伝倫理学についての合理性や方法）が普遍的に等級分けも順序づけも不可能ならば、衝突する規範的見解を一つの合理的な順序に据えることもまた不可能である。そして、私たちが生殖上の選択や生殖目的のクローニング、治療目的のクローニング、遺伝子工学、大幅に生命を延長することに従事すべきかどうかをきっぱりと語る哲学的方法はない。これは次の二つの問題を提示する。哲学者でない人は正当に「それならば、この本のポイントは何か」と問うことができる。そして哲学者は「もしこのすべてが信じられうるならば、私たちは遺伝倫理学においてどんな役割を持つのか」と問うことができる。

一般の人の問いに対する答えは二つある。一つ目は、この本は哲学的倫理学の著作が提供可能な規範に関するあらゆるガイドを与える。そして、遺伝学の技術と研究、そしてそれに関連する技術と研究への主要な擁護論と反対論を、両者の長所と短所について解説しながら示している。聡明な読者は、これらに照らして、取り組んでいる活動についての自分自身の見解を明確に述べ、その活動に関する自分自身の道徳的判断を行なうことができる。二つ目は、この本は、哲学的根拠に基づいて、特定の規範に絶対的な妥当性を与えることを拒絶する。哲学的考慮は、ある議論には欠陥があり、他の議論には論争の余地があるということを示す。しかし、選択やクローニング、新しい治療の正不正について誰もが満足するような証明を与えることはできない。そのとき、この本の実践上のポイントは、読者に遺伝学およびそれに関連する技術について自分なりの判断を下すよう力を与えることであり、哲学的な著作の中に普遍的妥当性を持つ既定の答えが見つかると考えるように仕向けることではない。

　哲学者の問いへの答えは、対立を避けたアプローチは実際に、遺伝倫理学において現在広く普及している規定的なやり方と比べて、より多くの課題を明らかにする、ということである。この領域への典型的な貢献は、実践的に対立する二つの立場を記述し、それらのうちの一つが概念的に健全ではないか、もしくは情動的に許容不可能であることを示すことを目指し、そして、もう一方の立場が選ばれなくてはならないと結論づけることである。この戦略は決して本質的には誤りではないが、哲学的な分析と哲学的な反省の潜在性を十分に活用していない。もし記述された立場が可能な唯一の選択であるならば、そして、もしそれらのうちの一つが否定できないほど一貫性がないか、もしくは容認しえないならば、そしてもしもう一方が公平な分析においてもっとうまく行なうならば、結論は確かにいくらかの支持を得ている。そうは言うものの、多くの問いは答えられていないままになっている。これらだけがこの問題における可能な立場なのか、もしくは有益な代替案が他の種類の考えの中に見出されうるのか。概念的一貫性と感情的許容可能性の評価は、全員に合意可能な考えに基づいているのか、もしくはそれらは所定の倫理学的見解から生じるのか。

　様々な背景理論や規範的見解、実生活での実践のすべてが考慮されるならば、吟味される必要のある立場と事例はかなりの数にのぼる。私はこの本の中で倫理学的思考の三つの主要な方法を記述し、一つのアプローチ内の論者（グラバーとハリス、カスとサンデル、ハーバーマスとグリーン）でさえ差異があることに気づいた。帰結に基づく学説は自由を擁護し、徳に基づくモデルは禁止を支持し、規則に基づく理論は規制を促進するという一般に容認された見識を私は大部分受け入れるけれども、イデオロギーと態度の他の組み合わせも論理的には可能であるということも記しておく。先立つ章の際立った特徴は、一つの倫理的概念と一つの遺伝的もしくは医学的実践のみを同時に（親の責任と選択、合法性と聾、道具的使用と救世主きょうだい、デザインとクローニング、自発性と幹細胞、帰結と遺伝子治療、そして人生の意義と寿命延長）詳細に検証したということである。しかし私が示したように、倫理学的考慮の大多数は他の実践のほとんどへと適用できる。

　もし倫理学の三つの実行可能な方法論（帰結、徳、規則）と、三つの規範的立場（寛大、制限的、規制的）、八つの主題（第3章から第9章のテーマと遺伝的難問一般）があるならば、哲学者によって批判的に検証されうる少なくとも七十二の立場があるということが、簡単な計算でわかる。私はこれらのうちの十の立場をこの本でカバーした。残りのうちいくつかは理論的に成功の見込みがない。しかし、他の潜在的なアプローチ（例えば、ジェンダーや文化、民族性、宗教に基づいたもの）や規範的見解（例えば、規制的見解内にはかなりの数のヴァリエーションがある）、主題（技術は年々進歩している）が考慮に入れられる場合、検証すべき範囲はまた広がる。遺伝学の倫理学において哲学者は難しい問題を抱えている。

実践的な哲学者は受動的もしくは積極的に研究を行ない、どちらの計画も有用な結果を生み出しうる。一つ目のモデルでは、倫理学者は科学や医学、倫理学、立法における新しい発展について学び、それらの概念的道具立てを整理し、その事例の論理的側面と感情的側面の分析を行ない、その側面の背景的な仮定と事例についての事実から引き出される規範的結論を完成させる。グラバーやハリス、カス、サンデル、ハーバーマス、グリーンなどはこの領域で徹底的な研究を行なった。そして、この領域の著作と論文には、遺伝学の自由化への帰結に基づく擁護、遺伝学の禁止への徳に基づく正当化、そして遺伝学への規制に賛成する規則に基づく議論が実に包括的に記録されている。二つ目のモデルでは、哲学者は遺伝的難問のような倫理的に争われる問題についての他の考え方をつくり出す。これらは（前世紀末の政治哲学における自由至上主義者と共同体主義者の学説の復活のような）伝統的な哲学的概念に基づきうる。しかし、通常は両立しないと思われる要素を一つにしようと試みる小規模のテスト（例えば、帰結主義的な根拠に基づく遺伝的発展への批判）でもあり得る。遺伝的難問は多くの側面を持つ。そして、遺伝的難問を取り囲むすべての合理性について、一貫性と整合性の要求を満たしながら体系的に吟味することに、積極的な哲学者はかなり長い時間を費すだろう。私としては、遺伝倫理学の論争で触れられるが、真に徹底して追求されることがほとんどない正義の合理性について注意を向けるつもりである。

注

第1章

＊1　次の点に注意せよ。脚注のページ参照システムは、本の中の一つの章全体、一つの論文全体、もしくは本や論文の中の特定のページの、いずれを参照しているのかを示すものである。本を参照する場合、一つの章全体を参照しているときには、ページ範囲の前にコロンがあり、特定のページを参照しているときには、ページ範囲の前に「pp」（または「p.」）をつけている。論文を参照する場合、特定のページを参照するときには、全ページ範囲の後に特定のページ（例：99–100、p.97）を上げている。この本で参照したウェブサイトはすべて、二〇〇九年五月十五日にアクセスされたものである。

＊2　私はこの考えの発展をたどり、それがプラトンとアリストテレスから始まり、十八世紀から十九世紀の哲学的運動を通して、二十世紀の変わり目の優生学的プログラムへと続くことを確認した。Mätti Hayry, 2008, 'The historical idea of a better race', *Studies in Ethics, Law, and Technology* 2, Article 11 – www.bepress.com/selt/vol2/art11.

＊3　例えば、*The Francis Crick Papers* – http://profiles.nlm.nih.gov/SC/Views/Exhibit/natrrative/doublehelix.html を見よ。オリジナルは、James Watson and Francis Crick, 1953, 'Molecular structure of nucleic acids – a structure for deoxyribose nucleic acid', *Nature* 171: 737–8.

＊4　これらの事柄に関する優れた記述は、Allen Buchanan, Dan W. Brock, Norman Daniels, Daniel Wikler, 2000, *From Chance to Choice* : *Genetics and Justice*（Cambridge: Cambridge University Press）で見ることができる。

＊5　ここでのさらなる疑問は、この判断を下す社会を形成するのは誰か、ということである。私は Matti Häyry, 2009, 'Is transferred parental responsibility legitimately enforcerable?', in Frida Simonstein（ed）, *Reprogen-Ethics and the Future of Gender*（Dordrecht: Springer）: 135–49. で予備的な説明をしている。

＊6　Julian Savulescu, 2001, 'Procreative beneficence: why we should select the best children', *Bioethics* 15:413-16; cf. Matti Häyry, 2004a, 'If you must make babies, then at least make the best babies you can?', *Human Fertility* 7: 105–12.

＊7　Laura Purdy, 1995, 'Loving future people', Joan Callahan（ed.）, Reproduction Ethics and the Law（Bloomington, IN: Indiana University Press）: 300–27; Michael Freeman, 1997, *The Moral Status of Children: Essays on the Rights of Children*（The Hague: Kluwer Law International）; Peter Herissone-Kelly, 2006a, 'Procreative beneficence and the prospective parent', *Journal of Medical Ethics* 32:166–9.

＊8　Simo Vehmas, 2002, 'Is it wrong to deliberately conceive or give birth to a child with mental retardation?', *Journal of Medicine and Philosophy* 27:47-63; Michael J. Sandel, 2007, *The Case Against Perfection: Ethics in the Age of Genetic Engineering*（Cambridge, MA: The Belknap Press of Harvard University Press）, pp.45, 86.〔マイケル・サンデル『完全な人間を目指さなくてもよい理由――遺伝子操作とエンハンスメントの倫理』林芳紀・伊吹友秀訳、ナカニシヤ出版、二〇一〇年〕

＊9　Matti Häyry, 2003a, 'European values in bioethics: why, what, and how to be used?', *Theoretical Medicine and Bioethics* 24:199–214.

＊10　予防に基づいた反論は、ここで「滑りやすい坂」論法をとる。そこでは、はじめは良いことだと思われることが、他の領域で、もしくは将来に、残虐な行為を導くのではないかと疑われる。これは遺伝学の文脈ではよくあることである。というのも、介入する際にはじめに持っていた意図は、ほとんどの場合良いものであるが、その後に行なわれる実

践が新たな問題を起こす可能性があるからである。

＊11　Liza Mundy, 2002, 'A world of their own', *Washingon Post*, 31 March, p. W22; Merle Spriggs, 2002, 'Lesbian couple create a child who is deaf like them', *Journal of Medical Ethics* 28: 283; S. Baruch, D. Kaufman, and K. L. Hudson, 2008, 'Genetic testing of embryos: practices and perspectives of US in vitro fertilization clinics', *Fertility and Sterility* 89: 1053–8.

＊12　また異なる見解が Jonathan Glover（2006）で述べられている。*Choosing Children: Genes, Disability*, and Design（Oxford: Clarendon Press）, pp.6 ff., 25.

＊13　McCay Vernon, 2005, 'Fifty years of research on the intelligence of deaf and hard-of-hearing children: A review of literature and discussion of implications', *Journal of Deaf Studies and Deaf Education* 10: 225–31.

＊14　Glover, 2006, p, 23.

＊15　例えば、John Harris, 2000, 'Is there a coherent social conception of disability?', *Journal of Medical Ethics* 26:95–100; John Harris, 2001,'One principle and three fallacies of disability studies', *Journal of Medical Ethics* 27: 383–7; Tom Koch, 2001, 'Disability and difference: balancing social and physical constructions', *Journal of Medical Ethics* 27:370–6; Tom Koch, 2005, "The ideology of normalcy-the ethics of difference', *Journal of Disability Policy Studies* 16:123-9; Peter Singer, 2005, 'Ethics and disability: A response to Koch', *Journal of Disability Policy Studies* 16: 130–2.

＊16　この実践を擁護、もしくは反対する主な議論は例えば、Sally Sheldon and Stephen Wilkinson, 2004, 'Should selecting savior siblings be banned?', *Journal of Medical Ethics* 30; 533–7; Caroline Berry and Jacky Engel, 2005. 'Saviour siblings', *Christian Medical Fellowship Files* 28 – http://www.cmf.org.uk/literature/content.asp?context=&id1317.で見つけることができる。

＊17　私は、このような主張を具体的なものとするために、こう主張するすべての人が骨髄ドナーとして直ちに登録するのを見てみたい。

＊18　例えば、Ronald M. Green, 2001a, 'What does it mean to treat someone "as a means only": Rereading Kant', *Kennedy Institute of Ethics Journal* 11:247–61. を見よ。

＊19　Aldous Huxley, 1932, *Brave New World*（London: Chatto & Windus）〔オルダス・ハクスリー『すばらしい新世界〔新訳版〕』大森望訳、早川書房、二〇一七年〕; George Orwell, 1949, *Nineteen Eighty-Four*（London: Secker and Warburg）.〔ジョージ・オーウェル『一九八四年〔新訳版〕』高橋和久訳、早川書房、二〇〇九年〕

＊20　I. Wilmut, A. E. Schnieke, J. McWhir, A.J.Kind, and K. H. S. Cambell, 1997, 'Viable offspring derived from fetal and adult mammalian cells', *Nature* 385:810–13.

＊21　*Universal Declaration on the Human Genome and Human Rights*, 1997, adopted by the General Conference of UNESCO at its 29th session on 11 November 1997, §11.〔「ヒトゲノムと人権に関する世界宣言」文部科学省・国際統括官仮訳 – http://www.mext.go.jp/unesco/009/1386506.htm〕

＊22　私はこの曖昧性について以下で考察している。Matti Häyry and Tuija Takala, 200l, 'Cloning, naturalness and personhood', D.C. Thomasma, D.N. Weisstub, and C. Hervé（eds）, *Personhood and Health care*（Dordrecht: Kluwer Academic Publishers）: 281–98; Matti Häyry, 2003b, 'Deeply felt disgust – a Devlinian objection to cloning humans', B. Almond and M. Parker（eds）, *Ethical Issues in the New Genetics: Are Genes Us?*（Aldershot: Ashgate）: 55–67;Matti Häyry, 2003c, 'Philosophical arguments for and against human reproductive cloning', *Bioethics* 17: 447–59; Matti Häyry, 2004b, 'Another look at dignity', *Cambridge Quarterly of Healthcare Ethics* 13:7–14.

＊23　Tuija Takala, 2005, 'The many wrongs of human reproductive cloning', Matti Häyry, Tujija Takala, and Peter Herissone-Kelly（eds）, *Bioethics and Social Reality*（Amsterdam: Rodopi）: 53–66.

＊24　Takala, 2005, pp. 58–9.

＊25　Søren Holm, 1998, 'A life in the shadow: One reason why we should not clone humans', *Cambridge Quarterly of Healthcare Ethics* 7:160–2.

＊26　Takala, 2005, pp.61–2.

＊27　David Gurnham, 2005, "The mysteries of human dignity and the brave new world of human cloning', *Social and Legal Studies* 14:197–214.

＊28　James A. Thompson, Joseph Itskovitz-Eldor, Sander S. Shapiro, Michelle A. Waknitz, Jennifer J. Swiergiel, Vivienne S. Marshall, and Jeffrey M. Jones, 1998, 'Embryonic stem cell lines derived from human blastocysts', *Science* 282: 1145–7. 初期の議論については Søren Holm, 2002, 'Going to the roots of the stem cell controversy', *Bioethics* 16: 493-507; Søren Holm, 2003a, 'The ethical case against stem cell research', *Cambridge Quarterly of Healthcare Ethics* 12: 372-83. を見よ。

＊29　David A. Prentice and Gene Tarne 2007, 'Treating diseases with adult stem cells', *Science* 315: 328.

＊30　K. Takahashi, K. Tanabe, M. Ohnuki, M. Narita, T. Ichisaka, K. Tomoda, and S. Yamanaka, 2007, 'Induction of pluripotent stem cells from adult human fibroblasts by defined factors', *Cell* 131: 861–72; Junying Yu, Maxim A. Vodyanik, Kim Smuga-Otto, Jessica Antosiewicz-Bourget, Jennifer L. Frane, Shulan Tian, Jeff Nie, Gudrun A. Jonsdottir, Victor Ruotti, Ron Stewart, Igor I. Slukvin, and James A. Thomson, 2007, 'Induced pluripotent stem cell lines derived from human somatic cells', *Science* 318:1917–20; Søren Holm, 2008, 'Time to reconsider stem cell ethics-the importance of induced pluripotent cells', *Journal of Medical Ethics* 34:63–4.

＊31　Young Chung, Irina Klimanskaya, Sandy Becker, Tong Li, Marc Maserati, Shi-Jiang Lu, Tamara Zdravkovic, Dusko Ilic, Olga Genbacev, Susan Fisher, Ana Krtolica, and Robert Lanza, 2008, 'Human embryonic stem cell lines generated without embryo destruction', *Cell Stem* Cell 2: 113–17.

＊32　例えば Holm, 2002, p. 499. を見よ。

＊33　例えば、Adam M. Hedgecoe, 1998, 'Gene therapy', Ruth Chadwick（ed.）, *Encyclopedia of Applied Ethics* Volume II（San Diego, CA: Academic Press）: 383–90; Eric T. Juengst and Hannah Grankvist, 2007, 'Ethical issues in human gene transfer: A historical overview', Richard E. Ashcroft, Angus Dawson, Heather Draper, and John R. McMillan（eds）, *Principles of Health Care Ethics*, second edition（Chichester: John Wiley & Sons）: 789–96. を見よ。

＊34　Nell Boyce, 2001, 'Trial halted after gene shows up in semen', *Nature* 414: 677.

＊35　この変化は、世代を通じた永続的なものであるため、生殖細胞系列遺伝子治療の場合には、「親の同意」には、祖父母、曾祖父母……の同意が含まれるということを理解しなければならない。

＊36　私はこれらについて以下で考察した。Matti Häyry, 1994a, 'Categorical objections to genetic engineering – A critique', Anthony Dyson and John Harris（eds）, *Ethics and Biotechnology*（London and New York, NY: Routledge）: 202–15; Matti Häyry and Heta Häyry, 1998, 'Genetic engineering', Ruth Chadwick（ed.）, *Encyclopedia of Applied Ethics* Volume II（San Diego, CA: Academic Press）: 407–17.

＊37　例えば、Erika Check, 2003, 'Second cancer case halts gene-therapy trials', Nature 421: 305; Erika Check, 2005a, 'Gene therapy put on hold as third child develops cancer', *Nature* 433: 561; Erika Check, 2005b, 'Gene-therapy trials to restart following cancer risk review', Nature 434: 127. を

見よ。

＊38　例えば、Heta Häyry, 1994, 'How to assess the consequences of genetic engineering?', Anthony Dyson and John Harris（eds）, *Ethics and Biotechnology*（London: Routledge）: 144–56; Matti Häyry, 2007a, 'Utilitarianism and bioethics', Richard E. Ashcroft, Angus Dawson, Heather Draper, and John R. McMillan（eds）, *Principles of Health Care Ethics*, second edition（Chichester: John Wiley & Sons）: 57–64.

＊39　例えば、Leon R. Kass, 2002, *Life, Liberty, and the Defense of Dignity: The Challenge for Bioethics*（San Francisco: Encounter Books）〔レオン・カス『生命操作は人を幸せにするのか――蝕まれる人間の未来』堤理華訳、日本教文社、二〇〇五年〕; John Harris, 2003a, 'Intimations of immortality: The ethics and justice of life-extending therapies', M. D. A. Freeman（ed.）, *Current Legal Problems 2002*（Oxford: Oxford University Press）: 65–95; John Harris and Daniela Cutas, 2007, 'The ethics of ageing, immortality and genetics', Richard E. Ashcroft, Angus Dawson, Heather Draper, and John R. McMillan（eds）, *Principles of Health Care Ethics*, second edition（Chichester: John Wiley & Sons）: 797–801. を見よ。

＊40　Leonie K. Heilbronn and Eric Ravussin, 2003, 'Calorie restriction and aging: review of the literature and implications for studies in humans', *The American Journal of Clinical Nutrition* 78: 361–9.

＊41　Aubrey D. N. J. de Grey, Bruce N. Ames, Julie K. Andersen, Andrzej Bartke, Judith Campisi, Christopher B. Heward, Roger J. M. Mccarter, and Gregory Stock, 2002, 'Time to talk SENS: Critiquing the immutability of human aging', *Annals of the New York Academy of Sciences* 959: 452–62. 最もよく知られた「介入的な生物老年学者」である、オーブリー・デグレイの著作についての有益でわかりやすい説明としては Thomas Bartlett, 2005, 'The man who would murder death: A rogue researcher challenges scientists to reverse human aging', *The Chronicle of Higher Education* 52, Issue 10（28 October）: A14. を見よ。

＊42　例えば、Nick Bostrom, 2005, 'In defence of posthuman dignity', Bioethics 19: 202–14.

＊43　例えば、John Harris, 2007, Enhancing Evolution: The Ethical Case for Making Better People（Princeton: Princeton University Press）, pp. 59–71; Aubrey de Grey, 2007, 'Life span extension research and public debate: societal considerations', Studies in Ethics, Law, and Technology 1 – http://www.bepress.com/selt/vol1/iss1/art5; cf. Matti Häyry, 2007b, 'Generous funding for interventive aging research now?', Studies in Ethics, Law, and Technology 1 – www.bepress.com/selt/vol1/iss1/art13. を見よ。

＊44　Walter Glannon, 2002a, 'Extending the human life span', *Journal of Medicine and Philosophy* 27: 339–54; Walter Glannon, 2002b, 'Identity, prudential concern, and extended lives', *Bioethics* 16: 266–83; Walter Glannon, 2002c, 'Reply to Harris', *Bioethics* 16: 292–7.

＊45　Kass, 2002.

▒第2章

＊1　John Harris, 1998, *Clones, Genes, and Immortality: Ethics and the Genetic Revolution*（Oxford: Oxford University Press）; Jonathan Glover, 1999, *Humanity: A Moral History of the Twentieth Century*（London: Jonathan Cape）; Allen Buchanan, Dan W. Brock, Norman Daniels, and Daniel Wikler, 2000, *From Chance to Choice: Genetics and Justice*（Cambridge: Cambridge University Press）; Deryck Beyleveld and Roger Brownsword, 2001, *Human Dignity and Biolaw*（Oxford: Oxford University Press）; Matti Häyry, 2001a, *Playing God: Essays on Bioethics*（Helsinki: Helsinki University Press）; Leon R. Kass, 2002, *Life, Liberty, and the Defense of Dignity: The Challenge for Bioethics*（San Francisco, CA:

Encounter Books)〔カス『生命操作は人を幸せにするのか――蝕まれる人間の未来』前掲〕; Onora O'Neill, 2002, *Autonomy and Trust in Bioethics* (Cambridge: Cambridge University Press); Mary Warnock, 2002, *Making Babies: Is There a Right to Have Children?* (Oxford: Oxford University Press); Jürgen Habermas, 2003, *The Future of Human Nature*, translated by William Rehg, Max Pensky, and Hella Beister (Cambridge: Polity Press)〔ユルゲン・ハーバーマス『人間の将来とバイオエシックス』三島憲一訳、法政大学出版局、二〇〇四年〕; Nicholas Agar, 2004, *Liberal Eugenics: In Defence of Human Enhancement* (Oxford: Blackwell); John Harris, 2004, *On Cloning* (London: Routledge); Richard Weikart, 2004, *From Darwin to Hitler: Evolutionary Ethics, Eugenics, and Racism in Germany* (New York, NY: Palgrave Macmillan); Jonathan Glover, 2006, *Choosing Children: Genes, Disability, and Design* (Oxford: Clarendon Press); Andrew Stark, 2006, *The Limits of Medicine: Cure or Enhancement* (Cambridge: Cambridge University Press); Jonathan Baron, 2007, *Against Bioethics* (Cambridge MA: MIT Press); Ronald M. Green, 2007, *Babies by Design: The Ethics of Genetic Choice* (New Haven, CT: Yale University Press); John Harris, 2007, *Enhancing Evolution: The Ethical Case for Making Better People* (Princeton, NJ: Princeton University Press); Matti Häyry, 2007c, *Cloning, Selection, and Values: Essays on Bioethical Intuitions* (Helsinki: Societas Philosophica Fennica); Michael J. Sandel, 2007, *The Case Against Perfection: Ethics in the Age of Genetic Engineering* (Cambridge, MA: The Belknap Press of Harvard University Press).〔サンデル『完全な人間を目指さなくてもよい理由――遺伝子操作とエンハンスメントの倫理』前掲〕

＊2　Jonathan Glover, 1977, *Causing Death and Saving Lives* (Harmondsworth: Penguin Books); Jonathan Glover, 1984, *What Sort of People Should There Be? Genetic Engineering, Brain Control, and Their Impact on Our Future World* (New York, NY: Penguin Books)〔ジョナサン・グラバー『未来世界の倫理――遺伝子工学とブレイン・コントロール』加藤尚武・飯田隆監訳、産業図書、一九九六年〕; Glover, 1999; Glover, 2006; John Harris, 1980; *Violence and Responsibility* (London: Routledge & Kegan Paul); John Harris, 1985, *The Value of Life: An Introduction to Medical Ethics*, (London: Routledge); John Harris, 1992, *Wonderwoman and Superman: The Ethics of Human Biotechnology* (Oxford: Oxford University Press); Harris, 1998; Harris, 2004; Harris, 2007.

＊3　Leon R. Kass, 1985, *Toward a More Natural Science: Biology and Human Affairs* (New York, NY: The Free Press); Leon R. Kass, 1994, *The Hungry Soul: Eating and the Perfecting of Our Nature* (New York, NY: The Free Press); Leon R. Kass and James Q. Wilson, 1998, *The Ethics of Human Cloning* (Washington, DC: The American Enterprise Institute); Leon R. Kass and Amy A. Kass, 2000, *Wing to Wing, Oar to Oar: Readings on Courting and Marrying* (Notre Dame, IN: University of Notre Dame Press); Kass, 2002; Leon R. Kass, 2003, *The Beginning of Wisdom: Reading Genesis* (New York, NY: Free Press); Michcael J. Sandel, 1982, *Liberalism and the Limits of Justice* (Cambridge: Cambridge University Press)〔マイケル・サンデル『リベラリズムと正義の限界』菊池理夫訳、勁草書房、二〇〇九年〕; Michael J. Sandel, 1996, *Democracy's Discontent: America in Search of a Public Philosophy* (Cambridge, MA: Harvard University Press)〔マイケル・サンデル『民主政の不満――公共哲学を求めるアメリカ（上・下）』金原恭子・小林正弥監訳、勁草書房、二〇一〇－二〇一一年〕; Michael J. Sandel, 2005a, *Public Philosophy: Essays on Morality in Politics* (Cambridge, MA: Harvard University Press)〔マイケル・サンデル『公共哲学――政治における道徳を考える』鬼澤忍訳、筑摩書房、二〇一一年〕; Sandel, 2007.

＊4　Jürgen Habermas, 1984–87, *The Theory of Communicative Action* Volumes I-II, translated by Thomas McCarthy (Cambridge: Polity Press)〔ユルゲン・ハーバーマス『コミュニケイション的行為の理論（上・中・下）』河上倫逸／M・フーブリヒト／平井俊彦訳、未來社、一九八五–一九八七年〕; Jürgen Habermas, 1990, *Moral Consciousness and Communicative Action*, translated by Christian Lenhardt and Shierry Weber Nicholsen (Cambridge, MA: MIT Press)〔ユルゲン・ハーバーマス『道徳意識とコミュニケーション行為』三島憲一・中野敏男・木前利秋訳、岩波書店、二〇〇〇年〕; Jürgen Habermas, 1993, *Justification and Application: Remarks on Discourse Ethics*, translated by Ciaran Cronin (Cambridge: Polity Press)〔ユルゲン・ハーバーマス『討議倫理』清水多吉・朝倉輝一訳、法政大学出版局、二〇〇五年〕; Habermas, 2003; Ronald M. Green, 2001b, *The Human Embryo Research Debates: Bioethics in the Vortex of Controversy* (New York, NY: Oxford University Press); Green, 2007.

＊5　例えば、Jeremy Bentham, 1982, J. H. Burns and H. L. A. Hart (eds), *An Introduction to the Principles of Morals and Legislation* [1789] (London: Methuen).〔ベンサム『「功利主義の原理について」ほか『立法と道徳の原理序説』より』江藤貴紀訳、ＡＩＣＪ出版、二〇一二年、第一章から第三章まで収録〕

＊6　Aristotle, 1982, *Nichomachean Ethics* (Cambridge, MA: Harvard University Press).〔アリストテレス『ニコマコス倫理学（上・下）』渡辺邦夫・立花幸司訳、光文社古典新訳文庫、二〇一五–二〇一六年〕

＊7　例えば、Immanuel Kant, 1994, *Ethical Philosophy* [*Grundlegung zur Metaphysik der Sitten* 1785a and *Metaphysische Anfangsgründe der Tugendlehre* 1797a], translated by J. W. Ellington, second edition (Indianapolis, IN: Hackett Publishing Company)〔カント『人倫の形而上学の基礎づけ』〈カント全集7〉坂部恵・伊古田理・平田俊博訳、岩波書店、二〇〇〇年、カント『人倫の形而上学』〈カント全集11〉樽井正義・池尾恭一訳、岩波書店、二〇〇二年、徳論のみ〕; Immanuel Kant, 1999, *Metaphysical Elements of Justice* [*Metaphysische Anfangsgründe der Rechtslehre* 1797b], translated by J. Ladd, second edition (Indianapolis, IN: Hackett Publishing Company).〔カント『人倫の形而上学』前掲、法論のみ〕

＊8　Tuija Takala, 2003, 'Utilitarianism shot down by its own men?', *Cambridge Quarterly of Healthcare Ethics* 12: 447-54; Matti Häyry, 2007a, 'Utilitarianism and bioethics', Richard E. Ashcroft, Angus Dawson, Heather Draper, and John R. McMillan (eds); *Principles of Health Care Ethics*, second edition (Chichester: John Wiley & Sons): 57–64.

＊9　ヴァリエーションも含めたこのタイプのアプローチの擁護者には、少なくともＪ・Ｊ・Ｃ・スマート、Ｒ・Ｍ・ヘア、ピーター・シンガー、ジュリアン・サヴァレスキュが含まれる。私のいくつかの著作はこの学派とつながっている。とはいえ、より近年の研究では「もし私のしたいことができないのならば、それはなぜか」という異なる根本的な問いを強調している。ジョエル・ファインバーグとロバート・ノージックの貢献はこの発展における重要な洞察を私に与えた。以下も見よ。J. J. C. Smart, 1973, 'An outline of a system of utilitarian ethics' [1961], reprinted in J. J. C. Smart and Bernard Williams (eds), *Utilitarianism: For and Against* (Cambridge: Cambridge University Press); R. M. Hare, 1975, 'Abortion and the Golden Rule', *Philosophy & Public Affairs* 4:201–22〔リチャード・マーヴィン・ヘア「妊娠中絶と黄金律」奥野満里子訳、『妊娠中絶の生命倫理学』江口聡編・監訳、勁草書房、二〇一一年〕; R. M. Hare, 1981, *Moral Thinking: Its Levels, Method and Point* (Oxford: Clarendon Press)〔リチャード・マーヴィン・ヘア『道徳的に考えること——レベル・方法・要点』内井惣七・山内友三郎監訳、勁草書房、一九九四年〕; Peter Singer, 1979, *Practical Ethics* (Cambridge: Cambridge

University Press)〔ピーター・シンガー『実践の倫理　第二版』山内友三郎・塚崎智監訳、一九九九年〕; Julian Savulescu, 1998a, 'Consequentialism, reasons, value and justice', *Bioethics* 12: 212–35; Joel Feinberg, 1967, 'The forms and limits of utilitarianism', *Philosophical Review* 76: 368–81; Joel Feinberg, 1984–88, *The Moral Limits of the Criminal Law Volumes* 1-IV (Oxford: Oxford University Press); Robert Nozick, 1974, *Anarchy, State, and Utopia* (Oxford: Blackwell).〔ロバート・ノージック『アナーキー・国家・ユートピア――国家の正当性とその限界』嶋津格訳、木鐸社、一九九五年〕

＊10　倫理学における「合理的な明白さ」の見解への反対者には、とりわけ一般的にエリザベス・アンスコム、バーナード・ウィリアムズ、フィリッパ・フット、アン・マクレーン、オノラ・オニール、ジェニファー・ジャクソンが含まれる。以下も見よ。Elizabeth Anscombe, 1970, 'War and murder', Richard A. Wasserstrom (ed.), *War and Morality* (Belmont, CA: Wadsworth Publishing): 42–53; Bernard Williams, 1973a, 'A critique of utilitarianism', J. J. C. Smart and Bernard Williams (eds), *Utilitarianism: For and Against* (Cambridge: Cambridge University Press); Philippa Foot, 1978, *Virtues and Vices and Other Essays in Moral Philosophy* (Berkeley, CA: University of California Press); Philippa Foot, 2001, *Natural Goodness* (Oxford: Clarendon Press)〔フィリッパ・フット『人間にとって善とは何か――徳倫理学入門』高橋久一郎監訳、筑摩書房、二〇一四年〕; Philippa Foot, 2002, *Moral Dilemmas: And Other Topics in Moral Philosophy* (Oxford: Clarendon Press); Anne Maclean, 1993, *The Elimination of Morality: Reflections on Utilitarianism and Bioethics* (London: Routledge); Onora O'Neill, 2002, *Autonomy and Trust in Bioethics* (Cambridge: Cambridge University Press); Jennifer Jackson, 2006, *Ethics in Medicine* (Cambridge: Polity Press).

＊11　Glover, 1977; Harris, 1992.　Glover (2006) と Harris (2007) は両方とも、遺伝的難問の側面を持つ、より最近の著作である。しかし、彼らの理論的立場（これらは新しい著作でも変わらず残されている）は引用された（以前の）研究において最もよく示されている。

＊12　Glover, 1977, p. 84.

＊13　Harris, 1992, pp. 35, 40–3, 46, 146.

＊14　Glover, 1977, p. 84.

＊15　Glover, 1977, p. 25.

＊16　Glover, 1977, pp. 25–6.

＊17　Harris, 1992, p. 5.

＊18　例えば、Häyry, 2001a, pp. 64–78. を見よ。

＊19　この定式化はほとんど Glover, 1977. に基づいている。グラバー自身のより近年の著作で判断すると、彼の見解は同じままである。ハリスの見解は、一般的な記述においてはこれとほとんど差異がない。

＊20　Glover, 1977, p. 52.

＊21　Harris, 1985, pp. 15–19.

＊22　Glover, 1977, pp. 53–4.

＊23　Glover, 1977, pp. 78–83.

＊24　Glover, 1977, p. 116.

＊25　Glover, 1977, pp. 69–70, 140; cf. Harris, 1992, pp. 176–7.

＊26　Harris, 1992, p. 71.

＊27　Glover, 1977, pp. 140–2.

＊28　Glover, 1977, pp. 54–7.

＊29　Glover, 1977, p. 140

＊30　Glover, 1977, p.147; Harris, 1992, pp. 71–2.

＊31　Glover, 1977, pp. 145–8.

＊32　Glover, 1977, p. 56.

＊33　Cf. Häyry, 2007a.

＊34　例えば、Leon Eisenberg, 2003, 'Life, liberty, and the defense of dignity: The challenge for bioethics'（book review）, *The New England Journal of Medicine* 348: 766–8; Carson Strong, 2005, 'Lost in translation: Religious arguments made secular', *American Journal of Bioethics* 5: 29–31.

＊35　Kass, 2002, pp. 86, 114; Sandel, 2007, pp. 92–5.

＊36　Mare D. Guerra, 2003, 'Life, liberty, and the defense of human dignity: The challenge for bioethics'（book review）, First Things, February – http://www.firstthings.com/article.php3?id_article=429.

＊37　Kass, 2002, pp. 57–65.

＊38　Kass, 2002, p. 16.

＊39　Kass, 2002, pp. 16–17.

＊40　Kass, 2002, p. 17.

＊41　Kass, 2002, pp. 149–53. Cf. Häyry, 2007c, pp. 57–73.

＊42　Kass, 2002, pp. 19, 155–7.

＊43　Kass, 2002, p. 157.

＊44　Kass, 2002, p. 156. 少なくとも、これはカスが言っていると私が考えていることである。同じページに、私が完全には理解できなかった文章がある。「私たちはそれを知ろうが知るまいが、性的能力があるかぎり、自分の性器を使うことによって、自らの消滅に賛成の意思表示をしている。産卵のために川をさかのぼり、死んでいくサケは、ある普遍的な事柄を明らかにしている。すなわち性は死と密接に関係し、生殖によって死に対する部分的な回答を示しているのだ」〔カス『生命操作は人を幸せにするのか――蝕まれる人間の未来』前掲〕。性が生殖を導き、生殖がある種の不死性を導く。それゆえ、これが「部分的な答え」を少し説明している、ということは理解できる。しかし、「自分の性器を使うことによって、自らの消滅に賛成の意思表示をしている」のか。性と死の間に因果関係はあるのか。性を持たない人は長生きするのか。ここで明らかなことを私は見落としているのだろうか。

＊45　Kass, 2002, p. 53.

＊46　Kass, 2002, p. 22.

＊47　Kass, 2002, pp. 159–61.

＊48　Kass, 2002, pp. 19–20.

＊49　Kass, 2002, pp. 21–2. Francis Fukuyama, 2002, *Our Posthuman Future: Consequences of the Biotechnology Revolution*（London: Profile Books）〔フランシス・フクヤマ『人間の終わり――バイオテクノロジーはなぜ危険か』鈴木淑美訳、ダイヤモンド社、二〇〇二年〕も見よ。

＊50　Sandel, 2007, pp. 6–9.

＊51　Sandel, 2007, p. 9.

＊52　Sandel, 2007, pp. 9–10.

＊53　Sandel, 2007, p. 24.

＊54　Sandel, 2007, p. 29.

＊55　Sandel, 2007, pp. 26–9.

＊56　Sandel, 2007, pp. 45, 86.

＊57　Sandel, 2007, p. 85.

＊58　Sandel, 2007, pp. 96, 97–100.

＊59　Sandel, 2007, p. 86.

＊60　Sandel, 2007, pp. 89–92.

＊61　Habermas, 1990, p. 65.

＊62　Habermas, 1990, pp. 130, 207; Habermas, 1993, pp. 31, 37, 83–4.

＊63　Habermas, 2003, pp. 29–37.

＊64　Habermas, 2003, pp. 20, 39.

＊65　Habermas, 2003, pp. 31–2, 36.

＊66　Habermas, 2003, p. 25.

＊67　Habermas, 2003, pp. 29, 42, 56–8.

＊68　Habermas, 2003, pp. 43–4, 52, 57–8, 63–4, 73–4.

＊69　Habermas, 2003, pp. 56–8.

＊70 Habermas, 2003, p. 60.
＊71 Habermas, 2003, pp. 54–7.
＊72 Habermas, 2003, p. 39.
＊73 Ronald M. Green, 2005, 'New challenges of genetics and ethics' – www.dartmouth.edu/~ethics/resources/elsi2005.html.
＊74 Habermas, 1990, p. 65.
＊75 Green, 2007.
＊76 Green, 2007, p. 114.
＊77 Green, 2007, p. 116.
＊78 Green, 2007, p. 114.
＊79 Green, 2007, p. 115.
＊80 Green, 2007, pp. 104–6; Nick Bostrom and Toby Ord, 2006, 'The reversal test: Eliminating status quo bias in applied ethics', *Ethics* 116: 656–79.
＊81 Green, 2007, p. 104; quoting Bostrom and Ord, 2006（強調はハユリュ）.
＊82 Green,2007, p. 216（強調は除いた）.
＊83 Green, 2007, p. 218（強調は除いた）.
＊84 Green, 2007, p. 223（強調は除いた）.
＊85 Green, 2007, p. 225（強調は除いた）.
＊86 Green, 2007, p. 216.
＊87 Green, 2007, p. 217.
＊88 Green, 2007, p. 218.
＊89 Green, 2007, p. 224.
＊90 密接に関係する分野における類似点は、遺伝学、バイオテクノロジー、生殖において何が許容かを法的に定める文脈で、マーガレット・ブレイジャーとエマ・ケーヴによって簡潔に表わされている。「しかし、とりわけ、道徳的論争ではそれぞれの側が、自分たちは正しく、相手は取り返しがつかないほどに不正であると確信している。今日の多くの倫理的論争では、議論の余地がないほど正しいと受け入れられるものはないということが、見過ごされがちである。立法者の問いとは、正しい答えを探したり、道徳的な一致に達したりすることではない。それは、リベラルで民主主義的な社会の中で、そのような一致なくどのように立法されうるのかを決めることである。この課題を回避することは、科学者に彼らが適切だとみなすことをする行動の自由を与えることである。後知恵で彼らを批判することは、不公平であり非生産的でもある。神学者、倫理学者、弁護士、（実際には）すべての市民は、これらの厄介な道徳的ジレンマに対処しなければならない。そして、おそらく妥協する準備もできているだろう。」Margaret Brazier and Emma Cave, 2007, *Medicine, Patients and the Law*, fourth edition（London: Penguin Books）, p. 68. 哲学的な角度からの多元論の可能性については、Archard（ed.）, 1996, *Philosophy and Pluralism*（Cambridge: Cambridge University Press）. を見よ。
＊91 Glover, 1977, pp. 25, 84; Harris, 1992, pp. 35, 40–3, 46, 146.
＊92 Kass, 2002, pp. 57–65; Sandel, 2007, p. 9.
＊93 Soren Holm, 2003b, “Parity of reasoning” argument in bioethics–some methodological considerations', Matti Häyry and Tuija Takala (eds), *Scratching the Surface of Bioethics*（Amsterdam: Rodopi）: 47–56. を見よ。
＊94 この分析は、世界のあり方と世界の現われ方を同一視している。少なくとも物理世界は私たちがどう考えるかにかかわらずあるがまま存在する、と論じる人がいる。そして、これはおそらく正しいだろう。しかしながら、ここで提示している定義は、道徳性の文脈における合理性の定義である。そして、私が見る限り、道徳性は物理学に還元できない。したがって、物理学的な説明とその正当化だけではなく、精神的なもの（など）の相対的な妥当性を仮定することで、この複雑性はよりよく扱うことができる。

＊95　例えば、John Rawls, 1972, *A Theory of Justice*（Oxford: Oxford University Press）〔ジョン・ロールズ『正義論』川本隆史・福間聡・神島裕子訳、紀伊國屋書店、二〇一〇年〕; John C. Harsanyi, 1978, 'Bayesian decision theory and utilitarian ethics', *The American Economic Review* 68: 223–8. を見よ。

＊96　明確にこの回避策を取った論者の一人が Harris, 1992, p. 5. である。しかし、Glover, 2006、Kass, 2002、Sandel, 2007、Green, 2007 の理論的仮定を引き出すのはかなり面倒なことでもある。唯一 Habermas, 2003 が選んだ六人の論者の中で、遺伝学の倫理学の論文において、自身の基礎的な倫理的見解を明確に知らせた唯一のものである。

＊97　Nelson Goodman, 1955, *Fact, Fiction, and Forecast*（Cambridge, MA: Harvard University Press）, pp. 65–8.〔ネルソン・グッドマン『事実・虚構・予言』雨宮民雄訳、勁草書房、一九八七年〕

＊98　Rawls, 1972, pp. 20, 48–51, 120,432.

＊99　Ronald Dworkin, 1989, 'The original position', Norman Daniels（ed.）, *Reading Rawls: Critical Studies on Rawls' 'A Theory of Justice'* [1975]（Stanford, CA: Stanford University Press）, pp. 16–53, 29.

＊100　Rawls, 1972.

＊101　Rawls, 1972, pp. 567–77; cf. Dworkin, 1989, pp. 22–3.

＊102　B. Freedman, 1987, 'Equipoise and the ethics of clinical research', *The New England Journal of Medicine* 317: 141–5.

＊103　Henry Sidgwick, 1907, *The Methods of Ethics* [1874], seventh edition（London: Macmillan）. Matti Häyry, 1994b, *Liberal Utilitarianism and Applied Ethics*（London: Routledge）, pp. 50–3.

■第3章

＊1　「正常」というのはここでは、親の観点から見て、「平均である」とか「他のすべての人と同じような」ということを意味している。何らかの価値が含まれることを意図してはいない。

＊2　Plato, 2007, *The Republic*, translated by Desmond Lee（Harmondsworth: Penguin Books）, V 457d–466d〔プラトン『国家（上・下）』藤沢令夫訳、岩波書店、一九七九年〕: Aristotle, 1981, *The Politics*, translated by T. A. Sinclair（Harmondsworth: Penguin Books）, VII 16 1335.〔アリストテレス『政治学』山本光雄訳、岩波書店、一九六一年〕

＊3　Immanuel Kant, 1999, *Metaphysical Elements of Justice* [1797b], translated by John Ladd（Indianapolis, IN: Hackett Publishing Company）, p. 143.〔カント『人倫の形而上学』前掲、法論のみ〕

＊4　Jeremy Bentham, 1931, *The Theory of Legislation*, C. K. Ogden（ed.）（London: Kegan Paul）, pp. 437, 479.

＊5　例えば、Nuffield Council on Bioethics, *Critical Care Decisions in Fetal and Neonatal Medicine: Ethical Issues* – http://www.nuffieldbioethics.org/go/ourwork/neonatal/publication_406.html; Michael Tooley, 1985, *Abortion and Infanticide*（New York, NY: Oxford University Press）; Helga Kuhse and Peter Singer, 1985, *Should the Baby Live? The Problem of Handicapped Infants*（Oxford: Oxford University Press）; John Harris, 1985, *The Value of Life: An Introduction to Medical Ethics*（London: Routledge and Kegan Paul）. を見よ。

＊6　例えば、Rosamond Rhodes, 1999, 'Abortion and assent', *Cambridge Quarterly of Healthcare Ethics* 8: 416–27; Matti Häyry, 2001b, 'Abortion, disability, assent and consent', *Cambridge Quarterly of Healthcare Ethics* 10: 79–87; Simo Vehmas, 2001, 'Assent and selective abortion: A response to Rhodes and Häyry', *Cambridge Quarterly of Healthcare Ethics* 10: 433–40.

＊7　例えば、Christian Munthe, 1999, *Pure Selection: The Ethics of Preimplantation Genetic Diagnosis and Choosing Children without Abortion*（Gothenburgh: Acta Universitatis Gothoburgensis）.

＊8　例えば、Matti Häyry, 2008, 'The historical idea of a better race', *Studies in Ethics, Law, and Technology* 2, Article 11 – www.bepress.com/selt/vol2/iss1/art11. を見よ。

＊9　例えば、Antonio Cao, Maria Cristina Rosatelli, Giovanni Monni, and Renzo Galanello, 2002, 'Screening for thalassemia: A model of success', Obstetrics and Gynecology Clinics of North America 29: 305–28. を見よ。

＊10　Häyry, 2008. を見よ。

＊11　Plato, 2007, V 457d–466d.

＊12　例えば、Cao *et al.*, 2002; cf. Rogeer Hoedemaekers and Henk ten Have, 1998, 'Geneticization: The Cyprus paradigm', *The Journal of Medicine and Philosophy* 23: 274–87; Barbara Prainsack and Gil Seagal, 2006, 'The rise of genetic couplehood? A comparative view of premarital genetic testing', *Bio Societies* 1: 17–36.

＊13　Aristotle, 1991, *History of Animals Volumes* VII–X, translated by D. M. Balme (Cambridge: Loeb Classical Library), VII 3 583b.〔アリストテレス『動物誌（上・下）』島崎三郎、岩波書店、一九九八－一九九九年〕

＊14　Aristotle, 1981, VII 16 1335.

＊15　この絡み合った考えを解きほぐすことは、必ずしも簡単なことではない。例えば、Matti Häyry, 2005a, 'The tension between self-governance and absolute inner worth in Kant's moral philosophy', Journal of Medical Ethics 31: 645–7. を見よ。

＊16　Kant, 1999, pp. 87–91, 143.

＊17　Kant, 1999, pp. 91–3; Immanuel Kant, 1887, *The Philosophy of Law: An Exposition of the Fundamental Principles of Jurisprudence as the Science of Right* [1796], translated by W. Hastie (Edinburgh: T. and T. Clark) – htttp://oll.libertyfund.org/?option=com_staticxt&staticfile=show.php%3Ftitle=359&chapter=55777&layout=html&Itemid=27.

＊18　Kant, 1999, p. 143.

＊19　Kant, 1999, pp. 143–4.

＊20　Kant, 1999, p. 93.

＊21　Kant, 1999.

＊22　John Stuart Mill, 1869, *On Liberty* [1859], fourth edition (London: Longman, Roberts & Green) – http://www.bartleby.com/130/5.html.〔ミル『自由論』斉藤悦則訳、光文社、二〇一二年〕

＊23　子どもの最善の利益に関係するイギリスの法律については、例えば、Margaret Brazier and Emma Cave, 2007, *Medicine, Patients and the Law*, fourth edition (London: Penguin Books), pp. 375–407. を見よ。親の責任に関するミルの考えを支持する議論が、Onora O'Neill, 2002, *Autonomy and Trust in Bioethics* (Cambridge: Cambridge University Press), pp. 62ff. に存在する。それは、おそらく意外なことかもしれない（というのも、ミルの哲学は功利主義であり、オニールはカント主義であり、学説が異なっているから）。

＊24　この責任の範囲について私は、Matti Häyry, 2009c, 'Is transferred parental responsibility legitimately enforceable?', in Frida Simonstein (ed.), *Reprogen-Ethics and the Future of Gender* (Dordrecht: Springer): 135–49. で研究した。

＊25　この見解は様々な形で支持されている。Leon R. Kass, 2002, *Life, Liberty, and the Defense of Dignity: The Challenge for Bioethics* (San Francisco, CA: Encounter Books)〔カス『生命操作は人を幸せにするのか――蝕まれる人間の未来』前掲〕; Jürgen Habermas, 2003, *The Future of Human Nature*, translated by William Rehg, Max Pensky, and Hella Beister (Cambridge: Polity Press)〔ハーバーマス『人間の将来とバイオエシックス』前掲〕; and Michael J. Sandel, 2007, *The Case Against Perfection: Ethics in the Age of Genetic Engineering* (Cambridge, MA: The Belknap Press of Harvard University Press)〔サンデル『完全な人間を

目指さなくてもよい理由――遺伝子操作とエンハンスメントの倫理』前掲〕. 私はこの見解を、彼らとは異なるやり方で示している。そこでは、より意識的に、「尊厳」、「連帯」と「予防」の原則（もしくは価値）が体系的に組み合わされている。

＊26 「自律」、「無危害」、「善行」、「正義」は、生命倫理のよく知られた原則だが、それ以外の選択肢として（または、それを補うものとして）挙げられる、これらの価値については、例えば、Matti Häyry, 2003a, 'European values in bioethics: why, what, and how to be used?', *Theoretical Medicine and Bioethics* 24: 199–214; 2007c, *Cloning, Selection, and Values: Essays on Bioethical Intuitions* (Helsinki: Societas Philosophica Fennica), pp. 153–77; and (with Tuija Takala), 2007, 'American principles, European values, and the mezzanine rules of ethical genetic data banking', Matti Häyry, Ruth Chadwick, Vilhjálmur Árnason, and Gardar Árnason (eds), *The Ethics and Governance of Human Genetic Databases: European Perspectives* (Cambridge: Cambridge University Press), pp. 14-36. を見よ。

＊27 Ronald M. Green, 2007, *Babies by Design: The Ethics of Genetic Choice* (New Haven, CT: Yale University Press), pp. 114–16.

＊28 もしくは、「目が見える子どもや、耳の聞こえる子どもを産むことが可能である場合に、その代わりに盲や聾の子どもを産むことは悪いことだ」と言われる。Julian Savulescu, 2001, 'Procreative beneficence: why we should select the best children', *Bioethics* 15: 413–26, p. 423. 〔ジュリアン・サヴァレスキュ「生殖の善行――私たちが最善の子どもを選ぶべき理由」澤井努訳、『いのちの未来 = The Future of Life』1巻、京都大学大学院人間・環境学研究科共生人間学専攻カール・ベッカー研究室、二〇一六年〕

＊29 Sandel, 2007, pp. 26–9, 45, 85–6, 89–92, 96–100.

＊30 サンデルの定式化では、子どもも、この尊大さと重荷を共有しているように思われる。しかし、私が思うに、親だけについて考えれば議論はよりスムーズに進む。もちろん、子ども自身も親になるのであり、その場合には、彼らも再び議論に含まれることになる。

＊31 例えば、Hans Jonas, 1984, *The Imperative of Responsibility: In Search of Ethics for the Technological Age* [1979] (Chicago, IL: University of Chicago Press). 〔ハンス・ヨナス『責任という原理――科学技術文明のための倫理学の試み』加藤尚武監訳、東信堂、二〇一〇年〕

＊32 これが、どのようにしてドイツにおける生命倫理の考え方の基礎となっているか、という点については例えば、Eric Brown, 2004, 'The dilemmas of German bioethics', *The New Atlantis* Nr 5, Spring, pp. 37–53 – http://www.thenewatlantis.com/publications/the-dilemmas-of-german-bioethics. を見よ。

＊33 Habermas, 2003, pp. 25, 29, 42–4, 52, 56–8, 63–4, 73–4.

＊34 この見解の一つのバージョンが、Green, 2007 で擁護されている。

＊35 Rhodes, 1999.

＊36 ローズは女性について論じているが、その分析の多くは、当然のことではあるが、子どもをつくろうとしている男性にも拡張できる。

＊37 Rhodes, 1999, p. 418.

＊38 Rhodes, 1999, p. 426 n. 20.

＊39 Rhodes, 1999; cf.Hayry, 2001b; Vehmas, 2001.

＊40 Peter Herissone-Kelly, 2006a, 'Procreative beneficence and the prospective parent', *Journal of Medical Ethics* 32: 166–9.

＊41 Herissone-Kelly, 2006a, p. 167.

＊42 Herissone-Kelly, 2006a, p. 168.

＊43 Herissone-Kelly, 2006a, pp. 167–8.

＊44 Herissone-Kelly, 2006a, p. 168.

＊45 Herissone-Kelly, 2006a, p. 167.

＊46 Herissone-Kelly, 2006a, p. 168.

＊47 Herissone-Kelly, 2006a, p. 169.

＊48 ここで興味深い問題は、公的機関が、より良い人生を持つことになる胚を選択する義務を持っており（少なくともそう言ってもよく）、親がそれらの胚を無視する義務を持っている（少なくともそう言ってもよい）とするなら、公的な意思決定者と私的な意思決定者はどういった関係になるのか。「外在的な観点に方向づけられた」国が、優生学的な影響をもたらすことで、親が選択することが困難になったり、さらには不可能なものになるのか。優生学と遺伝学の類似点と相違点については、例えば、Merryn Ekberg, 2007, 'The old eugenics and the new genetics compared', Social History of Medicine 20: 581–93. を見よ。

＊49 Savulescu, 2001. Julian Savulescu, 2005, 'New breeds of humans: the moral obligation to enhance', *Ethics, Law and Moral Philosophy of Reproductive Biomedicine* 1: 36–9. も見よ。概して同じ見方は、Jonathan Glover, 2006, *Choosing Children: Genes, Disability, and Design*（Oxford: Clarendon Press）; and John Harris, 2007, *Enhancing Evolution: The Ethical Case for Making Better People*（Princeton, NJ: Princeton University Press）. にも支持されている。サヴァレスキュとハリスの見解では、規範的な事柄について、どこが類似していて、どこが異なっているのかは、例えば、Julian Savulescu, 1998a, 'Consequentialism, reasons, value and justice', Bioethics 12: 212–35; John Harris, 1999a, 'Justice and equal opportunities in health care', *Bioethics* 13: 392–404; Julian Savulescu, 1999, 'Desire-based and value-based normative reasons', *Bioethics* 13: 405–13. を見よ。

＊50 このリストは、詳細なものであることや、排他的であることが意図されたものではない。これは、Savulescu（2001）が、親の選択において考慮に入る可能性があると考えた要素の多様さを示すことを意図したにすぎない。

＊51 「モーツァルト性」は Savulescu, 2001, p.418 に含まれている。

＊52 Savulescu, 2001, p. 417.

＊53 Savulescu, 2001, pp. 423–4.

＊54 Savulescu, 2001, p. 415.

＊55 サヴァレスキュはこの要求をはっきりと述べたわけではない。しかし、本書の第2章**2**節において、私は、サヴァレスキュの仲間の帰結主義者である、グラバーやハリスの見解をもとにこのように推定した（なおかつ、これは正当化される推定であることを願うが）。

＊56 Savulescu, 2001, p. 414.

＊57 Savulescu, 2001, p. 414.

＊58 Savulescu, 2001, p. 415.

＊59 人を生まれさせることに反対するための、興味深い論拠が、David Benatar, 2006, Better Never to Have Been: The Harm of Coming into Existence（ Oxford Clarendon Press）〔デイヴィッド・ベネター『生まれてこない方が良かった——存在してしまうことの害悪』小島和男・田村宜義訳、すずさわ書店、二〇一七年〕で示されている。

＊60 Savulescu, 1998a; Julian Savulescu, 1998b, 'The present-aim theory: a submaximizing theory of reasons', *Australasian Journal of Philosophy* 76: 229–43; Savulescu, 1999; Savulescu, 2001.

＊61 Savulescu, 1998b, p. 239.

＊62 Savulescu, 1998b, p. 231; Savulescu, 2001, p. 417.

＊63 Savulescu, 1998b, p. 240.

＊64 Savulescu, 2001, p. 415.

＊65 これをはっきりした道徳的義務にするような見解については、William Godwin, 1985, *Enquiry Concerning Political Justice and its Influence on Modern Morals and Happiness* [1793], I. Kramnick（ed.）（Harmondsworth: Penguin Books）, p. 170.〔ゴッドウィン『政治的正義』〈世界大思想全集17〉加藤一夫訳、春秋社、一九三〇年〕を見よ。

＊66 Savulescu, 1998b, p. 240.

＊67　同様の見解については、John Harris, 1992, *Wonderwoman and Superman: The Ethics of Human Biotechnology* (Oxford: Oxford University Press), p. 116. を見よ。
＊68　Savulescu, 1998b, p. 242.
＊69　この言葉を彼が使っているわけではない。
＊70　Savulescu, 2001, p. 421.
＊71　Savulescu, 2001, p. 424–5.
＊72　Savulescu, 2001, p. 425.
＊73　Savulescu, 2001, p. 425.
＊74　Savulescu, 2001, p. 425.
＊75　Savulescu, 2001, p. 421. 胚や胎児がものだとみなされるのなら、「彼らの子ども」というポイントは、具体的なレベルにおいて有効であるにすぎない。これは、サヴァレスキュや、彼のように意識があることや、少なくとも脳機能が、道徳的に重要な人格の必須条件だと考える帰結主義者に、必然的に当てはまるわけではない。Julian Savulescu, 2002a, 'Abortion, embryo destruction and the future of value argument', *Journal of Medical Ethics* 28: 133–5, p. 134. を見よ。
＊76　Herissone-Kelly, 2006a, pp. 167–8. Matti Häyry, 2006, 'Three questions about the Principle of Acceptable Outlook', *Journal of Medical Ethics Online*, 8 March; Peter Herissone-Kelly, 2006b, 'Häyry's three questions', *Journal of Medical Ethics Online*, 23 March – both at: http://www.jme.bmj.com/cgi/eletters/32/3/166. も見よ。
＊77　「一見したところ」という条件づけに関しては Herissone-Kelly, 2006b を見よ。
＊78　ハリソン＝ケリーが考えていることが、いまだ存在しない個体の思考や感情との深い結びつきであるならば、これは成り立たない。しかし、もしこれが彼の考えていたことであるなら、次のような徹底した問いに答える準備があるのでなければならない。その問いとは、彼の「想像のうえで生きる」という概念と、「共感による理解」（ディルタイ）や、「再現」（コリングウッド）、「根元的翻訳」（クワイン）、「根元的解釈」（デイヴィドソン）といった同じような概念との、類似点と相違点に関するものである。これらの概念も、他者の考えている（もしくは考えた）ことを理解するための方法であり、これまで議論されてきた。問題は、ハリソン＝ケリーが次のことを、どの程度厳密に考えていたのか、ということだ。つまり、これから生まれてくる人が、自身がまだ存在しないものであることを理解することがいかにして可能なのかを、親になる人はわかっているということを、どの程度厳密に考えていたのか。
＊79　Herissone-Kelly, 2006 a, p. 169.
＊80　Häyry, 2006（直接の引用ではない）.
＊81　Herissone-Kelly, 2006 b.
＊82　子どもが苦しむことは許容できる、という見解の他に取りうる見解は、子どもが苦しむことは許容できないというものだ。ハリソン＝ケリーは、おそらく、ここから人間の生殖の全面的な禁止が導かれうることに気づいており、この結論を避けたかったのだろう。Matti Häyry, 2004c, 'A rational cure for pre-reproductive stress syndrome', Journal of Medical Ethics 30: 377–8. を見よ。
＊83　Rhodes, 1999.
＊84　これは、どのような種類の存在が道徳的に重要であるとみなされるか、ということに依存する。胚が、人間がそうであるのと同じ意味で、道徳的な人格であるとするなら、胚が感覚を持つかどうかにかかわらず、この考えは無効なものとなる。私は第7章で、胚の道徳的地位に関する問題に戻る。
＊85　胚や胎児が道徳的に重要だとするなら、このことは、産むことよりも、妊娠についてより当てはまるのであり、胚や胎児を捨てることは不正なものとみなされうる。しかし、親が、少しの間子どもをつくるためのセックスを控えることで、将来生まれてくる子どもが障害を持つこ

とを避けられる場合には、多くの人は、子どもをつくることを遅らせることを、勧めるまではしないとしても、許容するだろう。しかしながら、そのような意思決定における倫理には矛盾が含まれている。この点は例えば、Derek Parfit, 1984, Reasons and Persons（Oxford: Clarendon Press）, pp. 351–79; Derek Parfit, 1986, 'Comments', Ethics 96: 832–72, pp. 857–61.〔デレク・パーフィット『理由と人格――非人格性の倫理へ』森村進訳、勁草書房、一九九八年〕を見よ。

＊86　ここでのイメージは捉えづらいものである。おそらく、美学的な観点から見られるべきなのかもしれない。つまり、尊厳の価値は、その大きさと形、色の関数である。そして、いかなる側面が悪化するにせよ、それは何らかの仕方でその人格を悪化させる。そうすると、「大きさ」は、病気や、それに対する他者の対処が、尊厳にもたらす結果を表わしている。「形」は、人格としての平等性を、象徴的に尊重したり、しなかったりすることの結果を表わす。そして、「色」は、私たちの性格に基づいた、自身の行為の結果を表わしている。病気と、その治療は、私の尊厳を減らす可能性がある。侮辱されると、尊厳が打ちのめされる可能性がある。そして、私が他者を軽蔑するなら、そうすることで私の尊厳が損なわれる可能性がある。

＊87　Sandel, 2007, pp. 95–6.

＊88　Sandel, 2007, p. 96.

＊89　Sandel, 2007, p. 97.

＊90　Émile Durkheim, 1997, *The Division of Labor in Society*［1893］, translated by George Simpson（New York, NY: The Free Press）.〔エミール・デュルケーム『社会分業論』田原音和訳、筑摩書房、二〇一七年〕

＊91　Steven Lukes, 1973, *Émile Durkheim: His Life and Work – A Historical and Critical Study*（London: Allen Lane/The Penguin Press）.

＊92　例えば、Matti Häyry, 2005b, 'Precaution and solidarity', Cambridge Quarterly of Healthcare Ethics 14: 199–206. を見よ。

＊93　Habermas, 2003, pp. 25, 29, 42–4, 52, 56–8, 63–4, 73–4.

＊94　そうすることで、幸福を最大化することが保証されるかどうかは、また別の問題である。というのも、障害を持つからといって、必ずしも苦しむわけではなく、障害ではない特徴であり、なおかつ望まれた特徴を持つのであれば、必ず幸福がもたらされるわけでもないからである。子どもが最良の人生を持つことを保証するための、「社会的な」方法と「医療的な」方法の対立について、私は、Matti Häyry, 2004a, 'If you must make babies, then at least make the best babies you can?', Human Fertility 7: 105–12. で探究している。

＊95　例えば、Kass, 2002, pp. 61–5.

＊96　例えば、Harris, 1992, pp. 35, 40–3, 46, 146.

＊97　第2章**6**節のはじめ。

＊98　第2章**6**節から**8**節。

＊99　Max Weber, 1978, *Economy and Society*［1921］, Guenther Roth and Claus Wittich（eds）（Berkeley, CA: University of California Press）.〔マックス・ウェーバー『経済と社会』全七冊（抄訳）、世良晃志郎ほか訳、創文社、一九六〇－一九七六年〕

＊100　Cf., however, Martha C. Nussbaum, 2001, *Upheavals of Thought: The Intelligence of Emotions*（Cambridge: Cambridge University Press）.

■第４章

＊1　Merle Spriggs, 2002, 'Lesbian couple create a child who is deaf like them', *Journal of Medical Ethics* 28: 283.

＊2　これについてのより初期の倫理的議論のいくつかについては、John A. Robertson, 2003, 'Extending preimplantation genetic diagnosis: the ethical debate', *Human Reproduction* 18: 465–71, p. 470. を見よ。

＊3　Susannah Baruch, David Kaufman, and Kathy l. Hudson, 2008, 'Genetic testing of embryos: practices and perspectives of US in vitro fertilization clinics', *Fertility and Sterility* 89: 1053–8.

＊4　例えば、Simo Vehmas and Pekka Mäkelä, 2008, 'A realist account of the ontology of impairment', *Journal of Medical Ethics* 34: 93–5 を見よ。後者の見解が聾者の胚の選択を法的に要求するという直感に反する可能な考え方は、**10** 節で説明されるだろう。

＊5　Raanan Gillon, 1985, *Philosophical Medical Ethics* (Chichester: John Wiley & Sons): 80–85.

＊6　Matti Häyry, 1994b, *Liberal Utilitarianism and Applied Ethics* (London: Routledge); Matti Häyry, 2007a, 'Utilitarianism and bioethics', Richard E. Ashcroft, Angus Dawson, Heather Draper, and John R. McMillan (eds), *Principles of Health Care Ethics*, second edition (Chichester: John Wiley & Sons): 57–64.

＊7　Richard M. Hare, 1976, 'Survival of the weakest', Samuel Gorovitz (ed.), *Moral Problems in Medicine* (Englewood Cliffs, NJ: Prentice-Hall): 364–9.

＊8　Julian Savulescu, 2001, 'Procreative beneficence: why we should select the best children', *Bioethics* 15: 413–26; cf. Matti Häyry, 2004a, 'If you must make babies, then at least make the best babies you can?', *Human Fertility* 7: 105–12; Michael Parker, 2007, 'The best possible child', *Journal of Medical Ethics* 33: 279–83.

＊9　John Harris, 2000, 'Is there a coherent social conception of disability?', *Journal of Medical Ethics* 26: 95–100; John Harris, 2001, 'One principle and three fallacies of disability studies', *Journal of Medical Ethics* 27: 383–7; John Harris, 2007, *Enhancing Evolution: The Ethical Case for Making Better People* (Princeton: Princeton University Press), pp. 102–3. ハリスと帰結主義については、Matti Häyry, 1999, 'What the fox would have said, had he been a hedgehog: On the methodology and normative approach of John Harris's Wonderwoman and Superman', Veikko Launis, Juhani Pietarinen, and Juha Räikkä (eds), *Genes and Morality: New Essays* (Amsterdam: Rodopi): 11–19 を見よ。しかし、Tuija Takala, 2003, 'Utilitarianism shot down by its own men?', *Cambridge Quarterly of Healthcare Ethics* 12: 447–54 を参照せよ。

＊10　Harris, 2000, p. 97; Harris, 2007, pp. 102–3.

＊11　Harris, 2001, p. 384.

＊12　Harris, 2001, p. 384.

＊13　Harris, 2001, p. 384.

＊14　Harris, 2001, p. 385.［……］で示された節で、ハリスは、選択された個人が「健康で長生きする最も可能な機会を、そして、彼がそこに住むであろう世界へ積極的に貢献することの最も可能な機会を持つ」べきであると続ける。私はこの修辞的付加を除外してしまった。なぜならば、聾と指先が欠けていることは、私が知る限り、長寿、健康全般、あるいは社会への貢献について、何らかの直接的ないし不可避的なインパクトを持たないからである。

＊15　Liza Mundy, 2002, 'A world of their own', Washington Post, 31 March, p. W22. 文化としての聾については、Robert Sparrow, 2005, 'Defending deaf culture – the case of cochlear implants', *The Journal of Political Philosophy* 13: 135–52 も見よ。

＊16　Tom Koch, 2005, 'The ideology of normalcy – the ethics of difference', *Journal of Disability Policy Studies* 16: 123–9, p. 124.

＊17　Tom Koch, 2001, 'Disability and difference: balancing social and physical constructions', *Journal of Medical Ethics* 27: 370–6, p. 373.

＊18　もちろん、聾者であることと小指の先が欠けていることは二つの異なる事柄である。ここでともに言及されているのは、回避されるべき害されている状態についてのハリスの挙げる事例（**4** 節を見よ）であるという理由のみによる。

＊19　Stephen Hawking, 1993, *Black Holes and Baby Universes* (New

York, NY: Bantam Books), p. 167.〔スティーヴン・ホーキング『ホーキング博士と宇宙』向井清編注、北星堂書店、一九九五年〕

＊20　Koch, 2001, p. 373; Tom Koch, 2000, 'Life quality vs the "quality of life": assumptions underlying prospective quality of life instruments in health care planning', *Social Science & Medicine* 51: 419–28.

＊21　Mundy, 2002; Parker, 2007, p. 279.

＊22　Simo Vehmas, 2004, 'Ethical analysis of the concept of disability', *Mental Retardation* 42: 209–22.

＊23　Harris, 2000, pp. 96, 100.

＊24　Harris, 2000, p. 100.

＊25　Harris, 2000, p. 96.

＊26　Julian Savulescu, 2002b, 'Deaf lesbians, "designer disability", and the future of medicine', *British Medical Journal* 325: 771–3, pp. 772–3.

＊27　John Stuart Mill, 1869, *On Liberty* [1859], fourth edition (London: Longman, Roberts & Green) – www.bartleby.com/130/5.html.〔ミル『自由論』前掲〕

＊28　Savulescu, 2002b, p. 773.

＊29　Savulescu, 2002b, p. 772.

＊30　Koch, 2001, p. 373.

＊31　Mundy, 2002.

＊32　**12**節で、私は同じコインの裏側へ——何らかの当惑させるかもしれない論理的帰結とともに、これらが法的にも等しいということに賛同するべきかという問題へ——戻るだろう。

＊33　Solveig Magnus Reindal, 2000, 'Disability, gene therapy and eugenics – a challenge to John Harris', *Journal of Medical Ethics* 26: 89–94; Harris, 2000; Koch, 2001; Harris, 2001; Savulescu, 2002b; N. Levy, 2002, 'Deafness, culture, and choice', *Journal of Medical Ethics* 28: 284–5; Kyle W. Anstey, 2002, 'Are attempts to have impaired children justifiable?', *Journal of Medical Ethics* 28: 286–8; Häyry, 2004a; Matti Häyry, 2004d, 'There is a difference between selecting a deaf embryo and deafening a hearing child', *Journal of Medical Ethics* 30: 510–512; Koch, 2005; Peter Singer, 2005, 'Ethics and disability: a response to Koch', *Journal of Disability Policy Studies* 16: 130–3; Parker, 2007.

＊34　Tuija Takala, 2007, 'Acts and omissions', R. E. Ashcroft, A. Dawson, H. Draper, and J. R. McMillan (eds), *Principles of Health Care Ethics,* second edition (Chichester: John Wiley & Sons): 273–6.

＊35　Mundy, 2002.

＊36　Häyry, 2004d.

＊37　Harris, 2001, p. 386; John Harris, 1992, *Wonderwoman and Superman: The Ethics of Human Biotechnology* (Oxford: Oxford University Press), pp. 72–3.

＊38　Singer, 2005, p. 133.

＊39　これは、もし、それらのようなとても小さなリスクが、子どもを持つという判断のうちで考慮に入れられるならば、生殖が不可能になるだろうと述べることで反撃されうる。そうするべきかどうか、そしてその含意するところのものが何であるかの議論については、Matti Häyry, 2004c, 'A rational cure for pre-reproductive stress syndrome', *Journal of Medical Ethics* 30: 377–8; and Matti Häyry, 2005c, 'The rational cure for prereproductive stress syndrome revisited', *Journal of Medical Ethics* 31: 606–7を見よ。

＊40　Christian Munthe, 1999, *Pure Selection: The Ethics of Preimplantation Genetic Diagnosis and Choosing Children without Abortion* (Gothenburgh: acta Universitatis Gothoburgensis), p. 239. ところで、この引用は著者の見解を必ずしも反映しているわけではない——ムンテは、人々一般が先天的な聾の可能性を排除するため、遺伝子検査を使用したくない親について何を考えることができたかを報告しているだけである。

＊41　Mundy, 2002.

＊42　例えば、Sonia M. Suter, 1998, 'Value neutrality and nondirectiveness: Comments on "Future directions in genetic counseling"', *Kennedy Institute of Ethics Journal* 8: 161–3; Glyn Elwyn, Jonathon Gray, and Angus Clarke, 2000, 'Shared decision making and nondirectiveness in genetic counselling', *Journal of Medical Genetics* 37: 135–8; and Fuat S. Oduncu, 2002, 'The role of non-directiveness in genetic counseling', *Medicine, Health Care and Philosophy* 5: 53–63 を見よ。

＊43　例えば、Elwyn, Gray, and Clarke, 2000, p. 135.

＊44　Cf. Heta Häyry, 1991, *The Limits of Medical Paternalism*（London: Routledge）, pp. 106–7.

＊45　Savulescu, 2002b, p. 773.

＊46　Reindal, 2000; Koch, 2005.

＊47　「古い優生学」については、例えば、Allen Buchanan, Dan W. Brock, Norman Daniels, and Daniel Wikler, 2000, *From Chance to Choice: Genetics and Justice*（Cambridge: Cambridge University Press）を見よ。

＊48　この章のいままでの議論のより初期のバージョンが、Matti Häyry, 2009a, 'The moral contestedness of selecting "deaf embryos"', Kristjana Kristiansen, Simo Vehmas, and Tom Shakespeare（eds）, *Arguing About Disability: Philosophical Perspectives*（London: Routledge）: 154–68で提示されていた。

＊49　これはハリスの類比における二つの他の段階によって要求される。4節を見よ。

＊50　この条件が必要とされるのは、文化としての聾についての特別な議論が使用されるとき（に限るの）である。社会的見解の他の支持者たちはこの段階を回避することができた。そしてそのうえ、正しい社会は、障害を持つ人にも持たない人にも十分なサービスを提供するべきであり、その結果として彼らは開花繁栄した生を送ることができる、と言うこともできた。

第5章

＊1　Y. Verlinsky, S. Rechitsky, W. Schoolcraft, C. Strom, and A. Kuliev, 2001, 'Preimplantation diagnosis for Fanconi anemia combined with HLA matching', *Journal of the American Medical Association* 285: 3130–3.

＊2　Naveen Qureshi, Drucilla Foote, Mark C. Walters, Sylvia T. Singer, Keith Quirolo, and Elliott P. Vichinsky, 2005, 'Outcomes of preimplantation genetic diagnosis therapy in treatment of β-thalassemia: a retrospective analysis', *Annals of the New York Academy of Sciences* 1054: 500–3.

＊3　Y. Verlinsky, S. Rechitsky, J. Cieslak, I. Tur-Kaspa, R. Morris, and A. Kuliev, 2005, 'Accuracy and outcomes of 3631 preimplantation genetic diagnosis（PGD）cycles performed in one center', Fertility and Sterility 84: S98; A. Kuliev, S. Rechitsky, I. Tur-Kaspa, and Y. Verlinsky, 2005, 'Preimplantation genetics: improving access to stem cell therapy', *Annals of the New York Academy of Sciences* 1054: 223–7.

＊4　Deborah Josefson, 2000, 'Couple select healthy embryo to provide stem cells for sister', *British Medical Journal* 321: 917.

＊5　Sally Sheldon, 2005, 'Saviour siblings and the discretionary power of the HFEA', *Medical Law Review* 13: 403–11.

＊6　Margaret R. Brazier, 2006, 'Human(s)（as）medicine(s)', Sheila MacLean（ed.）, First Do No Harm: *Law, Ethics and Healthcare*（Aldershot: Ashgate）: 187–202, p. 198.

＊7　Kirsty Horsey, 2005, '"Saviour sibling" born to Fletcher family', IVF News, 23 July 2005– www.ivf.net/ivf/saviour_sibling_born_to_fletcher_family-o1555 -en.html. Gail Edgar, 2008, 'The saviour sibling', *Belfast Telegraph*, 18 May – www.sundaylife.co.uk/news/article3714984.ece. も見よ。

＊8　Susannah Baruch, David Kaufman, and Kathy L. Hudson, 2008, 'Genetic testing of embryos: practices and perspectives of US in vitro fertilization clinics', *Fertility and Sterility* 89: 1053–8.

＊9　例えば、Bratislav Stankovic, 2005, '"It's a designer baby": Opinions on regulation of preimplantation genetic diagnosis', *UCLA Journal of Law and Technology* 3– www.lawtechjournal.com/articles/2005/03_050713_stankovic.php.

＊10　Merle Spriggs and Julian Savulescu, 2002, 'Saviour siblings', *Journal of Medical Ethics* 28: 289; Australian Stem Cell Centre, 2009, 'What are stem cells?'– www.nscc.edu.au/public-education_what-cells_cord.aspx.

＊11　Anniek Corveleyn, Eleni Zika, Michael Morris, Elisabeth Dequeker, James Lawford Davies, Karen Sermon, Guillermo Antiñolo, Andreas Schmutzler, Jiri Vanecek, Fransesc Palau, and Dolores Ibarreta, 2007, *Preimplantation Genetic Diagnosis in Europe* (Executive Summary), EUR 22764 EN – www.eurogentest.org/web/files/public/unit1/pgd/22764-ExeSum m.pdf.

＊12　Human Fertilisation and Embryology Authority – www.hfea.gov.uk/.

＊13　BBC News, 2008, 'MPs reject "saviour sibling" ban', 19 May –www.news.bbc.co.uk/2/hi/uk_news/politics/7409264.stm.

＊14　結果主義者は主に侵襲的方法によってあり得る苦痛に関心を持っており、非結果主義者はより抽象的な倫理的関心を持っている

＊15　ほぼ間違いなく、着床前遺伝子診断を含む検査は侵襲的である。というのもその検査のために少なくとも一つの細胞が胚から取り除かれるためである。**3**節を見よ。また Bruce Goldman, 2007, 'Reproductive medicine: The first cut', *Nature* 445: 479–80; Maria-Elena Torres-Padilla, David-Emlyn Parfitt, Tony Kouzarides, and Magdalena Zernicka-Goetz, 2007, 'Histone arginine methylation regulates pluripotency in the early mouse embryo', *Nature* 445: 214–18. も見よ。

＊16　Goldman, 2007; Torres-Padilla, Parfitt, Kouzarides, and Zernicka-Goetz, 2007.

＊17　同意の分類は様々なやり方で可能である。私がここで採用している方法は、現在の文脈に合っていると私は考えているが、別の状況では不十分なものだろう。様々な種類の同意を指す名前もまた変化しうる。したがって私のカテゴリー分類に対して別の名前を使うこともできる。また、私のリストにある名前を別のものを指すために使うこともできる。

＊18　他の選択肢として、David Benatar, 2006, *Better Never to Have Been: The Harm of Coming into Existence* (Oxford: Clarendon Press)〔ベネター『生まれてこない方が良かった——存在してしまうことの害悪』前掲〕; Matti Häyry, 2004c, 'A rational cure for pre-reproductive stress syndrome', *Journal of Medical Ethics* 30: 377–8; Matti Häyry, 2005c, 'The rational cure for prereproductive stress syndrome revisited', *Journal of Medical Ethics* 31: 606–7; Matti Häyry, 2009b, 'An analysis of some arguments for and against human reproduction', Matti Häyry, Tuija Takala, Peter Herissone-Kelly, and Gardar Árnason (eds), *Arguments and Analysis in Bioethics* (Amsterdam: Rodopi): 147–54.

＊19　「挑戦する」と「寄付する」という語は救世主きょうだい本人の意図的な選択が含まれていないということを強調するために、本文中ではカッコつきにしている。

＊20　Francis L. Delmonico and William E. Harmon, 2002, 'The use of a minor as a live kidney donor', *American Journal of Transplantation* 2: 333–6; Cordelia Thomas, 2004, 'Pre-implantation testing and the protection of the "saviour sibling"', *Deakin Law Review* 9 – ww.austlii.edu.au/au/journals/DeakinLRev/2004/5.html.

＊21　例えば、National Institute of Health, 1998, *NIH Policy and Guidelines on the Inclusion of Children as Participants in Research involving Human Subjects* – http://grants.nih.gov/grants/guide/notice-files/not98-024.html. を見よ。

＊22　John Harris, 1975, 'The survival lottery', *Philosophy* 50: 81–7; John Harris, 2005, 'Scientific research is a moral duty', *Journal of Medical Ethics* 31: 242–8.

＊23　例えば、Samuel Hensley, 2004, 'Designer babies: One step closer', *The Center for Bioethics and Humanity*, 1 July – www.cbhd.org/resources/genetics/hensley_2004–07-01.htm.

＊24　例えば、Caroline Berry and Jacky Engel, 2005, 'Saviour siblings', *Christian Medical Fellowship Files* Nr 28 – www.cmf.org.uk/literature/content.asp?context=article&id=1317.

＊25　Sally Sheldon and Stephen Wilkinson, 2004, 'Should selecting saviour siblings be banned?', *Journal of Medical Ethics* 30: 533–7; Sally Sheldon and Stephen Wilkinson, 2005, '"Saviour siblings": Hashmi and Whitaker – An unjustifiable and misguided distinction', *Pro-Choice Forum* – www.prochoiceforum.org.uk/irl_rep_tech_2.asp.

＊26　このことは、親による過干渉などありえないという考え方や、少なくとも遺伝的選択によっては決定的なレベルには達しないという考え方には触れないままにしている。救世主きょうだいをつくることについて疑問を持っている人は、この立場を共有しないと思われるが、そうであるならば、それは批判の外にあり続ける。

＊27　第8章で関連する希望、恐怖、注意といった関連するメリットに戻る。

＊28　第6章でこの議論に戻る。

＊29　第4章**12**節のジョン・ハリスの議論を参照せよ。

＊30　Jonathan Glover, 2006, *Choosing Children: Genes, Disability, and Design*（Oxford: Clarendon Press）, p. 67.

＊31　プライバシーの定義については、例えば、Graeme T. Laurie, 2002, Genetic Privacy: A Challenge to Medico-Legal Norms（Cambridge: Cambridge University Press）, p. 6. を見よ。

＊32　例えば、Tony McGleenan, 1998, 'The jurisprudence of genetic privacy', *Medicine*, Health Care and Philosophy 1: 225–33; Laurie, 2002.

＊33　例えば、Rohan Hardcastle, 2007, *Law and the Human Body: Property Rights*, Ownership and Control（Oxford: Hart Publishing）. を見よ。

＊34　例えば、Charles C. Hinkley II, 2005, *Moral Conflicts of Organ Retrieval: A Case for Constructive Pluralism*（Amsterdam: Rodopi）. を見よ。

＊35　この点は第6章でさらに論じる。

＊36　私は「属する」という語について、所有という意味ではなく「私の占有物である」ということを指すと示すためにカッコに入れている。

＊37　Immanuel Kant, 1994, *Grounding for the Metaphysics of Morals*［*Grundlegung zur Metaphysik der Sitten* 1785a］〔カント『道徳形而上学原論』篠田英雄訳、岩波文庫、二〇一六年〕, in Immanuel Kant, *Ethical Philosophy*, translated by James W. Ellington, second edition（Indianapolis, IN: Hackett Publishing Company）, p. 36（§429）. カントの考えの手に入りやすい解説としては Roger J. Sullivan, 1994, *An Introduction to Kant's Ethics*（Cambridge: Cambridge University Press）, pp. 65–83. を見よ。

＊38　手段と結果についてカントに先行する議論は二重結果の原則についてのものである。これは良い結果を生むために必要な悪い結果がある場合に採用される。例としては、終末期において死を早めることになるにもかかわらず鎮痛剤を投与することや、子宮がん患者の命を救うために、胎児が死んでしまうにもかかわらず子宮を除去することなどがある。この議論を救世主きょうだいのケースに使えなくする側面は、伝統的な解釈によると、結果は常に疑問視された行為から来ていなければならないということである。すなわち上の例によると、死の前に痛みを取り除くことと、胎児が死ぬ前に女性を救うことである。救世主きょうだいに

ついては病気の兄・姉のための治療は、新しい個人をつくり、治療に使用することに優先されえないために、この議論を用いることはできない。これに関する学説や文献については、例えばAlison McIntyre, 2004 [substantive revision 2009], 'Doctrine of double effect', Stanford Encyclopedia of Philosophy – plato.stanford.edu/entries/double-effect/. を見よ。

＊39　John Harris, 1985, *The Value of Life: An Introduction to Medical Ethics* (London: Routledge and Kegan Paul), pp. 142–5; John Harris, 1998, *Clones, Genes, and Immortality: Ethics and the Genetic Revolution* (Oxford: Oxford University Press), pp. 148–53; John Harris, 2007, *Enhancing Evolution: The Ethical Case for Making Better People* (Princeton, NJ: Princeton University Press), p. 156.

＊40　ハリスはこの特徴づけを多くはしていない。しかしこれらの三つの要素はHarris, 1985, pp. 142–143にある。そこで彼の最も詳細な説明を読むことができる。

＊41　Harris, 1985, pp. 143–4. Nicholas Agar, 2004, *Liberal Eugenics: In Defence of Human Enhancement* (Oxford: Blackwell), pp. 42–3. も見よ。

＊42　Harris, 1998, p. 148.

＊43　Harris, 2007, p. 156.

＊44　Harris, 1998, p. 148.

＊45　Harris, 1985, p. 143–4; Harris, 1998, p. 149.

＊46　Harris, 1985, p. 143; Harris, 1998, pp. 150–3.

＊47　Harris, 1985, p. 143.

＊48　Harris, 1998, p. 148 (others の後のコンマは除いた).

＊49　Andy Coghlan, 2004, '"Saviour sibling" babies get green light', *New Scientist*, 22 July – www.newscientist.com/article/dn6195-saviour-sibling-babies-ge t-green-light.html.

＊50　これは私の解釈である。私は救世主きょうだいについて、上で引用したハリスの意見を離れた直接の考えをまだ見出してはいない。

＊51　Glover, 2006, p. 67.

＊52　Glover, 2006, pp. 67–8.

＊53　Glover, 2006, p. 68.

＊54　Glover, 2006, p. 65.

＊55　Glover, 2006, p. 68.

＊56　グラバーは「だろう〔would〕」という語を、幼児の実際の同意について語っているということを示唆するために使っているようである。というのもこのことは、小さい子どもには「選択能力」が欠けているということについての彼の発言においてすでに排除されているためである。私は「すべきである〔should〕」という語が理性的な同意を含意しており、正しい選択であると信じている。

＊57　John Rawls, 1972, *A Theory of Justice* (Oxford: Oxford University Press), p. 183.〔ロールズ『正義論』前掲〕

＊58　Rawls, 1972, p. 181.

＊59　Rawls, 1972, p. 183 (強調はハユリュ).

＊60　Rawls, 1972, p. 180.

＊61　Rawls, 1972, pp. 60, 180 (強調はハユリュ).

＊62　Robert Nozick, 1974, *Anarchy, State, and Utopia* (Oxford: Blackwell), pp. 31–3.〔ノージック『アナーキー・国家・ユートピア――国家の正当性とその限界』前掲〕

＊63　Nozick, 1974, p. 32.

＊64　Nozick, 1974, pp. 32–3.

＊65　Nozick, 1974, p. 33.

＊66　Nozick, 1974, p. 31.

＊67　ロールズの自由主義的優生学についてはRawls, 1972, pp. 107–8. を見よ。

＊68　しかしながらNozick, 1974, p. 315 n. に、「遺伝子のスーパーマー

ケット」という思考実験もある。

＊69　Jürgen Habermas, 2003, *The Future of Human Nature*, translated by William Rehg, Max Pensky, and Hella Beister（Cambridge: Polity Press）, p. 61.

＊70　よいものであれ利他的なものであれ、それはともかく持っているだろう。

＊71　Michael J. Sandel, 2007, *The Case Against Perfection: Ethics in the Age of Genetic Engineering*（Cambridge, MA: The Belknap Press of Harvard University Press）.〔サンデル『完全な人間を目指さなくてもよい理由――遺伝子操作とエンハンスメントの倫理』前掲〕

＊72　Sandel, 2007, p. 96.

＊73　Sandel, 2007, p. 96.

＊74　Sandel, 2007, p. 113. ここで「収穫」が何を指しているのかは明らかでない。しかし、私がここで文章からこの文を引用することはほんのわずかでも可能だ。しかしこれはサンデルの規範的な結論を歪めるべきではない。

＊75　Habermas, 2003, pp. 60–6.

＊76　Sandel, 2007, pp. 96–7.

＊77　Ronald M. Green, 2001a, ‘What does it mean to use someone as “a means only”: Rereading Kant’, *Kennedy Institute of Ethics Journal* 11: 247–61. Ronald M. Green, 1991, ‘The first formulation of the categorical imperative as literally a “legislative” metaphor,’ History of Philosophy Quarterly 8: 163–79. も見よ。

＊78　Immanuel Kant, 1959, *Foundations of the Metaphysics of Morals* [1785b], translated by Lewis White Beck（Indianapolis, IN: Bobbs-Merril）, p. 47（§429）– quoted in Green, 2001a, p. 248.〔カント『道徳形而上学原論』前掲〕

＊79　Green, 2001a, pp. 251–2.

＊80　Green, 2001a, p. 252.

＊81　Green, 2001a, p. 252.

＊82　Green, 2001a, p. 253.

＊83　Green, 2001a, p. 253.

＊84　Green, 2001a, p. 253.

＊85　Green, 2001a, p. 253.

＊86　Green,2001a,p.254

＊87　Kant, 1959, p. 48（§430）–quoted in Green, 2001a, p. 254.

＊88　Kant, 1959, p. 48（§430）–quoted in Green, 2001a, p. 254.

＊89　Kant, 1959, p. 48 note 14（§430）–quoted in Green, 2001a, p.254.

＊90　Green, 2001a, pp.255-6.

＊91　Green, 2001a, p.256.

＊92　カントの定式化は四つあるかもしれないが、少なくともその三つは、明らかにカント自身の、あるいは伝統的に彼のものとされており、ここでの私の目的にはそれで十分である。彼の定式化の一般的な説明は Robert Johnson, 2004 [substantive revision 2008], ‘Kant’s moral philosophy’, *Stanford Encyclopedia of Philosophy* –http://plato.stanford.edu/entries/kant-moral/. を見よ。

＊93　Kant, 1994, p. 30（§421）.

＊94　Kant, 1959, p. 36; Kant, 1785b, p. 47（§429）.

＊95　Kant, 1994, p. 38（§432）.

＊96　私はこの要素について、Matti Häyry, 2005a, ‘The tension between self-governance and absolute inner worth in Kant’s moral philosophy’, Journal of Medical Ethics 31: 645–7. で研究した。

＊97　例えば、Hinkley, 2005; Stephen Wilkinson, 2003, *Bodies for Sale: Ethics and Exploitation in the Human Body Trade*（London: Routledge）. を見よ。

＊98　例えば、Sandel, 2007, p. 94. を見よ。

＊99　Cf. Matti Häyry, 2003b, 'Deeply felt disgust – a Devlinian objection to cloning humans', in Brenda Almond and Michael Parker (eds), *Ethical Issues in the New Genetics: Are Genes Us?* (Aldershot: Ashgate): 55–67.

▩第6章

＊1　Wilmut, A. E. Schnieke, J. McWhir, A. J. Kind, and K. H. S. Campbell, 1997, 'Viable offspring derived from fetal and adult mammalian cells', *Nature* 385: 810–13.

＊2　Michael Specter with Gina Kolata, 1997, 'After decades of missteps, how cloning succeeded', *The New York Times*, 3 March – http://query.nytimes.com/gst/fullpage.html?res=9A04EOD71F31F930A35750COA961958260.

＊3　「ヒト遺伝子と人権に関する世界宣言（一九九七）」。十一月十一日第二十九回ユネスコ総会において採択。

＊4　United Nations Educational, Scientific and Cultural Organization, 2004, *National Legislation Concerning Human Reproductive and Therapeutic Cloning* (Paris: Division of Ethics of Science and Technology).

＊5　United Nations Press Release GA/10333, 2005 – www.un.org/News/Press/docs/2005/ga10333.doc.htm.

＊6　President's Council on Bioethics, 2002, *Human Cloning and Human Dignity: An Ethical Inquiry*, (Washington, DC, July) – bioethicsprint.bioethics.gov/reports/cloningreport/fullreport.html.

＊7　ヒト胚は核移植によってつくられてきたが、これらの実験は子どもをつくるための試みというよりも幹細胞研究や治療の発展と密接に関連してきた。

＊8　例えば、James A. Byrne and John B. Gurdon, 2002, 'Commentary on human cloning', *Differentiation* 69: 154–7 を見よ。

＊9　Council of Ethical and Judicial Affairs, 1994, *Pre-Embryo Splitting*, American Medical Association.

＊10　Human Fertilisation and Embryology Authority, 2004, *Embryo Splitting & Cloning Statement*, 15 January– www.hfea.gov.uk/hfea/rss/791.html.

＊11　例えば、Rosario M. Isasi and George J. Annas, 2003, 'Arbitrage, bioethics, and cloning: The ABCs of gestating a United Nations cloning convention', *Cape Western Reserve Journal of International Law* 35: 397–414 を見よ。

＊12　Department of Health, 2005, 'UK to vote against UN human cloning decision', *News Releases*, 7 February – www.dh.gov.uk/en/Publicationsandstatistics/Pressreleases/DH_ 4105348.

＊13　*Human Reproductive Cloning Act*, 2001 – www.opsi.gov.uk/ACTS/acts2001/ukpga_20010023_en_1.

＊14　*CNN World News*, 1998, '19 European nations sign ban on human cloning', 12 January – edition.cnn.com/WORLD/9801/12/cloning.ban/video.html.

＊15　*BBC News*, 2001, 'Europe rejects human cloning ban', 29 November – news.bbc.co.uk/1/hi/sci/tech/1682591.stm.

＊16　*National Conference of State Legislatures*, 2008, 'State human cloning laws', January –www.ncsl.org/programs/health/Genetics/rt-shcl.htm.

＊17　例えば、Kirstin Matthews, 2007a, 'Overview of world human cloning policies', *The Connexions Project*, 3 August - cnx.org/content/ml4834/latest/; Kirstin Matthews, 2007b, 'World cloning policies', *The Connexions Project*, 3 August – cnx.org/content/ml4836/latest/ を見よ。また、Global Lawyers and Physicians, 2005, 'Database of global policies on human cloning and germ-line engineering' – www.glphr.org/genetic/

genetic.htm. も見よ。

＊18　なぜなら、この章における私の焦点はクローニングとデザインにあり、私は注意深く寛容な考え方のさらなる分析を示すつもりはないからである。（以下に続くのは印象派のスケッチだけである。）その一つのバージョンとして、例えば、John Harris, 2004, *On Cloning* (London: Routledge) を見よ。間接的にその考え方を擁護している、そのトピックにおける私の初期の研究は、Matti Häyry, 2001c, 'But what if we *feel* that cloning is wrong?', *Cambridge Quarterly of Healthcare Ethics* 10: 205–8; Matti Häyry and Tuija Takala, 2001, 'Cloning, naturalness and personhood', David C. Thomasma, David N. Weisstub, and Christian Herve (eds), *Personhood and Health Care* (Dordrecht: Kluwer Academic Publishers): 281–98; Matti Häyry, 2003c, 'Philosophical arguments for and against human reproductive cloning', *Bioethics* 17: 447–59; Matti Häyry, 2003b, 'Deeply felt disgust - a Devlinian objection to cloning humans', Brenda Almond and Michael Parker (eds), *Ethical Issues in the New Genetics: Are Genes Us?* (Aldershot: Ashgate): 55–67. で報告している。

＊19　Jim Giles and Jonathan Knight, 2003, 'Dolly's death leaves researchers woolly on clone ageing issue', *Nature* 421: 776.

＊20　より豊富なリストとして、4節を見よ。

＊21　この考え方の初期の表現は、Ruth Chadwick, 1982, 'Cloning', *Philosophy* 57: 201–9. で見受けられる。

＊22　例えば、Leon Kass and James Wilson, 1998, *The Ethics of Human Cloning* (Washington, DC: The AEI Press); Gregory E. Pence (ed.), 1998, *Flesh of My Flesh: The Ethics of Cloning Humans. A Reader* (Lanham, MD: Rowman & Littlefield); William Dudley (ed.), 2001, *The Ethics of Human Cloning* (San Diego, CA: Greenhaven Press) を見よ。

＊23　例えば、Ainsley J. Newson and Anna C. Smajdor, 2005, 'Artificial gametes: new paths to parenthood?', *Journal of Medical Ethics* 31: 184–6 を見よ。

＊24　人体の各部を集め、電気刺激を与えて動かしたフランケンシュタインのイメージに注意せよ。

＊25　私はこれらの二つの主張について、Matti Häyry, 1994a, 'Categorical objections to genetic engineering – A critique', Anthony Dyson and John Harris (eds), *Ethics and Biotechnology* (London: Routledge): 202–15. で研究した。

＊26　Alan Turing, 1950, 'Computing machinery and intelligence', *Mind* 59: 433-.60.

＊27　Kass and Wilson, 1998.

＊28　Kass and Wilson, 1998, p. 78.

＊29　Kass and Wilson, 1998, p. 78.

＊30　Kass and Wilson, 1998, p. 79.

＊31　Kass and Wilson, 1998, p. 80.

＊32　Kass and Wilson, 1998, p. 80.

＊33　Kass and Wilson, 1998, pp. 80–1.

＊34　Kass and Wilson, 1998, p. 80.

＊35　Kass and Wilson, 1998, p. 81.

＊36　Kass and Wilson, 1998, p. 28.

＊37　Kass and Wilson, 1998, pp. 28–9.

＊38　Kass and Wilson, 1998, p. 29.

＊39　Kass and Wilson, 1998, p. 30.

＊40　Kass and Wilson, 1998, p. 31.

＊41　Kass and Wilson, 1998, pp.24–6, 81–2.

＊42　Kass and Wilson, 1998, pp. 26

＊43　Kass and Wilson, 1998, pp. 92–5.

＊44　Kass and Wilson, 1998, pp. 95–7.

＊45　Kass and Wilson, 1998, pp. 91-2, 99–100.

＊46　Kass and Wilson, 1998, p. 78.
＊47　Kass and Wilson, 1998, p. 82（強調はカス）.
＊48　Kass and Wilson, 1998, p. 83.
＊49　Kass and Wilson, 1998, p. 87.
＊50　Michael J. Sandel, 2005b, 'The ethical implications of human cloning', *Perspectives in Biology and Medicine* 48: 241–7, p. 242.
＊51　Sandel, 2005b, pp. 242–3.
＊52　Sandel, 2005b, p. 243.
＊53　Michael J. Sandel, 2007, *The Case Against Perfection: Ethics in the Age of Genetic Engineering*（Cambridge, MA: The Belknap Press of Harvard University Press).〔サンデル『完全な人間を目指さなくてもよい理由――遺伝子操作とエンハンスメントの倫理』前掲〕第2章**3**節、第3章**3**節、第3章**8**節、第5章7節を見よ。
＊54　Sandel, 2005b, p. 242.
＊55　第2章**3**節で述べられているように。
＊56　Sandel, 2005b, p. 243; Sandel, 2007, pp. 89–92.
＊57　Sandel, 2005b, p. 243.
＊58　David Gurnham, 2005, 'The mysteries of human dignity and the brave new world of human cloning', *Social and Legal Studies* 14: 197–214. ガーナムは結局それに対して注意深く積極的な態度を仮定しているように思えるが、彼の投稿は彼が定式化した見解を擁護するというより詳説する。
＊59　Gurnham, 2005, p. 198.
＊60　Gurnham, 2005, pp. 197–8.
＊61　Gurnham, 2005, pp. 202–3; Jacques Derrida, 1995, *The Gift of Death*, translated by David Wills（Chicago, IL: Chicago University Press), p. 54; Hilary Putnam, 1999, 'Cloning people', Justine Burley（ed.）, *The Genetic Revolution and Human RightS: The Oxford Amnesty Lectures 1998*（Oxford: Oxford University Press）: 1–13, pp. 10–13.
＊62　Putnam, 1999, pp. 12–13; Gurnham, 2005, p. 202.
＊63　Gurnham, 2005, p. 203.
＊64　Gurnham, 2005, pp. 204–6.
＊65　Gurnham, 2005, pp. 206–7.・
＊66　Gurnham, 2005, pp. 208–11.
＊67　Gurnham, 2005, p. 211.
＊68　Jürgen Habermas, 2003, *The Future of Human Nature*, translated by William Rehg, Max Pensky, and Hella Beister（Cambridge: Polity Press）〔ハーバーマス『人間の将来とバイオエシックス』前掲〕. クローニングについてのハーバーマスの見解のバランスのとれた記述と批判として、Eduardo Mendieta, 2004, 'Habermas on human cloning: The debate on the future of the species', *Philosophy & Social Criticism* 30: 721–43. を見よ。
＊69　Habermas, 2003, pp. 44–53.
＊70　Habermas, 2003, p. 50. 以下を真似てハーバーマスは身体を「持つこと（having）」と身体「であること（being）」の語彙を使用する。Helmut Plessner, 1981, *Die Stufen des Organischen*［1927］, *Gesammelte Schriften* Volume IV（Frankfurt am Main: Suhrkamp).
＊71　Habermas, 2003, pp. 53–60.
＊72　Habermas, 2003; pp. 55–6.
＊73　彼が述べているように、「その人自身であることの能力はその人が家に、いわば、その人自身の身体の中にいるということを要求する。」Habermas, 2003, pp. 57–8.
＊74　前の二つの段落の内容と同様に、これらのすべてはすでにHabermas, 2003. に引用されたものから抜き出した。しかし私は私が理解できるような形で彼の議論を示すのに苦労した。私は自分が彼の意図した一連の思考をひどく歪めていないことを望む。

＊75　例えば、Nick Bostrom, 2005, 'In defence of posthuman dignity', *Bioethics* 19: 202–14 を見よ。

＊76　Nick Bostrom and Toby Ord, 2006, 'The reversal test: Eliminating status quo bias in applied ethics', *Ethics* 116: 656–79, p. 658.

＊77　Bostrom and Ord, 2006, pp. 664–5.

▒第7章

＊1　人工子宮技術の現状については、将来の期待と倫理的問題がある。例えば、Scott Gelfand and John R. Shook（eds）, 2006, *Ectogenesis: Artificial Womb Technology and the Future of Human Reproduction*（Amsterdam: Rodopi）を見よ。

＊2　James A. Thomson, Joseph Itskovitz-Eldor, Sander S. Shapiro, Michelle A. Waknitz, Jennifer J. Swiergiel, Vivienne S. Marshall, and Jeffrey M. Jones, 1998, 'Embryonic stem cell lines derived from human blastocysts', *Science* 282: 1145–7.

＊3　D.C. Wu, A.S.Boyd, and K.J.Wood, 2007, 'Embryonic stem cell transplantation: potential applicability in cell replacement therapy and regenerative medicine', *Frontiers in Bioscience* 12: 4525–35.

＊4　Human Fertilisation and Embryology Authority–www.hfea.gov.uk/index.html.

＊5　例えば、Kirstin Matthews, 2007c, 'Stem cells: A science and policy overview'–cnx.org/content/col10445/1.1 を見よ。

＊6　'President discusses stem cell research'–usgovinfo.about.com/blwhrelease 16.htm.

＊7　ハーヴァード大学の幹細胞研究所は夫婦に研究のために刺激された胚を提供するよう求めることに注意を向ける。例えば、Participating in stem cell research–www.hsci.harvard.edu/participating-stem-cell-research を見よ。

＊8　これらの問題に関する的を得た分析として、例えば、Tuija Takala and Matti Häyry, 2007, 'Benefiting from past wrongdoing, human embryonic stem cell lines, and the fragility of the German legal position', Bioethics 21: 150–9 を見よ。

＊9　これに対する標準的な反論は、もし最初の試みが成功しなければ、女性が卵子採取から生じる余分の周期を経験しなければならないというものである。しかしもちろんこのことはほとんど生存権を持つ人間を犠牲にするための十分な理由にはならない。

＊10　この言語表現の詳細な分析に早くに貢献したものとして、Søren Holm, 1993, 'The spare embryo-A red herring in the embryo experimentation debate', *Health Care Analysis* 1: 63–6. を見よ。

＊11　擁護としては、例えば Reginald Finger, 'Embryo adoption: A life-affirming parenthood choice' を見よ。– http://www.cmdahome.org/AM/Template.cfm?Section&Home&TEMPLATE=/CM/ContentDisplay.cfm&CONTENTID=11075. いくつかの問題について、例えば、Susan L. Crockin, 2001, 'Embryo "adoption": A limited option', *Reproductive BioMedicine Online* 3: 162–3. を見よ。

＊12　Example by George J. Annas, 1989, 'A French homunculus in a Tennessee court', *Hastings Center Report* 19:20–2; Michael J. Sandel, 2005b, 'The ethical implications of human cloning', *Perspectives in Biology and Medicine* 48 : 241–7.

＊13　Richard. Burt, Yronne Loh, William Pearce, Nirat Beohar, Walter G. Barr, Robert Craig, Yanting Wen, Jonathan A. Rapp, and John Kessler, 2008, 'Clinical applications of blood-derived and marrow-derived stem cells for nonmalignant diseases', *Journal of the American Medical Association* 299: 925–36.

＊14　K. Takahashi, K. Tanabe, M.Ohnuki, M. Narita, T. Ichisaka, K. Tomoda, and S. Yamanaka, 2007, 'Induction of pluripotent stem cells from adult human fibroblasts by defined factors', *Cell* 131: 861–72; Junying Yu, Maxim A. Vodyanik, Kim Smuga-Otto, Jessica Antosiewicz-Bouret, Jennifer L. Frane, Shulan Tian Jeff Nie, Gudrun aaA. Jonsdottir, Victor Ruotti, Ron Stewart, Igor I. Slukin, and James A. Thomson, 2007, 'Induced pluripotent stem cell lines derived from human somatic cells', *Science* 318: 1917–20; Sabine Conrad, Markus Renninger, Jorg Hennenlotter, Tina Wiesner, Lothar Just, Michael Boning, Wilhelm Aicher, Hans-Jorg Buhrig, Ulrich Mattheus, Andreas Mack, Hans-Joachim Wagner, Stephen Minger, Matthias Matzkies, Michael Reppel, Jürgen Hescheler, Karl-Dietrich Sievert, Arnulf Stenzl, and Thomas Skutella, 2008, 'Generation of pluripotent stem cells from adult human testis', *Nature* 456: 344–9.

＊15　例えば、Søren Holm, 2008, 'Time to reconsider stem cell ethics–the importance of induced pluripotent cells', *Journal of Medical Ethics* 34: 63–4を見よ。

＊16　Young Chung, Irina Klimanskaya, Sandy Becker, Tong Li, Marc Maserati, Shi-Jiang Lu, Tamara Zdravkovic, Dusko Ilic, Olga Genbacev, Susan Fisher, Ana Krtolica, and Robert Lanza, 2008, 'Human embryonic stem cell lines generated without embryo destruction', *Cell Stem Cell* 2: 113–7.

＊17　John Harris, 2003b, 'Stem cells, sex, and procreation', *Cambridge Quarterly of Healthcare Ethics* 12: 353–71,p. 361; Guido Pennings and Andre Van Steirteghem, 2004, 'The subsidiarity principle in the context of human embryonic stem cell research', *Human Reproduction* 19: 1060–4; Katrien Devolder and Julian Savulescu, 2006, 'The moral imperative to conduct embryonic stem cell research', *Cambridge Quarterly of Healthcare Ethics* 15: 7–21. 興味深いことに、デヴォルバーとサヴァレスキュの、幹細胞研究を急ぐ主張がある。事実に関わる限り、それは韓国の生命医学研究者である黄禹錫の研究結果に部分的に基づいている。彼の研究は後に急場しのぎで、実証されていない、捏造されたものであると暴露された。

＊18　Devolder and Savulescu, 2006, p. 12.

＊19　（精子を必要とする）受精卵の調達において男性が道具化される可能性もあるはずである。しかし研究書や論文はこの点については沈黙しているように思われる。それはおそらくほとんどの男性にとって精子の獲得が容易で危険が少ないのに比べて、女性にとって卵子を獲得する方法はそれほど容易ではなく、より危険だからである。

＊20　方法についての入手しやすい解説として、例えば、Robert Steinbrook, 2006, 'Egg donation and human embryonic stem-cell research', *The New England Journal of Medicine* 354:324–6. を見よ。また Donna Dickenson and Itziar Alkorta Idiakez, 2008, 'Ova donation for stem cell research: An international perspective', *International Journal of Feminist Approaches to Bioethics* 1: 125–44も見よ。

＊21　例えば、Helen Pearson, 2006, 'Health effects of egg donation may take decades to emerge', *Nature* 442: 607–8; Diane Beeson and Abby Lippman, 2006, 'Egg harvesting for stem cell research: medical risks and ethical problems', *Reproductive Biomedicine Online* 13: 573–9.

＊22　これは特にその主張を支持する、信頼できる科学文献を引用しない哲学的な寄与にも当てはまる。次の本文と解説を参照。

＊23　Pennings and Steirteghem, 2004, p. 1060. 著者はこの見解のための科学的な典拠に言及していない。

＊24　Harris 2003b, p. 361. ハリスは胚性幹細胞研究における保証を示すいくつかの研究に言及する。しかし成体幹細胞研究とその見通しとの比較は含まれていない。ほかでは、例えば、Burt et al. 2008が後者における確信を持っている。

＊25　Devolder and Savulescu, 2006, pp. 8, 10.

＊26　後続の論文で、サヴァレスキュは黄のケースにおいて何が間違っ

ていたのかを分析した。彼は事例を証明されていない科学データに基づかせる倫理学者によってつくられた，可能な誤解についてコメントしない。Rhodri Saunders and Julian Savulescu, 2008, 'Research ethics and lessons from Hwanggate: what can we learn from the Korean cloning fraud?', *Journal of Medical Ethics* 34: 214–21 を見よ。

＊27　Dan W. Brock, 2006, 'Is a consensus possible on stem cell research? Moral and political obstacles', *Journal of Medical Ethics* 32: 36–42, p. 36（強調はハユリュ）. 学術的に尊重された生命倫理学の雑誌におけるこの一節は学術文献を典拠としていない。

＊28　Judy Norsigian, 2005, 'Egg donation for IVF and stem cell research: Time to weigh the risks to women's health', *Different Takes* 33 – popdev. hampshire.edu/projects/dt/33.

＊29　Beeson and Lippman, 2006.

＊30　Evan Y. Snyder and Jeanne F. Loring, 2006, 'Beyond　fraud – stem cell research continues', *The New England Journal of Medicine* 354: 321–4,p. 323.

＊31　Norsigian, 2005. Judy Norsigian, 2004, 'Stem cell research and embryo cloning: Involving laypersons in the public debates', （*New England Law Review* 39: 527–34. も見よ。

＊32　これと同じような政策によって送られたメッセージの考えについては，例えば，Takala and Häyry, 2007 を見よ。

＊33　John Harris, 2005, 'Scientific research is a moral duty', *Journal of Medical Ethics* 31: 242–8.

＊34　Harris, 2005, p. 242.

＊35　Harris, 2005, p. 243.

＊36　ハリスは論文でこれについて議論しない。したがっていくつかの批評は現実にハリスに関する見解というよりはむしろハリスに似た見解に属する。

＊37　Sandra Shapshay and Kenneth D. Pimple, 2007, 'Participation in biomedical research is an imperfect moral duty: A response to John Harris', *Journal of Medical Ethics* 33: 424–17.

＊38　Shapshay and Pimple, 2007, p. 415.

＊39　Shapshay and Pimple, 2007, pp. 415–16.

＊40　Shapshay and Pimple, 2007, p. 416.

＊41　Shapshay and Pimple, 2007, p. 415.

＊42　Shapshay and Pimple, 2007, pp. 416–17.

＊43　もちろんリストは続いているが，ルール・オブ・レスキューからの議論の範囲内で重大な害を引き起こすことに限定される。

＊44　Roberta J. Apfel and Susan M. Fisher, 1984, *To Do No Harm: DES and the Dilemmas of Modern Medicine*（New Haven, CT: Yale University Press）.

＊45　Robyn Rowland, 1987, 'Making women visible in the embryo experimentation debate', *Bioethics* 1: 179–88, pp. 185–6. ＤＥＳ問題を克服するために体外授精を使用することに関しては，ロウランドは，次の文献を参照する。Suheil Muasher, Jairo Garcia, and Howard Jones, 1984, 'Experience with diethylstilbestrol-exposed infertile women in a program of in vitro fertilisation', *Fertility and Sterility* 42: 20–4, p. 22.

＊46　Harris, 2005, p. 246.

＊47　Francoise Baylis and Caroline McLeod, 2007, 'The stem cell debate continues: the buying and selling of eggs for research', *Journal of Medical Ethics* 33: 726–31; also Harris, 20005, p. 247; Beeson and Lippman, 2006; Brock, 2006,p. 41; Steinbrook, 2006, pp. 325–6; Debora Spar, 2007 'The egg trade – Making sense of the market for human oocytes', *The New England Journal of Medicine* 356: 1289–91.

＊48　Beeson and Lippman, 2006; Spar, 2007, p. 1299.

＊49　Thomas J. Papadimos and Alexa T. Papadimos, 2004, The student and the ovum: The lack of autonomy and informed consent in trading genes for tuition', *Reproductive Biology and Endocrinology* 2: 56 – pubmedcentral.nih.gov/articlender.fcgi?artid=479702.

＊50　Papadimos and Papadimos, 2004.

＊51　Papadimos and Papadimos, 2004.

＊52　Papadimos and Papadimos, 2004.

＊53　Papadimos and Papadimos, 2004.

＊54　Papadimos and Papadimos, 2004.

＊55　Papadimos and Papadimos, 2004.

＊56　Papadimos and Papadimos, 2004.

＊57　Brock, 2006, p. 41.

＊58　Steinbrook, 2006, p. 325.

＊59　Papadimos and Papadimos, 2004; Beeson and Lippman, 2006; Baylis and McLeod, 2007.

＊60　Harris, 2005; Brock, 2006; Steinbrook, 2006.

＊61　これらは第5章**9**節で議論された。

＊62　例えば、Norman Ford, 2001, 'The human embryo as person in Catholic teaching', The National Bioethics Quarterly 1: 155–60; John R. Meyer, 2006, 'Embryonic personhood, human nature, and rational ensoulment', The Heythrop Journal 47: 206–25. を見よ。

＊63　Patrick Lee, 1996, Abortion and Unborn Human Life (Washington, DC: Catholic University of America Press); Dean Stretton, 2000, 'The argument from intrinsic value: A critique', *Bioethics* 14: 228–39; Patrick Lee, 2004, 'The pro-life argument from substantial identity: A defence', *Bioethics* 18: 249–63.

＊64　Lee, 2004, p. 262.

＊65　Don Marquis, 2002, 'A defence of the potential future of value theory', *Journal of Medical Ethics* 28: 198–201, p. 198.

＊66　Marquis, 2002, p. 198. Cf. Don Marquis, 1989, 'Why abortion is immoral', *The Journal of Philosophy* 86: 183–202; Mark T. Brown, 2000, 'The morality of abortion and the deprivation of futures', *Journal of Medical Ethics* 26: 103–7; Don Marquis, 2001 'Deprivations, futures and the wrongness of killing', *Journal of Medical Ethics* 27: 363–9; Julian Savulescu, 2002a, 'A future like ours revisited', *Journal of Medical Ethics* 28: 192–5; Simon J. Parsons, 2002, 'Present self-represented futures of value are a reason for the wrongness of killing', *Journal of Medical Ethics* 28: 196–7; Mark T. Brown, 2002b, 'Abortion and the value of the future: A reply to a defence of the potential future of value theory', *Journal of Medical Ethics* 28: 202; Keith Allen Korez, 2002, 'Two moral strategies regarding abortion', *Journal of Social Philosophy* 33: 581–605; Don Marquis, 2004, 'Korcz's objections to the future-of-value argument', *Journal of Social Philosophy* 35: 56-65; Don Marquis, 2005, 'Savulescu's objections to the future of value argument', *Journal of Medical Ethics* 31: 119–22.

＊67　Arthur Kuflik, 2008, 'The "future like ours" argument and human embryonic stem cell research', *Journal of Medical Ethics* 34: 417–21.

＊68　例えば、Michael Tooley, 1998, 'Personhood', Helga Kuhse and Peter Singer (eds), *Companion to Bioethics* (Oxford: Blackwell): 117–26, p. 120.「ひとであること」のもともとの見解の1つとして、Michael Tooley, 1972, 'Abortion and infanticide', *Philosophy and Public Affairs* 2; 37–65〔マイケル・トゥーリー「妊娠中絶と新生児殺し」神崎宣次訳、『妊娠中絶の生命倫理――哲学者たちは何を議論したか』前掲〕を見よ。

＊69　この意味での「人間性」のより早い二つの定式化として、Peter Singer, 1979, *Practical Ethics* (Cambridge: Cambridge University Press)〔シンガー『実践の倫理　第二版』前掲〕; John Harris, 1985, *The Value of Life: An Introduction to Medical Ethics* (London: Routledge and Kegan

Paul）を見よ。

＊70　Tooley, 1998, pp. 122–3; John Harris, 2007, *Enhancing Evolution: The Ethical Case for Making Better People*（Princeton, NJ: Princeton University Press）, pp. 166–77; Harris, 2003b, 362–4.

＊71　Marquis, 1989.

＊72　John Harris, 1999b, 'The concept of the person and the value of life', *Kennedy Institute of Ethics Journal* 9: 293–308.

＊73　Søren Holm, 2003a, 'The ethical case against stem cell research', *Cambridge Quarterly of Healthcare Ethics* 12: 372–83, pp. 372–3, 377.

＊74　Holm 2003a, p. 376. Søren Holm, 1996, 'The moral status of the pre-personal human being: The argument from potential reconsidered', Donald Evans（ed.）, *Conceiving the Embryo: Ethics, Law, and Practice in Human Embryology*（Dordrecht: Kluwer）:193–220. を見よ。

＊75　Holm 2003a, p. 381.

＊76　例えば、ホルムの見解は次の文章の中で言い表わされている。*Examination of Witnesses*（*Questions 805–819*）*before the Joint Committee of the Human Tissue and Embryos*（*draft*）*Bill*, 2007, 26 June–wws.publications.parliament.uk/pa/jt200607/jtselect/jtembryos/169/7062608.htlm を見よ。そしてより一般的には例えば、Kathryn Ehrich, Bobbie Farsides, Clare Williams, and Rosamund Scott, 2007, 'Testing the embryo, testing the fetus', *Clinical Ethics* 2: 181–6. を見よ。

＊77　Holm, 1996, p. 216.

＊78　Holm, 2003a, p. 376.

＊79　これは、ホルムにとって望ましい解決策だとは思われない。例えば、Holm, 1996, pp. 200–1. を見よ。

＊80　*Examination of Witnesses*, 2007.

＊81　*Examination of Witnesses*, 2007.

第8章

＊1　*Journal of Gene Medicine*, 2009［updated March］, 'Gene Therapy Clinical Trials Worldwide'–www.wiley.co.uk/genetherapy/clinical/.

＊2　*Journal of Gene Medicine*, 2009.

＊3　例えば、Sue Pearson, Hepeng Jia, and Keiko Kandachi, 2004, 'China approves first gene therapy', *Nature Biotechnology* 22: 3–4; James M. Wilson, 2005, 'Gendicine: The first commercial gene therapy product', *Human Gene Therapy* 26: 1014; Zhaohui Peng, 2005, 'Current status of Gendicine in China: Recombinant human ad-p53 agent for treatment of cancers', *Human Gene Therapy* 16: 1016–27.

＊4　Sarah E. Frew, Stephen M. Sammut, aalysha F. Shore, Joshua K. Ramjist, Sara Al-Bader, Rahim Rezaie, Abdallah S. Daar, and Peter A. Singer, 2008, 'Chinese health biotech and the billion-patient market', *Nature Biotechnology* 26: 37–53.

＊5　例えば、Lynn Smith and Jacqueline Fowler Byers, 2002, 'Gene therapy in the post-Gelsinger era', *JONA's Healthcare Law, Ethics, & Regulation* 4: 104–10. を見よ。

＊6　Gelsinger v. *Trustees of the University of Pennsylvania*, 2000– http://www.sskrplaw.com/links/healthcare2.html.

＊7　UCL, Institute of Child Health, 2007, 'Gene therapy for X-SCID; additional briefing', 18 December– http://www.ich.ucl.ac.uk/pressoffice/pressrelease 00592.

＊8　私は、これらの初期の懸念のいくつかについて、Matti Häyry, 1994a, 'Categorical objections to genetic engineering-A critique', Anthony Dyson and John Harris（eds）, Ethics and Biotechnology（London: Routledge）: 202–15. で解説した。

＊9　遺伝子治療とそれらの発展に関する現在の法規制の概要については、Genetherapynet, 'Gene therapy clinical trials regulatory affairs and legislation' – http://www.genetherapynet.com/legislateon.html.

＊10　John Harris, 2007, *Enhancing Evolution: The Ethical Case for Making Better People* (Princeton, NJ: Princeton University Press), p. 79.

＊11　Harris, 2007, p. 80（不当な予防措置については pp. 34–5、同意の欠如については pp. 81–5 を見よ）。

＊12　Jonathan Glover, 2006, *Choosing Children: Genes, Disability, and Design* (Oxford: Clarendon Press), p. 61.

＊13　Glover, 2006, pp. 61–2.

＊14　Glover, 2006, pp. 63–4, 68–72.

＊15　Ronald M. Green, 2007, *Babies by Design: The Ethics of Genetic Choice* (New Haven, CT: Yale University Press), p. 57.

＊16　Jürgen Habermas, 2003, *The Future of Human Nature*, translated by William Rehg, Max Pensky, and Hella Beister (Cambridge: Polity Press), p. 51–2.〔ハーバーマス『人間の将来とバイオエシックス』前掲〕

＊17　Habermas, 2003, p. 86.

＊18　Michael J. Sandel, 2007, *The Case Against Perfection: Ethics in the Age of Genetic Engineering* (Cambridge, MA: The Belknap Press of Harvard University Press), pp.47–8.〔サンデル『完全な人間を目指さなくても良い理由――遺伝子操作とエンハンスメントの理論』前掲〕

＊19　Sandel, 2007, p. 49.

＊20　Sandel, 2007, p. 83. サンデルは、彼自身が療法とエンハンスメントを区別することに重きを置いているので、体細胞療法と生殖細胞療法の区別に関して、やや不透明である。

＊21　Leon R. Kass, 2002, *Life, Liverty and the Defense of Dignity: The Challenge for Bioethics* (Sanfrancisco, CA: Encounter Books), pp. 121–3, 130 ff.〔カス『生命操作は人を幸せにするのか――蝕まれる人間の未来』前掲〕

＊22　Green, 2007, p. 60.

＊23　Green, 2007, p. 61.

＊24　Green, 2007, pp. 62–73.

＊25　Kass, 2002, p. 123.

＊26　Kass, 2002, p. 124.

＊27　Harris, 2007, p. 44.

＊28　Harris, 2007, p. 58.

＊29　Glover, 2006, p. 75.

＊30　Habermas, 2003, pp. 51–2; cf., however, p. 86（特にこの一節は**2**節でも引用した）

＊31　Habermas, 2003, p. 42.

＊32　Sandel, 2007, pp. 8–10, 51–2.

＊33　Sandel, 2007, p. 82.

＊34　Sandel, 2007, pp. 51–2, 78, 87, 91.

＊35　Harris, 2007, p. 58（強調はハユリュ）.

＊36　このテーマについては、私は以前、Matti Häyry and Heta Häyry, 1998, 'Genetic engineering', Ruth Chadwick (ed.), *Encyclopedia of Applied Ethics*, Volume II (San Diego, CA: Academic Press): 407–17; Matti Häyry, 2007a, 'Utilitarianism and bioethics', Richard E. Ashcroft, Angus Dawson, Heather Draper, and John R. McMillan (eds), *Principles of Health Care Ethics*, second edition (Chichester: John Wiley & Sons): 57–64. で研究した。

＊37　帰結主義についての私の考えに関しては、例えば、Matti Häyry, 1994b, *Liberal Utilitarianism and Applied Ethics* (London: Routledge); Häyry, 2007a. を見よ。

＊38　Jeremy Bentham, 1982, *An Introduction to the Principles of Morals and Legislation* [1789], edited by J.H.Burns and H.L. A. Hart (London: Methuen), p. 38.〔ベンサム『「功力主義の原理について」ほか『立法と道徳の原理序説』より』前掲〕

＊39　Richard B. Brandt, 1979, *A Theory of the Good and the Right* (Oxford: Clarendon Press).
＊40　Peter Singer, 1979, *Practical Ethics* (Cambridge: Cambridge University Press).〔シンガー『実践の倫理　第二版』前掲〕
＊41　Richard M. Hare, 1981, *Moral Thinking: Its Levels, Method and Point* (Oxford: Clarendon Press).
＊42　James Griffin, 1986, *Well-Being: Its Meaning, Measurement, and Moral Importance* (Oxford: Clarendon Press).
＊43　Häyry, 1994b.
＊44　John Stuart Mill, 1987, *Utilitarianism* [1861], Jeremy Bentham and John Stuart Mill, *Utilitarianism and Other Essays*, edited by Alan Ryan (Harmondsworth: Penguin Books), p. 279.〔J・S・ミル「功利主義論」伊原吉之助訳、『世界の名著38　ベンサム　J・S・ミル』中央公論社、一九六七年〕
＊45　Brandt, 1979.
＊46　Singer, 1979.
＊47　Hare, 1981.
＊48　Häyry, 1994b.
＊49　James Griffin, 2008, *On Human Rights* (Oxford: Oxford University Press).
＊50　第2章**2**、**5**節を見よ。
＊51　Robetr Nozick, 1974, *Anarchy, State, and Utopia* (Oxford: Blackwell), pp. 88–92.〔ノージック『アナーキー・国家・ユートピア――国家の正当性とその限界』前掲〕
＊52　Häyry, 1994b, pp. 88–92.
＊53　Häyry, 1994b, pp. 79–82.
＊54　David Hartley, 1834, *Observations on Man, His Frame, His Duty and His Expectations* [1749], sixth edition (London: Thomas Tegg and Son), p. 261.
＊55　例えば、J.J.C. Smart, 1973, 'An outline of a system of utility ethics' [1961], J.J.C. Smart and Bernard Williams (eds), *Utilitarianism: For and Against* (Cambridge: Cambridge University Press); Törbjorn Tännsjö, 1998, *Hedonistic Utilitarianism* (Edinburgh: Edinburgh University Press).
＊56　Cf. Häyry, 2007a, p. 58.
＊57　Matti Häyry, 2008, 'The historical idea of a better race', *Studies in Ethics, Law, and Technology* 2, Article 11–http://www.bepress.com/selt/vol2/iss1/art11,pp.9-13.
＊58　Häyry and Häyry, 1998, pp. 409–10.
＊59　Adam Smith, 1982, *The Wealth of Nations* [1776]. Edited by Andrew Skinner (Harmondsworth: Penguin Books).〔アダム・スミス『国富論――国の豊かさの本質と原因についての研究（上・下）』山岡洋一訳、日本経済新聞出版社〕
＊60　Marie-Jean-Antoine-Nicholas de Caritat, Marquis de Condorcet, 1955, *Sketch for a Historical Picture of the Progress of the Human Mind* [1795], translated by June Barraclough (New York, NY: Noonday Press).〔コンドルセ『人間精神進歩史（第一部・第二部）』渡辺誠訳、岩波文庫、一九五一年〕
＊61　例えば、Georg Wilhelm Friedrich Hegel, 1857, *Philosophy of History*, translated from the third German edition by J.Sibree (London: Henry G.Bohn).〔ヘーゲル『歴史哲学講義（上・下）』長谷川宏訳、岩波文庫、一九九四年〕
＊62　Johan Gottfried von Herder, 1966, *Outlines of a Philosophy of the History of Man* [1784–1791], translated by T. Churchill (New York, NY: Bergman).
＊63　例えば、Walter Glannon, 2002a, 'Extending the human life span', *Journal of Medicine and Philosophy* 27: 339–54.

＊64　H.G. Wells, 2005, *The Time Machine* [1985] (London: Penguin Books)〔H・G・ウェルズ『タイムマシン』池央秋訳、光文社新訳文庫、二〇〇二年〕; Aldous Huxley, 1932, *Brave New World* (London: Chatto & Windus)〔ハクスリー『すばらしい新世界〔新訳版〕』前掲〕; Margaret Atwood, 1985, *The Handmaid's Tale* (Toronto: McClelland and Stewart)〔マーガレット・アトウッド『侍女の物語』斎藤英治訳、早川書房、二〇〇一年〕; *Gattaca*, 1997 (Columbia Pictures).

＊65　以下に、続く記述は、多くが、Matti Häyry, 2005b, 'Precaution and solidarity', *Cambridge Quarterly of Healthcare Ethics* 14: 199–206,pp. 199–202. に基づいている。

＊66　予防原則には、法律と倫理に関する現在の文献で多くの用途と解釈がある。最も初期の哲学的定式化の一つは、Hans Jonas, 1984, *The Imperative of Responsibility: In Search of Ethics for the Technological Age* [1979], translated by Hans Jonas and Daid Herr (Chicago,IL: University of Chicago Press)〔ハンス・ヨナス『責任という原理――科学技術文明のための倫理学の試み』加藤尚武監訳、東信堂、二〇一〇年〕の中に見つけることができる。

＊67　Blaise Pascal, 1995, *Pensées and Other Writings*, translated by Honor Lebi (Oxford: Oxford University Press), pp. 153–6.〔パスカル『パンセ』他、『世界の名著24　パスカル』前田陽一・由木康訳、中央公論社、一九六六年〕遺伝子倫理における「賭け」の使用の批判については Stephen P. Stich, 1978, 'The recombinant DNA debate: A difficulty for Pascalian-style wagering', Philosophy & Public Affairs 7: 187–205. を見よ。

＊68　Stich, 1978; Matti Häyry and Tuija Takala, 1998, 'Genetic engineering and the risk of harm', *Medicine, Health Care and Philosophy* 1:61–4, p. 61; Søren Holm and Tuija Takala, 2007, 'High hopes and automatic escalators: A critique of some new arguments in bioethics', *Journal of Medical Ethics* 33: 1–4, p. 2.

＊69　Holm and Takala, 2007, pp. 2–3.

＊70　「自動エスカレーター」という表現は、Holm and Takala, 2007, p. 3. から紹介した。

■第9章

＊1　D.E. Martinez, 1998, 'Mortality patterns suggest lack of senescence in hydra', *Experimental Gerontology* 33: 217–25; S. Piraino, F. Boero, B. Aeschbach, and V. Schmid, 1996, 'Reversing the life cycle: Medusae transforming into polyps and cell transdifferentiation in *Turritopsis nutria* (Cnidaria, Hydrozoa)', *The Biological Bulletin* 190: 302; D.M.Richardson (ed.), 1998, *Ecology and Biogeography of Pinus* (Cambridge: Cambridge University Press).

＊2　例えば、Vladimir V. Frolkis, 1982, *Ageing and Life-Prolonging Processes* (Vienna: Springer-Verlag); A H.Bittles and KJ.Collins (eds), 1986, *The Biology of Human Ageing* (Cambridge: Cambridge University Press).

＊3　Peter B. Medawar, 1952, *An Unsolved Problem of Biology* (London: H.K. Lewis).

＊4　W.R.Clark, 1999, *A Means to an End: The Biological Basis of Aging and Death* (New York, NY: Oxford University Press).〔ウィリアム・クラーク『生命はどのようにして死を獲得したか――老化と加齢のサイエンス』小浪悠紀子訳、共立出版、二〇〇三年〕

＊5　G.C. Williams, 1957, 'Pleiotropy, natural selection and the evolution of senescence', *Evolution* 11: 398–411.

＊6　Aubrey de Grey, 1999, *The Mitochondrial Free Radical Theory of Aging* (Austin, TS: R.G. Landers Company).

＊7　Aubrey de Grey and Michael Rae, 2007, *Ending Aging: The Rejuvenation Breakthroughs that Could Reverse Human Aging in Our*

Lifetime (New York, NY: St Martin's Press).〔オーブリー・デグレイ、マイケル・レイ『老化を止める7つの科学――エンド・エイジング宣言』高橋則明訳、日本放送出版協会、二〇〇八年〕

＊8　これらはすべて、SENS Foundation, 2009, 'Seven deadly things' – www.sens.org/index.php?pagename=mj_sens_repairing. の中で、かみくだいて説明されている。さらに詳細な記述については、de Grey and Rae, 2007を見よ。

＊9　Aubrey de Grey, 2007, 'Life span extension research and public debate: societal considerations', *Studies in Ethics, Law, and Technology* 1– www.bepress.com/selt/vol1/iss1/art5; cf. Matti Häyry, 2007b, 'Generous funding for interventive aging research now?', Studies in Ethics, Law, and Technology 1–http://www.bepress.com/selt/ol1issi/art13.

＊10　de Grey, 2007.

＊11　彼の思想についての議論は、Jason Pontin, 2006, 'Is defeating aging only a dream?'–http://www.technologyreview.com/ses/. を見よ。

＊12　de Grey, 2007.

＊13　例えば、John Harris, 1998, *Clones, Genes, and Immortality: Ethics and the Genetic Revolution* (Oxford: Oxford University Press), p. 128.

＊14　Robert A. Freitas Jr, 2001, *Microbivores: Artificial Mechanical Phagocytes Using Digest and Discharge Protocol*–www.rfreitas.com/Nano/Microbivores.htm.

＊15　「家族的な類似性」とは、ここでは次のことを意味する。私がA、B、Cという特徴から人生を始めて、いまはD、E、Fという特徴を持っているけれども、類似性がABCがまずはBCDとの、次にCDEとの組み合わせに由来する年代順の過程によって取り戻される。そしてその後でだけ現在のDEFとの組み合わせがある。もともとの特徴はどれも最後に存在していないけれども、それぞれの段階は以前のものと共通の何かを持っている。

＊16　同様の問題が長期にわたる凍結保存の後での「目覚め」について問われうる。しかしその事例では少なくとも体はおおよそ同一である。

＊17　Derek Parfit, 1984, *Reasons and Persons* (Oxford: Clarendon Press).〔パーフィット『理由と人格――非人格性の倫理へ』前掲〕

＊18　パーフィットは「移送〔transportation〕」という語を使用するが、意味は同一である。

＊19　もしハイゼンベルグの不確定性原理が妥当ならば、瞬間移動は原理的にも不可能かもしれない。もし私たちの最小の粒子の位置と運動量が同時に測定できないならば、どのような複合的物体でもその正確な複製をつくることは私たちにはできないように思われる。

＊20　Leon R. Kass, 2002, *Life, Liberty, and the Defense of Dignity: The Challenge* for Bioethics (San Francisco, CA: Encounter Books), pp. 257–74.〔カス『生命操作は人を幸せにするのか――蝕まれる人間の未来』前掲〕

＊21　Kass, 2002, p. 261.

＊22　Kass, 2002, p. 261.

＊23　Kass, 2002, p. 261–2.

＊24　無制限の生が社会的に望ましくないことは彼の他の主題であり、私は**6**節でその主題に戻る。

＊25　Kass, 2002, p. 264.

＊26　Kass, 2002, pp. 266–8.

＊27　Kass, 2002, p. 266.

＊28　Paul Barrow, 2003, 'Autonomy: overworked and under-valued', Matti Hayry and Tuija Takala (eds), *Scratching the Surface of bioethics* (Amsterdam: Rodopi): 133–40 p. 139.

＊29　Kass, 2002, p. 266.

＊30　Kass, 2002, p. 267.

＊31　Kass, 2002, p. 267. ここでパラフレーズされた一節は解釈するの

が難しい。学問的な散文体で表現するのはなおさら難しい。カス自身は一連の詩的なイメージを使用して、彼が答えるよりも多くの疑問を問うている。しかし私は彼の意味するところの要点を捉えたと信じる

＊32　Kass, 2002, pp. 267–8.

＊33　John Harris, 2003a, ‘Intimations of immortality: The ethics and justice of life-extending therapies’, M.D.A. Freeman（ed.）, *Current Legal Problems 2002*（Oxford: Oxford University Press）: 65-95.

＊34　Harris, 2003a, p. 88.

＊35　Harris, 2003a, p. 88.

＊36　Kass, 2002, p. 267.

＊37　Harris, 2003a, p. 89.

＊38　Harris, 2003a, p. 89. 厳密に言えば、ハリスは次のように言うことによって自己矛盾しているように思われる。すなわち「不死なるもの」とは死亡し（生と機会が有限であることを含意する）かつ無限の可能性を失う（生と機会が有限でないことを含意する）ということだと彼は言うのである。しかし彼のメッセージは明確である。もし数十年を生きる人々による犠牲が善であれば、数世紀を生きる人々による犠牲はさらに善であるべきである。

＊39　「好機」は、必ずしもすべての人がより長い生を好むとは限らないと指摘するために、強調されている。ハリスによれば、人々は合理的に死ぬことを欲することができるという事実が存在する。しかし人々が何を欲しようと、ハリスは選択が自分のものであるということが人々にとって合理的に価値があると考える。

＊40　John Harris, 2007, *Enhancing Evolution: The Ethical Case for Making Better People*（Princeton NJ: Princeton University Press）, p. 61.

＊41　Harris, 2003a,pp. 75–7.

＊42　Michael Philips, Hermogenes Rojas, Patrick Frank, and John Harris, 2000, ‘Immortality, anyone?’, *Science* 288: 1345d にある、このやり取りを見よ。

＊43　**1** 節を参照。

＊44　Walter Glannon, 2002a, ‘Extending the human life span’, *Journal of Medicine and Philosophy* 27: 339–54, p. 352.

＊45　John Harris and Søren Holm, 2002, ‘Extending human lifespan and the precautionary paradox’, *Journal of Medicine and Philosophy* 27: 355–68, p.366.

＊46　Harris, 2003a, pp. 85, 92; Harris 2007, pp. 61–70. 彼は正義に関する前者の問題を論じるのを先送りにする。

＊47　Harris, 2003a, p. 86.

＊48　Harris, 2007, pp. 66–7. どのくらい真剣にハリスが、彼の考えが理解されることを意図しているのか、私にはよくわからない。ここでの彼自身の結論（p.67）は次のとおりである。「実際、一つの肉体に複数の自己がいることは、生態学的に言って健全であり、環境保護に関して好意的であり、人口問題に関しては効率的である。それは環境保護をまったく配慮しない人や、もしくは性行為しか頭にない排外主義者を除くすべての人にとってより好まれる生殖の方法となるだろう。」

＊49　Harris, 2003a, p. 71; Harris, 2007, p. 62.

＊50　Harris, 2003a, p. 71; Harris, 2007, p. 62.

＊51　Harris, 2003a, pp. 71–2; Harris, 2007, pp. 62–3.

＊52　Kass, 2002, p. 269.

＊53　Kass, 2002, pp. 269–70.

＊54　Kass, 2002, p. 270.

＊55　Kass, 2002, p. 270.

＊56　Kass, 2002, p. 271.

＊57　Kass, 2002, pp. 271–2.

＊58　Kass, 2002, p. 271.

＊59　例えば、Harris, 2003a, p. 90 n. 43 を見よ。

＊60　Thomas Aquinas, 1988, *On Law, Morality and Politics* [1265-1272], edited by W.P.Baumgarth and R. J. Regan (Indianapolis, IN: Hackett Publishing Company), pp. 47–8.〔トマス・アクィナス『神学大全』全四五巻、高田三郎ほか訳、創文社、一九六〇－二〇一二年〕

＊61　この推測はカスによって書かれたものというよりもむしろ私の解釈である。その役割は道徳の理論家が人生の意義を描いた様々な観点へと注意を向けることである。

＊62　John Harris, 2005, 'Scientific research is a moral duty', *Journal of Medical Ethics* 31: 242–8.

＊63　Harris, 2003a, p. 90, n. 43.

＊64　Harris, 2003a, pp. 80–2; Harris, 2007, p. 61.

＊65　Harris, 2003a, p. 94.

＊66　Harris, 2003a, p. 95.

＊67　例えば、James Warren, 2004, *Facing Death: Epicurus and His Critics* (Oxford: Clarendon Press) を見よ。

＊68　Cf. Nikolay Milkov, 2005, 'The meaning of life: A topological approach', A-T. Tymieniecka (ed.), *Analecta Husserliana* 84: 217–34.

＊69　Bernard Williams, 1973b, 'The Makropoulos case: Reflections on the tedium of immortality', Bernard Williams, *Problems of the Self: Philosophical Papers 1956–1972* (Cambridge: Cambridge University Press): 81–100.

＊70　Jonathan Glover, 1977, *Causing Death and Saving Lives* (Harmondsworth: Penguin Books), p. 57.

＊71　第2章**2**節を見よ。

＊72　Glover, 1977, p. 84.

＊73　Glover, 1977, pp. 69–70.

＊74　Glover, 1977, pp. 53–4, 78–83.

＊75　Glover, 1977, p. 116.

＊76　Jonathan Glover, 2006, *Choosing Children: Genes, Disability, and Design* (Oxford: Clarendon Press), pp. 100–1.

＊77　Glover, 2006, p. 101.

＊78　Glover, 2006, p. 101.

＊79　Ronald M. Green, 2007, *Babies by Design: The Ethics of Genetic Choice* (New Haven, CT: Yale University Press).

＊80　President's Council on Bioethics, 2003, *Beyond Therapy: Biotechnology and the Pursuit of Happiness* (Washington, DC: President's Council on Bioethics)–http://www.bioethics.gov/reports/beyondapy/.

＊81　Green, 2007, pp. 101–2.

＊82　Green, 2007, pp. 102–4.

＊83　第2章**4**節を見よ。

＊84　Green 20007,pp. 104–6; citing Nick Bostrom and Toby Ord, 2006, 'The reversal test: Eliminating status quo bias in applied ethics', *Ethics* 116–79.

＊85　Jürgen Habermas, 2003, *The Future of Human Nature*, translated by William Rehg, Max Pensky, and Hella Beister (Cambridge: Polity Press).〔ハーバーマス『人間の将来とバイオエシックス』前掲〕

＊86　Habermas, 2003, pp. 51–2.

＊87　Habermas, 2003, pp. 41–2.

＊88　Habermas, 2003, p. 41.

＊89　Habermas, 2003, pp. 29, 41–2, 56–8. 第2章**4**節を見よ。

＊90　デグレイの加齢を取るに足りないものにするための工学的戦略（ＳＥＮＳ）のほとんどは人間と機械の接合装置を必要としてはいない。したがって、一連の問題は依然として残っている。ハーバーマスは規則に従った救命の治療を黙認するのか。もしイエスであれば、何が相違点であるのか。ハーバーマスは彼の著書の中でこれらの問いに回答を与えていない。

＊91　Michael J. Sandel, 2007, *The Case Against Perfection: Ethics in the Age of Genetic Engineering* (Cambridge, MA: the Belknap Press of Harvard University Press).〔サンデル『完全な人間を目指さなくてもよい理由』前掲〕

＊92　Sandel, 2007, p. 10.

＊93　Sandel, 2007, pp. 86, 89–92, 96, 97–100. 第2章3節を参照。

＊94　Sandel, 2007, pp. 97 ff.

＊95　議論はサンデルの発表に従った。'What's wrong with enhancement' as a member of the Council on 12 December 2002–http://www.bioethics.gov/transcripts/deco2/session4.html.

監訳者後記

もともと本書は、監訳者の一人でもある斎藤仲道氏が、生殖医療に関する法整備を進めるために日本の人たちに紹介したいと、一年半ほど前に翻訳を始めていたものである。しかし、氏は産婦人科の医師であり、本書の中核となる哲学的・倫理学的な用語や議論が上手く理解できないため、哲学者や倫理学者の手助けがほしいということで、その端くれである私（脇）にも声がかかった。もちろん私だけでは力不足であるため、大学院時代からお世話になっている九州大学倫理学研究室を中心に協力を呼びかけたところ、最終的に合わせて七人の翻訳メンバーが集まった。斎藤氏と私以外では、倫理学研究室の土持貴志、中谷内悠、川﨑優、丸山望実、そして隣の哲学研究室から酒井健太朗にも参加していただいた（敬称略）。月に一度のペースで研究会を開き、平常時には適宜検討会を開いて、各担当者が作成した下訳を叩き台にして何度も議論を重ねた。検討会は十数回にのぼり、一回につき三時間を超えることもまれではなかった。メンバーの熱意と忍耐力がなければ、出版までこぎつけることができなかったのは言うまでもない。その真摯な努力に、僭越ながらもう一人の監訳者として深く敬意を表したい。

さらに本書の制作の途上において、幾人かの方に協力をいただいた。倫理学研究室の先輩でもある野見山待子、中本幹生、寺田篤史の諸氏には、多忙な中、研究会に参加いただき、いろいろな助言をいただいた。また、宮城県立こども病院産科部長・東北大学大学院医学系研究科教授である室月淳先生にも、本書の制作の過程で、有益な助言をいただいた。これらの方々のご協力に謹んで感謝申し上げる次第である。

本書は、生命倫理学的な問題を扱った専門書である。翻訳の過程で、一般の読者の方々にもご理解いただけるよう、議論しつつかみ砕いて丹念に日本語にしていったつもりである。しかし、もともと——著者が「遺伝的難問」とも呼ぶように——理解や解決の困難な問題が扱われているため、やはりある程度は読者の方々に読解の負担をかけざるを得ないだろう。ただ、一般の読者の方々、特に若い読者の方々に申し上げたいのは、生命倫理学的な問題、さらに言えば哲学や倫理、宗教の問題にいわゆる「正解」はないということである。もちろん、本書で取り上げられている主要な六人の論者は、それぞれの回答を示してはいる。しかし、それもまたそれぞれありうる回答の一つであり、問題集をめくるように答え合わせをすることはできない。本書を叩き台として、読者の皆さん一人ひとりが、自分なりの回答を見つけ出してほしい。

医学や生命科学は人命を脅かす原因を究明し、疾病や外傷を回復したり、人体の損傷した部位を補完したりする薬や医療機器などを開発することで、人類に幸福をもたらすと広く信じられている。しかし現代医療において医学や生命科学だけでは手に負えない問題が現われている。それは、哲学や倫理、そして宗教といった領域に属する問題である。

例えば、私の担当する第9章では、「大幅に生命を延長することと人生の意義」がテーマとなっている。なるほど人類は古来永遠の生命を欲し、そのための手段を探究してきた。それがいまや、アンチエイジングに遺伝子治療を使用することで理論的には可能であるという議論が、本書の中では紹介されている。もし不老長寿が実現すれば、それを手に入れようとしない人はいないと私たちは考えるかもしれない。しかし、ただただ寿命を延長し続けることは、私たちの人生にとって有意義なことなのだろうか。その問題については、倫理的な観点から改めて考え直さなくてはいけない。なぜなら、私たち人間は単に生きているのではなく、「よく生きる」ことを求める存在だからである。そしてよき生の探求は、古来、哲学や倫理学、あるいは宗教といった領域で行なわれてきた。

それらの探求は、最終的には自己探求に行き着く。結局は、自分がどう生きるかが問題なのだ。仮に不老長寿を得たからといって、何の意義も見出せない人生を延々と続けるとすれば、決して出ることのできない永遠の牢獄にいるようなものであろう。それでは、そもそも自分が生きていることの意義は何であるのか。問題は、結局、いま生きている自分へと還ってくる。本書は、最新の、そして将来の人類について論じているが、先に「最終的には自己探求に行き着く」と言ったのは、そのような意味においてである。

私たちの紹介する『人間〈改良〉の倫理学――合理性と遺伝的難問』が、生殖医療をめぐる重要な生命倫理学的な問題について、さらには自分自身の「生きる意味」というそれぞれの人にとって最も重要な倫理的問題について、日本の人たちの注目と関心を喚起することに貢献することを願っている。

脇　崇晴

体細胞核移植　12, 101, 102, 108, 119, 120, 126
体細胞治療　145, 146, 149, 153, 155, 156
対立を避けた概念　185
対立を避けた合理性概念　22, 35, 36, 39, 41, 184, 193
魂　107, 133, 134, 162, 164, 171
着床前遺伝子検査　9, 10
着床前遺伝子診断　*ii*, 8, 44, 45, 48, 51, 53, 56, 57, 67, 66, 73, 77, 82, 83, 85–87, 89, 93, 100, 121, 123
中絶　4, 7, 15, 24–26, 30, 37, 43–46, 48, 50, 51, 56, 57, 67, 122, 134, 136, 182
——中絶　7, 26, 44, 62
デオキシリボ核酸　4
デザイナーベビー　*iv*, 88, 89, 182
デザイン　10, 14, 21, 41, 84, 87, 88, 101, 103, 106, 108, 109, 111, 112, 114, 116–118, 124, 146, 148, 184, 189, 194
テロメア　19, 159–161
道具化　11, 13, 124, 179, 184
道徳性　*iii*, 9, 35, 36, 40, 42, 62, 70, 78, 94, 99, 100, 111, 114, 115, 117, 150, 151, 172, 181
道具的使用　41, 91, 92, 96, 179, 194
道徳的卓越性　139, 166–168, 188, 189, 191, 192
徳理論　8
トランスヒューマニスト　117
トランスヒューマニズム　20, 117
トランスヒューマン　116, 118

ナ　行

人間性　28, 29, 31, 59, 95, 98–100, 105–108, 112, 113–116, 118

ハ　行

胚移植　5, 65
胚性幹細胞研究　5, 15, 21, 119, 120, 123–126, 128–130, 137
胚の選択　4, 41, 43, 48, 52, 57, 65, 66, 77
胚の道徳的地位　15, 16, 62, 119, 124, 136, 139, 140
バブルボーイ　17, 148
——症候群　142
反転テスト　32, 116, 117, 176
非指示性　76, 180, 182
ヒト胚の管理機関　83, 91, 120
ヒト白血球抗原型　82, 83
ヒューマニズム　117
平等　28, 30, 31, 34, 38, 49, 56, 74, 78, 95, 100, 114–116, 129, 134, 170, 183, 184
——性　56, 80, 113, 177
不死性　*iv*, 162, 190
法実証主義者　67, 78
ポストヒューマン　28, 50, 116

マ　行

見込み　125, 135
未来世代　35, 144, 155, 184
民主主義　34, 50, 56, 113–116, 118
目的論　23, 92, 109

ヤ　行

優生学　4, 43, 44, 47, 50, 52, 77, 106, 115, 145
予防　7, 37, 48–50, 59, 61, 126, 180, 181, 193

ラ　行

卵子採取　124–132, 140
リプロダクティブ・ヘルス　131
流産　37, 128, 135
倫理的な自己理解　30, 50, 61, 115, 176, 180, 183
類推　37, 88, 180, 182, 185–187, 189
連帯　7, 15, 29, 38, 48–50, 59–61, 112, 116, 118, 133, 139, 147, 148, 177, 180, 183, 189
老化　19, 104, 158–163, 171, 177, 191
聾者の胚　5, 7, 9, 12, 41, 64, 65, 67–70, 72, 73, 75–80, 182
老年生物学　19, 162

帰結主義　8, 23, 26, 27, 68, 74, 77, 80, 92, 149, 151, 154, 185, 193
——者　9, 26, 68, 69, 70, 72, 73, 77, 79, 92, 123, 124, 186
基礎老化学　160, 162, 165, 169, 173
拮抗的多面発現　159, 169
義務論　8, 9, 23, 25, 92, 185
救世主きょうだい　5, 9–12, 21, 25, 41, 82–97, 99, 100, 124, 179, 182, 187, 189, 191, 195
共同体主義　75, 185, 195
キリスト教　95, 133, 167
クローニング　12, 13, 23, 28–31, 33, 35, 40, 101–120, 124, 125, 186, 189, 191, 194
生殖目的の——　5, 10, 13, 14, 23, 101–103, 116, 119, 120, 124, 176, 193
生殖目的のヒト——　12, 13, 21, 41, 101, 102, 117, 188
治療目的の——　102, 103, 119, 120, 124, 126, 193
クローン　*i*, *iv*, 13, 14, 33, 101–108, 111, 113, 115, 181
限界効用の逓減　174
現状維持　117, 189
——バイアス　32, 116, 176, 180, 181
功利主義　23, 27, 71, 92, 109, 110, 149, 150, 154, 192, 193
——者　93, 151, 170
合理性　*iii*, 27, 35–37, 40, 42, 53, 55, 57, 59, 61–64, 78, 81, 97, 99, 100, 139, 175, 184, 185, 195
合理的な明白さ　24, 139, 186, 187, 191, 192
個人主義　26, 47
——者　26
殺すこと／死ぬにまかせること　25, 43, 44, 181, 191

サ　行

差異原理　92, 93
サイボーグ　19, 162–164
最良の赤ちゃん　5, 7, 9, 12, 41, 43, 45, 54, 57, 63, 124, 188
作為／不作為　33, 73
授かりもの　48, 59, 61, 145, 147, 148, 177, 182, 189, 190
授けられること　28, 34, 139, 177
差別　9, 32, 49, 60, 72, 73, 88, 89, 126
自己決定　6, 9, 30
——権　179
自己保存　27, 109
死すべき運命　27, 109, 110, 158–159, 165, 167, 168, 172, 174
自然法論　172, 185
——者　66, 78
社会的な超越　171
自由　5, 6, 28, 29, 31, 34, 41, 44, 50, 60, 71, 77, 98, 101, 104, 105, 108, 111, 114, 126, 152, 156, 167, 169, 182, 183, 187, 188, 194, 195
自由至上主義者　170, 195
自由主義　48, 71, 92, 93
——者　67, 78
出生前検査　48, 50
出生前診断　*ii*, 44, 115
——体外受精　5
出生前の選択　*iii*, *iv*, 33, 44, 49, 59, 179
商品化　96, 99, 133
自律　25, 28, 30, 31, 50, 68, 71, 91, 104, 111, 113, 114, 131, 132, 175, 189
——性　34, 56, 145
人格の同一性　50, 61, 162, 165
人工授精　28, 110
人工多能細胞　123
新生児の殺害　37, 43, 136
人生の意義　20, 34, 41, 106, 158, 172, 174, 175, 194
滑りやすい坂　11, 12, 50, 156, 180, 181, 187, 189
正義　4, 20, 28, 39, 49, 68, 89, 92, 104, 126, 127, 139, 152, 166, 169, 170, 183, 184, 192, 193, 195
脆弱さ　15, 33, 119, 130
生殖系列遺伝子治療　144
生殖細胞系列　155
——遺伝子治療　16, 17, 118, 143, 145, 182
——治療　145, 146, 153, 156
生殖上の選択　30, 49, 55, 56, 60, 61, 193
生殖の自由　180, 182, 189
精神転送　20, 162, 164, 176
性とは無関係の生殖　109–111
生命の神聖さ　7, 10, 11, 13, 15, 84, 119, 124, 133–135, 136, 139, 183
生命の喪失　13, 37, 45, 88, 100, 138, 180, 181
全員の受け入れ　29, 190–192
臓器提供者　93
尊厳　7, 12, 15, 17, 27, 28, 31, 38, 48–50, 59, 60, 68, 91, 95, 96, 99, 105, 112, 115, 134, 139, 145, 183, 188, 189

タ　行

体外受精　9, 28, 51, 53, 56, 65, 66, 82, 83, 110, 119–121, 124, 126, 128–130, 132
体細胞遺伝子治療　16, 143, 144, 182, 189, 190

ハユリュ, マッティ（Matti Häyry）　*i*
ハリス, ジョン（John, Harris）　*i*, 22-26, 29, 33-36, 38-41, 68, 69, 71-73, 79, 87, 90, 91, 94, 100, 125-129, 136, 139, 144-148, 150, 154, 167-170, 173, 174, 179, 182, 186, 188, 190-195
ハリソン＝ケリー, ピーター（Peter Herissone-Kelly）　*iv*, 51, 52, 57, 58, 62
バロウ, ポール（Paul Barrow）　166
ビーソン（Diane Beeson）　126
ピンプル（Kenneth Pimple）　127
黄禹錫（Hwang Woo Suk）　125
ブッシュ, ジョージ（George W. Bush）　121
プラトン（Plato）　43, 47, 172, 173
ブロック, ダン（Dan Brock）　125
ヘーゲル（George Wilhelm Friedrich Hegel）　152
ペニングズ（Guido Pennings）　125
ヘルダー（Johann Gottfried von Herder）　152
ベンサム, ジェレミー（Jeremy Bentham）　23, 43, 149-151
ホーキング, スティーヴン（Stephen Hawking）　70
ボストロム, ニック（Nick Bostrom）　32, 116, 117
ホメロス（Homer）　167
ホルム, セーレン（Søren Holm）　136-138, 155, 170

マ　行

マーキス, ドン（Don Marquis）　134, 136, 138
マッカロー, キャンディ（Candy McCullough）　69, 70, 72, 75
ミル（John Stuart Mill）　45, 47, 71, 150, 151

ラ　行

リー, パトリック（Patrick Lee）　134
リップマン（Abby Lippman）　126
ロウランド（Robyn Rowland）　128
ローズ, ロザモンド（Rosamond Rhodes）　50-52, 57-59
ローリング（Jeanne Loring）　126
ロールズ, ジョン（John Rawls）　40, 92-94

事項索引

A－Z

DNA　*i*, 141, 143, 159, 161
X-連鎖性重症複合免疫不全症（X-SCID）　17, 18, 142, 143, 156

ア　行

意思決定　30, 58, 61, 62, 80, 85, 99, 131, 139, 151, 173, 185, 187
　——者　31, 49, 54, 56, 66, 68, 114, 129, 186
遺伝カウンセリング　76, 77, 182
遺伝学の倫理学　42, 192, 195
遺伝子検査　4, 5, 6, 9, 21, 44, 46, 48, 51, 54, 83
遺伝子工学　193
遺伝子治療　*i*, *ii*, 5, 16-18, 21, 25, 30, 32, 41, 47, 141-145, 148, 149, 151, 152, 155-157, 161, 176, 180, 191, 194
遺伝上の選択　32, 35, 118, 176
遺伝的選択　*iii*
遺伝的難問　3, 4, 18, 21, 22, 24, 28, 35, 41, 178, 184, 186, 190-193, 195
遺伝的プライバシー　84, 88
遺伝倫理学　178, 192-195
インフォームド・コンセント　130, 131
受け入れ　75
エンハンスメント　*i*, 17, 18, 28, 29, 31-33, 35, 40, 43, 141, 143, 146, 147, 153, 156, 175, 189, 191
大幅な生命延長　28, 41, 105, 160, 165, 174, 176, 193
大幅に寿命を延長すること　5, 18, 19, 158
親の愛はほぼ常に勝る　32, 48, 180, 182, 190
親の自律　180, 182, 189
親の自律性　5
親の責任　6, 21, 43-45, 50, 53, 61, 124, 180, 182, 186, 194

カ　行

可死性　18, 159, 160
家族　13, 30, 32, 46, 58, 66, 75, 83, 89, 104, 106, 108-113, 117, 118, 130, 137, 144, 164, 167, 168, 171, 179
加齢をとるに足りないものにするための工学的戦略（SENS）　161
幹細胞研究　*i*, 41

人名索引

ア　行

アトウッド, マーガレット（Margaret Atwood）　153
アリストテレス（Aristotle）　23, 24, 43, 45–47, 133, 172, 173
アルキメデス（Archimedes）　35
アレン, ウッディ（Woody Allen）　27
ウィルソン, ジェームズ（James Wilson）　109, 110
ウィルマット, イアン（Ian Wilmut）　101
ウェーバー, マックス（Max Weber）　63
ウェルズ（H. G. Wells）　153
エピクロス（Epicurus）　173–175
オーウェル, ジョージ（George Orwell）　12
オード, トビー（Toby Ord）　32, 116, 117

カ　行

カス, レオン（Leon R. Kass）　*i*, 22–24, 27–29, 32–36, 38–41, 100, 109–111, 139, 145, 146, 150, 154, 165–167, 171–175, 179, 182, 188–195
ガーナム, デイビッド（David Gurnham）　112, 113
カント, イマヌエル（Immanuel Kant）　24, 27, 43, 45–47, 90, 94–98, 100
グラノン, ウォルター（Walter Glannon）　169, 170
グラバー, ジョナサン（Jonathan Glover）　*i*, 22–26, 29, 33–36, 38–41, 89, 91–94, 100, 139, 144, 145, 147, 150, 154, 175, 179, 186, 188, 190–195
グリーン, ロナルド（Ronald M. Green）　*i*, 22–24, 29, 31–35, 38–41, 94–97, 100, 139, 144–146, 154, 175, 176, 180, 182, 190–195
ゲルシンガー, ジェシー（Jesse Gelsinger）　142, 148
コック, トム（Tom Koch）　71
コンドルセ（Antoine de Condorce）　152

サ　行

サヴァレスキュ（Julian Savulescu）　53–58, 62, 63, 71, 77, 125
サンデル, マイケル（Michael J. Sandel）　*i*, 22–24, 27–29, 32–36, 38–41, 49, 60, 61, 93, 94, 100, 111, 112, 139, 145, 147, 150, 154, 175, 177, 179, 188–195
シジウィック, ヘンリー（Henry Sidgwick）　42, 192, 193
シャプシェイ（Sandra Shapshay）　127
シンガ, ロティカ（Lotika Singha）　*iv*
ステイアテーヘム（Andre Van Steirteghem）　125
スナイダー（Evan Snyder）　126
スミス, アダム（Adam Smith）　152

タ　行

タカラ, トゥイヤ（Tuija Takala）　*iv*, 155
チューリング, アラン（Alan Turing）　107
デヴォルダー（Katrien Devolder）　125
デグレイ, オーブリー（Aubrey de Grey）　160–162, 165
デリダ, ジャック（Jacques Derrida）　113
デュシェノー, シャロン（Sharon Ducheneau）　69, 70, 72, 75
デュルケーム, エミール（Émil Durkheim）　61
トマス・アクィナス（Thomas Aquinas）　172, 173, 175
トムソン, ジュディス（Judith J. Thomson）　122

ナ　行

ニコル, アンドリュー（Andrew Niccol）　153
ノーシジアン（Judy Norsigian）　125, 126
ノージック, ロバート（Robert Nozick）　92–94

ハ　行

ハクスリー, オルダス（Aldous Huxley）　12, 153
パスカル（Blaise Pascal）　155
パトナム, ヒラリー（Hilary Putnam）113
ハートリー, デイヴィッド（David Hartley）　150, 151
パパディモス, アレクサ（Alexa Papadimos）　130–132
パパディモス, トーマス（Thomas Papadimos）　130–132
ハーバーマス, ユルゲン（Jürgen Habermas）　*i*, 22–24, 29–35, 38–41, 50, 61, 93, 94, 100, 114, 115, 139, 145, 147, 150, 154, 175–177, 179, 190–195
パーフィット, デレク（Derek Parfit）　165

訳者紹介（担当順，＊は監訳者）

＊斎藤仲道（さいとう・なかみち）
1940年生まれ。九州大学医学部卒。博士（医学）。日本産科婦人科学会専門医，米国産婦人科学会認定医・終身会員（Board Certified Life Fellow），日本人類遺伝学会認定医・指導医。ダウン症フォーラム in 福岡2002年を開催し，福岡市にこども病院支援のダウン症等障害児受容促進協議会を立ち上げ，親によるピアカウンセリング体制を構築した。出生前診断に関する論文・著書多数。
【担当】 監訳者によるはしがき，序，第8章

中谷内悠（なかやち・ゆう）
1990年生まれ。九州大学大学院人文科学府博士後期課程在学。哲学・倫理学専攻。久留米大学非常勤講師。
【担当】 第1章，第3章

土持貴志（つちもち・たかし）
1990年生まれ。九州大学大学院人文科学府博士後期課程在学。哲学・倫理学専攻。福岡国際医療福祉大学非常勤講師。
【担当】 第2章，第10章

酒井健太朗（さかい・けんたろう）
1987年生まれ。九州大学大学院人文科学府博士後期課程単位修得退学。博士（文学）。古代ギリシア哲学専攻。九州大学大学院人文科学研究院助教を経て，現在，環太平洋大学次世代教育学部講師。『アリストテレスの知識論――『分析論後書』の統一的解釈の試み』（九州大学出版会，2020年），「規範事例型の実践的推論について――アリストテレス『ニコマコス倫理学』の行為論」（日本倫理学会『倫理学年報』第68号，2019年），他。
【担当】 第4章

丸山望実（まるやま・のぞみ）
1995年生まれ。九州大学大学院人文科学府博士後期課程在学。哲学・倫理学専攻。八女筑後看護専門学校非常勤講師。
【担当】 第5章

川﨑優（かわさき・ゆう）
1995年生まれ。九州大学大学院人文科学府博士後期課程在学。哲学・倫理学専攻。製鉄記念八幡看護専門学校非常勤講師。
【担当】 第6章

＊脇崇晴（わき・たかはる）
1979年生まれ。九州大学大学院人文科学府博士後期課程単位取得退学。博士（文学）。倫理学・日本思想史専攻。九州大学大学院人文科学研究院助教を経て，現在，九州大学大学院専門研究員，西南学院大学非常勤講師。『清沢満之の浄土教思想――「他力門哲学」を基軸として』（木星舎，2017年），『エシックス・センス――倫理学の目を開け』〔共著〕（ナカニシヤ出版，2013年），他。
【担当】 第7章，第9章，監訳者後記

■著者紹介
マッティ・ハユリュ（Matti Häyry, 1956－）
フィンランド・トゥルク出身。国際生命倫理学会（IAB）創立メンバーの一人。イギリス・ランカシャー大学およびフィンランド・クオピオ大学（現・東フィンランド大学）の哲学・道徳哲学教授となり，その後フィンランド・ヘルシンキ大学高度研究協議会の特任教授を務めるかたわら，イギリス・マンチェスター大学の生命倫理学・法哲学教授として教鞭をとる。現在はフィンランド・アールト大学の哲学教授。*Cambridge Quarterly of Healthcare Ethics* 誌（イギリス）を中心に，生命倫理学や道徳哲学，政治哲学に関する論文を多数発表している。本書以外には，*The Ethics and Governance of Human Genetic Databases: European Perspectives*（『ヒトゲノムデータベースの倫理と管理――ヨーロッパの視点』〔共著〕ケンブリッジ大学出版局，2007 年〈新版，2013 年〉），*Cloning, Selection, and Values: Essays on Bioethical Intuitions*（『クローニング，選択，価値――生命倫理的直観についての試論』フィンランド哲学協会，2007 年），*Playing God: Essays on Bioethics*（『神を演じる――生命倫理についての試論』ヘルシンキ大学出版，2001 年）などの著書がある。

人間〈改良〉の倫理学
――合理性と遺伝的難問――

2020 年 5 月 24 日　初版第 1 刷発行

監訳者　斎藤仲道
　　　　脇　崇晴
発行者　中西　良

発行所　株式会社　ナカニシヤ出版
〒606-8161　京都市左京区一乗寺木ノ本町15
TEL　(075)723-0111
FAX　(075)723-0095
http://www.nakanishiya.co.jp/

印刷・製本／モリモト印刷

ISBN 978-4-7795-1457-9　Printed in Japan

完全な人間を目指さなくてもよい理由

―遺伝子操作とエンハンスメントの倫理―

マイケル・J・サンデル、林芳紀・伊吹友秀 訳

著名な政治哲学者が、遺伝子操作やドーピングなど医学的手段による能力向上が孕む倫理問題について「贈られものとしての生」という洞察から語る、人間とテクノロジーを考えるための必読書。 一八〇〇円＋税

医療倫理の歴史

―バイオエシックスの源流と諸文化圏における展開―

アルバート・R・ジョンセン、藤野昭宏・前田義郎 訳

古代の諸文化に始まり現代のバイオエシックスに至る、医療倫理の形成過程を探究。西洋史に留まらず、中国・インドなど東洋圏での展開も押さえ、医療倫理の問題を根本から考えるための一冊。 三〇〇〇円＋税

食物倫理（フード・エシックス）入門

―食べることの倫理学―

ロナルド・L・サンドラー、馬渕浩二 訳

あらゆる倫理問題は食卓の上で交差する。フードシステム、貧困問題、動物福祉、生物工学、食べ物と文化……、多様な「食物問題」を根本から考える、「フード・エシックス」の第一歩。 二六〇〇円＋税

技術の倫理

―技術を通して社会がみえる―

鬼頭葉子

「正しい技術者であるために守るべきことは？」「科学技術から利益を得ている私たちが心得るべきことは？」…。「高度な技術を利用する者」である現代人に向けた「技術倫理学」の入門書。 二三〇〇円＋税

＊表示は二〇二〇年五月現在の価格です。